정신역동 마음챙김 리더십

: 내면으로의 여정과 코칭

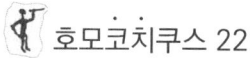

정신역동 마음챙김 리더십
: 내면으로의 여정과 코칭

맨프레드 F. R. 케츠 드 브리스 지음
김상복, 이혜진, 최병현 옮김

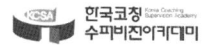

First published in English by Palgrave Macmillan, a division of Macmillan Publishers Limited under the title Coach and Couch
by Manfred Kets de Vries, Korotov, Florent-Treacy
This edition has been translated and published under licence from Palgrave Macmillan. The authors have asserted their right to be identified as the authors of this Work. All rights reserved.

Korean Translation Copyright ⓒ 2019 by Korea Coaching Supervision Academy
Korean edition is published by arrangement with
Palgrave Macmillan, a division of Macmillan Publishers Limited
through Imprima Korea Agency

이 책의 한국어판 저작권은 Imprima Korea Agency를 통해
Palgrave Macmillan, a division of Macmillan Publishers Limited와의
독점 계약으로 한국코칭수퍼비전아카데미에 있습니다.
저작권법에 의해 한국 내에서 보호를 받는 저작물이므로
무단전재와 무단복제를 금합니다.

폴그레이브 케츠 드 브리스 시리즈

맨프레드 케츠 드 브리스Manfred F. R. Kets de Vries는 인시아드INSEAD 리더십개발 및 조직변화 석좌교수이며, 임상심리학을 리더십, 코칭, 개인변화, 조직변화에 적용한 세계 최고의 사상가이다. 폴그레이브의 전문 비즈니스 시리즈는 학문적 엄격성과 실제 현실성 간의 연결점을 담고 있다. 케츠 드 브리스 교수의 연구는 지적 깊이와 실제적 적용에 대한 완벽한 조합을 보여주는 좋은 사례. 폴그레이브는 10년 동안 폴그레이브 케츠 드 브리스 시리즈를 만들어온 것에 자부심을 느낀다.

- 삶의 진정성: 리더의 성, 돈, 행복 그리고 죽음에 관한 인생 탐구Sex, Money, Happiness, and Death: The Quest for Authenticity
- 코칭 만화경The Coaching Kaleidoscope[1]
- 정신역동 마음챙김 리더십Mindful Leadership Coaching
- 코치 앤 카우치(2판)Coach and Couch (2nd edition)[2]
- 환상의 그대You Will Meet a Tall, Dark Stranger
- 리더는 어떻게 성장하는가Telling Fairy Tales in the Boardroom

---

1) Edited by Manfred F. R. Kets de Vries, Laura Guillén, Konstantin Korotov, Elizabeth Treacy
2) Edited by Manfred F. R. Kets de Vries, Konstantin Korotov, Elizabeth Florent-Treacy, Caroline Rook

목차

서문	⋯⋯ 7
역자 서문	⋯⋯ 8
서론	⋯⋯ 11
1장. 애착, 고슴도치의 입맞춤	⋯⋯ 39
2장. 용서의 기술: 혁신적 리더들이 지닌 것	⋯⋯ 69
3장. 당신은 피해자 증후군을 가진 피해자인가?	⋯⋯ 107
4장. 구조자 증후군이라는 덫	⋯⋯ 135
5장. 재앙의 사이코패스: SOB 임원들에 대한 대처법	⋯⋯ 159
6장. 왜 코칭인가?	⋯⋯ 201
7장. 리더를 위한 안전한 장소 만들기	⋯⋯ 233
8장. 티핑 포인트	⋯⋯ 269
결론	⋯⋯ 311
참고문헌	⋯⋯ 323
색인	⋯⋯ 338
저자 및 역자 소개	⋯⋯ 343
발간사	⋯⋯ 346

서문

어느 날 나이 많은 현자가 진주를 잃어버렸다. 너무 속상했다. 진주를 찾기 위해 자신의 눈을 보냈다. 하지만 진주를 찾지 못했다. 이번에는 자신의 귀를 보냈다. 역시 찾을 수 없었다. 손도 보냈다. 역시 실패했다. 이에 현자는 자신의 모든 감각들을 다 보냈다. 하지만 아무도 진주를 찾지 못했다. 결국 그는 모든 것을 내려놓고 '찾지 않음$^{\text{not-search}}$'을 보냈다. 어찌된 일인지 진주를 찾았다.

- 중국 우화

역자 서문

당신은 두 번째 탄생을 경험했는가? 책임을 져야 하는 위치에 있는 사람, 절망에 빠져 있는 누군가에게 희망을 제시하는 사람, 뿌리 깊게 박혀 있는 습관에서 해방되고 변화를 추구하는 사람에게 두 번째 탄생은 반드시 필요하다. 누군가 말했던가. 세계를 변화시키고자 하는 사람은 먼저 자신이라는 껍질을 깨고 나와야 한다고. 지금까지 단 한 번도 경험해보지 못한 자기로 다시 태어나는 두 번째 탄생을 경험해야 한다고. 그렇다면 두 번째 탄생은 어떻게 경험되는가. 맨프레드 케츠 드 브리스는 삶에서 예기치 못한 역경에 부딪혀 영적이고 지적인 측면에서 도전 받을 때라고 말한다. 실제로 인간은 그런 도전 속에서 자기 한계를 초월하고 스스로 재창조하는 능력을 갖게 된다.

2년 전 아이를 출산하고 양육하는 삶을 살아가면서 다양한 역할 모델을 갖게 되었다. 아내, 딸, 코치, 교수에 더해 엄마라는 역할까지 새롭게 수행하게 된 것이다. 지금까지 경험해보지 못한 것들은 새로운 역할로 '자기'를 이끌어간다. 새롭게 기업에 입사했을 때, 기업에서 새롭게 진급했을 때, 새로운 '자기'는 계속해서 껍질을 벗어 재낀다. 우리 모두는 삶의 많은 순간에서 새로운 '자기'로 변화되길 바란다. 하지만 그 과정은 쉽지 않다.

새로운 역할을 부여받을 때마다 삶에서 혼란은 반복된다. 자기의 변화뿐만 아니라 주변 사람들까지 변화하기 때문이다. 이때 나와 다른 세계를 돌아보기는커녕 자기 자신도 돌아보기 힘들어진다. 맨프레드 케츠 드 브리스는 우리가 '바로 지금 여기'에 초점을 맞추고 자기 자신을 돌아보아야 한다고 밝힌다. 이는 마음챙김을 통해 가능하다.

마음챙김은 개방적이고 비판적인 태도로 바로 지금 순간에 주의를 기울이게 한다. 대부분이 '행위doing'로 채워져 있는 우리의 삶에서 '행하지 않음not doing'의 마음챙김을 하기란 쉽지 않다. 그러나 마음챙김은 우리 의식을 내면으로 향하게 함으로써 삶에서 무엇이 중요한지를 깨닫게 한다. 이는 단순히 삶을 돌아보게 하는 것에만 멈추지 않고 우리가 과거의 경험에서 벗어나 새로운 대처 방법들을 찾을 수 있도록 돕는다. 우리 모두는 과거가 쌓여 구성된 산물이다. 과거는 현재를 이해하고 미래를 만들어 나갈 수 있는 안경이다. 우리의 경험들은 습관적이고 뿌리 깊게 박혀 있는 행동 패턴을 만들기 때문이다.

효과적인 코칭은 고객의 표면적 문제뿐만 아니라 그들 안에 있는 '내면 극장'을 함께 다루어야 한다. 개인의 내면 극장은 과거 경험들로 인한 행동 패턴이 현재 관계 속에서 활성화되는 것을 보여준다. 이를 파악함으로써 '바로 지금 여기'에서 어려운 문제를 탐구하고 해결할 기회를 제공하는 것이다. 이렇게 마음챙김 리더십 코칭은 두 번째 탄생을 경험하게 한다. 맨프레드 케츠 드 브리스는 과거, 현재, 미래를 연구하는 임상적 접근, 곧 정신역동과 함께 마음챙김 코칭을 통해 고객의 행동 패턴에 대한 이유를 드러내고 변화를 일으킬 수 있다고 주장한다.

현대 사회에 리더는 넘쳐난다. 하지만 사람을 변화시키는 리더가 부재한 시대다. 특히 코로나19로 세계는 언택트 시대를 마주하고 있다. 비대면 관계가 가져온 새로운 관계적 흐름에서 우리는 스스로를 재창조하는 능력, 즉 두 번째 탄생이 필요하다. 두 번째 탄생을 경험한 사람들은 자신뿐만 아니라 주변 사람, 세상과 관계 맺는 방식을 변화시킨다. 그렇기에 두 번째 탄생을 경험한 리더는 사람들에게 희망을 주고 온전한 삶을 살 수 있도록 도울 수 있다. 당신이 인적자원을 관리하고 책임져야 하는 HR 전문가, 리더십 코칭을 연구하는 학자, 그리고 리더십 코칭을 추구하는 코치라면 이 책을 신중하게 살펴보기 바란다. 또한 삶의 균형 감각을 갖고 행복감을 향상하며, 삶의 즐거움을 갖고자 하는 사람이라면 누구든지 이 책에 관심을 갖길 바란다.

이 번역본이 나오기까지 함께 번역하고 수고를 아끼지 않은 김상복 대표님께 감사하다. 더불어 번역뿐만 아니라 어려운 개념들을 풀어 설명하고 글 전반을 윤문해주신 최병현 실장님께 감사의 마음을 전한다. 또한 어여쁜 첫째와 뱃속의 둘째 아이에게 사랑과 감사의 마음을 전한다. 끝으로 『정신역동 마음챙김 리더십』을 통해 독자 여러분이 두 번째 탄생을 경험하는 기회를 갖게 되길 희망한다.

2021년 2월
두 번째 탄생을 바라며
이혜진

서론

프로이트와 함께하는 코칭 세션

1910년 여름 프로이트에게 있었던 일이다. 그는 네덜란드 북해에서 가족들과 함께 휴가를 보내고 있었다. 구스타프 말러Gustav Mahler가 상담을 받으러 찾아왔다. 말러는 우울감에 쌓여 있었다. 아내 알마Alma와 관계에서 심각한 문제를 겪고 있었다. 성기능 장애 때문이다. 그의 삶을 돌아보면, 어린 시절부터 녹록지 않았다. 비엔나에서 늘 외부자라는 낙인이 찍혀 살았다. 작곡가로서도 인정받지 못했다. 그런 상황들은 상처의 골을 깊게 만들었다. 이는 죽음에 대한 병적인 흥미로 이어졌다. 이런 습관들은 점점 과거의 늪에서 벗어나지 못하게 했다.[1] 세계적인 지휘자라는 타이틀에 가까워질수록 더욱 고통에 시달렸다. 책임감의 무게가 삶을 더욱 짓누르기 시작했기 때문이다. 그러다보니 음악에 대한 집착은 날로 강해졌다. 결혼 생활에 치명적인 영향을 미칠 정도였다. 자연스레 우울증은 날로 심해졌다. 아내가 자신의 신경증적 행동에 질려버릴 수 있다는 염려도 동시에 짙어졌다. 아내에 대한 병적 집착까지 생겼다. 아내가 언제든 젊고 유명한 건축가 월터 그로

피우스Walter Gropius에게로 가버릴 수 있다는 생각 때문이었다. 이런 이유들로 결국 말러는 프로이트에게 상담을 받기로 결정했다. 말러는 불안한 정신 상태를 극복하고 싶었다.

    프로이트는 자신에게 모처럼 주어진 휴일을 방해받는 게 싫었다. 그런데도 거절하지 못한 것은 구스타프 말러의 상태가 심각했기 때문이었다.[2] 또한 프로이트는 말러의 내면에 꿈틀거리는 '미치게 하는 의혹maddening doubt'을 연구하고 싶은 마음이 있었다. 그런데도 말러를 만나는 건 꺼려졌다. 말러가 이전에 세 번이나 상담 회기를 미룬 전력이 있었기 때문이다. 이에 프로이트는 말러에게 최후통첩을 보냈다. 곧 시칠리아로 떠나야 하기 때문에 8월 말에 상담을 받지 않으면 상황이 어렵다고 분명히 전했다.

    결국 말러는 프로이트를 찾아왔다. 프로이트는 레이던Leiden에 있는 레스토랑에서 그를 맞이했다. 그들은 식사 후 운하를 따라 걸으며 대화를 나눴다. 4시간 넘게 이야기를 나누었다. 지금까지 프로이트가 실시한 치료 중 가장 긴 시간이었다. 이때의 일은 프로이트가 1934년 테오도르 레이크Theodor Reik에게 쓴 글에 언급되어 있다.

    "나는 1910년 오후 레이던에서 말러를 분석하는 시간을 가졌습니다. 그 분석 보고서를 믿을 수 있을지 모르겠지만, 그때 말러와 회기를 가지면서 많은 것을 얻었습니다. 그 당시 말러의 아내는 남편이 자신에게 성욕을 느끼지 못한다는 것에 화가 나 있었지요. 이에 말러는 저를 꼭 만나고 싶었던 것 같습니다. 말러의 인생사를 매우 흥미롭게 탐험했지요. 특히 성모 마리아 콤플렉스(어머니의 집착)를 통해 그가 가진 개인적 사랑의 조건을 발견할 수 있었습니다. 저는 예술적으로 천재적인 말러가 남성으로서 자신에 대해 심리적으로 이해하는 능력에 여러 차례 감탄했습니다. 이때까지만 해도 외관상 드러나는 강박 신경증에 대해 어떤 단서도 찾을 수 없었지요. 이미 마치 신비로운 건물 사이로 하나의 통로를 파내는 것과 같았습니다."[3]

프로이트와 상담 후 말러는 알마에게 다음과 같이 전보를 보냈다.

"저는 기쁨으로 가득 차 있어요. 참 흥미로운 대화였어요."

프로이트는 말러가 정신분석에 대한 지식이 없었음에도 충분히 이해하는 사람이었다고 말했다. 그리고 정신분석을 그렇게 빨리 이해하는 사람을 만난 적이 없다고 덧붙였다. 말러가 정신분석을 제대로 이해를 해서였을까. 말러의 삶은 프로이트와의 상담으로 명백히 전환점을 맞이했다.

말러는 어쩌면 프로이트에게 힘들었던 어린 시절을 이야기했을 수 있다. 어떻게 자신이 음악을 시작하게 되었고, 음악을 하면서 얻게 된 즐거움에 대해 말했을 수 있다. 어떻게 작곡하는 게 독재적인 아버지에게서 승리감을 갖게 했는지 묘사했을 수 있다.[4] 아버지와 어머니의 끔찍하고 고통스런 관계를 꺼냈을 수 있다. 말러의 아버지는 어머니에게 폭력적이었고, 그때마다 어머니는 울부짖으며 집을 나가곤 했다고 고백했을 수 있다. 자신이 음악을 통해 반복적으로 비극적 주제인 무기력감 helplessness을 표현해왔다고 언급했을 수 있다. 자신의 삶을 이야기했든 안 했든 말러의 삶은 전혀 다르게 펼쳐졌다.

말러는 성기능 장애를 겪고 있었다. 프로이트는 성기능 장애가 여러 가지 사안과 연결되어 있다고 말했다. 여성과의 관계, 그 배후에 나타나는 유아 패턴, 완벽을 추구하는 성향, '성모 마리아 콤플렉스' 등이다. 프로이트는 어쩌면 말러가 완벽주의적 성향이 다른 사람과의 관계를 희생시켰다고 보았다. 여기에는 아내와의 관계도 포함되었다. 실제로 말러는 "다른 사람들은 활동 무대를 희생하면서 자신을 돌보지만, 나는 활동 무대를 돌보면서 나 자신을 지치게 합니다."[5]라고 말했다.

개별 상담을 4시간 동안 진행하는 것은 매우 드문 일이다. 하지만 일반적으로 정신분석 개입은 일반 코칭과 다르게 상당한 기간이 필요하다. 때로는 수년에 걸쳐 진행되기도 한다. 이처럼 전통적 정신분석은 항상 기간을 길게 두고 치료를 진행하는 방식을 선호해왔다. 하지만 상대적으로 짧게 치료를 하는 경우도 가능했다. 프로이트가 말러를 치료한 사례가 대표적인 경우이다. 이후 정신분석에서 짧게 개입하는 경우에 대부분 프로이트가 말러를 치료한 사례를 모델로 삼는다. 프로이트가 말러에게 정신분석 개입으로 4시간을 사용한 건 상당히 짧은 시간을 할애한 것이었다. 그런데 단지 4시간짜리 단 한 번의 회기에도 말러를 향한 프로이트의 치료는 효과가 있었다. 말러는 발기 부전에서 벗어났고, 결혼 관계도 개선되었지만, 불행하게도 다음 해에 운명을 달리했다.

알마는 자서전에서 남편과 프로이트의 만남을 언급했다. 알마는 말러가 자기 자신을 잃어버릴 것 같다는 두려움에 프로이트에게 연락한 것으로 기술했다.[6] 알마에 따르면, 프로이트는 말러에게 "당신이 만나는 모든 여성을 학대받는 여성으로 인식하고 있습니다. 당신의 어머니로 말이죠."라고 말했다. 실제로 말러는 여성들과의 관계에서 어려움을 겪고 있었다. 알마의 기록 후반부에 보면, 말러를 처음 만났을 때 나이가 40세였고 여러 노련한 여성들의 유혹에도 여전히 숫총각이었다. 게다가 말러는 결혼 전 알마에게 작곡을 포함한 음악을 향한 꿈을 포기해줄 것을 편지에 썼다. 만일 말러의 집에서 음악 이야기를 하게 된다면, 그것은 자신의 음악에 대한 이야기만 해야 된다는 것이었다. 한참이 지나서야 그 내용을 부분적으로 수정할 수 있었다고 기록되어 있다. 이후 편지에서 말러는 알마가 자신을 행복하게 만들었다고 썼다. 그런데 문제는 알마가 오직 말러 자신을 위해서만 존재해야만 하는 것처럼 요구했다는 점이다. 마치 알마가 자신의 삶 둘레에서만 살아가야 하는 것처럼 요구했다.

우리는 이 부부가 가학피학성 변태 성욕 관계 sado-masochistic relationship에 붙

잡혀있다는 사실을 추론할 수 있다. 서로 합쳐지고 사라지거나 서로를 잃는 것과 같이 매우 강한 감정에 사로잡혀 있는 관계였던 것으로 보인다. 쉽게 말해, 삶 아니면 죽음이거나, 모 아니면 도였다. 아마도 말러가 유일하게 만족스럽고 유익하며 건설적인 관계를 유지하는 통로는 음악이었을 것이다. 여기서 한 가지 의문점이 있다. 프로이트 치료가 매우 성공적이었다면, 왜 말러는 세 번이나 상담 예약을 취소했을까? 말러는 프로이트와 대화가 자기 내면의 악마를 마주하도록 요구할까봐 두려웠던 것일까? 이런 갈등들이 자신의 일부였으므로 이것들을 다루는 것 자체가 작곡 능력에 영향을 미칠까봐 두려웠던 것일까? 말러 자신이 지닌 문제들을 분석하면 음악적 창조성이라는 샘이 말라버릴까 겁이 났던 것일까? 아마도 말러가 프로이트와 처음 만나는 것을 꺼렸던 건 자기인식과 연관이 있을 것이다. 어쩌면 말러의 삶에서 일어나는 갈등들은 자신의 작곡 능력에 해로운 것이 아니라 긍정적이었을 수 있다.

　프로이트의 개입이 효력이 있었던 것은 지속해서 지지를 보내며 관찰했기 때문이다. 이 과정에서 프로이트는 말러가 지닌 심리적 통찰에 깊은 인상을 받았다고 말했다. 말러가 프로이트와의 산책 중에 무슨 일이 있었는지 정확하게 알 수는 없다. 하지만 분명한 것은 프로이트와 대화 이후 자신의 비참한 마음 상태에 대한 해결책을 찾았다. 프로이트와 만나고 난 뒤 알마는 발터 그로피우스Walter Gropius를 만나는 것을 그만두었고(적어도 연락하는 것을 비밀로 했다), 말러는 이전과 다르게 아내의 작곡을 격려하고 칭찬했다. 그뿐만 아니라 말러의 미완성 10번 교향곡 원고의 주석은 알마에게 공개된 연애편지와 비슷했다. 프로이트와의 만남 중에 무슨 일이 있었든 이는 말러가 왜 아내를 사랑했으며 자신의 삶에 어떠한 역할을 했었는지 상기하게 했을 것이다.[7] 어떤 식으로든 프로이트는 1911년 말러가 사망할 때까지 그들의 관계를 안정시키는 데 도움을 주었다.

누구에게든지 코치가 있다

프로이트와 말러의 만남은 효과적인 코칭 사례이다. 이 사례는 짧은 개입이라 할지라도 얼마나 많은 일을 해낼 수 있는지 보여준다. 하지만 아직도 코칭이 널리 시행되려면, 시간이 많이 걸릴 것 같다. 1980년대 초반 리더십 코칭이 입지를 다지기 시작했다. 물론, 임원 코칭으로 확장되고 발전하기까지는 약 10년이란 세월이 더 걸렸다. 그렇다고 코칭이 그전에 없었던 것은 아니다. 프로이트와 말러의 사례에서 확인할 수 있듯이, 코칭은 다양한 형태로 통용되어왔다. 코칭이 자리를 잡기 어려웠던 것은 코칭을 받는 것 자체가 불명예스러운 것처럼 여겨졌기 때문이다. 마치 감추어야 하는 일처럼 여겼으며, 실제로 코칭 받는 사실을 아무에게도 말하고 싶어 하지 않았다. 코칭을 받고 있다고 말하면, 뭔가 문제가 있다고 생각했다. 코칭을 받으라고 조언을 들으면, 조직에서 쫓겨나기 전 마지막 기회를 얻었다는 것과 같은 의미로 통용되었다. 초기에 코칭이 활성화되지 못했던 이유는 바로 이런 낙인 때문이다.

최근 들어 리더십 코칭은 훨씬 더 긍정적인 이미지를 가지게 되었다. 사실 코칭에 대한 동향은 매우 급격하게 전환되고 있다. 실제로 개인 코치를 갖는 건 높은 사회적 지위의 상징이 될 정도이다. 코치가 있다는 것은 자기 조직의 미래를 위해 투자하는 사람으로 여겨졌다. 성공한 사람의 상징으로 여겨지기까지 한다. 이제 더는 코칭은 숨겨야 할 비밀 요법이 아니다. 오늘날 출세 가도를 달리는 임원들 대부분이 코칭을 유형별로 받는다. 그들은 코칭을 통해 대책을 강구하고 성찰한다. 실제로 대부분 최고 임원들은 코치를 곁에 두고 있다.

코칭이 현재 인기를 누리는 이유는 리더십 코치가 전문 지식을 제공하기 때문이다. 대부분 임원들이 코칭을 받는 것은 어떤 통찰을 얻기 위함이다. 더불어 회사 내부자적 시각보다는 객관적이고 외부적 시각이 좀 더 신뢰할 수 있기 때문일 것이다. 외부 코치들은 임원들이 섬세한 문제들을 자유롭게 논의하고, 자기방어 성향을 낮출 수 있다. 또한 사각지대, 편견, 단점을 탐색할 수 있는 신뢰관계를 제공할 가능성이 크다.

고위 임원들은 조직에서 한 계단 한 계단 올라가면서 개인의 테크닉에 상대적으로 덜 의존하게 된다. 그 대신에, 효과적 대인관계 기술과 감성 지능의 필요성이 점점 커진다. 바로 이 지점에서 리더십 코치들이 큰 공헌을 할 수 있다. 예를 들어, 임원들은 최상위 직책에 적합한 스타일이 있다. 그 스타일 안에는 무언의 규칙들이 존재한다. 이런 규칙들은 항상 해독하기 쉬운 게 아니다. 리더십 코치는 임원들이 이런 규칙을 해독할 수 있게 돕는다. 또한 임원들의 행동과 태도에 보통 기대하는 것이 무엇인지 이해할 수 있도록 도울 수 있다. 코치는 고객으로 하여금 각자의 방식을 끌어내고 미래의 선택사항을 탐색하며 조직에 미치는 실제 영향에 대해 논의할 수 있도록 도울 수 있다. 아울러 고객의 학습을 촉진하고, 목표를 명확히 하며 일을 해내는 데 도움을 줄 수 있다.

코치들은 고객이 인식하지 못하는 반복적인 문제를 인지할 수 있다. 또한 고객이 조직에서 승진하면서 이상하게 장점들이 너무나 쉽게 약점으로 변할 수 있다는 사실을 깨닫도록 할 수 있다. 더불어 고객들이 동료, 부하, 상사, 다른 이해관계자들에게 더 유능해질 수 있게 도울 수 있을 뿐만 아니라, 이런 관계에 악영향을 미칠 수 있는 행동을 진지하게 성찰하도록 도움을 줄 수 있다. 아울러 고객들이 어려움을 야기하는 자신의 행동들을 받아들이고 더 효과적으로 기능하는 방법을 찾는 데 도움을 줄 수 있다.

예를 들어, 임원들이 좋지 않은 결과를 초래하는 이유는 다음과 같다. 분노 관리, 너무 지배하려는 성향, 상황이 마음에 들지 않을 때 부적절하게 반응하는 것, 실패를 되돌아보지 않는 것(실수를 인정하지 않거나 은폐하거나 변명을 나열하는 것), 건설적으로 사람들에게 영향을 미치지 못하는 것, 사람들과 너무 멀리 떨어져있는 것, 불균형한 방식으로 생활하는 것 등이다. 리더십 코치의 가장 기본적인 역할은 임원이 사임을 피하거나 거절하거나 받아들일 수 있는 현실을 인정하고 이에 대처하는 방법을 돕는 것이다. 더 나아가 조직 내에서 임원 자신이 방어적인 태도를 반복적으로 보이는 것을 인식하도록 도와줄 수 있다.

효과적인 리더십 코치는 고객의 성과를 향상시키는 것뿐만 아니라 개인적 변화와 재창조로 나아가는 여정을 안내하는 것을 목표로 삼는다. 이 목표를 토대로 고객과 계약을 맺는다. 이런 코치는 고객이 불만족스럽거나 갈등으로 고민하는 것에서 벗어나게 하고, 새로운 역할을 계획하도록 도울 수 있다. 또한 고객의 가능성을 넓히고 새로운 약속을 강력하게 끌어낸다. 고객이 자신의 관점을 변화시키고 존재 양식에서뿐만 아니라 행동 방식에서도 새로운 무언가가 나올 수 있도록 도울 수 있다. 더불어 고객이 다른 경영진들과 공유된 이해를 구축할 수 있도록 도움을 줄 수 있다. 이를 통해 고객은 대화를 용기 있게 수행하고, 업무 환경에서 더 나은 사고와 상호작용하는 방법을 배우며, 건설적으로 피드백하는 분위기를 만들어나간다. 이런 맥락에서 코치는 고객과 다른 경영진들이 더 잘 기능할 수 있는 팀을 구성하고, 이들을 최대한 활용할 수 있는 조직 문화를 설계하는 데 도움이 될 수 있다.

그러나 리더십 코칭을 효과적으로 수행하기 위해서는 상당한 심리적 기술과 통찰력이 필요하다. 코치는 즉각적으로 인지한 것뿐만 아니라 표면 아래에서 진행되는 것까지 살펴볼 필요가 있다. 또한 객관적인 제3의 귀로 듣고, 전이와 역전이 현상에 주의를 기울여야 하며, 한 사람에서 다른 사람으로 감정이 무의식적으로 방향수정redirection하는 것을 식별해야 한다. 이와 더불어 내적 관계 및 대인관계적 장 안에서 일어나는 역동에 주의를 기울일 수 있어야 한다.[8] 리더십 코치는 다른 사람들이 마음을 열었을 때, 그리고 사람들의 마음을 열어야 할 때 일어나는 역동을 알아차릴 필요가 있다. 코칭은 과거 행동, 패턴, 오래된 사고방식과 관련된 새로운 역동을 만들어낸다. 전통적인 리더십 코칭에서 이런 이슈들은 대개 배경적 요소로 치부되며, 고객을 돕기 위한 추가 정보 정도로만 사용된다.

이런 역동들을 면밀히 살피지 못해 활성화되어 버리면, 코치의 노력들은 물거품이 될 가능성이 높다. 무의식적 관계 욕구가 강하면 코칭에 방해될 수 있다. 많은 코치가 이를 깨닫지 못한다. 역동은 흔히 고통스럽고 모순되는 감정(우리와 고객의 가장 취약하다고 느끼는 부분)을 수반하기 때문에 코치로서 다루기 쉽지 않다. 하지만 우리가 코칭 과제를 효과적으로 수행하려면 어떻게든 역동을 적극적으로 다룰 필요가 있다. 코칭에서 마음챙김이 필요한 이유가 바로 여기에 있다.

마음챙김 리더십 코칭

난인Nan-in의 이야기다. 그는 메이지 시대(1868-1912) 일본 선사였다. 어느 날 한 대학교수가 선Zen에 대해 질문하러 찾아왔다. 그는 별말 없이 교수에게 차를 대접했다. 그런데 찻잔에 차가 넘쳐흐르는데도 계속 부었다. 교수는 당황했지만 어떤 가르침이 있겠거니 잔이 넘치는 걸 한동안 지켜봤다. 그러다 참지 못해 입을 열었다. "그만 하십시오! 잔이 이미 가득 찼습니다. 이 잔에는 차를 더 따를 필요가 없습니다!" 그때였다. 드디어 난인이 입을 열었다. "이 찻잔처럼 당신은 자신의 의견과 추측으로 가득 차 있어요. 당신이 먼저 잔을 비우지 않으면, 내가 어떻게 당신이 배우는 데 도움을 줄 수 있겠습니까?"

우리는 난인과 교수의 이야기에서 배워야 한다. 진정한 코칭은 고객의 열린 마음과 코치의 깊은 경청을 통해 일어난다. 코치는 잔을 비우고 코칭을 시작해야 한다. 마음챙김에서 도움을 받을 필요가 있다. 마음챙김은 개방적이고 비판적인 태도로 바로 지금 순간에 주의를 기울이게 한다. 이는 일상에서 느끼는 의식과는 뚜렷이 구별되는 의식상태이다. 마음챙김은 무엇이 중요하고 그렇지 않은지 현명한 판단을 내리게 한다. 코치가 고객과의 대화에서 범하는 실수를 줄여준다. '곧장 행동으로 옮기게 하는 코칭'에서 '잠시 멈춰 성찰하는 태도를 갖게 하는 코칭'으로 전환을 가능하게 한다. 이를 통해 고객은 기존 관점에서 다른 관점으로 나아갈 수 있다. 생각과 상황에 관계없이 여유로움을 갖게 만든다. 이런 생각들은 결국 점점 구체화되면서 통찰력과 성장의 기반이 된다. 자신에게 어떤 일이 일어났을 때 너무 성급하게 끝장을 보려 하지 않게 되고, 그 일에 대해 이해하려 노력하게 된다. 이 과정을 통해 자신에게 일어난 일에 대한 다른 측면들을 살펴볼 수 있게 된다. 우리 삶은 대부분 '행위doing'로 채워져 있다. 하지만 마음챙김은 '행하지 않음not doing'이다. 이를 통해 우리는 행하기 전에 다시 한번 성찰할 시간을 가질 수 있고, 주어진 목적을 향해 여유롭게 나아갈 수 있다.

"마음챙김은 무엇이 중요하고 그렇지 않은지 현명한 판단을 내리게 한다."

마음챙김은 불교명상의 중심에 있다. 그러나 마음챙김의 실천적 요소는 서구 전통의 일부였다. 실제로 초기 정신분석에서 마음챙김은 정신치료 개입에 활용되었다. 예를 들어, 지그문트 프로이트 Sigmund Freud는 '고르게 떠있는 주의 evenly suspended attention'[9]에 대해 언급했다. 이 개념은 심리치료사들이 고객을 대할 때 활용 가능하다. 고객에게 무의식적 활동을 되도록 자유롭게 할 수 있도록 허용하고, 보통 특정 방향으로 주의집중할 수 있는 동기들이 떠 있도록 해야 한다. 마음챙김은 이를 가능하게 한다.

리더십 코치에게 마음챙김은 매우 중요하다. 마음챙김은 자신의 삶을 둘러싸고 있는 무언가나 무비판적으로 믿는 것에서 벗어날 수 있게 한다. 이는 생각이나 감정 자체를 그대로 볼 수 있게 만든다. 그런 점에서 마음챙김은 역전이 countertransference 개념과 매우 유사하다.[10] 역전이는 상대방(고객)의 무의식적 전이 의사소통 unconscious transference communications에 의해 수신자(코치)에게서 도출되는 반응이다. 이 반응은 감정과 사고 모두를 포함한다. 그런 '역전이' 감정을 사용하는 마음챙김 개입의 목적은 우리의 생각과 신체적 감각들을 더 잘 알도록 돕고, 더 나아가 일상에서 감정과 문제를 잘 다룰 수 있도록 돕는다.

그렇다면 과연 마음챙김이 코치에게만 유익한 것일까? 초기에는 코치에게만 한정된다는 주장이 다수였다. 하지만 마음챙김은 코치에게만 국한되는 것이 아니다. 양쪽 모두에게 작용한다. 고객들도 마음챙김이 필요하다. 코치는 고객과의 코칭에서 마음챙김을 적용하는 데 부담을 느낄 수 있다. 그런데도 마음챙김의 유익을 생각한다면, 반드시 고객들도 마음챙김을 습득할 수 있도록 도와야 한다.

마음챙김이란 무엇인가? 마음챙김 의식consciousness은 일상의 의식과는 다르다. 일상 활동에서 주의집중attention은 어떤 의제나 과제를 수행할 때 주의를 기울이는 것이다. 이는 능동적으로 외부로 향하며, 습관적인 반응 패턴에 따라 움직인다. 매우 기계적으로 행동하는 것이다. 하지만 마음챙김은 이런 패턴을 깨닫게 한다. 삶에 좋지 않은 영향을 주는 생각들을 좀 더 잘 인식하게 한다. 우리 의식을 내면으로 향하게 하고 '지금 여기'에 초점을 맞추게 한다. 또한 하지 않아야 할 것과 노력을 기울이지 않아야 할 것이 어떤 것인지 깨닫게 한다.

마음챙김 상태가 되면 우리는 깊이 뿌리박혀 있는 의제, 판단, 이해를 잠시 멈추게 할 수 있다. 우리는 마음챙김 상태에서 여러 존재가 동시에 될 수 있다. 수동적이고, 경계심이 강하고, 개방적이고, 호기심이 많고, 탐구적인 존재가 될 수 있다. 마음챙김의 목적은 자신의 삶을 단순히 돌아보게 하는 것에만 멈추지 않는다. 우리 자신이 가진 생각과 감정에 흔들리지 않게 하고, 갈등적 관계에서도 여유 있게 만드는 데 있다. 곧 삶의 질을 향상시키는 것이 목적이다. 어려운 상황에 직면했을 때 우리 자신의 마음을 좀 더 잘 통제하고 활동하게 만들 수 있다. 마음챙김은 삶에서 난제라고 생각했던 것들을 아무것도 아닌 것으로 만들 수 있다.

예를 들어, 때때로 우리는 강도 높은 감정들을 경험할 수 있다. 화가 나거나, 기분이 나쁘거나, 슬프거나, 기뻐할 수 있다. 그런 감정들은 우리를 무력하게 할 수 있다. 그런 감정들은 우리 자신을 압도한다. 우리가 스스로 마음을 통제할 수 없고, 대처할 수 없다고 느끼게 만든다. 하지만 마음챙김은 그런 감정들에 익숙하게 한다. 더구나 극한 감정들도 매우 다르게 바라볼 수 있는 계기를 열어준다. 그렇게 마음챙김은 우리의 감정에 대해 좀 더 깊은 통찰을 갖게 한다. 주의력과 집중력도 높인다. 복잡한 관계들도 개선시킨다. 고객 삶의 질적 수준을 향상시킨다. 어쩌면 마음챙김은 내 자신에 대한 통제력을 내려놓는 것처럼 보일 수 있다. 하지만 역설적이게도 그렇게 할 때 오히려 우리는 자신의 마음을 잘 통제할 수 있게 된다. 이처럼 마음챙김은 우리가 균형 감각을 갖는 데 도움을 주고, 행복감을 향상시키며, 삶의 즐거움을 넘치게 한다.

안타깝게도, 많은 리더십 코치가 마음챙김을 하지 않는다. 그런 코치들은 다른 사람이 자신의 말을 제대로 경청하지 않는다고 생각한다. 그래서 전문성을 키우려 온갖 애를 쓴다. 전문성만 있으면 자신의 이야기를 들을 것으로 착각한다. 더군다나 힘 있는 사람들에게 어떻게든 중요한 조언을 하려고도 한다. 이는 높은 사람들에게 조언하면 다른 사람들이 자신의 말을 경청할 것으로 생각하기 때문이다. 이런 사고방식이 실제 고객들에게 어떤 유익이 있을지 의문이다. 넘쳐흐르는 찻잔의 이야기처럼, 그 자신의 의제들로 가득 찬 마음은 다른 사람의 이야기를 경청하는 데 방해가 될 것이다. 고객들은 코치가 경청하지 않고 있으면 금방 깨닫는다. 그렇게 될 때, 코칭 관계는 끝난다. 리더십 코치는 진정으로 열린 마음을 갖고 고객의 말을 경청해야 한다. 그래야만 고객은 자신의 말에 귀 기울이고 있다는 느낌을 갖게 되고, 코치는 고객에게 가치 있는 내용을 전할 수 있다. 마음챙김이 적절하게 사용되면, 개인적인 통찰력을 갖게 해준다. 또한 마음챙김은 변화를 가져오는 데 매우 강력하고 효과적인 방법이 될 수 있다. 코치들은 마음챙김을 통해 부정적인 생각과 고통스러운 감정을 풀어낼 수 있을 것이다. 더 나아가 우리와 다른 사람들이 불필요한 두려움에서 벗어나고, 도움이 되지 않는 습관적인 패턴들에서 해방되는 데 도움이 될 것이다.

내면 여행을 위한 리더십 코칭

"마음챙김은 심도 있는 코칭과 밀접하게 연관되어 있다."

어떻게 코칭을 심도 있게 할 수 있을까? 마음챙김에 답이 있다. 마음챙김은 심도 있는 코칭과 밀접하게 연결되어 있다. 우리는 코칭을 심도 있게 진행할 때 각자가 지닌 관점을 활용한다. 그 관점에서 가장 중요한 건 임상적 패러다임이다. 효과적인 리더십 코치는 정원사와 같다. 고객이 가진 문제는 잡초다. 잡초를 제거하기 위해서는 뿌리까지 뽑아야 한다.

임상적 패러다임은 우리가 관찰하는 것을 구조화하는 분석방식이다. '임상적clinical'이라는 용어는 이 패러다임 자체가 실제 상황에 적용되는 것임을 보여준다. 임상적 패러다임의 적용 목표는 지금 여기에서 사람들이 선택한 것들에 대해 더 잘 알도록 도와주고, 그들이 과거에 경험을 다시 되돌아보며, 삶에서 제시되는 새로운 도전들을 탐색할 수 있는 자유를 확대해나가는 데 있다. 이런 맥락에서 마음챙김은 우리가 자신에게 낯선 사람이 되어야 한다는 게 아니다. 마음챙김은 과거의 경험에서 벗어나 새로운 대처 방법들을 찾을 수 있게 돕는다.

"마음챙김은 우리가 자신에게 낯선 사람이 되어야 한다는 게 아니다"

임상적 패러다임은 그냥 만들어지는 게 아니다. 수많은 전제가 쌓여 구축된다. 임상적 패러다임은 합리성rationality을 일종의 환상으로 본다. 우리 삶은 '비합리적' 행동으로 가득 차 있기 때문이다. 그렇다고 비합리적 행동이 아무런 의미가 없다는 건 아니다. 비합리성에도 이유와 의미가 있다. 아무리 비합리적이라도 근본적 이유를 이해할 수 있다면, 우리 자신과 다른 사람 안에 있는 '내면 극장'을 이해하는 데 어렵지 않다. 이는 우리의 인간성과 리더십 스타일에 영향을 미치는 핵심 포인트이다.

우리의 삶은 우리의 앎을 넘어선다. 우리가 본다고 해서 그것을 온전히 아는 것은 아니다. 우리의 인식 범위에는 한계가 있다. 우리는 자신에 대해서도 회피하곤 한다. 우리는 불쾌하다고 느끼는 경험과 지식을 회피하기 위해 방어하고 저항한다. 안타깝게도 많은 사람이 성격상의 맹점 때문에 엇나가곤 한다.

우리는 내면의 갈등으로 그런 저항들이 표면으로 드러나게 된다는 사실을 깨달아야 한다. 우리는 내면에서 일어나는 불협화음 자체가 인간의 조건이라는 사실을 받아들여야 한다. 또 우리가 겪는 심리적 어려움은 대부분 삶을 통해 적응하고 해결할 수 있는 것임을 인식해야 한다. 무의식적 패턴들, 방어적 반응들, 맹점들을 더 잘 이해하기 위해서는 '내면 극장'을 탐험하고 반복적인 주제들에 주의를 기울여야 한다.

우리 모두는 과거가 쌓여 구성된 산물이다. 과거는 현재를 이해하고 미래를 만들어나갈 수 있는 안경이다. 우리는 인생 초기에 겪는 경험들로 인해 특정 행동 패턴을 반복하는 경향이 있다. 우리의 삶에 각인된 것이다. "요람을 흔드는 손이 세상을 지배하는 손이다."라는 속담이 있다. 우리 인격 구조는 유전적 요인에 따라 결정된다. 그리고 끊임없이 변화한다. 따라서 우리의 인격은 초기에 겪는 경험들이 끊임없이 수정되고 발달된 결과이다. 좋든 싫든 상관없이 우리 인생은 과거와 현재 사이에 있으며, 그 사이에는 연속성이 존재한다.

과거와 현재 사이를 탐구하는 것은 계몽적인 작업이다. 습관적이고 뿌리 깊게 박혀 있는 행동에서 해방될 수 있기 때문이다. 그리고 우리 삶과 다른 사람의 삶 가운데는 반복적인 주제들이 있다. 그렇기 때문에 우리가 지닌 내면 극장의 대본이 현재 관계들 속에서 활성화될 수 있다. 이때 우리 행동을 제대로 이해하기 위해서는 이런 반복되는 주제들과 패턴들을 파악할 필요가 있다. 이른바 문제라고 생각하는 관계 패턴에서는 전이와 역전이 반응이 일어난다. 이는 '바로 지금 여기'에서 어려운 문제를 탐구하고 해결할 기회를 제공한다. 그렇게 우리는 적응할 수도 있고 적응하지 못할 수 있다. 이는 우리에게 내재되어 있는 관계 패턴에 영향을 받을 것이다.

우리 자신이 어떤 사람인지는 감정표현 방식과 감정조절 방식을 통해 알 수 있다. 정서emotions는 우리 행동의 많은 부분을 결정한다. 정서/감성지능 emotional intelligence은 우리가 어떤 사람인지, 무엇을 하는지 중요한 역할을 한다. 지적 통찰력intellectual insight은 정서적 통찰력과 다르다. 정서적 통찰력은 지적 통찰력보다 우리를 훨씬 더 깊은 수준에서 감동시킨다. 우리 자신과 다른 사람을 이해하기 위해서는 이전에 경험했던 정서들의 모든 영역을 탐구해야 한다. 이런 정서들은 왜 우리가 그런 일을 하고, 왜 우리가 특정한 역할을 맡으며, 왜 우리가 특정한 일에 열정적인지 확인하는 데 중요한 역할을 할 것이다.

개인의 변화가 먼저

20세기 초, 하버드 대학교 심리학자이자 철학자 윌리엄 제임스William James는 사람의 태어남을 '첫 번째 탄생once-born'과 '두 번째 탄생twice-born'으로 구별했다.[11] 제임스에 따르면, '첫 번째 탄생'을 경험한 사람은 직선적이고 협소한 곳에서 벗어나지 않은 사람이다. 그들은 항상 편안함을 느낄 수 있는 익숙한 과거에 머물러 있다. 반대로, '두 번째 탄생'을 경험한 사람은 흔히 삶에서 극적인 변화를 겪게 될 때마다 많은 노력을 기울여 자신을 재창조하는 사람이다. 그런 사람들은 자신의 삶이 사실상 예측 가능하다고 믿는다. 또한 변화를 꾀하지 않으면 겉으론 살아있지만 죽어 있는 것이나 마찬가지라는 사실을 깨닫는다. 여기서 중요한 것은 '두 번째 탄생'을 경험한 사람들은 삶에서 겪게 되는 감당하기 어려운 변화들을 적극적으로 활용한다는 점이다. 실제로 그런 사람들은 내면에서 솟구치는 악마를 잘 다스리며 살아간다.

윌리엄 제임스의 정신적 틀에서 보면, 우리 인생 여정은 육체적으로 태어나면서 시작된다. 그러나 우리는 예기치 않았던 역경에 부딪히게 될 때 영적으로나 지적인 측면에서 도전을 받을 수 있다. 그때 우리는 '다시 태어나게 된다.' 근본적, 도덕적, 영적 측면에서 격변의 경험이 있는 사람들은 '두 번째 탄생'을 겪은 사람이다. 그런 사람은 자기 한계를 초월할 수 있다. 그렇게 스스로 만든 정신적 감옥으로부터 탈출하는 것이다. 또한 역경에 직면했을 때도 풍부한 상상력으로 대처 방법을 발견하는 데 성공할 수 있다. '두 번째 탄생'을 경험한 사람들은 새로운 삶을 살게 된다. 스스로를 재창조하는 능력은 다른 사람들 뿐 아니라 주변 세상과 관계를 맺는 방식을 변화시킨다.

나는 최근에 두 번이나 죽을 뻔 했다. 러시아 극동 캄차카 반도Kamchatka Peninsula의 눈 덮인 산꼭대기에서 끔찍한 사고가 일어난 것이다. 설상가상으로 치명적인 병원 감염hospital infection에 걸렸다. 그 경험들은 나에게 '두 번째 탄생'이 실제로 무엇을 의미하는지 깨닫게 했다. 두 번째 탄생 경험은 마음챙김을 가르쳐주었다. 또한 실제로 삶이라는 소중한 선물을 어떻게 최대한 활용해야 하는지 알게 되었다. 더불어 삶이란 얼마나 취약한 것인지 배우게 되었다.

나는 지그문트 프로이트를 좋아한다. 특히 '불가능한 직업the impossible profession'이라는 개념을 신봉한다. 나는 리더십 개발과 변화를 가르치는 교수일 뿐만 아니라 정신분석가이다. 그런 점에서 보면 나는 샤머니즘적 중재

shamanistic interventions를 하는 일종의 무당이라고 할 수 있다. 물론, 샤머니즘적 중재는 모든 코칭의 원형이다. 인류 역사를 통틀어 무당들은 살아있는 세계와 영적 세계를 연결시켜 왔다. 무당들은 올바른 의식이 올바른 방식으로 수행될 수 있게 노력한다. 세상을 이치에 맞게 바로잡으려 하는 것이다. 과거의 무당은 광대한 우주를 탐험하는 사람들이었다. 그들은 우리가 다른 차원의 대상을 찾을 수 있도록 중재하는 역할을 했다. 이런 맥락에서 볼 때, 분명히 무당의 역할은 오늘날 리더십 코칭은 물론 남을 돕는 직업helping profession에 종사하는 사람의 역할과 유사한 점이 많다.

나는 남을 돕는 직업을 가진 사람이다. 나는 수년간 효율성과 인간성을 동시에 유지하길 바라는 리더들을 도왔다. 나는 미시적 차원에서 저마다 자신의 삶을 진정으로 이해할 수 있도록 노력했다. 거시적 차원에서는 저마다 삶의 차원을 조직적 수준으로 확장하려 했다. 곧 각 개인에게 최상의 무언가를 끌어내는 동시에 인간성을 그대로 유지할 수 있는 조직을 만들기 위해 힘썼다. 매우 안타까운 일이지만, 이른바 강제수용소와 같은 조직들을 많이 만나왔다.

또 나는 역기능적이고 병적인 리더십을 막기 위해 할 수 있는 모든 일을 했다. 그것을 내가 할 일이라고 생각했기 때문이다. 그렇게 된 이유는 2차 세계대전 때 점령된 네덜란드에서 태어났다는 점과 연결된다. 다들 알다시피, 당시 네덜란드는 헤아릴 수 없는 비극의 연속이었다. 병적 리더십이 얼마나 끔찍한 결과를 초래하는지 경험했다. 따라서 늘 마음 한구석에 이에 대한 민감성이 발달되어 있었다. 나는 리더가 왜 자신에게 부여된 권력을 남용하는지 궁금했다. 무가베Mugabes와 만델라Mandelas의 근본적인 차이는 무엇인가? 많은 사람이 "권력은 부패하는 경향이 있고 절대 권력은 절대적으로 부패한다."라는 액튼 경Lord Acton의 말을 자주 인용한다. 이런 액튼 경의 말은 여전히 유효하다. 일부 사람들은 권력의 강력한 유혹 앞에 무릎을 꿇곤 한다.

하지만 우리는 우리의 인간성을 과소평가해선 안 된다. 인간은 이타적 동기를 지니고 있다. 이타성은 DNA 자체에 뿌리내리고 있다. 호모 사피엔스는 협력할 수 있는 능력이 있다. 이에 지구상에서 가장 정교한 종으로 빠르게 진화한 것이다. 따라서 우리는 인간성을 절대 포기해서는 안 된다.

나폴레옹 보나파르트Napoleon Bonaparte가 말했듯이 '리더는 희망을 파는 사람'이다. 희망이 없다면, 생명도 없다. 리더는 집단 정체성을 만드는 사람이다. 리더는 희망의 메시지를 말해야 하는 사람이다. 이런 희망을 통해 집단적 상상력을 불러일으켜야 한다. 이런 과정은 구성원들이 자기 자신이 생각하는 것보다 더 나은 사람이 될 수 있도록 도울 수 있다. 이는 내가 리더십 코치로서 가장 중요하게 여기는 것이다. 나는 사람들이 미래에 대한 꿈을 가질 수 있도록 돕는다. 그리고 사람들이 그 꿈을 통해 생각에만 머물지 않고 행동하길 바란다.

리더는 넘쳐난다. 하지만 사람들을 변화시키는 리더가 부재한 시대다. 사람들에게 희망을 주고 온전한 삶을 살 수 있도록 돕는 리더는 눈을 씻고 찾아보기 힘들다. 오히려 내 기대와는 전혀 반대방향으로 내달리는 리더들은 많다. 그들은 부질없는 기대를 희망으로 둔갑시켜 사람들을 움직이게 만든다. 많은 리더가 그런 방식으로 사람들의 환심을 사려 한다. 우리 가운데 '두 번째 탄생'을 경험한 리더들을 눈을 씻고 찾아보기 힘들다. 현대사회의 리더십이 붕괴된 지 오래다. 정치 리더들은 리더십 교과서에서 벗어나는 행동을 보인다. 너무 안타까운 일이지만, 오늘날은 탐욕과 불안의 시대이다. 이런 시대에는 단기적인 편의주의 사고방식이 만연할 수밖에 없다. 그 대신에, 대담하고 상상력이 풍부한 리더십이 자취를 감춰버렸다. 이제 '두 번째 탄생'은 정말 중요한 개념이 되었다. 그런 생각 자체가 부재한 시대이기 때문이다. 이처럼 암울한 현실인데도 나는 리더십 위치에 있는 사람들과 함께

하는 일을 포기하지 않았다. 우리가 맞이할 새로운 시대의 리더들이 직면한 도전에 과감히 맞서길 바란다. 나는 그런 리더들이 앞으로 진보해 나갈 수 있도록 할 수 있는 모든 일을 할 것이다.

"우리 가운데 '두 번째 탄생'을 경험한 리더들은 그리 많지 않다."

우리는 어떤 결정을 할 때 합리적이지 못할 때가 있다. 우리는 유한한 존재이기 때문이다. 고대 델파이의 아폴로 신전 위에 쓰여 있는 "너 자신을 알라."라는 말을 숙고하면서 한계에 대해 성찰할 필요가 있다. 효과적인 리더를 양산하기 위해서는 반드시 우리 자신부터 바꿔어야 한다. 괴테Goethe에 따르면, 가장 보기 어려운 것은 바로 자신의 눈앞에 있다. 그만큼 자신을 돌아본다는 것은 어려운 일이다.

넬슨 만델라는 오늘날 가장 모범적인 리더로 꼽힌다. 나는 만델라의 말을 자주 사용한다. "자신을 바꾸지 않았다면, 결코 우리 사회에 어떤 영향도 줄 수 없었다." 나는 이 말을 인용하며 우리의 내면 극장에 등장하는 주요 배우들과 일차적 힘primary forces에 대해 설명한다. 이를 통해 함께 일하는 리더들에게 '우리 모두는 자신 안에 품고 있는 코끼리, 고슴도치, 우로보로스Ouroboros를 관리해야 한다'고 말한다.

여기서 코끼리는 우리 성격의 일부를 말한다. 이는 우리 행동에 통제할 수 없을 정도로 강한 영향을 미친다. 우리는 흔히 우리 안에 있는 코끼리가 무엇을 하고 있는지 제대로 이해하지 못한다. 코끼리는 다양한 얼굴을 가지고 있다. 예를 들어, 코끼리는 꽤 자기애적narcissistic이다. 우리는 자신을 볼 때 매우 편파적으로 장밋빛 안경을 쓴다. 또한 코끼리는 피해망상적paranoid이다. 우리는 의심을 품고 세상을 바라보는 경향이 있다. 그런 경향의 시각은 끔찍한 결과를 초래할 수 있다. 코끼리는 부당한 취급을 받으면 보복한다. 코끼리는 쉽게 상처를 입지 않는다. 더군다나 코끼리는 게으르며 행동 바꾸는 것을 매우 꺼린다. 모든 코끼리가 살아나 우리 내면에 대혼란을 일으킬 때, 오히려 우리는 코끼리와 함께 살아가는 방법을 자연스레 배울 수 있다. 그렇게 우리는 코끼리의 존재를 인정하고, 코끼리와 '씨름'하는 법을 터득하게 된다. 그리고 중요한 것을 깨닫는다. 코끼리와 씨름할 때 코끼리의 힘을 역으로 이용해야 한다는 점을 말이다.

고슴도치는 어떤가? 위대한 독일철학자 아서 쇼펜하우어Arthur Schopenhauer는 인간과 고슴도치의 유사성에 대해 말했다. 이는 모두 사회적 친밀감social proximity에 대해 불안감을 가지고 있다는 것이다. 추운 날씨에 고슴도치는 따뜻함을 유지하기 위해 서로 살을 맞대고 있지만 자신의 몸에 붙어 있는 가시가 서로에게 상처를 입힌다는 사실을 금방 알아차리게 된다. 하지만 가시 때문에 떨어지는 순간, 다시 뼛속까지 스며드는 추위를 느낀다. 결국 고슴도치들은 함께 섞이고 다시 떨어지기를 반복하다 마침내 따뜻함과 편안함을 동시에 주는 최적의 거리를 찾게 된다. 이는 인간관계에서도 마찬가지다. 사람들은 그룹, 팀, 공동체, 시민사회에서 다른 사람들과 함께 일한다는 것이 매우 어렵다는 사실을 잘 안다.

우리 내면에 있는 세 번째 동물은 '우로보로스'이다. 이는 신화에 나오는 동물이다. 보통 자신의 꼬리를 삼키는 뱀이나 용과 같은 모습으로 묘사된다. 우로보로스는 우주의 순환적 본질을 상징한다. 파괴로부터 창조가, 죽음에서 생명이 출현한다는 순환성을 이야기한다. 우로보로스는 재창조와 갱신의 영원한 순환적 주기에서 자신의 생명을 유지하기 위해 자신의 꼬리를 먹는다.

리더들은 우로보로스가 드러내는 상징을 통해 모든 게 영원히 그대로 유지될 수 없다는 사실을 알아야 한다. 다시 말해, 그들은 지난 과거와 결별해야만 할 때가 있다는 사실을 깨달아야 한다. 안타깝게도 알버트 아인슈타인 Albert Einstein의 명제 "다른 결과들을 기대하면서 똑같은 일을 반복하고 또 반복하게 된다."에 매몰된 리더들이 많다. 어떤 리더들은 우리가 죽은 말을 타고 있다는 사실을 깨닫게 되었을 때, 최선책이 말에서 내리는 것이라는 사실을 모르는 것 같다.

변화를 위한 그룹 코칭

21세기 리더들은 효과적으로 일할 수 있는 능력이 필수적으로 요구된다. 능력이 없는 리더가 치러야 할 대가는 너무나 크다. 오늘날 리더들은 어느 때보다 효과적인 팀플레이어가 되어야 한다. 그들은 그렇게 될 수 있도록 최선을 다해야 한다. 나는 팀에서 일어나는 역동을 개선하기 위한 리더십 그룹 코칭을 연구해왔다. 관련된 글도 많이 게재했다. 리더십 그룹 코칭은 좀 더 효과적인 리더들을 창출하기 위한 장이다. 내 리더십 그룹 코칭 모델은 20년 이상 고위 임원들에게 프로그램을 적용하면서 수정 발전시켰으며, 현재 전 세계에서 성공적으로 적용되고 있다. 리더십 그룹 코칭이 성공적일 수 있었던 이유는 간단하다. 사람들이 내면 여행을 할 때 스스로를 재창조할 수 있도록 부드럽게 권유하는 방식을 취하기 때문이다.

나는 정신분석가다. 정신분석가의 눈을 통해 리더십과 조직생활의 어두운 측면들을 보기 위해 노력한다. 나는 역기능적 리더십과 조직을 폭넓게 연구하고 나서 효과적인 리더십을 만드는 데 필요한 기능들에 대해 더 많은 관심을 기울이기 시작했다. 그렇게 리더십 연구에 뛰어든 지 10년이 넘어가고 있다. 이제 세계에서 가장 큰 리더십 개발 센터의 설립자가 되었다. 리더십 그룹 코칭도 세계에서 가장 영향력 있게 진행하고 있다. 나는 리더십 개발 센터를 통해 인간 고슴도치들이 효율성과 인간성을 동시에 발달시킬 수 있게 노력해왔다. 그런 방식으로 그들이 코끼리를 제대로 해부할 수 있도록 도왔다. 오로보로스를 직면할 수 있도록 격려했다. 나는 리더들이 진정성 있는 조직을 만드는 데 도움을 주기 위해 최선을 다했다. 그런 조직에서 사람들은 자신의 일에서 의미를 찾고, 함께 일하는 사람들을 칭찬하며, 자신이 하는 일에 자부심을 갖는다. 더불어 그들이 함께 일하는 사람들을 신뢰하기 시작한다. 이런 견해는 너무 이상적일 수 있다. 하지만 우리가 명심해야 할 것이 있다. 희망이 없다면 생명도 없다.

나는 수년 동안 세계 전역의 MBA 프로그램에서 '핵심 조직행동 과정'을 가르쳤다. 나는 항상 이 과정에서 학생들을 가르치는 걸 즐겼다. 이 과정에 참여하는 학생들이 나에게 선물받았다는 느낌을 주는 수업이었다고 피드백을 주었기 때문이다. 따라서 최선을 다해 이들이 대인관계와 직업 경력에서 현명한 선택을 하도록 노력했다. 이들이 코끼리, 고슴도치, 우로보로스를 더 잘 이해하는 데 도움을 주고 싶었다.

나는 마지막 주 강의 때 학생들에게 잉마르 베리만Ingmar Bergman 감독의 흑백영화 〈산딸기Wild Strawberries(1957)〉를 보여주곤 했다. 영화 〈산딸기〉는 아이작 보르그Isak Borg라는 노인의 이야기를 다루고 있다. 50년 동안 의사생활을 해온 노교수 아이작은 명예 학위를 받기로 한 전날 밤 자신의 죽음을 예고하는 꿈을 꾼다. 그는 불길한 느낌에 학위 수여식이 열리는 곳까지 비행기로 가려던 계획을 바꿔 자동차를 타고 간다. 영화에서 노인은 두 가지 여행을 한다. 실제 학위 수여식장으로 여행을 가면서 동시에 꿈과 환상을 통해 내면여행을 한다. 여행길에 마주치는 다양한 사람들을 통해 자신의 과거와 마주한다. 그렇게 그는 자신의 코끼리, 고슴도치, 오로보로스와 투쟁한다. 그는 단 하루의 여행에서 회상과 꿈을 통해 인생을 돌이켜 보며 예전에는 미처 알지 못했던 소중한 것들을 깨닫게 된다. 이 영화가 전달하는 메시지를 성찰할 필요가 있다. 변화를 시작하는 데 결코 나이는 숫자일 뿐이라는 것이다. 또한 변화를 위해 가장 중요한 것이 자신을 변화시키고자 하는 의지라는 사실을 느끼게 한다.

   나는 누군가를 가르칠 때마다 목표를 정한다. 그것은 매일 아침 사람들이 어제보다 나은 기분을 피부로 느끼도록 돕는 것이다. 그들이 조금이라도 행복감을 얻을 수 있도록 돕고자 한다. 그런 점에서 행복이란 단지 좋은 건강이나 나쁜 기억의 문제가 아니라, 무엇보다 해야 할 일이 있는 것, 사랑할 사람이 있는 것, 희망하는 일이 있는 것이라고 믿는다. 행복은 우리가 가지지 못한 것을 얻음으로써 오는 결과가 아니다. 진정한 행복은 우리가 가진 것을 인식하고 그것에 감사함으로써 온다.

> "행복은 우리가 가지지 못한 것을 얻음으로써 오는 결과가 아니다.
> 진정한 행복은 우리가 가진 것을 인식하고 그것에 감사함으로써 온다."

   고대 그리스인들은 삶의 여정이 피할 수 없는 운명을 회전시키는 세 여신 모이라이Moerae(또는 페이츠Fates)의 교차점에 있다고 믿었다. 여신 포르투나Fortuna는 행운과 기회를 상징한다. 우리 내면 극장을 대표하는 다이몬Daemon은 발걸음을 인도한다. 이런 다양한 내면 극장의 인물들은 서로 상호작용하며 항상 현재 진행 중인 상태이다. 그렇게 진행 중인 상황에 대처할 때 우리가 들고 있는 카드 중에 나쁜 패가 있다고 불평하는 건 바람직하지 않다. 인생에서 중요한 도전은 우리에게 주어진 나쁜 패를 어떻게 활용하느냐에 있다. 진정한 리더십은 어려운 상황에서 발휘된다. 오늘날 많은 리더가 비참하게도 그런 시험에 쓰러지곤 한다. 그들은 자신들의 내부에 있는 우로보로스와 접촉할 필요가 있다. 위대한 리더들은 인생에서 유산으로 무엇을 남길 것인가 늘 성찰한다. 우리는 어떤 사람으로 기억되기를 바라는가? 진정한 리더는 다음 세대에 도움이 되는 행동을 하는 사람이다.

이 책에 대하여

최근 몇 년 사이 리더십 코칭에 관한 관심이 폭발적으로 증가했다. 코치의 수도 많이 늘어났고, 리더십 코칭을 바라는 개인과 조직이 확실히 많아졌다. 코칭 수요의 증가는 이 분야에서 출판된 연구 서적의 양으로 나타나고 있다. 이 책에서는 리더십 코칭을 새로운 관점에서 살펴보기 위해 '정신역동 마음챙김psychodynamic mindfulness'으로 정했다. 다른 리더십 코칭 책과는 전혀 다른 방향을 지향하기 위해서다.

이 책은 주로 코칭을 받기 원하는 임원과 리더십 코칭에 대해 알고자하는 사람들을 위해 출간했다. 또한 코칭을 통해 인적자원을 관리하고 책임져야 하는 HR 전문가들, 리더십 코칭을 연구하는 학자들, 그리고 리더십 코칭을 추구하는 코치들을 위한 책이다.

이 책에서는 코칭 과정을 심층적이고 신중하게 살펴본다. 인간 정신의 복잡성에 대한 깊은 인식을 가지고 개인 및 조직 학습의 다양성과 변화에 초점을 맞추고 있다. 리더십 코칭의 전략적, 행동적 이점뿐만 아니라, 성인 발달과 변화를 일으키는 역할을 하는 것도 탐구한다. 이 책의 통찰은 코치와 임원의 태도, 신념, 행동을 변화시키는 데 도움이 될 것이다.

앞서 언급했듯이, 이 책은 코칭이 어떻게 함께 일하는 사람을 도울 수 있는지 알려고 하거나 코칭에 관심이 있는 사람들을 위해 썼다. 이 글을 쓰면서 어떻게든 정신역동적 사고와 마음챙김 개념이 명확히 이해될 수 있도록 노력했고, 이 개념들 가운데 많은 부분을 리더십 코칭 과정에 적용했다. 이 책에서는 행동 패턴에 대한 이유를 드러내기 위해 코치의 과거, 현재, 미래를 연구하는 것이 임상적 접근의 주요 의도임을 보여줄 것이다. 또한 코칭에서 임상적 접근을 사용할 경우, '표면 아래'에서 일어나고 있는 일을 어떻게 더 깊게 이해할 수 있는지 명확히 밝혀낼 것이다. 나는 이런 종류의 임상적 개입들이 조직에 실질적인 이점을 제공할 수 있다고 믿는다. 임상적 개입들은 한 사람의 개인적 패턴 및 내부 구조의 중요성과 의미, 복합적 인간관계, 팀과 그룹의 역동성, 조직적 과정들에 대해 더 깊은 이해를 얻게 하는 데 기여한다. 내가 바라는 것은 독자들이 임상적 접근을 능숙하게 적용함으로써 미래에 좀 더 효과적인 성과를 낼 수 있게 만드는 지식과 마음챙김의 기술을 습득하게 만드는 것이다. 또한 이런 종류의 인식과 통찰을 증진시켜 나갈 때, 임상적 접근은 전통적인 개입이 해결하지 못하는 상황을 다루는 데 도움이 될 것이다.

또한 이 책에서는 사람들을 성공적으로 코칭하기 위해 코치와 코치이 모두가 표면 아래에서 일어나는 일이 자신들의 행동에 어느 정도 영향을 미치는지 이해하는 게 중요하다고 말할 것이다. 이를 위해서는 고객 본인의 개성, 암묵적이고 근본적인 가치, 자신의 성격을 형성하는 경험, 자신이 다른 사람들에게 미치는 영향을 탐구해야 한다. 게다가, 이런 역동이 팀이나 조직의 기저에 어떤 영향을 미치는지 탐구한다. 이에 대한 이해는 코칭 과정에 있는 사람들이 어떤 상황에 있더라도 좀 더 효과적인 방식으로 나아가는 데 도움이 될 것이다. 요약하면, 코칭에 대한 임상적 접근은 직장에서 협력 관계의 질과 현실을 왜곡하는 개인적이고 조직적인 방어막을 제거하는 데 도움이 된다. 그럴 경우, 조직 내에서 더 충만하고 안전한 삶을 구축하는 길이 열릴 것이다.

이 책은 두 부분으로 나뉜다. 처음 5개의 장은 리더십 코칭에서 중요한 현재 이슈를 다루고, 나머지 장들은 코칭 목표와 기술에 관해 논한다. 1장에서는 애착attachment에 대해 다룰 것이다. 인간의 기능에 대해 더 잘 이해하고자 한다면 애착 패턴들을 이해해야 한다. 2장에서는 평범한 경영자와 위대한 경영자를 구별할 수 있는 능력인 용서forgiveness에 대해 살펴볼 것이다. 3장과 4장에서는 코칭 관계에서 가장 중요한 것으로 대두되는 피해자와 구조자의 역할에 대해 살펴볼 것이다. 5장은 내가 'SOB 임원들'이라고 묘사한 사람들을 다룰 것이다. SOB는 매력적인 깡패 경영자seductive operational bully를 나타낸다. 그런데 문제는 깡패 같은 행동을 하는데도 상당한 성공을 거두는 경영진이 있다. 이런 역기능적 행동을 중점적으로 살펴볼 것이다. 이를 살필 때 우리는 조직 생활에서 매우 민감한 논제를 언급할 것이다. 우리 모두는 C 스위트룸(임원실)의 사이코패스들을 조심해야 한다는 것이다.

이 책의 두 번째 부분에서는 사례를 통해 뒷받침되는 여러 가지 중요한 코칭 이슈를 다룰 것이다. 6장의 주제는 코칭을 향해 나아가는 여정이다. 다시 말해, 임원 코치가 되기 위해 필요한 점이 무엇인지를 다룰 것이다. 특히, 임원 코치는 그룹을 다룰 가능성이 높기 때문에 필요한 것이 무엇인지 면밀히 살펴볼 것이다. 7장은 임원들이 일하는 방법을 배우고, 안전하고 필요한 공간을 만드는 것을 돕는 데 초점을 맞춘다. 곧, 모든 코치들이 갖추어야 할 기술에 대해 다룰 것이다. 실제 시도해보려는 마음이 없다면, 어떤 변화도 일어나지 않을 것이다. 8장에서는 티핑 포인트와 변화의 역동성에 대해 논의할 것이다. 마지막으로 결론 부분에서는 아리스토텔레스와 알렉산더 대왕의 관계에 대해 살펴볼 것이다. 이는 아마도 우리가 알고 있는 사례

가운데 가장 유명하고 오래된 코칭 사례일 것이다. 이를 논한 뒤, 코칭의 미래에 대해 우려하는 여러 사항들을 제시할 것이다.

나는 이런 다양한 주제를 다루면서 갖게 된 목표가 있다. 그것은 미래를 준비하는 리더들이 코칭 문화가 성공하는 조직을 만드는 데 어느 정도 중요한지 이해할 수 있게 만드는 것이다. 만일 사람들이 자신들의 목소리를 자유롭게 낼 수 있는 조직 문화가 창출된다고 상상해보라. 아마도 그들은 다양한 노동력과 시장 및 공급자의 다양성을 다루고 이런 요소들이 전략, 생산성, 시장의 침투성, 고객 서비스, 채용 비용, 이직률 및 기타 조직의 역동성에 대해 어떤 영향을 미칠지 평가하는 데 도움이 될 것이다. 어떤 조직이 리더십 코칭의 이점을 인정하게 되면, 다양한 측면에서 유익을 얻을 수 있다. 곧, 향상된 대인관계 기술, 고정된 틀에서 벗어난 생각, 더 나은 갈등관리, 좀 더 효과적인 팀 행동, 개인적인 경력 목표와 다른 사람들의 경력 목표를 관리하고 발전시켜 나갈 수 있는 능력, 코칭 문화를 창출하는 능력, 일하기에 가장 좋은 진정성 있는 조직과 관련하여 이점이 있다.

이 책에서 '좋은' 리더십 코치는 자신이 가고 싶은 곳으로 리더들을 이끌어 간다는 전제를 두고 있다. 이 글을 쓰는 동안 코치들에게 성찰을 하라고 요청했다. 리더십 코치는 스포츠코치가 아니다. 성찰적인 태도를 취한다는 건 사실상 마음챙김을 하는 것이다. 리더십 코치들은 리더십 코칭에서 생기는 기계적인 반응들에 유의해야 한다. 탁월한 코치는 지식을 습득한 다음, 그 지식을 논리만이 아니라, 정서적으로도 분석할 수 있는 능력을 가지고 있다. 진정한 코치는 응급상황이 되기 전에 문제를 제대로 인지할 수 있어야 한다. 우리 모두는 진정한 코치가 되는 걸 목표로 삼아야 한다. 독일 속담을 활용하여 이야기하자면, "진정한 코치는 듣고 나서 귀머거리가 되어야 하고, 보고나서 맹인이 되어야 한다."

1장
애착, 고슴도치의 입맞춤

> 내 수트케이스는 여전히 베를린에 있다.
> – 마를렌 디트리히Marlene Dietrich

> 집은 머물 곳이 다 없어질 경우 찾아가는 곳이다.
> – 존 르 카레John le Carré

> 아주 오랫동안 해안에서 눈을 떼는 것에 동의하지 않는다면 새로운 땅을 발견할 수 없다.
> – 앙드레 지드André Gide

서론

사람들은 어떻게 연결되는가? 사람들은 어떻게 적절하게 가까운 사이가 될 수 있는가? 몇 가지 사례를 살펴보자.

첫째, 당신이 매우 성공한 전문가라고 상상해보라(물론 당신은 실제로 전문가일 수 있다). 당신은 항상 업무에서 대단한 전문가였지만, 다른 사람과의 관계에서 대부분 짧고 피상적인 상태에서 끝난다. 사무실에서도 사생활에서도 마찬가지다. 왜 그럴까. 과연 이게 정상적인 것일까? 아니면 다른 사람들과 단지 다를 뿐인가? 당신은 다른 사람들과 너무 가까워지는 것이 불편하고, 그들을 온전히 신뢰하기가 어렵다는 사실을 안다. 그렇다고 누구에게 의존하는 것 자체도 싫어한다. 다른 사람들과 가까워질 필요성이 없다고 느끼는 것이다. 하지만 때때로 자신의 인생에서 뭔가 빠진 게 아닌지 자문해보게 된다. 깊은 관계를 맺는 것 자체가 불가능해 보인다. 아마 당신은 사람들과 매우 얕은 관계에만 머물고 있을 것이다. 그 이유는 무엇일까? 유일하게 함께 편하게 지내는 사람이 오로지 당신 자신이기 때문이다. 당신에게 어떤 문제가 있는 것은 아닐까?

다음으로, 이제 당신이 임원이라고 가정해보자. 사무실 동료가 짜증스러울 만큼 당신에게 집착한다. 무엇을 하든, 어디로 가든, 항상 주변에 서성거린다. 처음에는 관심을 받게 된 게 처음이라 우쭐해졌다. 하지만 시간이 지나면서 숨이 막힐 것 같은 느낌이 들기 시작했다. 당신은 아주 좋은 방법을 찾아 서로 약간의 거리를 두는 것이 필요하다고 말하려 했지만, 동료는 별로 말을 듣고 싶어 하지 않는 것 같아 보인다. 오히려 그녀는 [임원이 되니] 다른 사람들과의 관계가 더는 예전과 같지 않다고 불평한다. 자신 외에는 아무도 그런 사실에 신경 쓰는 것 같지 않아 보여 기분이 상한 것이다. 그녀의 행동이 부적절한 것일까? 그녀는 주변 사람들에게 냉대를 받는 것인가? 누구의 태도가 잘못된 것인가? 그녀의 태도인가? 아니면 당신의 태도인가? 그런데 당신은 그녀가 항상 당신 곁에 있는 것이 옳지 않다고 느낀다. 그리고 그녀는 마치 평생 함께할 수 있는 누군가가 있어야 된다고 생각하는 것 같다. 그렇다면 어느 정도의 집착이 정상적인 것일까?

이 두 가지 사례는 대인관계의 역동을 보여준다. 이는 독일의 철학자 아서 쇼펜하우어의 고슴도치 이야기의 실제 버전이라 할 수 있다. 쇼펜하우어는 고슴도치 비유가 인간 조건에 매우 적절한 상징을 제공한다고 생각했다. 당신은 다른 사람들에게 어느 정도 가까이 다가갈 때 불편함을 느끼기 시작하는가? 어떤 사람들은 다른 사람들에게 아주 가까이 다가갈 수 있지만, 어떤 사람들은 가까이 오는 것을 혐오스럽게 생각한다. 인간의 만남에 대해 좀 더 깊은 이해를 얻기 위해서는 '애착 행동attachment behavior'을 탐구해 볼 필요가 있다. 정서적 만족을 위해 다른 사람에게 얼마나 의존적이어야 하는가? 우리를 다른 사람들과 결속시키고 시간이 흐르면서 그대로 유지시키는 유대감의 본질은 무엇일까?

    타인에 대한 우리의 행동은 애착 패턴에 기반한다. 우리가 누군가를 만날 때 편안함을 느끼거나 불편함을 느낄 수 있다. 이런 느낌을 주는 건 우리 내면에 뿌리 깊게 박혀 있다. 우리가 지닌 모든 인간관계의 원형은 감수성이 매우 민감한 나이에 형성된다. 우리는 어릴 때 엄마(양육자)와 '춤dance'을 통해 인간관계의 원형을 형성한다. 그렇게 초기에 형성되는 엄마-유아와의 상호작용 패턴early mother-child interaction patterns은 현재와 미래의 애착본질과 특성을 결정한다. 따라서 새로운 관계를 맺을 때마다 우리는 초기 발달 단계에서 축적된 기대치에 영향을 받게 될 것이다.

> "초기에 형성되는 엄마와의 상호작용 패턴은
> 현재와 미래의 애착본질과 특성을 결정한다."

    우리는 초기 발달 단계에서 평생 동안 타인과 관계하는 틀을 만든다.[12] 예를 들어, 부모가 애착이 불안정하게 형성되었다면, 자녀에게 강한 애착을 형성해줄 능력이 부족하다. 애착 형성이 불안정한 부모는 건강한 정서적 발달에 필요한 애착 신호attachment cues들을 아이에게 제공할 수 없다. 따라서 그런 부모들에게 영향을 받은 자녀들은 평생 관계를 맺을 때 어려움을 겪게 될 수 있다. 초기에는 2인 관계 이슈dyadic issue였던 것이 세대적인 이슈generational issue가 되는 것이다. 애착 문제는 개인이 자신에게 얽혀 있는 사슬을 끊지 않는 한, 세대를 거듭해서 이어질 수 있다. 그런 발달들을 이해하는 것은 관계 패턴의 본질을 아는 데 매우 중요하다.

아동 애착장애는 대개 정서적 측면에서 도움이 안 되는 양육자, 비허용적인 양육자, 일관성이 없는 양육자, 신체적으로 결손이 있는 양육자, 변덕이 심한 성격을 가진 양육자에게서 출발한다. 아동 애착장애는 아이와 주로 접촉하는 사람이 미치는 영향까지 거슬러 올라간다.[13] 따라서 애착장애는 부모의 사망이나 이혼으로 인한 부모와의 분리, 아동기의 신체 및 성적 학대 경험으로 악화될 수 있다. 그런 환경에서 성장하는 아이들에게는 자긍심과 정체성 형성이 부담스런 이슈들이 될 수 있으며, 그런 아이들의 대인관계는 역기능적인 경향이 있게 된다.

이는 아이들이 성장하면서 매우 다르게 나타날 수 있다. 어떤 아이들은 지나치게 집착하는 경향을 보일 수 있으며, 그들이 어떤 관계에 있든 그 관계가 깨질 것 같은 두려움을 갖게 될 수 있다. 또 어떤 아이들(부모의 다른 역기능 성향으로 영향받은 아이들)은 어느 누구와도 길고 지속적인 관계를 맺지 못하고 가까운 사람들조차 신뢰하기 매우 어렵다는 것을 알게 되면서 분리감feelings of detachment을 고착화하게 된다. 만일 적절한 시간에 조처를 취하지 않으면 그런 패턴은 성인기까지 계속될 것이다. 이는 한 개인이 대인관계(직장과 가정 모두)에서 평생 동안 어려움을 겪게 된다는 것을 의미한다.

애착이란 무엇인가?

애착이란 무엇인가? 애착은 생후 처음 몇 년 동안 생긴다. 다시 말해, 애착은 '아이와 보호자 사이에서 수립되는 깊고 지속적인 정서적 유대'를 통해 형성된다. 그런 관계 방식은 긍정적이든 부정적이든 미래의 모든 관계의 특성을 설정한다.[14]

"애착과 분리는 우리의 행동과 결정의 추진력이 되는 기본적인 힘이다."

존 볼비John Bowlby는 애착을 독창적으로 연구한 정신분석학자이다. 그는 아이들의 '정신적 표상들mental representations'이나 '관계 작동 모델들working models of relationships'이 미래의 모든 관계와 경험의 토대를 만든다고 말했다.[15] 볼비에 따르면, 애착과 분리는 우리의 행동과 결정의 추진력이 되는 기본적인 힘이다. 아이가 양육자와 안정된 애착관계를 형성하지 못하면, 이후에 여러 가지 유형의 문제 행동을 일으킬 수 있다. 그런 애착 패턴들의 문제점들이 해결되어야 자기효능감self-efficacy(주어진 과제들을 성공적으로 완수할 수 있는 능력에 대한 믿음), 자신감self-confidence(자신의 일반적인 능력에 대한 긍정적인 인식), 자존감self-esteem(자기 가치와 자기 만족감)이 건강하게 형성될 수 있다.

애착 형성 능력은 생물학적이며 진화적 유산이다. 유아는 생존을 위한 레퍼토리를 가지고 태어난다. 그렇게 유아는 '본능적으로 사전에 설정되어 있는 생물학적 행동'을 한다. 보통 유아들은 어머니(또는 다른 주요 양육자)의 친밀감과 안정감을 갈구한다. 이는 진화적 측면에서 이점이 있다. 자신들의 필요에 반응을 보이고 안정감을 제공하는 어머니를 둔 유아들이 살아남기 때문이다. 그런 유아들은 살아남아서 자신의 유전자를 후손에게 전달할 가능성이 더 커진다.[16] 이런 맥락에서 볼 때, 유아가 우는 행위, 미소 짓는 행위, 움켜쥐는 행위, 매달리는 행위들은 매우 의도적인 활동들이다. 그런 행동들은 주요 양육자와 계속 가까운 상태를 유지하게 해줄 것이다. 주요 양육자들이 자신들을 위험에서 보호하고, 먹을 것을 주고, 위로해주고, 유아들이 살고 있는 세계에 대해 무엇이 좋고 나쁜지 가르쳐 줄 수 있기 때문이다. 부모의 그런 모든 행동들은 유아를 돌보는 행위 자체를 강화해준다. 그렇게 함께 춤을 추는 짝춤pas de deux은 부모를 통해서도 촉진된다. 부모들도 유아들이 울 때 진정시키고, 애무하고, 호소하는 소리를 내고, 유아들이 자신을 거울로 비추어 보게 하는 것(즉, 장난스럽게 유아의 얼굴 표정을 흉내 내는 것)과 같은 본능적인 행동 패턴들을 가지고 있기 때문이다. 그런 과정들의 주요 목적은 명확하다. 유아와 양육자 사이 근접성을 유지하고, 유아의 안전과 보호를 보장하며, 종의 연속성을 위한 필수적인 요소들을 확보하는 것이다.[17]

유아들은 초기 애착의 성격과 질적 수준을 바탕으로 '기억, 믿음, 기대, 감정, 행동과 같은 사고 체계들'을 발달시켜 나간다. 유아 때 형성된 것들은 미래의 모든 관계 방식에 본보기가 된다. 이런 애착 패턴이 우리 내면 극장에서 어떻게 작동하느냐는 다분히 양육자들에게 달려 있다. 곧, 그들이 어떻게 반복적으로 상호작용의 성격과 질적 수준을 보이느냐에 달려 있는 것이다. 실제로 그들이 보이는 반응에 따라(특히 스트레스 상황) 특정한 '관계의 작동 모델들'이 우리 내면 극장 안에 만들어진다. 그런 사실들은 긍정적일 수 있거나(사람들을 신뢰하고, 속마음을 털어놓을 수 있다. 사람들은 어려움에 처했을 때 도움이 된다), 부정적일 수 있다(아무도 믿을 수 없고, 사람들은 정말로 배려심이 없다. 우리 모두는 이 세상에서 혼자다).

볼비는 주로 '유아-양육자 관계'의 본질과 '사회-정서 발달에 대한 함의'를 이해하는 데 초점을 맞추었다. 그리고 동시에 '부모-자녀 상호작용'으로

부터 형성된 '자신과 다른 사람들의 스키마들'이 다른 종류의 관계 안에 존재한다는 주장을 했다.[18] 곧, '애착은 요람에서 무덤에 이를 때까지 인간 경험의 중요한 구성요소'라는 것이다. 이런 맥락에서 볼비는 보호자에 대한 유아 애착이 나중에 사람들 사이에서 발전하는 정서적 유대감의 기초가 된다고 주장했다. 이는 초기의 '관계 패턴'이 우리 삶의 전 과정에 걸쳐 영향을 미친다는 것이다.

우리는 삶에서 성숙 정도에 따라 부모에게 받은 애착 관계를 다른 사람에게 전수한다. 인생의 초기에 확립된 애착의 질은 낭만적인 사랑, 우정, 직장 내의 행동을 포함한 모든 성인 관계들에 영향을 미칠 것이다.[19] 한 개인이 자기와 자신의 감정에 대해 이야기하는 방식은 애착 경험들을 어떻게 조직했는지, 또한 다른 사람들에 대한 자신의 행동을 어떻게 규제할 것인지 알려준다. 안정된 작동 모델을 가진 사람들은 긍정적인 행동을 더 많이 할 것이다. 반면에 불안정한 작동 모델을 가진 사람들의 경우는 그 반대가 될 것이다.

애착 상황들

발달심리학자 메리 에인스워스Mary Ainsworth는 볼비의 연구를 좀 더 확장했다. 그는 유아에게 내면화되어 성숙 기능mature functioning에 영향을 미치는 여러 가지 애착 패턴들에 대해 설명했다.[20] 그들은 세 가지 기본 애착 유형에 대해 말했다. 즉 안정애착(긍정적), 불안-양가감정적 애착 유형(역기능적), 회피 애착(역기능적)이다.

긍정적 애착 유형들

안정애착

부모가 자녀와 안정애착 관계에 있을 경우, 자녀의 욕구needs에 신속하게 반응하며 대체로 자녀에게 민감한 반응을 보인다. 또한 자녀와 함께 놀아주고 자녀가 하는 일에 함께 한다. 부모들의 일관되고 적절한 반응을 보이면 양육자와 아동 사이에는 안정된 유대감이 수립된다. 그 결과 아이들은 정서적 경험들에 개방적이 되고, 창조적이고 생산적이며 정서적인 상호작용에 참여하려는 의지를 갖게 된다. 그런 부모들은 자녀들이 세상으로 성공적인 진출을 할 때 필요한 '안정된 기반secure base'을 만들게 된다. 안정된 기반은 아동의 건강한 인지적, 사회적 발달에 기여한다. 또한 미래의 모든 정서적 관계들의 패턴이 되는 신뢰와 호혜성reciprocity을 확립한다.

부모와 애착관계가 안정된 유아들은 양육자와 함께 있을 때 주변 환경을 탐색할 준비가 되어 있다. 그런 아이들은 부모와 떨어져 있을 때 불안감을 보이지만, 부모가 돌아오면 즉시 그런 불안감에서 쉽게 벗어난다. 이런 기본적인 안정감이 있는 유아들은 다른 사람들을 신뢰할 수 있고, 배려하며, 믿을 수 있는 사람들로 인식하게 될 것이다.

안정된 아이들은 시간이 지남에 따라 안정된 성인으로 성숙해 나간다. 이처럼 성숙한 성인들은 다른 사람들이 신뢰할 수 있고 자신에게 반응하기를 기대한다. 그런 세계관은 내면의 안정감을 강화한다. 그런 사람들은 자신을 다른 사람들이 필요로 하고 가치 있고 유능하며 사랑받을 만한 존재라고 생각한다. 그들은 안정된 자기감을 형성할 것인데, 그런 자기감에는 자신감과 자기가치가 포함되며, 의존성과 자율성 사이의 건전한 균형도 포함된다. 안정된 애착 패턴은 공감, 연민, 양심의 발달에도 기여한다.

역기능적 애착

아이들은 애착 욕구가 충족되지 않으면 불안해한다. 그런 아이들은 접근대상 탐색proximity seeking, 즉 양육자에게 가까이 다가가려 하는 행동이 환영받지 못할 것이라고 느낀다. 역기능적 양육을 받는 아이들은 기분이 나쁘고, 자신이 불필요하고, 무가치하고, 무력하고, 예쁜 데를 찾아볼 수 없는 존재라고 느낀다. 그들은 다른 사람들을 무감각하고, 상처를 주기 쉽고, 신뢰할 수 없으며, 자신들의 필요에 반응하지 않는 사람들로 인식한다. 또한 그들은 세상을 안전하지 못한 곳으로 여기고, 삶을 고통스럽고 살아가기에 부담스러운 것으로 인식한다.

그런 아이들은 자신들의 양육자들에게 반응을 끌어내기 위해 필사적인 전략들을 펼치려 한다. 그런 전략들 가운데 하나는 과잉 활성화hyper-activation이고, 다른 하나는 불활성화deactivation이다. 이는 사람들을 향해 이동하거나 자신에게서 멀어지는 데 초점을 맞춘 활동을 말한다. 그런 전략들은 주요 애착 전략primary attachment strategy을 확대한 것이다. 첫 번째(불안-양가감정적) 유형은 양육자에게 가까이 다가가기 위한 격렬한 항의나 열정적인 노력을 통해 나타난다. 두 번째(회피) 유형은 애착 욕구를 억제하거나 거부하는 것과 관계에서 거리를 두는 것을 특징으로 한다.[21] 그런 아이들 가운데 일부는 위로와 관심을 경계한다. 회피적인 아이들 중에는 정서적으로 거리를 두거나 다른 사람들보다는 자신을 더 의존하는 아이들도 있다.

불안-양가감정적 애착 유형의 아이들은 애착관계가 안정된 아이들보다 두려움에 떨고 있고 자신감이 없다. 취약한 유아기 때 양육자가 일관되지 않게 지원을 한다면, 대인관계와 관련해 지속해서 불안한 감정을 형성하고, 부정적인 감정의 수준을 지나치게 높게 한다. 그런 아이들이 예측할 수 없는 상황에 노출되면, 불안이 심해지고 양면적인 모습까지 보일 수 있다. 그들은 부모가 떠날 때 극심한 '분리 고통separation distress'을 보이며, 부모들이 돌아왔을 때 양가감정ambivalence을 나타내거나 분노한다. 그들은 양육자를 더 면밀히 살피고, 곤경에 처했을 때 양육자 옆에 있으려 하며, 더 극적인 반응을 보인다. 성인기에는 불안-양가감정적 애착 패턴이 그들에게 중요한 사람들의 가용성availability과 반응성responsiveness에 대한 만성적인 불안감과 염려를 특징으로 한다. 그런 특징들 때문에 그들을 집착에 매몰되게 하고 정서적으로 궁핍하게 보이게 할 수 있다. 쇼펜하우어Schopenhauer에 따르면, 그런 사람들은 너무 가까이 오려고 하는 고슴도치들이다.

성인 애착 유형

초기 애착 유형은 후기 애착 경험의 질을 형성한다.[22] 하지만 애착 유형들이 한 번 형성되면 절대 변하지 않는 것은 아니다. 기존 애착 유형들은 새로운 경험으로 변형되고 수정될 수 있다. 초기에 겪은 부정적인 경험이 평생 동안 불안정한 애착관계를 맺을 수밖에 없도록 결정 짓지는 않는다. 하지만 초기 역기능적 애착은 나중에 불건전하고 갈등관계 패턴들이 반복되게 하는 주요 요인이 될 수 있다. 성인 애착장애가 있는 사람들은 부정적이고 도발적인 행동 패턴에 따라 행동하고 자기파괴적 행위를 할 가능성이 매우 크다. 때때로 분리감, 분노, 좌절감은 그들을 끊임없이 따라 다니는 동반자가 된다. 그들은 사람들에 대한 감정적인 유대를 만드는 방법은 고사하고 다른 사람들과 어떻게 관계를 가져야 하는지도 모른다. 그런 사람들에게는 통제가 필요하다. 거짓말을 하고, 부정행위를 일삼으며, 대단히 조작적일 가능성이 높기 때문이다. 그들은 의사소통도 어렵고, 경청하는 능력이 엄청 떨어질 수 있다. 또한 자신들이 어떤 형태로든 지도를 받는 것 자체가 어려운 사람이라는 사실을 깨닫게 된다.

> "초기 역기능적 애착은 나중에 불건전하고
> 갈등관계 패턴들이 반복되게 하는 주요 요인이 될 수 있다."

애착장애를 가진 사람들은 공감 능력이 부족한 경향을 보인다. 그들은 애정을 주고받기가 어렵다. 그들은 때때로 우울하고 슬퍼한다. 그렇다고 자신의 감정을 꼭 드러내는 건 아니다. 아직 관계가 좋으나 타협하기 어려운 점을 발견할 때마다 다른 사람과의 관계를 파괴하고 싶은 유혹을 느낄 수 있다. 그런 행동은 '보호 반응protective reaction'이다. 이는 불안을 관리하는 방법 가운데 하나다. 상대방이 어떻게든 자신과의 관계를 단절할 것이라는 우려 때문에 자기파괴적 행동을 하는 것이다. 이런 행동 패턴의 핵심에는 성공에 대한 무의식적 두려움unconscious fear이 자리 잡고 있다. 그런 사람들은 일이 매우 잘 풀릴 때도 잘 풀리지 않게 하기 위해 방해하고 싶은 유혹을 느낀다.

유형적 접근? 차원적 접근?

최근 애착 행동 연구에서는 네 가지 애착 유형 모델이 제안되었다.[23] 에인스워스Ainsworth가 제안한 '세 가지 애착 유형 모델'을 좀 더 정교하게 만든 것이다.[24] 이 모델은 애착 행동 연구에 대한 유형 접근방식stylistic approach과는 대비되는 차원적 접근방식dimensional approach을 사용한다.

이 모델은 성인 애착을 애착 구성 개념의 기저에 있는 불안 애착과 회피 애착의 두 차원으로 설명한다. 불안 차원은 거부와 포기에 대한 불안과 경계에 해당한다. 회피 차원은 친밀성 및 의존성과 관련된 불편함(다른 사람들과 친밀해지는 것을 꺼리는 것)에 해당한다.

2차원은 서로 직교 관계orthogonal dimensions에 있다. 이들은 '관계들의 맥락' 내에서 발생하는 생각들, 감정들, 행동들의 일반적인 패턴들에 대해 설명해준다.

이를 개념 도식conceptual scheme 측면에서 보면, 불안에 대해 높은 점수를 받은 사람들은 상대방이 이용 가능하고available 반응적이며responsive 주의력이 있는attentive 사람인지 염려하는 경향이 있다. 낮은 점수를 받은 사람들은 상대방의 예상된 반응들에 대해 비교적 안정되어 있다. 회피의 경우, 2차원에서 맨 위 끝 부분에 있는 사람들은 다른 사람에게 의존하거나 개방하지 않는 쪽을 선호한다. 아래의 끝 부분에 있는 사람들은 다른 사람들과 친밀한 상태에 있을 때 편안하다. 자신들은 다른 사람들에게 의존하고 다른 사람들이 자신에게 의존할 때 더 안정감을 느낀다.

이 모델에서 불안 범주는 '안정애착형과 불안-양가감정적 유형'으로 분류한다. 또한 회피 범주는 두려움-회피 유형fearful-avoidance, 거부적-회피 유형dismissing-avoidance으로 나눈다.[25]

성인애착 유형에 대하여

안정애착형: 이 체계를 사용하면 '안정된 성인'의 전형은 2차원(낮은 불안/낮은 회피)에서 점수가 낮다. 아동기에 안정애착이 형성되는 사람들은 성인기에 안정애착 패턴을 가질 가능성이 크다. 그런 사람들은 자기감이 강하고, 다른 사람들과 친밀한 관계를 갖길 원한다. 그들은 비교적 자존감이 강하고, 다른 사람들이 좋아한다고 느끼며, 비교적 쉽게 관계를 맺는다.[26]

"아동기에 안정애착이 형성되는 사람들은
성인기에 안정애착 패턴을 가질 가능성이 크다."

그들은 자신과 다른 사람들에 대해 긍정적으로 표현한다. 예를 들어, 자신을 가치 있고 사랑스러운 사람으로 보며, 다른 사람들을 반응을 잘하고 주의 깊은 사람으로 본다. 그들은 장기적으로 신뢰할 수 있는 관계를 맺으며, 포기에 대한 염려를 거의 하지 않는 경향이 있다. 그들의 삶은 균형이 잘 잡혀 있다. 그들은 독립적으로 되는 것과 관계를 친밀하게 가지는 것에서 흔들리지 않고 안정되어 있다. 그들은 삶에 대해 긍정적인 시각을 갖고 있으며, 자신의 감정을 어떻게 관리하고 표현하는지 안다. 그들은 사회적 기술이 좋고, 친구나 파트너와 감정을 공유하는 일에서 편안함을 느낀다. 그들은 자신의 진정한 생각, 감정, 소망, 두려움을 기꺼이 드러내려 한다. 그런 사람들은 스트레스를 받거나 위협을 받을 때, 근접성을 추구(주요 애착 전략)하는 것이 편안함과 안도감을 준다는 사실을 깨닫게 된다. 그들은 필요할 때 사회적 지원을 강구할 준비가 되어 있고, 친밀한 관계를 즐긴다. 그리고 안정애착 패턴은 스트레스와 트라우마에 대해 방어책을 제공하며, 자원활용력resourcefulness과 회복탄력성resilience을 갖게 해준다. 또한 그런 내면의 안정감들은 '자기 조절 능력'을 갖게 해줌으로써 충동과 정서를 효과적으로 관리할 수 있게 한다. 그렇게 일반적으로 세상은 안전하고, 인생은 살 가치가 있다고 생각한다.

불안-양가감정적 유형(몰두형): 불안-양가감정적 유형을 가진 성인은 대단히 자기비판적이고 불안정하다. 그들의 삶은 균형을 이루지 못한다. 그들의 불안은 자기 자신에게 대항하게 하고, 다른 사람들과의 관계에서 감정적으로 절망적이 된다. 다른 사람들과의 관계에서는 매우 집착하거나, 심지어 숨이 막히게 되고 불안해하고 절실해지고 끊임없이 위안을 필요로 하며, 다른 사람들의 관심에 결코 만족감을 갖지 않을 수 있다. 그들은 다른 사람들이 끊임없이 경청해주기를 바라기 때문에, 현 상태를 그대로 유지하기가 쉽지 않다. 또한 그런 애착 행동은 자신이 무가치하다는 느낌과 다른 사람들의 인정을 끊임없이 구하는 특징이 있다. 그 결과, 다른 사람들은 그들이 원하는 만큼 가까이 다가가기를 꺼리게 된다. 그들은 그런 점을 깨달으면서 다른 사람들이 자신을 좋아하지 않는다는 사실을 염려한다. 거부에 대한 두려움은 항상 존재하는 그림자 같아서 다른 사람들에게 지나치게 의존하게 하는 원인이 된다.

그러나 다른 사람들의 인정과 확신을 끊임없이 추구하는데도 어떤 사람도 '자기의심 self-doubt'을 완화하는 데 충분하게 충족된 적이 없을 것이다. 그들의 호감도에 대한 불안감은 그들이 다른 사람들과 갖는 관계가 차갑고 소원하다고 느껴지게 만드는 원인이 된다. 이는 자주 불화로 이어진다. 높은 수준의 불안감을 고려해보면, 그들은 다른 사람과 완전히 '합쳐지기 merge'를 원할 수 있다. 아이러니하게도, 바로 그런 점이 다른 사람들에게서 그들을 더욱 멀리하게 하는 요인이 된다.

더 나아가, 그들은 다른 사람들을 '시험 test'하기 위해 갈등 상황을 야기할 수 있다. 이상하게 들릴 수 있지만, 그런 행동은 다른 사람들이 정말로 자신들과 함께하고자 하는지 알아내는 방법으로 쓰인다. 하지만 자신들의 도발적인 행동 때문에 상대방은 물론 자신들조차 두려움의 늪 깊숙이 빠지게 된다. 그런 경우 그들은 적절한 거리를 찾기 위해 애쓰는 고슴도치들이 된다.

차원적 접근방식에 따르면, '높은 수준의 회피 차원'은 '**거부적-회피 유형**(낮은 불안과 높은 회피성)과 '**두려움-회피 유형**(높은 불안과 높은 회피성)'

을 제시한다. 이들 유형들은 흔히 언급되는 '정신분열증'과 '회피성격 유형'들과 유사하다.[27] 예를 들어, 무질서한 가정이나 결손가정에서 자란 사람들은 대개 회피성 애착 패턴이 발달된다. 어린 시절 트라우마를 겪는 시기에 자신의 감정에서 분리되어 있는 아이들은 성인이 되었을 때도 어느 정도 자신과 분리된 상태를 계속 유지한다. 이 사람들의 삶은 균형이 잡히지 않는다. 그들은 다른 사람들과의 관계를 맺는 일이 극도로 어렵다는 사실을 깨닫게 된다.

두려움에 찬 회피적인 사람들은 사람들과의 상호작용과 접촉을 원하지만, 거부당할까 하는 두려움을 가지고 있다. 반면, 거부적인 회피자는 다른 사람들과의 개인적인 관계를 전적으로 형성할 수 없는 것처럼 생각한다. 그들은 다른 사람들과 함께 하는 것과 상호작용하는 걸 불편해한다. 하지만 그렇다 해도 신경 쓰지는 않는다. 그들은 고립을 선호한다. 우리의 나머지 문제는 우리가 다루는 회피 유형이 무엇인지 결정하는 것이 쉽지 않다는 사실이다.

두려움을 느끼는 회피유형: 두려움을 느끼는 회피유형 fearful avoidant은 상대방에게 상처받거나 거부당하는 것을 미리 예방하기 위해 애착 관계 자체를 회피한다. 그들은 감정적으로는 가까운 관계를 맺길 원하지만, 다른 사람을 완전히 신뢰하거나 의존하기가 어렵다는 사실을 알게 된다. 자신의 생각이나 감정을 다른 사람들과 공유하려 하지 않는다. 친밀감을 회피하기 위해 자주 변명(예를 들어, 오랜 시간 직장에서 근무하거나 여행 욕구 등)을 한다. 다른 사람과 너무 가까워지면 상처를 입을까 봐 두려워한다. 낭만이고 사회적인 관계를 갖기 위해 자신의 감정을 쏟으려 하지 않는다. 사회적 관계가 끝날 때는 극히 적은 정도의 고통만을 경험한다. 스트레스받는 상황이 되면 상대방이 아무리 어려움에 처해 있어도 지원하지 못하는 특징이 있다. 따라서 이 유형의 사람들은 공감하는 상황이 자연스럽게 생기지 않는다.

거부적 회피유형: 거부적 회피유형dismissive avoidant은 자기 자신에 대해 편안해질 필요성은 물론 다른 사람과 친밀해질 필요성도 전혀 느끼지 않는다. 그들은 극도로 두뇌에 강력한 방어 체계를 가진 사람들이다. 이와 같은 사람들은 감정적인 측면을 깊이 억누르는 경향이 있다. 그것은 대단히 방어적인 자기 의존 방식이다. 그들은 독립되어 있다는 느낌을 갖길 원하고 자급자족하는 쪽을 선택한다. 자신이 다른 사람에게 의존하거나 다른 사람들이 자신에게 의존하지 않게 하려고 그런 행동을 한다. 독립에 대한 열망은 애착을 완전히 피하려 하는 것으로 나타나며, 다른 사람들과의 긴밀한 애착을 갖는데 필요한 자신의 감정이 어떤 영향도 받지 않는 상태에 있으려 한다. 그들은 외톨이가 되고 관계나 감정을 상대적으로 중요하지 않은 것으로 간주하는 경향이 있다. 갈등이나 스트레스를 받는 상황에 대한 전형적인 반응은 거리를 두는 방식이다. 그들은 삶의 균형을 이루지 못한다. 자기 자신에게 고립되며, 다른 사람과 정서적으로 분리된다.

당신은 어떤 애착 유형을 가졌는가?

아래 짧은 설문지는 애착 연구자들이 개발하고 활용하는 여러 가지 평가 도구에 기초한 것이다. 이를 통해 애착 유형을 평가할 수 있다. 설문 작성을 마치면, 자신의 기본적인 애착 유형과 그것이 관계들에 어떤 영향을 미치는지 알게 될 것이다. 이 설문지가 당신의 애착 유형의 모든 면을 온전히 설명해주지는 않겠지만, 평가 결과를 통해 당신이 다른 사람들과 어떻게 관계하는지 어느 정도 알 수 있을 것이다. 설문에 할 수 있는 한 정직하게 대답하고 각 항목을 1에서 5까지 등급을 매겨보라.

1 = 전혀 그렇지 않다.
2 = 그렇지 않다.
3 = 보통이다.
4 = 그렇다.
5 = 매우 그렇다.

1. 내가 너무 가까이 다가갈 때 사람들이 나에게서 멀어져 간다고 느낀다.
   1. 전혀 그렇지 않다   2. 그렇지 않다   3. 보통이다   4. 그렇다   5. 매우 그렇다

2. 다른 사람들과의 관계에 대해 염려하면서 많은 시간을 보낸다.
   1. 전혀 그렇지 않다   2. 그렇지 않다   3. 보통이다   4. 그렇다   5. 매우 그렇다

3. 자주 특정 관계에서 최악의 일이 일어날 것으로 예상한다.
   1. 전혀 그렇지 않다   2. 그렇지 않다   3. 보통이다   4. 그렇다   5. 매우 그렇다

4. 사람들이 내가 어떤 사람인지 알면 날 좋아하지 않게 될까 봐 걱정한다.
   1. 전혀 그렇지 않다   2. 그렇지 않다   3. 보통이다   4. 그렇다   5. 매우 그렇다

5. 다른 사람들이 나에게 관심이 있다고 생각하면 어려움을 느낀다.
   1. 전혀 그렇지 않다   2. 그렇지 않다   3. 보통이다   4. 그렇다   5. 매우 그렇다

6. 내가 충분히 좋은 사람이 아니라는 사실 때문에 항상 염려된다.
   1. 전혀 그렇지 않다   2. 그렇지 않다   3. 보통이다   4. 그렇다   5. 매우 그렇다

7. 내가 그들에 대해 관심을 갖는 것보다 다른 사람들이 나에 대해 관심을 덜 갖고 있는 것 같아 걱정이다.

   1. 전혀 그렇지 않다   2. 그렇지 않다   3. 보통이다   4. 그렇다   5. 매우 그렇다

8. 항상 가질 수 없다고 느끼고 좀처럼 만족을 느끼지 못하는 어떤 것이나 누군가를 갈망한다.

   1. 전혀 그렇지 않다   2. 그렇지 않다   3. 보통이다   4. 그렇다   5. 매우 그렇다

9. 나를 끊임없이 좋아한다는 것을 보여주는 사람들을 필요로 한다.

   1. 전혀 그렇지 않다   2. 그렇지 않다   3. 보통이다   4. 그렇다   5. 매우 그렇다

10. 때때로 가까이에 있는 사람들이 나를 떠날까봐 걱정한다.

    1. 전혀 그렇지 않다   2. 그렇지 않다   3. 보통이다   4. 그렇다   5. 매우 그렇다

11. 타인에게 긍정적인 감정을 표현하는 것이 어렵다.

    1. 전혀 그렇지 않다   2. 그렇지 않다   3. 보통이다   4. 그렇다   5. 매우 그렇다

12. 다른 사람들이 자신들의 감정을 표현하면 불편해진다.

    1. 전혀 그렇지 않다   2. 그렇지 않다   3. 보통이다   4. 그렇다   5. 매우 그렇다

13. 내 문제와 염려에 대해 다른 사람들과 이야기하기 어렵다.

    1. 전혀 그렇지 않다   2. 그렇지 않다   3. 보통이다   4. 그렇다   5. 매우 그렇다

14. 다른 사람들과 친밀한 관계를 갖지 않을 것이다.

   1. 전혀 그렇지 않다   2. 그렇지 않다   3. 보통이다   4. 그렇다   5. 매우 그렇다

15. 사람들과 너무 가까워지는 걸 좋아하지 않는다.

   1. 전혀 그렇지 않다   2. 그렇지 않다   3. 보통이다   4. 그렇다   5. 매우 그렇다

16. 다른 사람에게 마음을 열 때 불편한 느낌을 받는다.

   1. 전혀 그렇지 않다   2. 그렇지 않다   3. 보통이다   4. 그렇다   5. 매우 그렇다

17. 무언가 필요할 때 다른 사람들에게 가는 것이 불편하다.

   1. 전혀 그렇지 않다   2. 그렇지 않다   3. 보통이다   4. 그렇다   5. 매우 그렇다

18. 다른 사람들이 너무 가까이 다가오려 하면 그들에게서 멀어지려 한다.

   1. 전혀 그렇지 않다   2. 그렇지 않다   3. 보통이다   4. 그렇다   5. 매우 그렇다

19. '혼자' 있는 시간이 매우 중요하다고 생각한다.

   1. 전혀 그렇지 않다   2. 그렇지 않다   3. 보통이다   4. 그렇다   5. 매우 그렇다

20. 누구에게든 의존하는 것을 어렵다고 느낀다.

   1. 전혀 그렇지 않다   2. 그렇지 않다   3. 보통이다   4. 그렇다   5. 매우 그렇다

   1은 1점, 2는 2점으로 한다. 나머지 질문도 그런 식으로 계산하여 점수를 매겨보라. [합계   ]

이 설문지가 당신이 지닌 애착 유형의 모든 측면을 충분히 설명할 수는 없다. 하지만 당신이 선호하는 유형에 대해 좀 더 잘 이해할 수 있는 근거를 제공한다. 총점이 40점 이하이면 애착 유형은 안정된 것으로 보인다. 안정 애착을 가진 사람들은 자신과 자신의 관계에서 좀 더 편안함을 느낀다. 그들은 다른 사람들과 감정을 공유할 준비가 되어 있으며, 다른 사람들에게 지원을 요청할 가능성이 크다. 그들은 더 행복하고 오래 지속되는 관계를 갖게 될 수 있으며, 심리적 장애를 겪을 가능성도 적다.

질문 1에서 10까지 점수가 40 이상이라면, '불안-양가감정적 유형'일 수 있다. 이 범주의 사람들은 보통 안정애착을 가진 사람들보다 자신의 관계에 상대적으로 덜 만족한다. 그들은 다른 사람들과 가까워지고 싶은 욕구를 과도하게 느끼기 때문에, 다른 사람들에 집착하고 의심하고 의존하고 질투하고 통제하고 때로는 지배적인 성향을 보일 수 있다.

11번에서 20번 질문의 점수가 40점 이상이면 '회피형'일 수 있다. 점수가 높을수록 회피 성향이 높다고 할 수 있다. 회피형 사람들은 대인관계에서 어려움을 겪는다. 그들은 다른 사람들과의 애착 관계를 형성하는 일을 피하는 경향이 있다. 그렇게 하려고 할 경우 그들이 맺는 관계는 불신 또는 신뢰의 부족을 특징으로 한 것이 될 수 있다. 참고로 이 테스트에서는 회피성 애착 유형에서 거부적 애착 유형을 별도로 구별하여 다루려는 노력을 하지 않았다.

역기능적 애착 유형에서 변화하면

애착장애가 있는 사람들이 변화를 꺼려한다면, 장애를 고칠 방법은 없다.

애착 유형은 충분히 수정될 수 있다. 긍정적인 삶의 경험과 적절한 치료 개입은 관계 패턴을 변화시킬 수 있다. 하지만 주목해야 할 점은 그런 변화를 만드는 건 특정 사건이 아니라 하나의 과정이라는 것이다. 역기능적 관계 패턴을 수정하는 일은 의미 있는 여정real journey이다.

"역기능적 관계 패턴을 수정하는 일은 의미 있는 여정이다."

대부분의 변화 과정과 같이, 관계에서도 변화의 여정은 문제가 있다는 사실을 인식함으로써 시작된다. 역기능적 애착 유형을 암시해주는 여러 가지 징후들과 증상들이 [보기 1.1]에 요약되어 있다.

> **[보기 1.1] 애착 문제들에 대한 징후와 증상들**
>
> 불안-양가감정적 애착 유형:
> - 자존감과 관련된 문제들이 있다.
> - 다른 사람을 예측하기 어렵다/다른 사람들을 이해하기 어렵다.
> - 관계를 이상화하거나 평가절한다.
> - 소유하려하거나 필요로 하거나 집착하는 태도를 보인다.
> - 충동성이 있다.
> - 문제 상황에 대해 개인적인 책임을 지지 못한다.
> - 정당하게 평가받지 못하고 있거나 부당한 대우를 받고 있다고 느낀다.
> - 관계들이 불균형을 이루고 있다고 느낀다.
> - 관계가 불안정하다.
> - 자기 통제력의 결핍/극심한 감정들을 보인다.
> - 혼란스럽다.

- 분노로 인한 불편함을 느낀다.
- 거부에 대한 민감성을 보인다.
- 질투한다.
- 삶에서 일어나는 역경에 대처하는 데 어려움이 있다.
- 중독성 행동을 한다.

회피성 애착의 징후와 증상:
- 진정한 의미의 신뢰감, 친밀감, 애정을 가지기 어렵다.
- 관계들은 자신을 통제하는 데 위협이 되거나, 관계들을 위한 노력을 기울일 가치가 없다는 느낌을 갖는다. 아니면 언급한 두 가지 상황 모두에 해당한다.
- 권위 있는 사람들을 대면하는 데 어려움이 있다.
- 강박적인 자기의존성을 지닌다.
- 비난에 대한 민감성이 있다.
- 다른 사람들을 지지하는 능력이 없다.
- 다른 사람들을 의존할 만한 사람으로 여기지 않는다.
- 우정을 유지하는 데 어려움이 있다.
- 개인적인 관계를 피하기 위해 일을 핑계로 삼는다.
- 감정을 표현하기가 어렵다.
- 공감 능력이 분명히 부족하다.
- 인간과 사회에 대한 비판적 시각이 있다.
- 부정적이거나 도발적인 행동을 한다.

애착장애를 가진 사람들은 사랑과 애정에 대해 깊은 욕구를 가지고 있지만, 효과적으로 표현할 수 없다. 그들은 자신의 표현이 다른 사람들에게 받아들여지기를 원하지만, 받아들여지게 할 수 있는 기술을 가지고 있지 않다. 어린 시절의 부정적인 경험은 깊게 뿌리내리고 있는 감정적 문제들을 해결하는 방법을 선택할 때 방어적인 태도를 갖게 한다. 예를 들어, 부정적이고 억압적인 태도가 나타난다.[30] 일반적으로 그들은 자신의 문제에 대해 다른 사람들을 비난하는 경향이 있다. 그렇게 자신의 문제를 다른 사람에게 투사한다. 하지만 때때로 부정적 자기인식negative self-perceptions은 문제가 발생했을 때 그들 자신을 탓하게 만든다. 그런 사람들은 자기파괴적인 행위에 참여할 수 있다. 충격적인 손상을 여러 차례 겪고 나면, 자기파괴적인 사람이 되거나 오로지 운에 모든 것을 맡기며 사는 사람이 된다.

변화로 향해 가는 단계들

호모 사피엔스는 합리화rationalization 능력이 뛰어나다. 우리는 자신을 속이는 데 아주 재능이 있다. 그러나 변화에 대한 대비책을 마련하기 위해서는 다양한 수준의 효과적인 개입들을 통해 다각적인 노력이 필요하다. 가능한 변화 전략으로는 정신역동 이해psychodynamic understanding, 인지적 및 정서적 재구축, 가족 심리치료와 집단 심리치료, 역설적 개입, 동기강화 인터뷰, 정신의 장벽을 극복하고 감정적인 문제들을 밖으로 드러내도록(현실화) 유도하는 사이코드라마(역할 놀이)의 활용 등이 있다. 때때로 뇌에서 분비되는 화학적 불균형으로 기분장애의 증상이 있을 경우에는 정신과 전문의의 개입이 필요할 수 있다. 예를 들어, 항우울제는 애착장애를 가진 사람들이 느끼는 거절감feelings of rejections을 덜 민감하게 할 수 있다. 약물과 말로 하는 치료(심

리치료)를 함께 하면 하나만 하는 것보다 더 효과적일 수 있다.[31]

애착장애가 있는 사람이 도움을 요청한다면 코치나 치료사는 먼저 그들이 내면의 악마를 안전하게 마주할 환경을 만들어주어야 한다. 사람들은 치유 분위기 또는 치유 환경이 조성되어 있다면, 자신의 취약성을 그대로 드러낼 수 있다고 느낀다. 이런 방식을 취하는 목표가 있다. 그것은 개인들이 과거에 했던 것보다 적절한 방식으로 자신의 감정을 신뢰하고 표현할 수 있는 능력을 개발하도록 돕는 것이다. 이는 더 행복하고 생산적인 삶을 살기 위한 첫걸음이 된다.

여기서 제시된 애착장애의 유형에 따라 코치/치료사는 '치료 개입(중재) 기법'을 달리할 필요가 있다. 예를 들어, 불안-양가감정적 애착장애를 가진 사람들의 경우, 핵심 문제는 자기를 안정시킬 능력이 없다는 것이다. 스스로 안정시킬 능력이 없는 사람들은 다른 사람들이 역할을 대신 해주길 바란다. 이런 무능력은 결국 공황 장애로 이어지는데, 이는 극도로 집착적이고 궁핍한 행동을 보이곤 한다. 그들은 관계가 무너진 다음 일어날 수 있는 정서적 황폐화emotional devastation를 두려워한다. 인지적 관점에서 보면, 그런 경우 부정적인 생각을 긍정적인 생각으로 대체함으로써 불안 수준을 줄일 수 있도록 해야 한다. 부정적인 생각이 불안감을 촉진하기 때문이다. 불안-양가감정적 애착장애가 있는 사람들은 다른 사람들이 무슨 생각을 하는지 추측하면서 검증되지 않는 '부정적인 가정negative assumptions'에 매몰된다. 안타깝게도, 그런 부정적인 사고들은 자기 충족적 예언self-fulfilling prophecies[32]을 하게 한다. 그렇게 인지적 왜곡이 일어나면서 작은 문제들을 크게 부풀리는 경향을 보인다. 이유 없이 방어적인 반응을 보이고 전혀 이유가 없는 데도 관계를 깨려 한다.

불안-양가감정적 애착 유형을 가진 사람들은 무엇이 자신을 괴롭히는지

적절히 말하지 못한다. 더군다나 대인관계 능력이 부족하기 때문에 빈번히 자신들에게 있을 수 없는 상황에 처하곤 한다. 그들은 의사소통 능력이 많이 떨어지고, 스스로에게 함정을 놓는 경우도 허다하다. 따라서 효과적인 의사소통 방법을 배우도록 하는 게 코칭/치료 개입의 주요 목표가 되어야 한다. 이런 사람들은 자신의 문제를 이야기하고 갈등을 해소할 수 없는 환경에서 성장했을 가능성이 높다. 따라서 자신의 문제를 해결하기 위해 효과적으로 의사소통하는 방법을 배우는 것을 최우선 순위에 두어야 한다.

과거에 꼬인 가닥을 푼다면, 개인적인 통찰을 찾는 여정을 가는 데 도움이 될 수 있다. 애착장애를 가진 사람들은 자신들의 역기능적인 관계패턴의 근원인 과거의 문제들을 충분히 이해할 필요가 있다. 일반적으로, 그들은 어린 시절의 심각한 트라우마 때문에 양육자에 대해 일관성 없고 부분적인 기억을 무의식 가운데 가지고 있을 것이다. 그들은 어린 시절의 어려움을 어떻게 경험하게 되었는지 정리해보는 게 중요하다. 이전의 오래된 역기능적인 행동 패턴들을 넘어서면서 현재 삶의 단계에서 더 적용할 수 있는 새로운 행동 패턴들을 찾아야 한다. 또한 대인관계의 어려움들이 조성되는 과정에서 자신이 어떤 역할을 하게 되는지 잘 알아야 한다. 관계 속에서 갈등이 발생하는 경우, 자신이 져야할 개인적 책임도 있다는 사실을 인식하도록 해야 한다.

어린 시절 해결되지 않은 슬픔이 있다면, 다른 사람의 도움을 받아 제대로 마주하는 방법을 배울 수 있어야 한다. 이는 치료 개입에서 중요한 부분이다. 그들은 젊었을 때 효과적이었던 생존 전략이 성인기에서 전혀 효과를 발휘할 수 없다는 불편한 진실을 깨달아야 한다. 어린 시절의 아픔에 매몰된 사람들 대부분은 누군가를 신뢰하는 게 어렵다. 따라서 그들이 신뢰하는 일을 실천하는 연습을 해보게 해야 한다. 이는 치료 개입 프로그램에 반드시 수반되어야 하는 것이다. 이를 통해 그들은 근본적으로 다른 사람들에 대한 잘못된 인식을 재구성하고, 자신을 좀 더 신뢰할 수 있게 되어야 한다. 더불어 자기파괴적인 행동에 맞서고 어려운 상황에 직면할 수 있어야 한다.

불안-양가감정적 애착 패턴은 바꾸기 어려울 수 있지만, 회피적인 애착 유형의 사람들을 상대하는 일은 그보다 훨씬 어려운 일이다. 애당초, 그들은 자신들의 문제에 대해 자발적으로 무언가를 하려 하지 않는다. 그런 유형의 사람들은 절대 누군가의 도움을 요청하지 않지만, 특수한 경우에 도움을 요청할 때도 있다. 그때는 장애가 자신의 삶에 매우 심각하게 방해가 되거나 부정적인 방식으로 자신에게 영향을 주기 시작할 때이다. 이런 일은 보통 개인이 대처할 수 있는 자원이 너무 빈약하여 스트레스나 생활상의 힘든 사건들을 다루어 나갈 수 없을 때 발생한다.

회피 성향 사람은 사회적 기준과 자신에 대해 비현실적인 견해를 가지고 있을 뿐 아니라, 자기 제한적 믿음self-limiting beliefs을 지니고 있다. 그들은 사회적으로 억제되고 부적당한 사람이라는 느낌을 갖는다. 자기부정성과 억제 감정 때문에 회피적 애착 문제가 있는 사람은 다른 사람들과 사귀거나 상호작용하는 어떤 형태의 활동도 피하려고 할 것이다. 따라서 그들은 가장 두려워 피하고 있는 세부적인 상황들에 점진적으로 직면하도록 해야 한다. 체계적으로 자신들을 노출하고(구조화된 연습을 함으로써) 비현실적인 사고를 재구성하면 그들의 마음과 감정이 올바른 길로 들어설 것이다. 이런 문제를 가진 사람은 사람들에 대한 자신의 능력이 빈번히 위축되거나 진정한 의미의 발전을 이루지 못했다. 늘 사회에서 직면하는 상황들을 회피했기 때문이다. 이런 사람들에게는 다른 사람을 대하는 데 필요한 주요 기술들을 가르쳐야 한다. 여기서 중요한 것은 대화를 시작하고 지속시키는 방법과 같은 간단한 기술들도 포함시켜야 한다는 점이다.

모든 형태의 개입 치료는 고객의 신뢰를 얻고 유지하는 것이 중요하다. 코칭에서도 마찬가지다. 그렇게 하지 못하면, 고객은 코칭이나 치료를 회피할 것이다. 회피적 애착 유형의 사람들을 치료하기 위해 개입할 때 일차적 목적은 자신에 대한 과장된 '부정적인 믿음들'에 도전하는 것이다. 그런 잘못된 믿음들에서 벗어나는 않는다면, 치료 개입은 한층 더 어려워질 것이다.

정신역동적 관점에서 보면, 코칭이나 치료에서는 초기 상실의 경험을 확인하는 게 중요하다. 거의 모든 유형의 애착 치료 개입은 과거의 상실 경험에 직면함으로써 정서적 회복을 일으킨다.

"과거의 상실 경험에 직면함으로써 정서적 회복을 일으킨다."

애착장애가 있는 사람들은 슬픔과 상실감으로 인한 문제들에서 벗어나야 하며, 그런 감정들의 기원에 대해 잘 알도록 해주는 교육을 받을 필요가 있다.

감정의 근원에 대해 알아볼 때 중요한 것은 감정에 대한 확인identification과 검증validation이다. 애착장애가 있는 사람들은 자신들의 애착 패턴의 원인을 이해하기 위해 확인과 검증이라는 도움이 필요하다. 이는 자신의 감정들을 마음 편히 표현하고, 그런 특별한 감정들이 어디에서 시작되었는지 알아보도록 해준다. 또한 유아기의 트라우마에 대한 기억을 되살려보게 함으로써 자신들이 유아기의 트라우마를 인정하고 인식하며 수용할 수 있도록 해준다. 이처럼 그들은 과거에 경험했던 트라우마를 재검토하고 재구성해야 한다. 그렇게 할 때만 애착장애에서 치유될 수 있다.

과거에 어떤 경험을 했든지 상관없이 현재 삶에 영향을 주고 있다면, 그 경험에 대해 애도mourning할 필요가 있다. 그렇지 않으면 감정적 문제들은 해결되지 않는다. 애도할 때 잘못된 사고 패턴들, 태도들, 인지적 재구성

cognitive restructuring이 필수적이다. 감정적인 문제들을 종결에 이르게 하기 위해서는 행동 패턴들의 기원에 대한 통찰이 있어야 한다. 보통 힘든 일을 종결 짓는다는 것은 '해결되지 않은 관계 열망longings'을 해소하는 것을 의미한다. 이는 부모의 애착 정도와 관련이 있다. 따라서 애착 관계에 대한 신념 체계와 생리적 반응들은 자존감을 높이기 위해 재조직될 필요가 있다. 이를 위해 개인의 기분 상태 조절 시스템individual's mood state moderation system을 자극하는 일이 포함되어야 한다. 그렇게 할 때, 애착장애가 있는 사람들이 자신의 행동에 대한 책임을 받아들이고 행복을 추구하게 되는 것이다.

변화를 위한 개입을 하려면

애착장애가 있는 사람들은 초기 경험에서 애착유대가 비정상적으로 이뤄졌다. 이들은 유형에 따라 다양한 방식으로 코치/치료사를 경험할 수 있다. 이를 치료적 관점에서는 전이 관계transference relationships라고 하는데, 맥락과 상황에 따라 여러 가지 형태를 취할 수 있다.[33] 애착장애가 있는 사람들은 비정상적 애착유대로 인해 코치/치료사에 대해서도 부정적으로 생각할 수 있다. 코치/치료사가 자신과 사실상 함께 있지 않고, 자신에게 관심을 갖지 않고, 지나치게 많이 돌봐주고, 상처를 치료하는 게 아니라 오히려 상처를 주려하고, 자신에게서 벗어나려 하고, 자신에게 혐오감을 갖고 있다고 느낀다. 왜 이런 감정이 일어날까. 이는 초기의 경험이 반영되기 때문이다. 무엇보다 초기 감정들은 안정된 애착 형성에 방해가 된다. 따라서 코치/치료사에게 드러나는 감정적 반응들은 오히려 치료 개입과 통찰을 위한 길을 열어 준다.

악순환의 종결을 위하여

애착 이론은 우리가 지닌 대인관계가 새로운 관계를 맺을 때 어떤 영향을 미치고, 그 과정을 비교적 더 잘 이해할 수 있게 해주는 틀을 제공했다. 우리는 인생 초기의 관계를 통해 발달된 내적 표상internal representation[34])이 우리의 삶 전체에 지속적인 영향을 미친다는 사실을 깨달을 수 있게 되었다.[35])

만일 당사자가 자신의 행동 패턴들이 심리적 생존psychological survival을 가능하게 했다고 믿는다면, 변화에 대해 매우 저항적일 수 있다. 우리는 새롭게 관계를 할 때마다 기존의 기대와 상충되는 정보를 수용하기보다는 새로운 정보를 왜곡시켜 받아들일 가능성이 높다. 이 역시 변화에 대한 저항 때문이다. 하지만 그렇다고 변화가 불가능하다는 건 아니다. 반대로, 사람들의 내면 극장에 있는 대본은 새로운 사적 및 공적 관계들을 접하면서 바뀔 수 있다. 이전의 경험들, 특히 애착과 관련된 경험들에 대해 새로운 이해를 얻을 수 있다.[36])

우리는 변화를 위한 여정을 떠날 때마다 자신의 애착 패턴을 이해해야 한다. 우리의 애착 패턴은 대인관계의 성격, 감정관리, 인생관에 영향을 미친다. 애착 패턴을 이해하는 것은 관계를 이해하고 지도하는 데 도움이 된다. 애착 문제를 다루는 방식은 직장과 가정의 문제를 다루는 방식에 영향을 미치고, 집단에서 우리가 수행하는 역할들을 결정해준다. 우리의 모든 행동과 언어는 우리 자신이 애착 경험을 어떻게 구성해왔는지 많은 통찰을 제공한다.

애착장애를 극복하는 것은 결코 쉬운 일이 아니다. 역기능적 애착장애를 극복하는 일은 많은 힘과 노력을 필요로 한다. 이를 극복하는 길은 다른 사람과의 거리를 두거나 가까워지는 행동을 알맞게 하는 것이다. 즉 고슴도치의 딜레마에서 벗어나 만족스런 해결책을 찾는 것이다. 그것은 행복과 불행의 진정한 원인을 이해함으로써 자기 마음을 좀 더 여유 있게 통제할 수 있는 방법을 배우는 것을 의미한다. 또한 좀 더 만족스러운 관계를 갖는 방법을 배우고, 더 즐거운 삶을 모색하는 것을 의미한다.

하지만 애착장애에서 진정으로 회복하는 것은 잘못된 인식에서 벗어나 자신을 정직하게 보고, 애착들과 내면의 악마들을 마주할 수 있을 때만 가능하다. 진정한 치유는 우리를 괴롭힌 일들을 제대로 직면하고 새로운 해결책을 찾을 준비가 되어 있을 때만 일어날 수 있다. 삶의 많은 수수께끼를 받아들일 수 있을 때 우리에게 진정한 치유가 일어난다. 선禪Zen에서 말하듯 "더 단단히 꽉 지면 쥘수록 당신은 그 만큼 더 적게 갖는다." 일단 집착을 멈추고 현재 있는 그대로를 인정하며 우리는 더 자유로워진다는 사실을 배워야 한다. 우리가 알아야 할 것은 실제적인 관계를 유지하는 건 연줄strings이다. 한편으론 연줄이 없다면 어떤 관계도 가질 수 없음을 알아야 한다. 혹시 상실이 두려워 애착을 피하는가? 그렇다면 그것은 삶 자체를 피하는 것이다.

2장
용서의 기술: 혁신적 리더들이 지닌 것

"그는 나를 모욕하고, 해치고, 패배시키고, 박탈했다."
이런 생각을 품지 않은 사람은 증오에서 자유롭게 될 것이다.
– 부처, 법구경

그런 자는 애처롭게 여기지 마라. 생명에는 생명으로,
눈에는 눈으로, 이에는 이로, 손에는 손으로, 발에는 발로이니라.
– 신명기 19장 21절

용서는 우리가 기억 속에 있는 고통을 없앨 수 있게 해준다.
우리가 기억 속에 있는 고통을 놓아버리면 기억은 그대로 지니고 있을 수 있지만
그것이 우리를 통제하는 것에서 벗어날 수 있다.
기억이 우리를 지배하기 시작하면 우리는 과거의 꼭두각시가 된다.
– 알렉산드라 애슬리 Alexandra Asseily

눈에는 눈, 눈에는 눈, 눈에는 눈... 결국 모두를 장님으로 만든다.
– 마하트마 간디 Mahatma Gandhi

서론

당신이 리더라면 과거의 상처에서 벗어나야 한다. 그래야만 비로소 개인은 물론 당신이 속한 팀, 기관, 사회, 세계가 앞으로 나아갈 수 있다. 평범한 리더와 혁신적 리더를 구분하는 방법은 간단하다. 분노, 비통, 비난의 감정을 건설적이고 회복적인 것으로 바꿀 수 있는 능력을 지니고 있느냐에 달려 있다. 용서할 수 있느냐 없느냐에 따라 진정으로 혁신적인 리더가 될 수 있다. 리더는 용서를 통해 쌓이고 쌓인 분노, 비통, 증오를 다른 곳으로 분산시키고, 이를 훨씬 더 건설적인 방법으로 사용할 수 있도록 노력해야 한다. 용서는 위험을 감수하는 것이다. 용서는 새로운 관계를 열어주는 것이다. 용서는 리더십 역량을 키울 수 있는 기회를 제공한다. 진정한 변혁적 리더십은 용서를 통해 구성원들에게 자부심, 존경심, 신뢰감을 줄 뿐만 아니라, 좀 더 높은 헌신, 자기희생, 동기부여, 성과를 만들 수 있게 한다.

용서는 모든 인간이 오류fallibility를 지니고 있다는 점을 받아들인다. 용서는 용기, 취약성, 진실성, 신뢰성과 깊이 연결되어 있다. 이런 요소들은 상호협력과 상호연결을 구축하게 만드는 것들이다. 용서는 일방적인 것이 아니다. 철저히 용서하는 사람과 받는 사람 모두에게 치유, 보상, 회복을 선사한다. 또한 양쪽 모두의 탁월성excellence과 진보성improvement을 촉진시킨다. 하지만 용서는 단지 잊어버리는 것이나 상처를 묵인하는 것이 아니다. 오히려 용서는 기억을 중요하게 여긴다. 기억 없이는 과거의 상처가 반복될 가능성이 있기 때문이다. 따라서 용서는 기억을 잊어버리는 것이 아니라, 우리의 실존을 해칠 위험이 있는 위협적 기억을 최소화하는 것이다.

용서는 우리를 자유롭게 한다

남아프리카 공화국South Africa의 전 대통령이었던 넬슨 만델라Nelson Mandela의 사례는 용서에 대한 놀라운 이야기를 들려준다. 만델라는 변혁적 정치 리더였다. 그의 리더십은 전 세계 사람들의 상상력을 사로잡았다. 현재 그의 존엄성, 겸손, 용기는 수십억 전 세계 사람들의 모델로 자리 잡았다. 1990년 2월 11일 로벤섬Robben Island에서 27년 6개월간 투옥된 뒤 수천 명의 사람들에게 인사를 하기 위해 케이프 타운Cape Town 시청 발코니에 서서 두 팔을 벌리고 있는 만델라를 누가 잊을 수 있겠는가?

> "여러분 모두에게 평화, 민주주의 그리고 모두를 위한 자유의 이름으로 인사드립니다."

클린트 이스트우드Clint Eastwood의 2009년 영화 〈우리가 꿈꾸는 기적: 인빅터스Invictus〉에서 넬슨 만델라의 리더십은 생생하게 되살아났다. 여기서 Invictus는 라틴어로서 정복할 수 없는 무적의, 곧 패배하지 않는다는 뜻을 지니고 있다. 이 영화는 존 칼린John Carlin의 저서『우리가 꿈꾸는 기적: 인빅터스Playing the Enemy: Nelson Mandela and the Game That Made a Nation』에 바탕을 두고 있다. 영화는 만델라(모건 프리먼Morgan Freeman)와 남아프리카 공화국 국가 럭비팀 스프링복스Springboks의 주장 프랑소와 피에나르François Pienaar(맷 데이먼Matt Damon) 사이의 관계를 중점적으로 다룬다. 영화에 나오는 럭비라는 운동은 당시 압제자를 대표하는 게임이었다. 따라서 흑인들은 이런 럭비를 증오했다.

그런 상황에서 1995년 럭비월드컵World Rugby Cup이 남아프리카 공화국에서 개최될 예정이었다. 당시 남아공의 정치 상황은 격정적인 시기였다. 오랫동안 이어진 아파르트헤이트 정책apartheid에 흑인들은 굴욕과 학대를 당해왔다. 많은 흑인이 만델라에게 복수를 요구했다. 반면, 백인 소수파는 만델라가 어떤 리더십을 보여줄지 긴장상태에 있었다. 다양한 인종과 문화를 하나로 묶어 무지개 국가가 될 것인가, 아니면 이전과 같이 복수와 분열의 국가로 남을 것인가. 그것이 문제였다. 만델라는 이전의 리더십과는 확연히 달랐다. 그는 모두가 그런 것처럼 럭비월드컵을 단순히 위기라고만 보지 않았다. 오히려 모두가 화합할 수 있는 기회로 보았다. 그때 대부분 사람들은 럭비가 압제자의 운동이라는 프레임에 매몰되어 있었지만, 만델라는 럭비가 필드 밖까지 영향을 미쳐 모두를 하나로 연합시킬 수 있는 통로라 생각했다. 럭비월드컵을 단지 게임이 아니라 화해와 용서를 위한 상징적 기회로 본 것이다. 따라서 만델라는 챔피언 결정전이 시작되기 직전에 피에나르를 관저로 초대했다.

만델라는 피에나르와 대화를 통해 새로운 리더십 전략을 세울 수 있었다. 만델라는 피에나르에게 국가를 치유하고 회복하는 데 국가대표 럭비팀의 도움이 얼마나 중요한지 설명하면서 비록 팀이 약체이긴 하지만 반드시 승리를 선사해달라고 요청했다. 그런 다음 만델라는 피에나르에게 윌리엄 어니스트 헨리William Ernest Henley의 시 '인빅터스Invictus' 사본을 주었다. 덧붙여 미래가 매우 암울해보였을 때 이 시가 자신을 도와주었다고 말했다. 이 시는 매우 유명한 구절로 끝을 맺는다. "나는 내 운명의 지배자이며 내 영혼의 선장이다."

여기서 기억해야 할 점은 만델라가 아프리카민족회의African National Congress 회원국들 대부분이 거세게 반대하는데도 예전에 자신을 핍박했던 적들에게 손을 뻗고 있다는 사실이다. 만델라 대통령에게 과거는 과거일 뿐이었다. 그에게 중요한 것은 미래였다. 용서 없이 사는 삶이 자신을 또 다른 유형의 감옥에 가둘 것이라는 사실을 익히 알고 있었다. 비록 당원 대부분이 만델라가 너무 앞서가고 있다고 비판했지만, 그는 자신이 올바른 길을 가고 있다고 확신했다. 그는 복수에 혈안이 되어 있는 당원들에게 용서의 힘을 가르치기 원했다.

"용서는 영혼을 자유롭게 하고, 두려움을 제거합니다.
바로 이것이 용서가 강력한 무기인 이유입니다."

그는 용서를 통해서만 통일된 국가를 건설하고, 공유된 미래를 만들 수 있다는 생각을 분명히 갖고 있었다. 그에게 다른 대안들은 투쟁과 혼란을 지속시킬 뿐이었다.

만델라가 팀 대표 셔츠를 입고 엘리스 파크 스타디움Ellis Park Stadium의 럭비 필드에 뛰어드는 상징적인 이미지를 기억하는가? 그것은 화해를 위한 촉매제가 되었다. 흑인 대다수의 존엄성을 되찾고 남아프리카의 백인들에게 증오와 복수의 위협에서 벗어날 수 있다는 확신을 심어주었다. 만델라는 그렇게 용서를 실천해나갔다. 이를 통해 역사상 가장 존경받는 정치 리더가 되었다. 용서를 통해 기존의 정치 메커니즘과 자신이 얼마나 다른지 확실히 보여주었다. 복수와 용서 가운데 어떤 것이 더 어려울까? 아마도 용서일 것이다. 만델라는 용서가 더 많은 용기courage, 체력stamina, 인간성humanity이 필요하다는 것을 세상에 보여주었다. 만델라의 정치적 행위는 리더십에 대한 심오한 가르침을 제공한다. 용서가 비통과 증오의 사슬을 끊는 힘임을 분명하게 보여준다.

넬슨 만델라와 짐바브웨Zimbabwe의 대통령 로버트 무가베Robert Mugabe를 잠시 비교해보자. 지금까지 우리는 용서의 힘이 얼마나 위대한지 확인했다. 그런데 무가베는 만델라와 전혀 다른 세계관Weltanschauung을 가지고 있다. 무가베에게는 만델라와 같은 관대함generosity, 자제restraint, 용서를 찾아볼 수 없었다. 오로지 비통bitterness, 보복vindictiveness, 분노, 증오라는 리더십을 보여주었다. 무가베는 자기 나라의 백인들에게만 보복하는 것이 아니라, 자신의 리더십에 반대하는 흑인 동포들에게도 폭력을 휘둘렀다. 2000년에 무가베는 무장 폭력 조직과 짐바브웨 아프리카민족연맹-애국전선Zimbabwe African National Union Patriotic Front(ZANU-PF)의 도움을 받아 가장 호전적인 지지자들(1970년대 내전 참전 용사)을 고무시켜 5,000여 명의 백인 농장을 강제 점거했다. 이때 그의 편에 서지 않은 사람들은 심판의 대상이 되었다. 그런 방식으로 선거를 강탈했으며 더 많은 폭력을 무참하게 일으켰다. 시민들은 끔찍한 인권 유린의 위협 속에서 비참하고 두려운 삶을 살게 되었다. 결국 짐바브웨 리더십은 국가 경제를 파탄에 이르게 만들었다.

당신은 어떠한가?

누군가 당신에게 상처줄 때 어떻게 반응하는가? 상처에 대한 앙심으로 다른 사람에게 보복하고 싶은 충동이 생기는가? 당신은 오른 뺨을 때린 상대에게 왼쪽 뺨을 돌려댈 수 없는가? 언제까지 자신에게 상처를 준 사람에게 원한을 품고 살아갈 것인가? 자신을 스스로 오랫동안 자세히 들여다보라. 당신은 만델라와 무가베 중 누구와 더 닮았는가? 만일 이 질문들을 들었을 때 자신에 대한 실망과 거리낌이 들어도 상관없다. 당신은 혼자가 아니라는 점을 기억해야 한다. 대부분 사람들이 당신과 유사한 상황에 처해있다. 뺨을 맞았는데 다른 뺨을 돌려대는 행위는 누구나 꺼려한다. 마음속 상처는 쉽게 사라지지 않는다. 비통과 증오는 쉽지만, 용서는 정말 어렵다. 지금부터 어떤 사람이 용서할 준비가 되었는지 살펴볼 것이다.

용서하는 리더

삶이란 흐르는 강과 같이 평온하지 않다. 친구, 낯선 사람, 심지어 가족일지라도 다른 사람과의 관계는 언제나 상처의 위험을 동반한다. 실제로 상처는 빈번하게 발생한다. 어린 시절 부모님의 교육방식이 상처로 남았을 수 있다. 학교나 대학 선생님의 불친절이 상처였을 수 있다. 동료와의 프로젝트가 상처로 남았을 수 있다. 배우자가 바람을 피웠을 수 있다. 상처는 인간이 필연적으로 지닐 수밖에 없는 것이다. 상처를 받았을 때 가장 기본적인 반응은 화를 내거나 상처를 준 사람에게 복수하는 것이다. 우리는 누군가에게 상처를 받으면 그대로 상처를 주길 원한다. 상처를 준 사람이 자신이 느꼈던 고통을 그대로 받길 원한다. 안타깝게도, 우리 가운데 많은 사람이 이러한 생각을 가지고 있다는 사실이다.

　리더의 자리에 있으면 이러한 인생의 우여곡절이 더욱 확대된다. 리더십은 결코 진공 상태에서 일어나지 않는다. 리더는 조직 안에서 발생하는 관계의 소용돌이 maelstrom of relationships를 잘 다루는 것이 중요하다. 리더가 갈등 상황을 외면하고 지나친다면, 갈등은 결국 조직을 앞으로 나아가지 못하게 만들 것이다. 조직이 앞으로 나아가기 원한다면, 반드시 이러한 갈등을 해소해야 한다.

　변혁적 리더는 누군가 원한을 품을 때 따라오는 대가가 얼마나 심각한지 잘 알고 있다. 그들은 용서하지 않는 태도가 어떤 혼란을 야기시킬지 명확하게 인지한다. 탁월하고 혁신적인 리더들은 원한을 품으면 성장을 저해한다는 것을 잘 안다. 실제로 원한은 사람들을 지체시킨다. 무가베는 원한을 통해 나라 전체를 침몰시켰다. 만델라는 용서를 통해 전혀 다른 길을 갔다. 용서는 약함의 상징이 아니다. 철저히 강함의 상징이다. 인도 최초의 여성 총리 인디라 간디Indira Gandhi는 "용서는 용감한 자들의 미덕virtue of the brave이다."라고 말했다.

리더는 용서의 문화를 만드는 데 책임이 있다.[37] 용서의 문화는 조직 내 많은 이점을 창출한다. 먼저, 용서는 충성심loyalty과 좋은 기업시민의식good corporate citizenship을 구축한다. 용서 문화에 기반을 둔 조직의 사람들은 그렇지 못한 조직에 비해 더 노력을 기울일 가능성이 높다. 결국 더 좋은 결과를 보여준다. 사람들은 자신의 실수가 용서받지 못할 것이라는 압박이 있다면, 제대로 일하지 못할 수 있다. 위험을 감수하지 않으려고 하며, 과거의 실수를 걱정하는 데 에너지를 낭비할 것이다. 이러한 측면에서 볼 때, 용서는 규칙을 어긴 사람transgressors이 미래에 대해 좀 더 긍정적인 시각을 가질 수 있도록 도와준다. 사람들은 개방적이고 용서받을 수 있는 환경에서 일할 때, 실수, 허물, 부정행위를 숨길 가능성이 훨씬 적다. 따라서 그들은 조직을 성장시키는 코칭 문화coaching culture를 창출할 가능성이 높아질 것이다. 코칭 문화는 최종결과(수익)에 긍정적인 영향을 미치는 상호작용 방식이다. 그래서 조직을 좀 더 생기있고 활기차게 만든다. 이러한 맥락에서 볼 때, 용서는 진정성 있고 생기 넘치는 조직authentizotic organizations[38]을 만드는 데 필요하다. 사람들은 이러한 조직에서 최선을 다할 수 있다.[39]

> "진정한 리더는 사람들에게 활력을 불어넣는다.
> 이를 위해 자신의 삶을 평화로울 수 있도록 유지해야 한다.
> 과거의 사건이나 현재의 사건에 휘둘리지 말아야 한다는 것이다."

진정한 리더는 사람들에게 활력을 불어넣는다. 이를 위해 자신의 삶을 평화로울 수 있도록 유지해야 한다. 과거의 사건이나 현재의 사건에 휘둘리지 말아야 한다. 다른 사람들의 허물을 용서하고 원한을 품지 않아야 한다. 우리가 원한을 내려놓을 때, 상호협력이 가능하고 갈등을 줄일 수 있다. 또한 국가, 기관, 조직, 팀, 개인을 성장시키는 데 사용할 에너지를 방출할 수 있다. 진정한 용서는 직원 보존retention을 지원하고, 창의성과 혁신을 강화하며, 수익성을 높이고 변화에 대한 열린 자세를 창출한다.

눈에는 눈

안타깝게도 대부분 리더들은 구성원들의 행동이 부당하다고 느낄 때 이른바 정당한 분노righteous indignation를 표출하고, 보복 충동을 느끼거나 위반자에 대한 회피 행동을 보인다. 이 행동은 과거 선사시대 때부터 내려오는 유산이다. 복수는 경계를 위반하는 사람boundary violator에게 보내는 경고 행위다. 위반자에게 경계를 다시 넘지 않도록 하거나 멀리 떨어져 있어야 한다며 경고하는 것이다. 또는 만일 경계를 넘어온다면 위험한 상황이 벌어지고 좀 더 부정적인 결과를 초래할 수 있다는 경고 신호를 보내는 것이다.

 진화론적인 관점에서 보면 이러한 반응은 사회 및 상호협력 체계social and cooperative systems를 창안하는 데 큰 영향을 미쳤을 수 있다. 공정성이나 불공정성에 대한 강한 반응은 우리 뇌 속에 프로그램되어 있다. 이는 다른 사람들이 자신에게 해를 끼칠 때 보복을 하도록 '고정-배선hard-wired'되게 만든 것이다.[40] 복수나 부정적 호혜성negative reciprocity에 대한 선호는 언제나 호모 사피엔스(그리고 우리의 조상들)의 정서적 레퍼토리에서 중요한 부분이었다. 복수와 부정적 호혜성은 우리 자신을 보호하는 방법이었기 때문이다.[41] 곧, 복수나 부정적 호혜성은 우리에게서 경계를 위반하는 사람들을 접근하지 못하게 하는 방법이었다.

피해자는 누구나 가해자를 용서할 것인지 결정해야 한다. 여기서 피해자는 가해 행위, 사고, 아동 학대, 정치적 수감, 전쟁, 사악한 피해의 생존자를 포함한다. 이 결정에는 중간 입장이 있을 수 없다. 우리는 상처를 준 사람을 용서하기로 결정하거나, 뼈 속 깊이 박혀 있는 비통과 분노를 견뎌내야 한다. 안타깝게도, 원한을 품고 있으면 (일시적인 만족감에도 불구하고) 우리의 정신 및 육체적 건강에 매우 해롭다.

'눈에는 눈'의 법칙은 보복의 법, 동일한 피해 보복법lex talionis, 동등한 법이라는 여러 다른 이름으로 아주 오랫동안 존재해왔다. 이 법에 대한 최초의 기록은 바빌론의 함무라비 법전Babylonian Code of Hammurabi에서 찾을 수 있다. 이는 기원전 1792년부터 1750년까지 바빌론을 통치한 바빌론 왕의 이름을 따서 지은 것이다. 함무라비 법전은 '눈에는 눈'이라는 형벌 이론이지만, 가해 행위에 맞게 처벌해야 한다는 인도주의적 의미를 지니고 있다. 그때 무차별적으로 행해졌던 보복과 응징을 제한하기 위한 수단이었던 것이다. 그렇게 함무라비 법전은 사회가 원활하게 기능할 수 있도록 보복의 유형과 심각성에 관한 경계를 수립했다. 시간이 지남에 따라 동해보복법은 인류에게 필요한 상호협력 행동을 동기부여하고, 창조하고, 유지하고, 규제하기 위한 강력한 무기가 되었다.

"복수는 더 큰 복수를 초래하는 경향이 있다."

이처럼 보복은 호모 사피엔스가 지닌 진화 유산evolutionary inheritance이다. 그렇다고 해서 우리가 부당한 대우를 받을 때마다 자동으로 보복 행동을 한다는 것은 아니다. 우리는 충분히 다르게 행동할 수 있다. 인류는 보복의 사이클에 매몰되면 절대 살아남을 수 없다. 살아남기 위해서는 그 사이클에서 벗어나는 행동을 선택해야만 한다. 우리는 상처를 준 사람을 어떻게 대할 것인지 선택할 수 있다. 물론 보복하는 것은 마치 정의를 바로 세운다는 느낌을 줄 수 있다. 하지만 그것은 정서적 레퍼토리 중에서 좀 더 원초적인 반응primitive reactions일 뿐이다. 너무나 위험하게도 보복은 역반응counter-reaction으로 이어진다. 역사적으로 볼 때 복수는 더 큰 복수를 초래하는 경향이 있었다. 그런 메커니즘 속 관계는 복수의 구렁텅이 속에 빠져버린다. 따라서 현대 사회는 국가만이 잘못한 사람을 처벌할 의무와 권리를 가지고 있다고 주장하면서 시민들 스스로 정의에 기반한 심판을 추구하지 말라고 경고한다.

서로 미워하는 것은 우리를 악순환의 고리로 매몰시킨다. 그것을 알면서도 인류는 용서보다는 미움에 좀 더 쉽게 넘어간다. 우리에게 죄를 지은 사람을 용서하는 것은 정말 힘든 일이다. 용서를 하면 가해자가 그 행동에 대한 대가를 치르지 않아도 되는 것처럼 여겨진다. 용서하는 행위가 자신을 나약한 존재로 여겨지게 만들 것으로 생각한다. 가해에 대해 아무런 반응을 하지 않기 때문이다. 이런 상황을 더욱 혼란스럽게 만드는 것은 자신을 희생자 역할에 의도적으로 빠뜨리는 사람이다. 그런 사람은 자신이 늘 희생자인 양 분노하고 분개한다. 이런 사람들이 많으면 많을수록 용서하는 것은 점점 힘들어진다. 이런 상황에서 용서는 많은 노력과 용기가 필요한 행동이다.

복수는 만족스럽거나 달콤하지 않다

용서하지 않는 마음에 머물러 있는 건 그리 행복한 일이 아니다. 복수는 만족스럽거나 달콤하지 않다. 우리가 분노에 사로잡혀 있을 때, 다른 감정을 받아들일 여지는 거의 없다. 증오하고 증오심을 유지하는 데는 엄청난 양의 에너지가 필요하다. 상처를 주는 사람들을 용서할 수 없을 때, 이러한 감정은 정신적인 독약이 될 수 있다. 이는 상처 준 사람과는 관계없이 우리 자신만을 아프게 하는 음흉한 약insidious drug이다. 아이러니하게도 우리에게 상처를 줬던 사람들, 즉 우리가 잊고 싶은 사람들은 우리의 마음에서 잘 잊히지 않는다. 이 사람들은 계속해서 우리 삶의 일부로 남아 있다. 쉽지 않지만 증오심을 버리면, 그 즉시 기분이 훨씬 나아질 것이다. 용서는 다른 사람을 위해 하는 것이 아니라 우리 자신을 위한 것이다. 분명히 기억해야 한다. 용서는 우리 자신을 위한 것이다. 용서하는 것은 우리를 과거의 덫에서 해방시키고 새로운 세계로 나아가게 한다.

"복수는 절대로 만족하지 못하는, 여러 머리를 지닌 괴물이다."

증오, 앙심, 비통함, 복수심이라는 감정은 엄격함을 요구한다. 복수는 절대로 만족하지 못하는, 여러 머리를 지닌 괴물multi-headed monster이다. 머리 하나가 잘리면 즉시 다른 머리가 그 자리에 생긴다. 복수는 너무나 소모적이어서 증오심이 다른 모든 감정들을 빼앗아 가고, 끝없는 분노와 보복의 악순환에 지배되는 삶을 만들어낸다. 이는 마음의 평화를 위한 처방이 아니다. 수많은 연구 결과에 따르면, 비통함과 증오는 스트레스 장애를 키우는 토대를 조성하여 면역 체계에 부정적인 영향을 미치며 다양한 증상을 유발한다.[42] 게다가 용서하지 않는 태도는 우울증, 불안, 적대감, 신경증과 연관되어 있을 뿐만 아니라,[43] 조기 사망과도 관련이 있다.[44]

이와 대조적으로 용서의 길을 택하는 것은 정신적, 심리적 안녕을 높이고, 불안감을 낮추고, 스트레스를 줄이고, 적대적 감정을 감소시키고, 혈압을 낮추고, 우울증을 감소시키고, 술과 약물 남용의 위험을 멀어지게 하는 데 기여한다. 용서를 좀 더 쉽게 하는 사람들은 동맥 질환coronary health problems

을 상대적으로 덜 앓는 경향이 있다.[45] 결과적으로, 우리는 용서하려는 의지를 정신적이고 정서적인 성숙의 표시로 볼 수 있다.[46]

잊지 않고 용서하기

용서는 죄를 용납하는 것과는 매우 다르다. 용납할 수 있는 어떤 행동이 일어났다고 해서 용서할 수 있는 문제가 아니다. 진정한 용서는 상처의 기억을 지우는 것erasing이 아니라, 치유하는 것healing이다. 용서하는 것은 더는 과거의 포로가 되는 데에서 벗어나 새로운 기억 방식을 창조하는 것을 의미한다. 마하마트 간디Mahatma Gandhi, 넬슨 만델라Nelson Mandela, 아웅 산 수지Aung San Suu Kyi와 같은 진정한 혁신적 리더들은 이것을 분명히 알고 있었다. 그들은 과거 상처가 반복되는 걸 거부했다. 혁신적 리더십이 분개, 비통함, 앙심을 품고 있는 마음에서 벗어나는 것이라는 사실을 명확히 알았다. 이에 정의로운 분노보다 평온과 행복을 택했다. 그들은 용서를 통해 과거를 바꿀 수 없지만 미래를 바꿀 수 있다는 진실을 명확히 알고 있었다.

용서란 무엇인가?

옥스퍼드 영어사전에 따르면, '용서는 무조건적 사면을 허용하고 죄나 빚으로 인한 모든 요구를 포기하는 것'이다. 다시 말해, 용서란 가해, 불일치나 실수로 인한 분개, 의분 또는 분노를 포기하거나 중단하는 것이다. 이는 처벌이나 보상에 대한 요구의 중단을 의미한다. 일종의 위반 행위를 통해 붕괴된 대인관계를 재정립하는 것이다.

그러나 용서는 여러 가지 방법으로 인식될 수 있다. 정서, 결정, 행동 또는 태도 변화로 묘사될 수 있다.[47] 또한 정동적 요소affective components, 인지적 요소cognitive components, 행동적 요소behavioral components를 가진 동기부여 현상으로 볼 수 있다. 그러나 용서는 용서하는 사람(그 과정에서 반드시 자신을 용서해야 하는 사람), 용서받는 사람, 그리고 두 사람 사이의 관계를 포함하는 상호작용 과정으로 볼 수 있다. 용서는 우리가 관계 맺은 누군가에게 상처받았다면 이에 반응하여 파괴적으로 행동하려는 충동을 통제하고 건설적으로 행동하는 것이다.[48] 대부분 상황에서 이런 용서는 회복적 정의restorative justice는 물론 가해자(심지어 죽을 수도 있는 가해자)의 반응을 기대하지 말고 행해야 한다. 하지만 만일 죄를 지은 사람이 어떤 형태로든 인정acknowledgment할 수 있고 어떤 형태로든 사과apology할 수 있으며 심지어 그냥 용서를 구할 수 있다면, 용서하는 데 도움이 된다.

일반적으로 용서는 부정적인 정서가 긍정적으로 변환되는 과정이다. 이때 정서적 상태를 관계로 다시 가져오게 된다. 그런 변화를 성취하기 위해 화가 난 사람은 반드시 보복에서 멀어져야 하지만, 그렇다고 면제excusing하거나 묵인하라는 것condoning은 아니다. 용서한다고 해서 상처를 주는 행동이나 일어난 일들이 괜찮았다는 뜻은 아니다. 또한 상처를 준 사람이 우리 삶에서 꼭 환영받는 사람이라는 것도 당연히 아니다. 용서는 단지 우리가 고통과 화해했다는 것을 의미하고, 우리가 그것을 털어버릴 준비가 되었다는 것을 나타낸다.

용서는 깊은 종교적 뿌리를 가진 개념이다. 대부분 종교 전통은 용서의 본질에 대해 가르친다.[49] 이들 가운데 많은 것이 용서의 다양한 현대적 실천을 위한 기초를 제공했다. 일부 종교 교리나 철학은 사람들이 자신의 결점에 대해 신에게 용서를 구해야 한다고 강조한다. 어떤 이들은 사람들이 서로에 대한 용서를 실천해야 한다고 강조한다. 또 어떤 이들은 여전히 인간의 용서와 신의 용서를 구분하지 않는다.

용서하는 개인

보통 어떤 사람들이 용서할 가능성이 더 클까? 용서하는 사람들은 앙심을 품고 복수심에 불타는 사람들과 어떻게 다를까? 만델라처럼 행동하게 만드는 것은 무엇인가?

성격 특성 연구에 따르면, 용서를 잘하는 사람은 정서적으로 더 안정적이고, 대인관계 영역에서 훨씬 수월하며, 관계에서 갈등을 상대적으로 덜 경험하는 경향이 있다.[50] 또 용서하는 사람은 상호협력, 연민, 사회적 조화에 좀 더 열린 자세를 보인다. 그런 사람은 가해자의 회개뿐만 아니라 위반 행위의 심각성을 그럴듯하게 줄일 수 있는 변명도 환영한다. 이런 세계관 덕분에, 그들은 화해의 길을 갈 준비가 더 잘 되어 있다.[51]

용서와 성격의 관계는 대개 성격에 대한 5가지 특성 요소 모델five-factor trait models[52]의 분류 체계 내에서 탐구되어 왔다.[53] 이 모델에 기반을 둔 여러 연구에서 가장 일관성 있고 통계적으로 중요한 결과가 있는데, 그것은 '신경증neuroticism'이 낮을수록 더 높은 수준의 용서가 가능하다는 것이다. 이는 '신경증'이 더 높게 나타나는 사람들, 특히 적대적인 분노에 쌓인 사람들은 복수와 회피 동기를 가질 가능성이 더 크다는 말이다. 높은 수준의 '외향성extraversion'과 '성실성conscientiousness'은 때때로 높은 수준의 용서와 관련이 깊은 것으로 밝혀졌으며, 5가지 성격 특성 가운데 '친화성agreeableness' 측면에서 더 높은 점수를 받은 사람들은 비교적 용서할 가능성이 높다. 하지만 용서와 '변화에 개방적인' 성격 요인 사이에는 통계적으로 중요한 관계가 있는 것

으로 보고되었다.[54)]

또한 실제 나이는 용서와 긍정적인 관계에 있다. 나이가 들수록, 우리는 점점 더 용서하는 경향이 있다.[55)] 그리고 상대적으로 용서를 잘하는 사람들은 종교적이거나 영적인 경향이 있다.[56)]

정신역동 렌즈

5가지 성격 요인 이론은 용서하는 성격을 이해하는 데 도움이 될 수 있다. 이 틀은 정신역동 렌즈를 적용하면 확장 가능하다. 특히 현실 검사reality testing, 영향 관리affect management, 방어 구조defensive structure, 정체성 감각sense of identity, 용서의 방정식forgiveness equation을 통해 대상관계의 본질적 요소들이 어떻게 영향을 미치는지 평가함으로써 확장될 수 있다.[57)] 나는 리더들과 함께 작업할 때 이러한 정신역동 요소들을 고려하였다. 그 결과, 특정 역동은 관대하지 않은 리더와 관대한 리더가 서로 다르게 나타났다.

강박적 (수치스러운) 되새김 정도degree of obsessional (shameful) rumination: 용서 능력(또는 무능력)은 강박적 되새김(강박적 반추) 정도와 강도에 따라 좌우된다. 반추는 우리의 마음속에 '무언가를 씹는 것chewing something over'을 의미한다. 우리는 끊임없이 내적 대화를 나누면서 때론 강박적 되새김obsessional rumination에 빠지게 된다. 이로 인해 우리의 마음을 막히게 하고 일상생활을 무섭게 하며 참을 수 없을 정도로 정서적으로 지치게 한다.

어떤 사람들은 기억이란 감옥에 갇혀 있다. 이는 지속해서 영향을 미치고 이를 억제할 수 없기 때문이다. 왜 그들은 삶에서 앞으로 나아갈 수 없는가? 대부분 강박적인 걱정은 직장이나 가정에서 발생한다. 그런데 이는 현재 관계가 안전한지 여부와 관련이 있다. 강박적 걱정은 외부적 요구로 일어나는 게 아니다. 강박적 되새김은 내면 세계에서 일어난다. 따라서 가해행위가 공격적일수록 정서적 반응은 극렬하게 드러날 것이다. 복수심은 되새김 과정에서 더 강하게 일어날 것이다. 이런 행동을 보이는 사람들은 그 굴레에서 벗어나지 못하고 빙빙 돈다. 그들은 여전히 가해 행위를 당한 그 지점에 매몰되어 있고, 퇴행적인 시각에 갇혀 있다.

보통 우리가 어떤 일을 충분히 오랫동안 생각하거나 어떤 정서들을 이해하려고 노력할 때, 수치스러운 되새김은 전혀 도움이 되지 않는다. 왜 강박적 되새김에 빠지는지 근본 원인을 찾기란 쉽지 않다. 어떤 사람들에게는 이런 종류의 자기-대화self-talk가 너무나 힘이 들고 자기파괴적 굴절self-destructive bent을 겪게 되어 정상적인 기능이 극도로 어려워지기까지 한다. 자연적으로 되새김의 내용(가해의 범위와 정서적 반응의 개인차로 결정됨)은 가해 행위에 따른 후속적인 영향, 동기, 행동을 형성하는 중요한 요소가 될 것이다. 그러나 어떤 경우에도, 가해의 강도(및 그 내용)는 복수심에 찬 행동의 강도를 예측하는 데 중요하다.[58]

강박적 되새김이나 수치스러운 되새김이 있는 사람들은 사뭇 다른 방식으로 부정의injustice에 대응한다. 되새김은 부정적인 사건을 경험한 이후 이를 극복하기 위해 노력해야 하는 정신활동이다. 이런 맥락에서 용서하는 개인은 용서하지 못하는 개인과 비교하여 매우 다른 형태의 되새김을 보이는 경향이 있다. 좀 더 용서하면 할수록 되새김은 복수에 중점을 두지 않는다. 되새김의 진정한 목표는 적대적이고 냉담한 태도가 발전하는 것을 저해하고, 가해 행위에 대해 긍정적이고 사랑스러운 태도를 재정립하거나 유지하기 위해 노력하는 데 있다.

되새김 과정은 내면의 목소리를 통해 만들어진다. 이 목소리는 반드시 의식적인 마음conscious mind이 통제하는 것은 아니다. 되새김 과정은 의식적인 마음과는 매우 다른 규칙에 따라 작동한다. 만일 강박적 되새김을 극복하기 원한다면, 내면화되어 있는 규칙이 무엇인지 탐색해야 한다. 이는 상당한 자기인식이 필요한 과정이다. 그렇더라도 자신에게 필요한 자기인식을 얻는 것은 어렵다. 하지만 우리의 내면 풍경을 이해해야 파괴적인 되새김 과정을 통제하고 멈출 수 있다.

우리는 파괴적인 되새김 과정을 해체하기 위해 내면 극장을 이끌어가는 대본을 면밀히 탐색해야 한다. 또한 이것이 어린 시절과 학교생활에서 일어나는 사건들에 따라 어떻게 형성되었는지 살펴볼 필요가 있다. 우리 가운데 일부는 부모님과 다른 권위자들이 설정한 가혹한 규칙을 내면화했을 수 있다. 또 일부 사람들은 더 온순하고 너그러운 내면적 풍경이나 초자아superego를 얻는 것에 좀 더 운이 좋았을 수 있다. 초자아는 도덕적, 윤리적 기준을 제공하는 성격 구조와 맞닿아 있다.

초자아의 비판, 금지, 억압이 뇌에서 내재화되어 양심을 형성하고, 긍정적 포부와 이상이 우리의 이상화된 자기상self-image 또는 자아이상ego idea을 나타낸다.[59] 건강한 발달에 실패하면, 공정하고 의미 있고 만족스러운 정의 시스템을 구축하지 못할 수 있다. 이런 경험은 발달 과정 초기에 발달 장애를 겪은 아이들에게 상호작용에 대한 건강한 이해를 방해하고, 정신병리적 행동과 파괴적 관계에 기여할 수 있다. 이에 자극받았을 때 더 난폭하게 반응하는 경향이 있다. 경험은 아이들(나중에는 성인까지)이 수치심, 공감, 분노, 공격성을 다루는 방식에 영향을 미친다. 특히 엄격하고 독재적이며 부당한 육아 기준이나 아동 학대의 대상이 되었던 사람들은 과거의 상처와 불의에 대해 그에 상응하는 보복을 할 경향이 상대적으로 좀 더 있어 보인다. 수치심은 중요한 역할을 하는 것 같다. 개인이 수치심을 더 느낄수록 화를 내고,

악의적인 의도를 갖게 되며, 보복하는 쪽으로 기울게 된다.[60]

공감의 정도: 공감은 다른 사람과 정서적으로 일치하지만, 반드시 동일하지는 않은 대리적 정서 vicarious emotion이다.[61] 일부 진화심리학자들에 따르면, 공감은 이타적이고 친사회적으로 행동하게 만드는 동기를 부여하는 진화적 메커니즘이다.[62] 이런 공감 요소에는 정서적 요소와 인지적 요소가 있다. 공감의 정서적 요소는 다른 사람의 정서 상태를 대리 경험하는 것을 의미하는 반면, 인지적 요소는 다른 사람의 경험을 정확하게 상상하는 능력과 관련이 있다.

또한 공감은 다른 사람들을 보호하기 위해 우리 안에 내재되어 있는 규칙과 관련이 있다. 다시 말해, 공감이란 우리 자신이 희생을 치르더라도 다른 사람을 돕고자하는 욕망을 자극하는 메커니즘이다. 이처럼 사회적으로 관계를 잘하는 사람을 만드는 데 중요한 것은 바로 공감이다. 이런 공감은 용서하는 능력을 강화시킨다.[63] 우리 자신이 경험하지 못한 경험을 다른 사람을 통해 상상하고 느낄 수 있게 하기 때문이다. 따라서 다른 사람을 공감하면 할수록 갈등해결, 상호협력, 이타주의 공격성 억제와 같은 친사회적 현상이 더 쉬워진다.

공감하면 용서하기 쉬운 이유는 무엇일까. 공감을 통해 상처 준 사람의 행동에 영향을 미칠 수 있는 모든 요인을 고려하게 될 뿐만 아니라, 인간성까지 깊이 살펴볼 수 있기 때문이다. 예를 들어, 상처 받은 사람은 상처를 준 사람이 어떻게 죄책감과 고통 속에서 하루하루를 보냈는지 공감을 통해 상상할 수 있다. 바로 이 지점이 바로 공감의 위대함을 보여준다. 상처를 받은 사람이 오히려 자신에게 상처를 준 사람이 고립되거나 외로움에 빠질 수 있다는 사실을 느끼고 걱정하게 만들기 때문이다. 공감은 감정이 상한 당사자가 상처를 준 사람과 관계를 회복하기 위해 노력할 수 있도록 만든다. 이처럼 공감은 상처 받은 사람이 상처를 준 사람과 긍정적인 관계를 회복하려는 열망과 맞닿아 있다. 따라서 공감은 상처 준 사람이 더는 상처를 주지 않겠다는 결심을 하게 하고, 더 나아가 보복하거나 지속적인 소외continuing estrangement에 대한 욕구를 줄인다. 상처 받은 사람은 주변의 상처 받은 사람들의 고통을 덜어주고 관계까지 회복시키는 데 도움을 줄 수 있다.

만일 가해자가 피해자의 마음을 공감한다면, 죄책감이 생기거나 소중한 관계를 잃어버릴 수 있다는 우려로 용서를 구할 가능성이 좀 더 크다.[64] 피해자들은 가해자와 관계가 가깝고 헌신적이며 만족스러울 때 공감대를 형성할 가능성이 더 크다. 이처럼 친밀감, 사과, 공감, 용서는 매우 밀접하게 연관되어 있다. 이런 맥락에서 용서는 잘못을 저지른 가해자보다 피해자에게 더 큰 의미를 지닌다. 피해자가 가해자를 용서하는 이유는 가해 행위가 비록 나쁘지만 피해자의 삶 가운데 가해자의 존재가 필요하기 때문이다.

"우리는 어린 시절에 공감의 기술을 배운다."

우리는 어린 시절에 공감의 기술을 배운다. 아무래도 공감을 가르쳐주는 가장 효과적인 선생은 부모이다. 아이는 태어나는 첫 해에 엄마와 상호작용한다. 이때 생기는 엄마와 유아의 동시성mother-infant synchrony은 어린 시절과 그 이후의 공감 수준과 직접 연관되어 있다.[65] 애착 안정성attachment security은 공감의 발달을 촉진한다. 그렇기 때문에 부모들은 어떻게든 자녀에게 따뜻하고 긍정적인 환경을 제공하려 노력한다. 또한 실시간 상호작용synchronous interactions(그리고 자녀들과 감정에 대해 이야기하기)을 통해 자녀들의 필요와 감정에 민감성을 보이려 노력한다.[66] 그런 부모 밑에서 자란 아이들이 공감하는 능력이 좀 더 발달하게 된다. 이때 부모와 자녀의 교류가 매우 본질적으로 이루어지기 때문에, 아이의 뇌가 공격적이고 충동적인 행동을 스스로 조절할 수 있는 억제 메커니즘이 발달하는 것이다.[67] 공감 능력이 있는 아이들은 학교, 사회 생활, 성인 경력에서 좀 더 발달하는 경향이 있다. 또한 그들은 리더십 위치에 오를 가능성이 더 높다. 반면에, 애착 관계가 붕괴되고 공격적(그리고 심지어 학대적) 양육 모델에 노출된 아이들은 수치심, 복수심, 앙갚음 등 정동적 각성affective arousal을 적절히 조절하는 정신 구조intrapsychic structures를 개발하지 못할 것이다. 이 사람들은 기본적으로 용서하는 성격을 갖지 못한다.

비록 자신에게 상처 준 사람들에게 상당히 화가 날 수 있지만, 공감의 리더들은 여전히 그런 사람들과 관계하기 위해 노력한다. 보통 공감의 리더들은 상처 준 사람들의 고통과 회개에 감동을 받는다. 그들은 무엇이 감정을 상하게 하는 행위를 완화하게 하는지 알기 위해 노력하고, 자신들의 도덕적 결함이 무엇인지 누구보다 잘 알고 있다. 반면에, 깊이 용서하지 않는 사람들(그리고 리더들)은 자신에게 일어난 일에 화를 내며 상대방과의 관계를 포기할 의사가 있다는 것을 표시한다. 이런 부류들은 가해자가 동료, 부하직원, 친구로서 지낼 가치가 없다고 생각하기 시작하거나, 아예 관계를 단절하는 것에 대해 이야기하거나, 아들이나 딸을 버리는 것도 심각하게 고려한다.

감정 자제력 수준

용서하는 리더는 자신이 당한 불의에 집착하지 않는다. 반면에, 용서하지 않는 리더들은 부정적 감정이라는 소용돌이에 끊임없이 휘말린다. 또한 자신의 관점에만 매몰되고 어떻게 실패하게 되었는지에 몰두한다. 이런 리더에게 중요한 건 오로지 권력 동기, 권위 문제, 지위 욕구 등이다. 권력의 역학 관계에서 볼 때, 용서하지 않는 리더들은 다른 사람들이 자신을 어떻게 인지하는지에 대해 왜곡된 생각을 가질 가능성이 더 크다. 그들은 자신을 다른 사람들과 비교하는 데 시간과 노력을 낭비한다. 이런 비교의식은 자기 가치를 정확하게 바라보는 데 전혀 도움이 되지 않는다. 이런 사람들은 다른 사람의 업적에 대한 시기심, 괴로움, 복수심, 악의에 사로 잡혀 있다. 그들의 어두운 사고는 자신을 무력화시키고, 삶에서 앞으로 나아갈 수 없게 한다. 그런 사람들은 에너지의 대부분을 부정적 감정을 지닌 사람들을 해치는 데 집중된다.

이러한 어두운 사고가 해결되지 않는다면, 극도의 정서적 쇠약 상태로 빠질 수 있다. 분노 폭발은 그들에게 자주 나타나는 행동이다. 그런 리더는 자신이 분개하는 사람을 생각할 때마다 민감하게 반응하고 초조해한다. 하지만 겉으로는 아무렇지 않다는 듯 분노와 증오를 부인한다. 이는 건강한 관계에 장애가 된다. 또한 개인적 성장과 정서적 성장을 가로막는 적대적이고 냉소적이며 빈정대는 세계관으로 빠지게 만든다. 그렇게 자기노출의 어려움, 다른 사람에 대한 신뢰 문제, 매우 불안정한 자신감을 일으킨다. 이러한 감정은 자주 의사소통을 저지하거나 오해를 유발하는 하강나선$^{downward\ spiral}$으로 변한다.

보통 이런 유형의 부정적 감정 나선은 부족, 결핍, 부적절함이 실현되면서 유발된다. 여기서 시기심은 개인이 다른 사람들의 일을 망치도록 동기부여하는 '어두운^{dark}' 감정이 된다. 시기심이 아주 많은 사람은 자기가치가 소유나 업적을 통해서만 매겨진다고 잘못 생각한다. 그런 리더는 실제로 부족한 것이 없는데도 결핍의 고통에 매몰된다. 더군다나 그들은 언제나 성공, 명성, 소유, 행운, 자질과 같은 것들로 자신을 다른 사람들과 비교한다. 그들은 자신들이 다른 사람들이 가진 특징이 없다고 맹신한다. 그렇기 때문에 그들은 자기가치의 상실을 경험하곤 주변의 누군가가 자신의 자아존중감self-esteem을 회복시켜줄 것이라는 망상적 희망 속에서 몰두한다. 그리하여 그들은 자아존중감이나 자기제한self-limitations에 대한 갈등을 겪게 된다. 이는 악의적이고 부정적인 사이클에 빠지게 만든다. 이렇게 생긴 불행은 행복한 사람을 부러워하게 만든다. 이런 방식으로 사람이 감정에 사로잡히면, 자체적으로 자신이 있는 모든 곳을 지옥으로 만들게 되는 것이다.

"당신은 친구를 선택할 수 있지만 가족을 선택할 수는 없다."

"당신은 친구를 선택할 수 있지만 가족을 선택할 수는 없다."라는 말은 감정적 혼란을 겪는 피해자들에게 매우 현실적으로 다가온다. 우리의 감정은 인생 초기에 많은 영향을 받는다. 따라서 부정적인 감정은 인생 초기에 시작될 수 있다. 형제자매 사이에 지속적인 경쟁이 일어나고 부모들이 이런 행동을 수정할 수 없거나 꺼려할 때, 시기심이라는 감정은 추악한 머리를 들어 올릴 것이다. 이 사람들(어린이와 성인)은 적절한 충동 조절을 발달시킬 수 없어 복수심에 찬 행동을 상대적으로 더 많이 한다. 따라서 그들이 부러워하는 사람들과 부러워하는 소유물을 보면 그들 자신, 가치, 열망, 부정적 자기개념에 대해 많은 것을 알 수 있다.

그렇다면 당신은 어떠한가?

다음 설문은 당신 삶에서 용서의 역할과 용서할 수 있는 능력을 빠르게 평가할 수 있도록 돕기 위해 고안되었다. 또 이 설문은 당신의 대인관계 본질에 대한 통찰도 제공할 것이다. 질문에 최대한 정직하게 답하고, 각 항목을 1부터 5까지 평가하라.

1 = 전혀 동의하지 않음
2 = 동의하지 않음
3 = 중립
4 = 동의
5 = 전적으로 동의

1. 나는 내가 잘못했다고 생각하는 일을 저지른 사람에게 부정적으로 행동한다.

    1. 전혀 동의하지 않음   2. 동의하지 않음   3. 중립   4. 동의   5. 전적으로 동의

2. 누군가 나에게 나쁜 행동을 한다면, 나는 보복할 것이다.

    1. 전혀 동의하지 않음   2. 동의하지 않음   3. 중립   4. 동의   5. 전적으로 동의

3. 나는 나에게 상처를 준 사람에게 계속 불쾌감을 느낀다.

    1. 전혀 동의하지 않음   2. 동의하지 않음   3. 중립   4. 동의   5. 전적으로 동의

4. 나는 내 인생에서 나쁜 상황을 극복하는 것이 매우 어렵다는 것을 안다.

    1. 전혀 동의하지 않음   2. 동의하지 않음   3. 중립   4. 동의   5. 전적으로 동의

5. 다른 사람들이 나를 함부로 대한다면, 나는 그 사람들을 나쁘게 생각한다.

    1. 전혀 동의하지 않음   2. 동의하지 않음   3. 중립   4. 동의   5. 전적으로 동의

6. 나는 잘못된 행동에 대해 원망과 부정적인 감정을 고수한다.

    1. 전혀 동의하지 않음   2. 동의하지 않음   3. 중립   4. 동의   5. 전적으로 동의

7. 나는 다른 사람에게 보복하기 위해 도발을 많이 할 필요가 없다.

　　1. 전혀 동의하지 않음 2. 동의하지 않음 3. 중립 4. 동의 5. 전적으로 동의

8. 나는 가해자가 용서를 구했더라도 계속 분개한다.

　　1. 전혀 동의하지 않음 2. 동의하지 않음 3. 중립 4. 동의 5. 전적으로 동의

9. 나는 용서를 잘하는 스타일이 아니다.

　　1. 전혀 동의하지 않음 2. 동의하지 않음 3. 중립 4. 동의 5. 전적으로 동의

10. 나는 나에게 상처를 주거나 실망시키는 행동 또는 말을 한 사람들이 후회와 슬픔을 표현하는 것을 받아들이기 어렵다.

　　1. 전혀 동의하지 않음 2. 동의하지 않음 3. 중립 4. 동의 5. 전적으로 동의

11. 나는 자주 인생에서 힘든 일을 겪어왔다고 느낀다.

　　1. 전혀 동의하지 않음 2. 동의하지 않음 3. 중립 4. 동의 5. 전적으로 동의

12. 나는 누군가가 실수를 하거나 잘못된 행동을 하면, 그에 따른 결과가 있어야 한다고 굳게 믿는다.

　　1. 전혀 동의하지 않음 2. 동의하지 않음 3. 중립 4. 동의 5. 전적으로 동의

13. 나는 다른 사람보다 더 자주 논쟁을 벌이는 것 같다.

　　1. 전혀 동의하지 않음 2. 동의하지 않음 3. 중립 4. 동의 5. 전적으로 동의

14. 나는 자주 어떤 일에 대해 매우 분개한다.
    1. 전혀 동의하지 않음   2. 동의하지 않음   3. 중립   4. 동의   5. 전적으로 동의

15. 나는 불만을 내려놓기가 매우 어렵다.
    1. 전혀 동의하지 않음   2. 동의하지 않음   3. 중립   4. 동의   5. 전적으로 동의

16. 나는 항상 나를 해칠지도 모르는 사람들을 경계한다.
    1. 전혀 동의하지 않음   2. 동의하지 않음   3. 중립   4. 동의   5. 전적으로 동의

17. 만일 파트너가 나를 배신했다고 생각한다면, 용서하기가 매우 어려울 것이다.
    1. 전혀 동의하지 않음   2. 동의하지 않음   3. 중립   4. 동의   5. 전적으로 동의

18. 만일 동료가 나를 이용한다면, 용서하기가 어려울 것이다.
    1. 전혀 동의하지 않음   2. 동의하지 않음   3. 중립   4. 동의   5. 전적으로 동의

19. 나는 분노와 증오를 내려놓는 것이 매우 어렵다.
    1. 전혀 동의하지 않음   2. 동의하지 않음   3. 중립   4. 동의   5. 전적으로 동의

20. 나는 용서를 환영하는 세계관을 가지고 있지 않다.
    1. 전혀 동의하지 않음   2. 동의하지 않음   3. 중립   4. 동의   5. 전적으로 동의

1번을 선택했다면 1점, 2번을 선택했다면 2점을 주는 방식으로 전체 점수를 계산하라. [합계   ]

당신의 평가를 토대로 점수를 합산하라. 40점 이하를 받는다면, 당신은 진정으로 용서하는 사람에 속한다. 80점 이상을 받는다면, 용서를 자연스럽게 할 수 없는 상태이다. 그렇다고 실망할 필요가 없다. 용서의 메커니즘을 연구한다면, 충분히 더 행복한 사람이 될 수 있다. 그리고 만일 당신이 40점에서 80점을 받으면, 용서하는 과정에 어려움이 없는 건 아니지만 용서하려고 노력하는 사람이다.

용서의 기술

"약자는 결코 용서할 수 없다. 용서는 강자만의 전유물이다."

마하트마 간디Mahatma Gandhi는 지금까지 행해졌던 용서에 대해 다음과 같이 비판했다. "약자는 결코 용서할 수 없다. 용서는 강자만의 전유물이다." 우리는 이미 일어난 일을 바꿀 수 없다. 우리가 경험한 것들은 그것이 좋든 싫든 영원히 우리와 함께 할 수밖에 없다. 따라서 잘못을 다루는 방법과 감정을 조절하는 방법은 정말 중요하다. 어떤 사람들은 상처를 입은 기억이 마음 깊이 새겨져있다. 그리하여 끊임없이 반복적으로 상처에 대한 기억이 비디오처럼 재생된다. 이들은 기억의 비디오가 재생될 때마다 고통의 늪으로 빠지곤 한다. 한편 어떤 사람들은 좀 더 나은 대처기제를 가지고 있다. 기억의 파노라마가 재생될 때 정지 버튼을 누르는 방법을 알고 있다. 따라서 상처로부터 '벗어남'은 상처받은 당사자가 용서할 만한 해결책을 찾을 준비가 되어 있는지에 따라 결정된다. 우리는 자신이 스스로 만들지 않은 고통으로 여생을 보내고 싶은지 자문해 볼 필요가 있다. 대안이 따로 있는 게 아니다.

그것에 대해 무언가를 하면 된다.

존의 사례

나는 리더십 프로그램을 운영하고 있다. 여기에 CEO로 일하고 있는 존^{John}이 참여하고 있다. 그는 회장님과 생긴 문제를 말하면서 자주 직무를 수행할 수 없을 정도로 고통스러운 두통이 자신을 힘들게 한다고 언급했다. 그는 두통의 원인을 알기 위해 병원에서 여러 차례 검사를 받았다. 그런데도 의사들은 아무 문제도 발견하지 못했다. 지금까지도 존은 왜 두통이 일어나는지 알지 못했다. 나는 존에게 두통이 발생했을 때 어떤 상황에 처해 있는지 기억하는가 물었다. 내 질문에 그는 잠시 침묵했다. 그러고는 몇 가지 생각을 떠올렸고, 패턴이 있는 것 같다고 말했다. 그는 권위를 지닌 인물과 갈등을 겪을 때마다 갑자기 두통이 시작되었던 것이다. 나는 두통이 최근부터 일어난 것인지 아니면 훨씬 더 오래 전부터 있었는지 물었다. 그는 아주 오래 전부터 두통을 가지고 있었고, 아마도 어렸을 때부터 시작된 것 같다고 대답했다. 이에 계속해서 기억을 자극하는 질문을 했더니, 존은 어렸을 때 자신을 때릴 정도로 난폭한 성격을 지닌 아버지와 빈번히 갈등을 겪었다고 밝혔다. 존은 아버지의 행동에 깊은 분개심을 느꼈지만, 동시에 완전히 무력감도 느꼈다. 그는 아버지와 말하는 것을 좋아하지 않는다고 말했다. 아버지가 가족들을 분개하게 하면서도 특히 어머니를 화나게 하기 때문이었다. 이러한 상황에서 예상할 수 있듯이, 가족 모임은 불가능하지는 않았지만 극도로 어려웠다. 따라서 존은 오랫동안 부모님을 뵙지 못했다. 나는 존에게 아버지를 용서할 준비가 되어 있는지 물었다. 아버지와의 갈등이 아주 오래 전에 일어났기 때문에 그런 질문을 한 것이다. 그러나 나는 질문을 하면서 알았다. 존의 얼굴 표정과 몸짓은 결코 용서를 고려하고 있지 않음을 명확히 드러냈기 때문이다.

그렇게 3개월이 지났다. 다음 클래스에서 존을 다시 보았을 때, 훨씬 덜 긴장하는 것 같았고 상대적으로 더 평화롭게 느껴졌다. 나는 3개월 사이에 어떤 일이 있었는지 물었다. 그는 용서에 대한 생각을 곰곰이 했다고 말했다. 그리고 아버지에게 용서의 메일을 보냈다고 했다. 그의 걱정과는 달리 아버지는 존의 제안을 선뜻 받아들였다. 존은 아버지와 이야기를 나누기 위해 부모님을 방문하기로 결정했다. 그렇게 아버지와 대화를 나누면서 아버지를 매우 다른 관점에서 볼 수 있게 되었다. 존은 자신이 자랄 때 아버지의 양육방식을 용서하지 못하겠다고 말했다. 보통 아이들의 양육 방식과 너무나 거리가 있었기 때문이다. 하지만 아버지와 이야기를 나누면서 자신의 몇몇 행동이 가족 전체를 얼마나 짜증나게 했는지, 그리고 당시에 그의 부모님은 어찌할 바를 몰랐다는 사실을 깨닫게 되었다. 이런 깨달음보다 더 중요한 것은 그가 먼저 손을 내밀어 다시 가족이 하나가 되었다는 점이다. 가족 관계를 다시 회복하여 얻은 기쁨도 있었지만 더 놀라운 건 두통이 사라졌고 직장에서 권위 문제를 다룰 때 이전보다 갈등이 훨씬 더 줄어들었음을 깨달았다. 그는 과민함도 줄었고 이해심도 깊어졌으며 이전보다 좀 더 관대해졌다.

긴 호흡으로 가야 한다

우리는 용서가 일회성 사건이나 단 한 번의 결정으로 이루어지지 않는다는 것을 깨달아야 한다. 미안하다고 말하는 것만으로는 충분하지 않다. 용서는 긴 여정journey이다. 시간, 결단력, 지속성을 요구하는 일이다. 치유에 필요한 것이 무엇이든, 용서의 여정은 우리 내면의 의식적이고 무의식적인 영역의 경계에서 일어나는 학습 과정이다. 용서는 특정 패턴을 가지고 있다. 아동 관찰 연구에 기반한 볼비Bowlby와 파케Parkes의 연구[69]는 용서하는 과정을 이해하는 데 도움이 된다.

가해 행위에 처하게 되면, 처음에는 무감각해지고 충격을 받으며 거부하려 하는 정신적 상태에 빠질 것이다. 이런 정신적 상태들은 개인에게 비현실적인 감정을 느끼게 할 것이다. 그 다음에는 슬픔과 확산되는 불안감이 파도처럼 다가올 수 있고 갈망과 항의 단계에 이르게 된다. 세 번째 단계에 다다르면, 혼란 상태, 다운된 기분, 절망감에 빠질 수 있다. 마지막으로 용서를 하면 애착을 내려놓고 미래의 가능성을 살펴보며 새롭게 관계를 재구성할 수 있다.

이 단계 모델은 반드시 직선적일 필요는 없다. 용서의 과정을 거치는 동안, 우리의 반응은 앞뒤로 움직일 수 있으며, 반드시 계획된 시나리오대로 이루어지지 않을 수 있다. 용서는 우리가 걷고, 놀고, 자고, 꿈꾸는 동안 일어난다.

또 용서는 화해와 연결되어야 한다. 이때 의식적 행동과 무의식적 행동의 경계에서 용서의 두 차원인 정신내적intrapsychic과 대인관계interpersonal를 둘 다 살펴봐야 한다. 정신내적 차원은 가해 행위와 연관된 인지 과정, 정동 과정, 해석과 관련이 있는 반면, 대인관계적 용서는 가해 행위에 연루된 사람들과 지속적인 관계로 연결된다. 이 두 구성요소가 동시에 이뤄지는 경우에만 완전한 용서가 가능하다. 어느 한쪽이라도 놓치게 되면, 우리는 가짜 용서를 하는 것이다.

용서를 위한 다섯 단계

용서의 여정 첫 번째 단계는 **자기성찰**이다. 자기성찰은 원한을 버리지 않고 품고 있으면 자기 자신의 힘을 계속해서 고갈시킨다는 사실을 상기시켜준다. 복수에 대한 욕망은 우리의 마음을 더럽히고, 심지어 우리 자신을 해롭게 만들 수 있다. 오랜 상처를 지니고 있는 것보다 용서하는 것이 정신 건강과 육체 건강에 훨씬 좋은 선택이다. 오래된 상처를 지니고 다니면, 삶의 기쁨이 드러날 수 있는 공간 자체가 사라진다. 따라서 자기성찰 능력은 타인에 대한 긍정적인 행동과 사회적 상호작용 및 관계를 촉진하는 데 중요하다.

두 번째 단계는 **자기이해**이다. 자기성찰을 통해 애초에 왜 가해 행위가 일어났는지 이해하는 것이 중요하다. 우리는 가해 행위가 왜 일어났는지에 대한 설명을 찾을 필요가 있다. 이때 진정으로 공감할 수 있는 능력이 발휘된다. 가해자의 입장에 서는 능력은 실제로 일어난 일을 이해하는 데 필수 조건이다. 우리는 이론적 근거에 동의하지 않을지라도, 무슨 일이 일어났는지를 설명하는 자기이해가 필요하다.

세 번째 단계는 **자기표현**이다. 상처에 대한 감정을 표현하는 것이 필요하다. 상처에 대한 감정 표현 없이는 감정을 내려놓기가 매우 어렵다. 만일 가해 행위가 분노나 슬픔이나 상처를 유발한다면, 이러한 감정들을 깊이 느낄 필요가 있다. 가장 좋은 방법은 당연히 가해자들에게 이런 감정을 표현하는 것이다. 그들은 자신들이 준 상처를 알지 못할 수 있기 때문이다. 만일 우리가 용서하려고 하는 사람과 관계를 유지하고 싶다면, 우리는 왜 우리가 화가 났는지, 해결책을 찾기 위해 무엇을 해야 하는지 소통할 방법을 찾아야 한다. 가해 행위가 무엇이든 상관없이 용서하려는 사람은 그것이 자신의 감정을 어떻게 만들었는지 표현할 필요가 있다. 단순히 잊어버리려는 것만으로는 충분하지 않다. 단지 감정을 숨기는 것만으로 진정한 용서를 이룰 수 없기 때문이다.

네 번째는 **자기신뢰**이다. 진정한 용서가 이뤄지기 위해서는 용서하는 사람에게 그 가해 행위가 다시 일어나지 않을 것이라는 확신이 필요하다. 그것이 가해자에게서 진실한 사과의 형태로 오든, 다른 형태로 오든, 가해 행위가 다시는 일어나지 않을 것이라는 신뢰가 확립될 필요가 있다. 그런 신뢰가 과연 상처 입은 사람에게 정말 안전하다는 느낌을 줄 수 있을지 의문의 여지가 있다. 이 때문에 더 깊은 단계로 나아갈 수 없다는 한계에 직면하게 된다.

마지막으로, 용서 사이클을 끝내는 단계는 **내려놓기**letting go다. 이것은 가장 어려운 단계이다. 가해자에게 원한을 품지 않겠다고 마음먹는 것은 결코 쉬운 일이 아니다. 원한 내려놓기는 되새김 과정을 끝내고, 불의에 머무르는 것을 멈추며, 미래에 그 가해 행위가 다시는 언급되지 않을 것임을 단언하는 것을 의미한다. 원한 내려놓기가 어려운 것은 자신의 권력을 내려놓는 것이기 때문이다. 실제로 용서하는 사람들은 자신이 지닌 우월적 위치를 포기해야 한다. 그래야만 가해자들과 같은 위치에서 다시 관계를 맺을 수 있다. 이처럼 마지막 단계의 용서는 많은 사람에게 가장 큰 도전이다.

> "용서는 궁극적으로 우리 자신에게 주는 선물이라는 것을 깨닫는 것이 중요하다."

용서의 여정은 힘들다. 너무나 많은 사람이 괴로움과 부정적 생각을 내려놓기 어렵다는 것을 잘 안다. 그래서 어려움 앞에서 멈춰버린다. 그때마다 용서의 여정에 있는 사람들에게 선택의 여지가 있음을 상기시켜야 한다. 그들은 후회하는 일을 계속해서 선택하거나, 어떤 이유로 일이 발생했는지 숙고할 수 있다. 아무튼 그들은 그런 경험을 통해 배우고 지혜를 얻을 수 있다. 이는 애초에 가해 행위를 막기 위해 무엇을 다르게 할 수 있었는지 그들에게 말해줄 것이다. 이때 그들은 그 과정이 단지 상처를 준 사람을 용서하는 법을 배우는 것만이 아니라는 사실을 알아차릴 필요가 있다. 이 과정에서 우리가 주안점을 두어야 하는 것은 우리 모두가 실수할 수 있다는 것이다. 우리도 신이 아닌 이상 누군가에게 용서를 구해야 할 것이다. 따라서 용서가 궁극적으로 우리 자신에게 주는 선물이 될 수 있다고 깨닫는 것이 중요하다. 상처는 오직 용서를 통해서만 치유될 수 있다. 그리고 원한을 놓아버릴 때, 비로소 우리는 상처에 우리의 삶이 속박되던 지점에서 벗어날 수 있다.

가짜 용서

진정한 용서는 어렵다. 하지만 용서하는 척 하는 것은 쉽다. 단지 '미안해'라고 말하는 것은 깊게 뿌리박힌 상처를 결코 지우지 못한다. 일시적 조치일 뿐이다. 불행히도, 너무 많은 사람이 가짜 용서에 사로잡혀 있다. 불쾌한 감정에 대처할 필요가 없다고 생각하기 때문이다. 그런 사람들은 무의식적 분노가 전통적인 논리와 이성에 반응하지 않는다는 사실을 다루는 걸 거부한다. 용서한다고 말했는데도, 적어도 겉으로는 모든 면에서 괜찮은 것처럼 보이지만 계속해서 불편함을 야기한다.

예를 들어, 우리는 가까운 사람에게 화가 났다는 것을 잘 인정하지 않는다. 그 결과 우리는 그 사람과의 관계를 '보호protect'하려고 필사적으로 시도하면서 무의식적으로 우리의 분노를 자신에게 숨겨버린다. 이것은 자기기만self-deception이다. 이는 우리가 그 분노를 지속해서 살아있게 만든다. 우리는 이 방식이 관계를 보호하고 있다고 착각한다. 하지만 실제로는 그렇지 않다. 우리도 모르게 관계는 천천히 깎아내려 간다. 상처가 무의식 가운데 은밀히 남겨져 있는 한, 진정한 용서는 불가능하다. 상처가 치유되지 않고 단지 억압될 때, 상처와 관련된 모든 감정은 무의식이라는 어두운 그림자

속에 그대로 남게 된다.

　비록 문제에 대한 기억을 억압하여 잊어버리는 것은 절대 정답은 아니지만, 잊어버리는 과정도 필요하다. 여기에는 역설이 존재한다. 우리는 잊어서는 안 되지만, 잊어야 한다. 감정적·정신적 차원 모두에서 망각은 인간 경험에 나타나는 자연스러운 현상이며, 인간 두뇌의 자연적 기능이다.[70] 기억 기능은 도움이 되지 않는 정보가 들어오는 것을 막는다. 이를 잊어버리는 것이다. 실제로 그런 정보는 우리의 초점을 흐트러뜨릴 수 있다. 이처럼 망각은 우리의 두뇌가 너무나 사소한 정보로 가득 차는 것을 막기 위해 반드시 필요하다. 따라서 용서는 진화적 발달 관점에서 망각을 통해 자연스럽게 이뤄진다. 복수의 갈망을 억누르고, 분노와 혐오를 잠재우는 게 진화적 발달을 위한 선택이라는 것이다. 우리의 두뇌는 도움이 되지 않는 정보를 삭제하는 기능이 탑재되어 있다. 따라서 용서의 여정이 의식적 알아차림 conscious awareness에 있는지, 잠재의식적 용서 subliminal forgiveness에 머물러 있는지 잘 살펴야 한다.

언제 전문가에게 도움을 구해야 하는가

만일 용서로 가는 길이 막혀 있거나 가해 행위가 자신에게 파괴적인 영향을 미쳐서 앞으로 나아갈 수 없다면, 전문가의 도움을 구해야 할 때가 된 것이다.[71] 용서에 도달하기 위해서는 항상 불행하고 어두운 내면 극장을 다루어야 한다. 따라서 많은 사람이 용서하기 위해 심리치료를 받는다. 내면 극장의 '대본'은 주변 사람들과 관련이 있지만, 용서할 때 더 중요한 것은 우리 성격에 내재되어 있는 자기파괴적 요소를 어떻게 해결하느냐에 있다. 그때 중요한 것은 도저히 용서할 수 없는 상태와 상황에 직면하게 되면서 용서의 단계로 나아가는 것이다. 다양한 심리치료를 활용하는 건 용서하지 못하는 벽을 허물고 용서의 과정으로 이끄는 데 도움이 된다. 신체적 질환과 관련된 경우, 항우울제antidepressants나 항불안제anti-anxiety와 같은 약물로 심리치료를 보완해야 한다.

치료적 관점에서 볼 때 용서는 다양한 방어 메커니즘(부정, 억압, 배제, 특히 투사)으로 인해 더욱 어렵다. 이런 메커니즘은 문제에 대한 깊은 이해를 방해하고 해결 자체를 차단한다. 예를 들어, 인간은 '죄sins'를 다른 사람에게 투사한다. 그래야만 그 문제에 직면하고 대처할 필요가 없기 때문이다.

치료하는 동안, 우리는 자신에게 잘못한 사람들에 대한 생각과 감정을 통제할 수 없음을 명심해야 한다. 자신에게 상처 준 사람들이 변해야 한다고 말하는 건 치료에 전혀 도움이 되지 않는다. 용서의 여정에서 잘못을 인정하지 않고 용서를 구하지 않는 사람에게 집중하는 건 우리의 힘과 내면의 힘을 감소시킨다. 만일 우리가 용서 문제로 씨름하고 있다면, 그것은 다른 사람들의 연약함에 연민의 마음을 품기 시작한 것이다. 이는 인간의 한계를 깨달은 것이고, 다른 사람에게 언제든 도움을 구할 수 있다는 것이며, 진정한 힘이 외부에서 오는 게 아니라 오직 내면에서 나온다는 사실을 아는 것이다. 하지만 그 지점에 도달하려면, 내면세계를 향한 강렬한 여정이 필요하다. 그것은 복수나 희생이라는 부정적 생각을 내려놓고, 우리 자신과 다른 사람에게서 발견되는 긍정적인 속성에 다시 초점을 맞추도록 요구한다. 용서하는 데 어려움이 있는 사람은 우리 삶이 경험 학습의 장이며, 모든 삶의 만남이 우리를 더욱 성장시킬 수 있다는 사실을 인지할 필요가 있다. 우리가 삶에서 배울 수 있는 것은 개인의 성장이 분노, 불의, 복수심, 분개를 내려놓을 때 일어난다는 사실이다.

인간은 다른 사람에게 늑대다

인간은 이웃에게 늑대와 같다. 인류 역사를 돌아보면 그렇다. 이 사실에 대해 반기를 들 사람은 없을 것이다. 실제로 우리 모두는 어두운 면을 지니고 있다. 물론 우리 가운데 몇 명은 존경받는 성인의 경지에 오를 수 있다. 성인의 반열에 오르게 되면, 엄숙함, 강직함, 엄격함, 교리적 행동의 기준이 된다. 그렇다고 성인의 단계로 가라는 건 아니다. 성장과 개인 발전을 추구하는 사람은 성인의 경지에 오른 사람들처럼 끊임없이 친절하고, 미소 짓고, 심지어 기질까지 흠잡을 데 없는 사람이 아니다. 끊임없이 성장하는 사람들은 실수에서 배울 준비가 되어 있고, 어떻게 보상해야 하는지 알고 있으며, 더는 실수를 반복하지 않으려 노력하는 사람이다. 성인의 영역으로 들어가는 건 어렵지만, 이런 사람이 되는 건 현실적으로 가능하다. 실제로 이런 사람들은 사회, 제도, 조직, 개인을 발전시킨다.

보복 행동과 회유 행동은 우리가 지닌 사회적이고 진화적이며 근본적인 것이다. 티포탯 사고방식tit-for-tat mindset(눈에는 눈, 이에는 이)은 인간관계가 균형과 호혜성을 필요로 한다는 걸 의미한다. 페어플레이 정신은 인간이 타고난 조건이다. 우리는 페어플레이 규칙이 깨지면 쉽게 분노한다. 우리는 용서의 당근과 보복의 채찍 사이의 균형을 유지하기 위해 많은 노력을 기울인다. 우리는 가해 행위에 직면하면 보복 행위를 마땅히 해야 한다고 생각할 수 있지만, 사실 복수심에 불타는 행동은 효과적인 제도 구축을 위해 좋은 방법이 아니다.

그러나 호모 사피엔스의 역사는 복수가 더 많은 복수를 낳을 뿐만 아니라 끝없는 복수와 갈등 확대를 조장한다는 사실을 우리에게 가르쳐주었다. 또한 호모 사피엔스의 역사는 복수가 표출되는 것을 관리하기 위해 다양한 형태의 사회적 통제가 필요하다고 가르쳐왔다. 회복적 정의의 형태로 말이다. 이런 맥락에서 볼 때 처벌보다는 개인적 치유와 사회적 치유가 사회에서 더 필요한 것일 수 있다.

용서는 사회, 제도, 조직, 팀, 개인이 운영되는 방식을 바꿀 수 있다. 용서는 변혁적 변화transformational change를 가져온다. 변혁적 리더들은 인간의 모든 상태, 즉 병폐와 취약성까지도 인정한다. 인간이기 때문에 실수할 수 있다는 것이다. 따라서 실수, 실패, 결함, 붕괴를 용서하는 것은 우리가 상대하는 사람들과 우리 자신에 대한 더 큰 지혜, 연민, 역량을 깨우는 기회를 열어준다. 용서가 없는 삶은 사회든, 제도든, 조직이든 어렵게 만들 수밖에 없다.

진정한 변혁적 리더는 실패와 원치 않는 상황을 활용하여 연민과 이해의 문화를 발전시키고 용서의 기술을 실천한다. 이를 통해 더 큰 내면의 조화와 보상 감각을 창출해나간다. 지금까지 살펴보았듯이, 용서는 진정한 조직을 창출하게 만든다. 용서는 사람들에게 위험을 감수하고 배우며 리더십 능력을 기를 수 있는 기회를 제공한다. 그리고 용서는 다른 사람들을 위한 것뿐만 아니라 우리 자신을 위한 것이기도 하다. 따라서 리더가 되기 위해서는 반드시 용서에 대한 희망을 가져야 한다.

정신의학자 토마스 차스Thomas Szasz는 "어리석은 자는 용서하지도 잊지도 않는다. 순진한 자는 용서하고 잊는다. 현명한 자는 용서하지만 잊지 않는다."라고 말했다. 나는 용서가 희망의 부활이라 생각한다. 용서가 시작되면 꿈은 다시 만들어질 수 있다. 용서는 끝없는 분노와 보복의 순환에서 벗어나는 자유의 열쇠이기 때문이다. 비록 용서하는 것이 과거를 바꾸지는 않지만, 새로운 미래를 창출할 수 있다.

3장
당신은 피해자 증후군을 가진 피해자인가?

> 자기동정은 마약과도 같다.
> 순간적인 위로를 줄지 모르나 중독성이 강해 결국 현실에서 괴리되고 만다.
> — 존 가드너John Gardner

> 우리 잘못이 아니라면, 우리는 그것에 대해 책임을 질 수 없다.
> 우리가 책임을 질 수 없다면, 우리는 항상 피해자가 될 것이다.
> — 리처드 바크Richard Bach

> 당신의 삶을 온전히 당신의 손 안에 두면 어떤 일이 벌어질까?
> 끔찍한 일이 벌어질 것이다. 누구도 탓할 사람이 없기 때문에!
> — 에릭 종Erica Jong

서론

당신은 항상 피해자 코스프레를 하는 사람들을 아는가? 나쁜 일이 생길 때마다 남 탓만 하는 사람을 아는가? 혹시 그들은 자신이 희생당하고 있다고 생각하면서 가족, 파트너, 직장 동료에게 모든 탓을 돌리고 있지는 않는가?

이런 사람들이 살고 있는 세계는 피해자, 가해자, 구조자rescuers로 구성되어 있다. 만일 당신이 이런 사람들을 돕기 원한다면, 그들이 겪는 어려움에서 '구출'하는 것이 고통스러운 과정이 될 수 있다. 당신은 이런 사실을 알고 있는가? 당신은 조언할 때 자주 무례하게 무시되거나 거부당할 것이다. 이 때 당신은 어떠한가?

이 가운데 어느 하나라도 적용된다면, 당신은 아마도 피해자 증후군에 걸린 사람들을 상대하고 있을 것이다.[72] 이 사람들은 삶에서 '일어나는 나쁜 일'에 대해 항상 불평한다. 이런 문제들이 마치 그들이 가는 곳마다 따라오는 것처럼 항상 일어난다.

그렇다고 그들이 이런 문제를 꾸며낸다고 생각하지는 않는다. 그들의 이야기에는 항상 진실이 담겨 있다. 나쁜 일은 그들뿐만 아니라 우리 모두에게 일어난다. 그것이 인생이다. 인생은 장미 정원처럼 아름다운 것만이 아니다. 그렇다고 좌절할 필요가 없다. 우리에게 오는 어려움을 다룰 수 있는 여러 가지 방법들이 있기 때문이다. 우리 대부분은 인생의 장애물에 직면했을 때, 그것들을 넘어서고자 한다. 하지만 피해자 사고방식에 빠진 사람들은 그렇게 할 수 없다. 그들은 부정적 인생관을 가지고 있다. 이런 인생관은 그들에게 다가오는 모든 역경을 큰 재앙으로 키운다. 심지어 정보를 흡수하는 방법조차도 혼란과 스트레스를 유발한다. 이처럼 그들은 이미 어려운 상황을 좀 더 복잡하게 만든다. 실제로 피해자 증후군으로 고통받는 사람들은 그들 자신이 처한 혼란을 더 악화시키는 경향이 있다. 이상하게 들릴지 모르겠지만, 그들은 흔히 피해자를 자처한다. 아이러니하게도, 그런 방식으로 어떻게든 가해자를 만들어낸다.

피해자 사고방식을 가진 사람들과 대화는 매우 어렵다. 그들은 극단적인 숙명론적 인생관을 가지고 있다. 그들은 책임감이 떨어진다. 자신에게 생긴 일에 대한 통제권이 없다고 생각하기 때문이다. 실제로 그들의 삶에 일어나는 모든 부정적 결과는 통제할 수 없는 사람이나 환경에 기인한다. 그들을 직접적으로 돕거나 그들이 처한 곤경을 해결하기 위한 노력은 많은 이유 때문에 물거품이 되곤 한다. 그 가운데 몇 가지 이유는 매우 특이하다. 이런 특이한 문제는 해결하기 어렵다. 어찌 보면 그들은 자신들을 돕는 사람이 틀렸다는 걸 증명하려는 것처럼 보이기까지 한다. 이에 그들을 돕는 사람들은 극단의 좌절감에 빠지게 된다.

성격 스타일

피해자 사고방식을 가진 사람들은 다른 사람들과 상호작용을 할 때 수동-공격적 성향을 띤다. 수동-공격적 스타일은 자신들이 원하는 것을 어떻게든 얻으려 한다. 그런데 그런 성향을 공개적으로 인정하지 않을 수 있다. 더군다나 자신이 왜 수동-공격적 스타일을 지니고 있는지 직접적으로 직면하려 하지 않는다. 분노를 표현할 때는 매우 미묘하고 간접적이며 은밀한 방식을 취한다.[73] 보통 무력감을 느끼는 사람들이 대개 수동-공격적 성향을 지닌다. 그들은 자신의 분노를 직접적으로 인정하지 않는다. 그렇기 때문에 표면적으로는 다른 사람의 요구에 응하는 것처럼 보이지만, 사실 매우 저항적인 성향을 지니고 있다.

피해자 증후군에 빠진 사람들은 대개 비난 게임 blame game 을 즐긴다. 그들은 어떤 상황에 처해 있건 자신에게 책임이 있음에도, 왜 일이 해결되지 않는지 변명을 찾는 데 선수들이다. 그들은 변명을 찾을 때마다 보통 정서적 협박 emotional blackmail 을 다양한 방식으로 표출한다. 그들은 이런 방식을 통해 다른 사람들에게 죄책감을 느끼게 한다.[74] 그뿐만 아니라 그들은 부루퉁하고, 삐죽거리고, 뒤로 물러나고, 엉뚱한 소리를 하고, 변명하고, 거짓말을 할 것이다. 이런 혼합된 메시지를 통해 다른 사람들을 당황케 한다. 우리는 이 사람들과 함께 무슨 말을 했는지 무엇을 기대하는지 결코 완전히 확신할 수 없다.

이 행동에는 자기파괴self-defeating와 자기학대masochistic 기질이 내포되어 있다. 마치 피해자 증후군에 빠진 사람들은 상처받는 걸 오히려 원하는 것처럼 보이기도 한다. 문제가 많은 상황이나 관계를 오히려 끌리는 것처럼 보이기까지 한다. 그런 사람들은 자신의 행복을 위한 일을 하지 못한다. 그들은 자신이 분명히 더 나은 선택을 했는데도 실망, 실패, 학대를 일삼는 사람들과 상황들로 스스로를 내몰기도 한다. 그들은 즐거울 수 있는 기회를 거부하기도 하며, 자신들이 즐기고 있다는 것 자체를 인정하기 꺼리기도 한다. 심지어 피해자가 원하지 않더라도, 자기희생self-sacrifice은 자신들의 몫으로 돌린다.[75] 그들은 러시아 룰렛, 음주 운전, 과도한 흡연, 약물 남용, 도박 중독, 성 중독, 자기 치유, 자해 행동, 자살 등 해로운 행동 양식을 지속적으로 지니고 있다.

피해자, 가해자, 구조자

"피해자 사고방식에 빠진 사람들은 세상을 위험한 곳으로 본다."

피해자 사고방식에 빠진 사람들은 세상을 위험한 곳으로 본다. 그들은 항상 최악의 상황에 대비해야 한다. 해치려는 사람들이 세상에 가득 차 있기 때문이다. 그들은 세상이 피해자, 가해자, 이따금씩 구조자에게 매우 가혹한 환경이라고 여긴다. 그들에게 세상은 통제권을 주지 않는다. 통제권 자체가 외부에 있는 것으로 치부된다. 다시 말해, 사람들에게 일어나는 일은 통제할 수 없는 사건들에 좌우된다는 것이다. 강력한 힘을 가진 다른 사람, 운명, 기회는 주로 그들의 삶에서 일어나는 사건들을 결정한다.[76] 이런 신념 체계는 피해자 사고방식과 매우 밀접하게 연관되어 있다.

문제는 이런 부정적 측면이 점점 증폭된다는 것이다. 피해자 사고방식에 빠진 사람들은 비록 의도적이지 않더라도 다른 사람들을 자극하려 한다. 그들은 자신들이 만들어내는 폭풍우 같은 감정 속으로 다른 사람들을 끌어들인다. 이런 감정의 소용돌이에 빠진 사람들은 빠져나갈 수 있는 방법을 잊어버린다. 균형감각 자체가 무너져 버린다. 그 순간에 피해자 사고방식에 빠진 사람들은 자신들을 피해자라고 극단적으로 표현한다. 그러고는 순간 가해자로 변모하여 자신들을 도우려는 사람들에게까지 상처를 준다. 이런 사람들에게는 피해자, 가해자, 구조자 사이클이 매우 복잡하고 유동적인 과정에 있다.[77]

피해자 증후군에 걸리기 쉬운 사람들은 조작manipulation을 주도한다. 이를 통해 자신들과 상호작용하는 사람들을 화나게 할 수 있다. 어찌 보면 사람들에게 도와달라고 요청하는 제스처를 취하는 것 같지만, 알고 보면 아무것도 아닌 경우가 많다. 구조자는 여기에 속아 도우려는 시도 자체가 헛수고였음을 깨닫게 된다. 설상가상으로, 피해자 증후군에 빠진 사람들은 구조자의 도움이 오히려 자신들에게 상처를 주었다고 주장한다. 그렇게 늘 입장을 뒤집어가며 도우려는 사람들을 혼란스럽게 한다. 이런 행동은 자신들의 기대를 충족시키겠지만, 다시 자신들의 행동에 깊이 영향을 준다.[78]

그들에게 왜 그렇게 행동하는지 질문을 하면, 모두 "이유가 있다."라고 말한다. 설명해달라고 하면, 자신의 비합리적 행동에 대해 이해할 수 없는 이유를 말한다. 그들은 자기파괴적 행동에 대한 이유를 아주 제한적인 시각에서만 생각한다. 심지어 그 이유가 명확하고 그것을 개선할 수 있는 수단이 명백히 존재한다는 말을 해줘도, 들으려 하지 않는다. 어찌 보면 혼란 속에 매몰되는 걸 더 좋아하는 것처럼 보이기까지 한다. 사실 이런 행동이 그들을 더욱 곤혹스럽고 짜증나게 하는 데도 말이다.

> "피해자 증후군에 빠진 사람들의 과잉 행동을 하는데,
> 이는 사람들을 불나방처럼 불길에 휩싸이게 한다."

피해자 증후군에 빠진 사람들은 보통 과잉 행동하는데, 이는 사람들을 불나방처럼 불길에 휩싸이게 한다. 그들은 암울한 상태를 지속함으로써 다른 사람들의 이타적 동기를 불러일으킨다. 끊임없이 울부짖으며 도움을 요청하는 건 무시하기 어렵다. 그러나 대부분의 경우 도움 자체가 짧게 이뤄지고 끝난다. 불길 속에 뛰어든 나방처럼 도움을 주는 사람들이 눈 깜짝 할 사이에 떠나버리기 때문이다. 그들은 피해자들의 비참한 상황을 완화하려고 노력했지만, 어떠한 효과도 보지 못했다. 더 나아지려는 움직임이 전혀 없기 때문이다. 구조자의 노력은 무시당하거나, 과소평가되거나, 적대감에 직면할 뿐이다. 구조자들이 점점 더 좌절하고 떠나는 것은 어쩌면 당연한 일이다.[78]

그런데도 왜 '피해자들'은 도움을 요청할까? 그들은 정말 도움을 받고 싶어서 그런 것인가? 이는 중요한 문제다. 그들은 스스로 계속해서 깊은 곳으로 구멍을 파내려 간다. 이런 행동은 자신에게 관심을 줄 사람을 찾는 것이다. 그들은 부정적인 관심보다 무관심을 더 무서워한다. 어떻게든 다른 사람의 관심을 끌기 위해 행동한다. 그것이 부정적인 행동인 경우라도 말이다. 우리는 피해자 증후군에 빠진 사람들이 '나는 불행하다. 고로 나는 존재한다'라는 명제를 어떻게 자신의 존재 방식으로 취하게 되었는지 주목해야 한다. 이 명제는 피해자 증후군에 빠진 사람들에게 흔하게 일어나는 이야기

다. 사례를 하나 살펴보자.

빅터Viktor는 에너지 회사의 CEO다. 그는 부사장 아멜리아Amelia를 어떻게 상대해야 할지 고민이 많다. 그래서 그녀와 관계하는 데 가장 좋은 방법이 무엇인지 궁금해했다. 아멜리아는 긍정적 자질을 많이 가지고 있었지만, 세심한 관리가 필요한 사람이었다. 그녀는 다른 어떤 사람들보다도 빅터가 시간을 많이 투자해야 하는 사람이었다. 그는 그녀와 만나는 게 즐겁지 않았다. 더욱이 그녀는 일이 잘 안 풀릴 때마다 호들갑을 떠는 사람이었다. 그러고는 얼마 지나지 않아 언제 그랬냐는 듯 다시 차분해지는 그녀의 모습은 빅터를 당황스럽게 했다.

빅터는 의문이 들었다. 왜 그렇게 유능한 사람이 항상 피해자 역할에 빠져 사는지 말이다. 어떻게 그토록 똑똑하고 재능 있는 사람이 부적절한 행동에 맹목적으로 빠질 수 있었을까? 빅터는 이런 생각을 할 때마다 거슬렸다. 그는 회사 내에서 젠더 다양성을 열렬히 옹호하는 사람이었기 때문이기도 했다. 그런데 문제는 아멜리아가 자신이 곤경에 빠질 때마다 항상 이른바 '학연·지연·혈연' 관계에 피해를 보고 있다고 주장했다. 빅터는 아멜리아의 주장과 행동에 매우 논거가 빈약하다는 것을 알고 있었다. 사실 회사에서 다른 여성 어느 누구도 그런 내용을 언급한 적이 없었다. 그는 회사 임원진에서 여성 비율을 높이기 위해 최선을 다하는 사람이었다. 그래서 그가 듣기에 회사 내에서 여성들을 억누르는 학연·지연·혈연 네트워크 같은 것이 존재한다는 생각은 말도 안 되는 이야기였다.

반복되는 아멜리아와의 미팅은 마치 살얼음판을 걷는 것 같았다. 그녀와 함께 2년 마다 피드백 보고서를 검토하는 것은 정말 지옥이었다. 그녀는 상상할 수 없을 정도로 극단적인 반응을 쏟아냈다. 빅터는 정말로 이를 두려워했다. 그녀에게 피드백하는 것은 정말 힘든 일이었다. 어쩌면 그녀에게 효과적인 운영에 대해 조언할 때마다 아부의 끝판왕이 되어야만 했다.

　이제 곧 다시 아멜리아를 평가해야 하는 시간이 다가왔다. 빅터는 잠을 잘 수가 없었다. 그는 지난 번 평가 때 건설적인 피드백을 주었다고 생각했지만, 아멜리아가 극렬한 반응을 보여 당황했던 장면을 생생하게 기억하고 있었다. 그렇다고 매우 민감한 이야기를 했던 것도 아니었다. 빅터는 그냥 진행되는 상황이 어떻게 좀 더 효과적으로 처리될 수 있을지 물었을 뿐이었다. 그런데 그녀는 그가 그런 말한 것에 격렬하게 반응했고 결국 논쟁으로 번졌다. 그녀는 자신의 일 진행 방식에 대해 별다른 책임이 없다며 큰 소리를 쳤다. 빅터는 그녀가 일이 잘못될 때마다 자신의 잘못이 아니라 다른 사람의 잘못이라고 하는 게 황당했다. 이에 빅터는 계속하여 아멜리아도 책임이 있다는 걸 밝혀내려 했다. 그런데 그럴수록 아멜리아는 빅터를 향해 격노했으며, 자신이 오히려 피해자임을 자처했다. 이 대화를 나눈 뒤, 빅터는 자신의 모습이 비참하기까지 했다. 굳이 CEO로서 그녀에게 권위를 행사하려 했을까 하는 자괴감에 빠지게 되었다. 마치 그녀를 희생시킨 것 같은 기분을 느꼈다. 이는 그들 관계에서 매번 반복되는 특징이었다. 결국은 그녀에게 미안함을 느끼고, 진정시키면서 끝나는 방식이었다. 이에 빅터는 자신이 그녀에게 접근하는 방식이 얼마나 실제로 효과적인지 확인하고 싶었다.

　세상에는 수많은 아멜리아가 있다. 그들은 책임 회피형 인간professional

victims이다. 그들은 사적 영역과 공적 영역 모두에서 다양한 '각본scripts'을 써 낸다. 또 다른 사례를 살펴보자.

국제은행의 CEO 도널드Donald는 한 시간 뒤 아담Adam을 만날 예정이었다. 아담은 비즈니스 소매 업계에서 저명한 인사였다. 도널드는 아담이 새로운 지사장직을 부탁하러 올 것이라 추측했다. 실제로 현재 지사장이 곧 은퇴하기 때문이었다. 사실 도널드는 아담이 적임자가 아니라고 판단하고 있었다. 그래서 만일 지사장직 이야기를 꺼낸다면, 어떻게 대답해야 할지 고심했다.

도널드는 아담이 심리적으로 미성숙하다고 보았다. 더군다나 아담은 다양한 이해관계자들을 만나고 대화를 나누는 데 필요한 정서적 지능이 부족했다. 이런 판단을 하는 데는 여러 가지 이유가 있었다. 아담은 일이 잘못되었을 때, 절대로 책임지지 않았다. 항상 핑계를 대며 남을 탓했다. 자신이 일할 때 드러난 실수를 무조건적으로 회피했으며, 오히려 앙심을 품기까지 했다. 게다가 자신을 '건드리는' 사람들을 결코 가만두지 않았다.

얼마 뒤 아담은 도널드의 사무실로 찾아왔다. 기대하던 승진에 실패했기 때문이었다. 도널드를 보자마자 자신의 승진 누락이야기를 꺼내더니, 그 이유에 혹시 동료의 입김이 있는지 단도직입적으로 물었다. 도널드는 아니라고 이야기했지만, 아담은 받아들이지 않았다. 도널드는 계속해서 아담이 승진하지 못한 이유가 최근 업무를 성공시키지 못했기 때문이라고 설명했지만, 들으려 하지 않았다. 아담은 한동안 '승진이 지연된 것'이 자신의 실수 때문이라는 사실을 인정하지 않았다.

아담은 그렇게 스스로 핸디캡을 만들었다. 이번이 처음은 아니었다. 자주 그런 패턴이 반복되었다. 이는 성공하는 습관에서 멀어지는 버릇이었다. 이런 버릇은 자기 자신을 최악의 적으로 만들 수 있다. 그때마다 도날드는 아담에게 실패가 단지 일시적인 것일 뿐이라고 설득했고, 겨우 진정시킬 수 있었다. 하지만 이 역시 일시적일 뿐이었다. 도날드는 아담을 어떻게 피해망상에서 벗어나게 할지 고민스러웠다. 매번 아담의 피해망상은 나쁜 결과를 초래했다.

아담의 변덕스런 기분은 은행가로서 부적절했다. 최근 관계에서도 증명되었듯이 그는 정서적으로 좀 더 성장해야 했다. 한 번은 아담이 도날드에게 점심을 함께했으면 좋겠다고 메일을 보냈다. 도날드는 너무 촉박하게 제시한 아담의 요청에 불가능하다고 답했다. 그는 일주일 내내 해외 스케줄이 잡혀 있었기 때문이었다. 도날드는 적절하게 답변했다고 생각했다. 하지만 정말 큰 오산이었다. 도날드가 해외 일정을 마치고 돌아왔을 때, 비서가 다급하게 말했다. 아담이 자신의 요청을 거부한 것에 아주 큰 불만을 표시했다는 것이다. 아담은 도날드의 거절에 크게 실망하며 비난했다. 도날드가 자신의 일을 도외시한다고 여겼고, 자신에게 문제가 일어나도 별로 신경 쓰지 않는다고 확신했다.

도날드는 아담이 여러 가지 면에서 지사장직 자질이 있었지만, 솔직히 그의 극단적인 행동에 싫증이 났다. 왜 항상 아담은 과잉 행동을 하는 것일까? 왜 그는 이런 정서적 협박emotional blackmail에 매몰되는 것일까? 도날드는 마치 덫에 걸린 듯한 기분을 느꼈다. 아담은 피해자 사고방식을 가지고 있었기 때문에 지속해서 부정적인 생각을 발산하고 다녔다. 아담의 기분 패턴은 전염될 수 있는가? 다른 팀원들에게 영향을 미칠 수 있을까?

세상에는 피해 사실을 긍정적으로 해석하는 사람들이 많다. 그들은 진정성 있는 피해자다. 그런 피해자는 피해 현실을 부정하지 않는다. 잘못된 일에 대해 무조건 남의 탓을 하지 않는다. 더군다나 피해 현실에 드러나는 것들을 명확히 판단하려 한다. 어떻게 이런 것이 가능할까? 이는 그들의 마음 상태에 달려 있는 것이다. 우리는 어려운 삶의 상황을 긍정적으로 재구성할 수도 있고, 피해자 사고방식으로 퇴행할 수도 있다. 우리에게는 어려운 상황을 '해결된' 것처럼 보이게 만드는 선택권이 있다. 하지만 우리는 행위와 행동에 책임지지 않으려고 할 때마다 무의식적으로 피해자 역할을 선택하게 된다. 우리는 다른 사람에게 이용당하고 배신당한다는 생각에서 좀처럼 벗어나기 어렵다. 물론 책임에서 자유로워질 수 있다는 긍정적 측면이 있다. 하지만 그것보다 분노, 두려움, 죄책감이나 부족함이라는 부정적 측면이 훨씬 더 크다.

당신은 피해자 증후군에 시달리고 있는가?

우리는 어려움에 처한 사람들을 보면 돕고 싶어 한다. 그들이 힘들어하는 모습을 보는 것을 좋아 하지 않는다. 우리에겐 누군가를 도우려는 욕망이 있다. 그런데 아무런 반응이 없거나 경멸하는 반응이 내면에서 일어나는 경우가 있다. 그런 반응을 반드시 경계해야 한다. 개인적 이슈나 직업적 이슈로 고군분투하는 사람을 돕고 있다면, 피해자 증후군에 매몰될 수 있음을 항상 주의해야 한다. 다음은 피해자 증후군에 빠졌는지 알아볼 수 있는 질문들이다. 이 질문에 긍정적인 대답이 많을수록 피해자 사고방식에 빠질 가능성이 더 높아진다.

- 당신은 항상 문제가 있는 사람을 상대하는가? [Y/N]
- 모든 대화는 결국 그들의 문제에 집중되는가? [Y/N]
- 그들은 '불쌍한 나poor me'를 흉내내며 대화하려 하는가? [Y/N]
- 그들은 자신에 대해 부정적인 이야기를 하는가? [Y/N]
- 그들은 항상 최악의 경우를 생각하는가? [Y/N]
- 그들은 피해자처럼 행동하는 경향이 있는가? [Y/N]
- 그들은 세상이 그들에게 무언가를 하고 있다고 느끼며, 그 반대로 그들은 아무것도 할 수 없다고 느끼고 있는가? [Y/N]
- 그들은 다른 모든 사람들이 더 쉬운 삶을 살고 있다고 믿는가? [Y/N]
- 그들은 부정적인 사건과 실망에만 초점을 맞추고 있는가? [Y/N]
- 그들은 자신의 부정적 행동에 대한 책임을 느끼지 않는가? [Y/N]
- 그들의 불행이 전염되어 다른 사람들의 기분 상태에 영향을 미치는가? [Y/N]
- 그들은 고통, 혼란, 극적인 상태에 중독된 것처럼 보이는가? [Y/N]
- 그들은 세상이 자신들을 해코지한다고 느끼는가? [Y/N]
- 남을 탓하는 것이 자신의 마음 상태를 개선하는 것처럼 보이는가? [Y/N]
- 그들은 남이 자신을 책임지게 만드는 경향이 있는가? [Y/N]
- 그들은 구조자나 가해자를 찾는 버릇을 가졌는가? [Y/N]

왜 피해자가 되려 할까?

피해자 사고방식은 '피해자'에게 어떤 도움이 되는가? 어떤 장점이 있기에 피해자 역할을 하려 할까? 피해자 사고방식에 빠지면 빠질수록 고통을 겪음에도 왜 지속하게 되는가? 이 질문에 답하기 위해서는 내면세계를 살펴 봐야 한다. 이런 행동의 대부분은 의식적 알아차림conscious awareness을 넘어선 다. 하지만 모든 구름의 뒤편이 은빛으로 빛나듯이, 모든 문제는 긍정적인 면이 있다. 따라서 피해자가 되려는 이유를 잘 살펴봐서 어떤 측면에서 유 익을 얻는지 보아야 한다.

2차 이득

2차 이득secondary gains이란 피해를 계속 지속하고자 아픈 것을 유지하는 상태 이다. 다시 말해, 아프지 않은 사람처럼 활동하고, 살고, 행동하고, 일해야 하는 것 자체를 회피하고 싶은 마음이 그 안에 들어있는 상태를 말한다.[80] 2 차 이득은 불쾌한 상황 회피, 주의집중의 증가, 책임감에서 도피, 타인을 조 종하고자 하는 시도, 사회적인 압박감 감소 등이 있다. 어떻게 보면 이는 모 든 상황을 자기에게 유리하게 바꾸려고 하는 자기보존 본능의 모습이기도 하다. 부정적인 것조차도 자신의 이득을 위해 이용하려 하는 것이다. 이런 유형으로는 신체화 장애, 건강 염려증, 경계선 성격장애, 꾀병 등이 있다.

> "2차 이득은 왜 사람들이 역기능적 행동 패턴에서 벗어나지 않고
> 매몰되어 있는지 설명하는 데 중요한 메커니즘이다."

비록 객관적으로 2차 이득은 삶의 상황을 진전시켜주지 않지만, 주관적 측 면에서 마치 삶에 이득을 준다고 착각하게 한다. 2차 이득은 왜 사람들이 역기능적 행동 패턴dysfunctional behavior patterns에서 벗어나지 않고 매몰되어 있는 지, 왜 그들이 고통을 지속하려 하고 좀 더 나아지기 위해 상황을 바꾸지 않

는지 설명하는 데 중요한 메커니즘이다.

그런데 사람들은 보통 2차 이득을 인식하지 못한다. 이런 유형의 '피해자'는 의식적으로 자신들의 고통을 조작하거나 속이는 게 아니다. 그들의 불행은 매우 현실적이다. 그런데도 그들이 그것에서 벗어나지 못하고 붙잡는 이유는 그들 내면에 숨겨져 있다. 그들 내면의 무의식에서 나오는 끌어당김은 매우 강력하다. 그리하여 그 상태를 유지하는 비용이 이득보다 훨씬 크다는 사실을 깨닫지 못한다.

2차 이득은 주관적인 측면에서 피해자의 삶에 중요한 지속 요인이 될 수 있다. 불행하게도, 이는 외부적 시각에서 보기에 이해할 수 없는 측면이다. 꾀병처럼 보이기도 한다. 심리학101$^{Psychology\ 101}$은 사람들이 특정 행동 패턴을 반복하는 이유는 그들이 그 행동을 통해 무언가 보상을 받고 있기 때문이라고 말한다.

어떤 이점이 있는가?

"피해자 코스프레는 다양한 무의식적 욕구를 충족시킬 수 있다."

피해자 코스프레는 다양한 무의식적 욕구를 충족할 수 있다. '불쌍한 나$^{poor\ me}$'라는 카드를 꺼내들면, 다른 사람의 동정, 동감, 도움의 제공을 이끌어낸다. 주목받고 인정받는 것은 좋은 일이다. 당연히 다른 사람들이 우리에게 주의를 기울이면 보통 기분이 좋아진다. 우리 모두에게 의존성 욕구가 있다. 따라서 이를 만족시키는 것은 즐거운 일이다. 피해자 코스프레를 하면 삶에서 직면하는 어려운 이슈에 대해 의문을 제기하지 않을 수 있다. 사실 그런 이슈에 직면하기 싫어 그럴싸한 핑계를 대는 것이다. 그렇게 수동적인 자세를 취하면서 우리 행동에 책임지지 않을 수 있다. 우리는 자신이 정말로 책임져야 할 행동이지만 다른 사람을 비난함으로써 피해자로 피신할 수 있다. 이것은 매우 유혹적이다. 삶에서 잘못한 것에 대해 다른 사람들을 비난하는 건 카타르시스 효과를 가져올 수 있기 때문이다. 우리는 불행에 대한 책임을 다른 누군가나 다른 무언가로 옮김으로써 얻는 안도감을 결코 과소평가해선 안 된다. 이런 전략에 의존하는 가장 큰 이유는 비교적 위험성이 낮기 때문이다. 그렇게 책임을 떠넘기면 우리는 모험할 필요가 없어진다.

희생martyrdom도 우리 자신의 공격적인 성향에 대한 매우 효과적인 덮개라고 가정할 수 있다. 비난 게임은 무력감(수동성)을 자기방어self-protection(능동성)와 결합한다. 피해자 증후군으로 고통받는 사람들은 다른 사람들의 불가피한 공격inevitable aggression에서 자신을 방어하기 위해 이 은밀한 방식으로 나아간다. 세상을 추악한 일들이 일어날 수 있는 위험한 곳으로 인식하기 때문이다.

동병상련이란 말이 있다. 즉 불행한 사람은 자신의 감정을 공유할 수 있는 사람들에게 위안을 찾는다. 피해자 사고방식에 빠진 사람들은 주변 사람들을 유혹한다. 우리가 혼자가 아니라는 느낌을 주면서 연대, 지지, 상호연결성을 만들어낸다. 그렇게 되면 우리는 아마도 '백기사white knight'[81]를 현실화시켜 피해자, 가해자, 구조자 주기가 반복될 때까지 상대에게 필요 이상으로 도움을 주면서 나를 인정해주기를 바라게 될 것이다.

따라서 피해자 코스프레는 코핑 스트레티지coping strategy, 조종기제a form of manipulation, 관심끌기[이른바 관종]attention-seeking device의 조합으로 나타난다. 물론 다른 사람들이 '피해자'를 어디까지 지지할 것인지 분명히 한계가 있다. 지지자의 입장에서 끊임없는 불평은 매우 피곤할 수 있다. 어떤 해결책이 제공되더라도 상황이 계속해서 풀리지 않거나 도움을 주는 사람들이 피해자의 행동을 제대로 대처하지 못한다면, 피해자들을 결국 놓치게 될 것이다.

피해자 사고방식은 어디에서 오는가?

성격발달personality development은 매우 다양한 형태로 나타난다. 비록 우리 모두 동일한 인간이지만, 서로 다른 인생 경험을 가지고 있다. 그런데도 성격발달에는 대체로 같은 패턴이 존재한다. 특성발달character development은 항상 본성과 양육의 접점에서 발생한다. 우리의 성격은 유전적 기질에서 출발하여 발달 과정을 통해 진화한다. 피해자 사고방식은 대부분 원가족 내에서 근원을 발견할 수 있다. 그러나 피해의식victimhood은 본성에 속한 것이 아니다. 피해의식은 철저히 양육 과정에서 생긴다.[82] 만일 사람들이 자라는 동안 나쁜 일이 일어난다면, 그들은 삶에 대한 비관적인 시각을 갖게 될 것이다.

　부모가 피해의식에 쌓여있으면, 아이들을 지지하고 신뢰하는 환경을 조성할 수 없다. 이는 최악의 상황을 지속할 수밖에 없다. 세대 갈등은 점점 심화된다. 이런 가정 환경에서 성장하는 아이들은 고통을 통해 부모의 주의를 끌려 한다. 또한 고통을 통해 부모의 비판적 태도와 무관심을 예방하는 방법으로 활용한다. 이런 패턴은 삶의 상황이 악화될 때 더욱 강하게 드러난다. 이런 역설적인 관계방식은 아이의 기분이 나빠질 때마다 부모가 더 친절하게 다가면서 발견된다. 고통받는 상황을 외부로 드러내는 건 아이가 적대적이고 방치된 가정 환경에서 벗어나게 한다.

　불행하게도, 이는 매우 역기능적 관계이다. 이런 가정의 부모들은 자신들이 자녀에게 어떤 해를 끼치는지 제대로 인식하지 못한다. 알지 못한다는 게 핑계가 될 순 없다. 역기능적 발달 주기가 지속되는 건 명백히 부모의 문제이다. 우리는 자녀들이 지닌 기본 욕구와 권리를 무시할 수 없다. 하지만 아이에게 다른 발달 주기를 만들어줄 수 있다.

　피해자 사고방식을 가진 사람들은 대부분 신체적, 성적, 정서적 학대를 당한 경험이 있다. 이 문제가 심각한 건 아이들이 어쩔 수 없이 학대받는 환경에서 벗어날 수 있는 정서적 능력이나 인지적 능력이 없다는 점이다.

그러나 아이들은 학대를 보고 학대하는 시스템에서 벗어날 수 있는 정서적 능력이나 인지적 능력이 없다. 그들은 어쩔 수 없이 '한 단계 아래 입장'에 머물러야 하며, 심지어 그런 자기파괴적 병리학적 행동을 지속하면서 역기능적 관계 형태를 보이게 된다. 이런 면에서 그들의 가정 배경은 어떻게든 고통을 유지하는 상황을 만들기 위해 적극적이고 반복적으로 그들을 자극할 수 있다. 그들의 머리에는 이 말이 떠오를 것이다. "제가 얼마나 고통받고 있는지 보이세요? 당신은 저를 사랑해야 해요." 이런 병리학적 관계 방식은 포기에 대한 두려움보다 더 낫다.

아이러니하게도 그런 사람들은 처벌을 받을 때만 사랑을 느낄 수 있다는 것이다. 만일 처벌punishment이 보류되면, 불안감을 느낄 수 있다. 그런 배경에 있는 사람들은 어떤 형태로든 자신을 처벌할 사람에게 이끌린다. 처벌은 자신이 이해할 수 있는 유일한 친밀감의 방식이기 때문이다. 그들은 자신들의 초기경험early experiences을 재현하는 상황을 찾아다닌다.

"아동학대는 항상 상처와 모욕감을 불러일으킨다."

그러나 그것이 재해석될 때, 아동학대는 항상 상처와 모욕감을 불러일으킨다. 아이들은 본질적으로 학대를 멈추거나 누군가에게 도움을 청할 힘이 없다. 그렇기 때문에 자신이 직면하는 세계를 '불공정한' 것으로 인지하고, 대처할 방법을 찾아야 한다. 그때 일어날 수 있는 반응은 보복이다. 그런 방식으로 자신에게 행해진 것을 남에게 동일하게 행하게 되는 것이다. 이런 상처의 잔재는 상처에 대한 감정과 보복에 대한 욕망에 기여한다. 또한 부당하다고 느끼는 경험은 분노 관리 이슈로 이어질 수 있다. 그러나 핵심에는 그들의 부모에게 복수하기 위해 품은 앙심이 있다. 이는 그들이 학대하는 사람들에게 가담하게 만들고 유사한 행동을 양산하게 한다.

이런 아이들 대부분은 부모에게 매우 깊은 분노를 품고 있다. 부모들에게 보복하기 위해 무의식적으로 역기능을 유지하길 욕망한다. 역기능은 자신들이 얼마나 망가졌는지 부모에게 보여주는 방식으로 형성된다. 이는 문제를 다루는 데 있어 자기파괴적 방법이다. 하지만 그들은 방어 메커니즘에 대한 의식적 인식이 없다. 복수에 대한 무의식적 감정은 그들의 모든 행동에 스며든다. 그들은 상황이 좋지 않다는 것을 부인하면서 얼마나 상처받았는지 확인하기를 거부하고 자신들의 운명에 대한 무의식적 비통함unconscious bitterness을 인정하지 않는다.

파괴적 상황에 처한 아이들은 왜 이런 일이 일어나는지 궁금해할 수 있다. 그들은 세상을 비난하는 태도가 즉각적인 만족감을 제공하지 못한다는 사실을 깨닫게 되면서, 자기 자신이 '좋은' 존재가 되지 못한 것에 대해 스스로를 비난하게 된다. 스스로를 비난하고 처벌하는 자기self는 즉각적이고 통제적일 수 있지만, 만족감 자체가 매우 복잡한 형태를 지닌다. 이런 아이들은 스스로 고통의 대부분을 초래하고 있다는 사실을 의식적으로 받아들이기는커녕 고통 자체를 보려 하지도 않는다. 그들이 그런 식으로 행동하는 이유는 남에게 상처를 주기 위함이다. 그런데도 자신에게 존재하는 나쁜 감정은 여전히 존재하고, 무의식적 상태로 밀어 넣으며, 계속해서 영향을 미친다. 따라서 이런 사람들은 삶의 상황과 사정을 해석하는 틀을 만들어 낼 때마다 아무런 변화가 일어나지 않는다는 사실에 직면하여 무력감을 재확인한다. 이런 무의식적 감정들은 아무리 부정해도 모든 대인관계에 영향을 미칠 것이다.

그래서 학대받는 아이는 세계가 불공정하다고 느끼고 적개심을 품으며 어른으로 자라난다. 그렇게 삶을 살아가면서 실망할 때마다 무력감에 빠진다. 그 무력감은 (무의식적) 자기태만self-sabotage에 빠지게 한다. 그러면서 매우 단호하게 "보세요! 이렇게 늘 반복되잖아요. 삶은 참 불공평해요."라고 말할 것이다. 이는 자기파괴적 대처방식이다. 그런 방식으로 세상이 잘못되었다는 것을 어떻게든 증명하고, 이를 위해 자기충족적 예언을 동원한다.

"자기태만은 승리의 문턱에서 패배를 자초한다."

자기태만은 승리의 문턱에서 패배를 자초한다. 또한 실패, 모욕, 처벌을 유발하며, 자신에게 오는 행운을 걷어차게 만든다. 자기태만에 빠진 사람들의 가치관은 자기희생에서 출발한다.

다른 사람의 고통은 (적어도 처음에는) 돕거나 지원하려고 하는 반응을 강력하게 불러일으킨다. 피해자 증후군으로 고통받는 사람들은 이런 도움의 필요성을 더욱 강하게 만들기 위해 자신의 불행을 과장하거나 극화시킬 가능성이 높다. 불행하게도 이는 '치유cure'로 이어지지 않는다. 다른 사람들의 동정sympathy은 오히려 이런 피해자 사고방식에 머물게 만든다. 설상가상으로 이는 자기충족적 예언으로 변할 수 있다. 이런 사고방식을 가진 사람들은 결국 자신의 성공과 행복을 파괴할 것이기 때문이다. 결국 상황은 그들에게 항상 나쁘게 흘러갈 것이다.

그렇게 자기태만은 보호 반응의 한 형태가 된다. 그리고 다른 사람들에게 죄책감을 주는 무의식적 만족감을 가져다준다. 즉 자기 스스로 자초한 고통이지만 다른 사람으로 하여금 생긴 피해임을 그 사람들이 깨닫게 되기를 바라는 것이다. 이는 그들에게 피해를 준 사람들에게 해를 입히는 방법이다.

그것이 명백히 드러나는 사회적 공격이든 침묵의 형태를 띤 자기태만이든 상관없이 복수의 과정에 있다는 것이 핵심이다. 자신에게 상처를 준 사람들에게 어떻게든 다시 상처를 입히고자 하는 어둡고 잔인한 소망이 기저에 깔려 있다. 다음 사례를 살펴보자.

칼Cal은 어렸을 때 오랜 기간 여러 문제에 시달렸다. 그는 불운한 가정환경에서 자랐기 때문에 불가피하게 다양한 문제를 겪을 수밖에 없었다. 어머니는 남자들 때문에 어려움을 겪었다. 아버지는 고주망태로 욕설을 퍼붓고 폭력을 휘두르는 것이 일상이었다. 그러다 어머니를 떠나 다른 나라로 이주하여 재혼했다. 칼과 형은 아버지에 늘 학대받았기 때문에 아버지가 떠나간 것을 오히려 기뻐했다.

어머니는 별 것 아닌 걸로 호들갑을 떨기로 유명했는데, 실제로 기회가 있을 때마다 어떤 사실을 지나치게 부풀렸다. 그녀가 가는 곳마다 극적인 상황이 따라다녔다. 극적 상황이 일어나지 않더라도 어떻게든 만들어냈다. 그녀는 항상 불행했던 자신의 이야기를 하면서 피해자 역할을 자처했다. 결국 이젠 모든 주변 사람이 그녀의 이야기에 감정적으로 지쳐버렸다. 이에 그녀는 직장을 유지하는 것이 어려웠다. 가정 재정 상황은 항상 불안정할 수밖에 없었다.

그녀는 여러 남성과 만났고, 칼과 형에게 이복동생들을 남겼다. 돌이켜보면, 칼은 어머니 집에서 성장하기 어려웠다는 사실을 알고 있었다. 시간이 지나 친구들은 칼이 어머니와 쏙 빼닮았다고 말했다.

일찍이 칼은 학교에서 심각한 어려움을 겪었다. 그는 난독증을 가지고 있었고, 집중력이 부족했으며, 쉽게 주의가 산만해졌다. 몸이 좋지 않다는 핑계로 자주 수업을 빼먹었다. 어머니는 늘 사람들에게 속

앉는데, 칼이 밥먹듯이 하는 무단결석을 용인하기도 했다. 이는 칼과 어머니가 하나의 굴레에서 맴돌고 있다는 사실을 보여주었다. 그녀는 아들이 무단결석하면서 변명을 늘어놓을 때마다 용인했고, 그때마다 칼은 오히려 피해의식이 강화되었다. 칼이 곤경에 처할 때마다 어머니는 자신이 생각하는 최선을 다했지만, 칼의 상태는 더욱 심해졌다. 칼의 잘못을 어머니가 무조건적으로 용인했기 때문이다. 물론 그녀가 그가 한 일(또는 하지 않은 일)에 대해 혼내기도 했다. 하지만 그때마다 결국 그녀는 칼을 다시 용인하며 넘어갔다. 이처럼 어머니는 아들의 선택 결과를 무조건적으로 받아들이고 넘어갔다. 이런 어머니의 성향은 아들이 실수에서 배울 수 있는 기회를 박탈해버렸다.

역기능적으로 삶을 대하는 방식은 칼을 다른 사람에게 점점 더 의존하게 만들었다. 매번 어머니의 선의로 도움을 주는 것은 아들을 무력화시키는 메시지였다. 그렇게 피해자 사고방식의 토대가 만들어졌다. 시간이 흐르면서 상황은 더 나빠졌다. 칼은 십대 때부터 마약을 시작했다. 학교 성적은 말도 못할 정도로 악화되었다. 이렇게 된 가장 큰 이유는 새로운 의존 대상이 생겼기 때문이었다. 바로 수학 선생님이었다. 그는 수학을 제외하고는 학교에서 배운 내용을 이해할 수 없었다. 그가 수학만을 잘할 수 있었던 것은 수학 선생님이 그를 지지해주었기 때문이었다. 불행인지 다행인지 수학 선생님의 도움으로 고등학교를 졸업할 수 있었고, 대학에 들어갈 수 있을 만큼 실력을 끌어올리게 되었다.

대학 시절에 여성들을 만났다. 처음에는 자신을 힘들게 하는 여성들 위주로 만나는 것처럼 보였다. 그러다 결국 자신을 정말 아끼는 여자와 함께 살게 되었다. 그들은 둘 다 역기능적 가정 배경에서 자랐다. 아니나 다를까 그들의 부모처럼 관계가 매우 나빠졌다. 그들은 피해자, 가해자, 구조자가 끊임없이 형태 변화를 일으키면서 관계를 맺어 나갔다. 둘 다 고통스러운 신념과 판단을 서로에게 투사함으로써 무의식적으로 각각 어린 시절의 극적 상황을 드러내고 있다는 사실을 알 수 있었다. 칼은 서로가 도와서 이 상황을 빠져나가야 한다고 말하면서도 책임을 아내에게 돌렸다. 물론 싸움이라는 건 어찌 보면 친밀감의 표현일 수 있다. 하지만 그들에겐 싸움이 관계의 전부였다. 나중에 알게 된 것이지만 칼은 자신에게 잘해주는 사람을 오히려 거부하고 회피하는 경향이 있었다. 그런 성향 때문에 다른 사람들의 도움을 매우 비효율적으로 받을 수밖에 없었다.

 피해자 사고방식이 점점 자라면서 칼은 자신이 아무것도 아닌 것에 화를 내고 있다는 사실을 발견했다. 매우 자주 집에서 아이들에게 자기파괴적인 분노를 표출했다. 직장에서도 마찬가지였다. 예를 들어, 회사에서 좀 더 고위직으로 승진했을 때, 특히 매우 불안해했다. 결국 수행능력이 매우 떨어졌다. 충분히 좋은 성과를 낼 수 있는 사람이었지만, 항상 자기 불구화self-handicapping와 장애를 일으켰다. 일이 잘못되면 잘못은 항상 다른 사람에게 있다고 말했다. 직장을 잃고 아내가 이혼을 요구했을 때가 돼서야 무언가 조치가 필요하다는 것을 깨달았다.

 칼은 자신이 늘 피해자가 될 것을 예상하며 성장했다. 집안 배경 때문이었다. 이런 예상을 충족이라도 하듯 어렸을 때 경험했던 역기능적 패턴과 무력감을 현실에서 항상 재현했다. 그에게 있어서 관계는 그런 방식 밖에 없었다. 이에 항상 미래에 대한 실망을 예견했다. 일이 잘 풀릴 때조차도 항상 자신이 해온 모든 것을 파괴하려 했다. 마치 착취당하는 걸 즐기는 것처럼 남에게 자신을 이용하도록 했다. 동시에, 자신을 도우려는 모든 시도에 대해 아무런 효력이 없게 만들었다. 승진했을 때는 더 가관이었다. 너무나 지나치게 자기태만에 빠졌다. 결국 직장에서 해고되었다. 이후 남의 눈에 띄지 않는 곳을 찾아다녔고, 그곳에서 기분이 회복되는 걸 느꼈다.

아동학대 피해자들은 가해자가 될 수 있고 피해자도 될 수 있다. 둘 다 동시에 될 수도 있다. 학대와 배신을 통한 고통과 분노는 내향적으로 변하게 만들거나, 자기파괴적으로 빠지게 하거나, 남을 외부로 향하게 하거나, 수동-공격적 행동을 보이게 한다. 곤경에 처했을 때 모든 사람과 대상을 탓하는 건 매우 흔한 패턴이다. 게다가 아이러니하게도 피해자들은 서로에게 끌리는데, 그런 방식으로 학대적 관계에 끌리도록 설정되어 있다. 그들의 행동에는 학습된 무력감 요소가 있다. 피해의식의 심리학적 상태는 만성적 수동성, 통제력 상실, 비관주의, 부정적 생각, 죄책감, 수치심, 자기비난, 우울증으로 드러난다. 이 모든 것은 희망 없음과 절망으로 이어질 수 있다.

칼의 이야기를 통해 배울 수 있는 건 피해자 사고방식을 가진 일부 사람들이 역기능의 사슬을 세대에서 세대로 물려줄 수 있다는 사실이다. 일부 부모들은 무의식적으로 자녀들에게 자신들이 받은 상처를 동일하게 준다.

삶을 디자인하기

피해자 사고방식을 가진 사람들이 이런 자기파괴적 순환구조에서 벗어날 수 있을까? 그들이 스스로 파괴하는 것을 막는 방법이 있을까? 그들이 삶을 디자인하며 새로이 시작할 수 있을까? 피해자 역할을 하는 것을 좋아하는 사람들은 다른 구원자를 찾기보다는 자신들의 뿌리 깊은 신념에 도전하고 스스로를 위해 책임지고 돌봄을 수행하는 법을 배워야 한다.

피해자 증후군에 걸린 사람들이 스스로 삶을 디자인하여 살 수 있도록 도와야 한다. 이를 위해 그들에게 해결할 수 없는 문제를 계속 가지고 있으면 어떤 이득을 얻을 수 있는지 물어보아야 한다. 만일 그 문제가 해결된다면 그들은 무엇을 잃게 되는가? 질문 자체가 이상하게 들릴 것이다. 하지만 그들은 이 질문에 대답하려 노력하면서 고통이 자신의 정체성에서 필수적인 부분이 되었다는 사실을 깨닫게 될 것이다. 만일 그들이 다른 사람과 관계할 때 피해자 증후군 행동 방식을 포기한다면, 그들에게 어떤 삶이 펼쳐질 것인가?

현재 상태를 직시하고 그로부터 발생하는 2차 이득을 인정하는 것은 더 큰 자각을 위한 첫 번째 단계가 될 수 있다. 피해자 사고방식으로 고통받는 사람들은 자신의 불행을 이해할 필요가 있다. 그들은 자신들이 고통을 어느 정도 주고 있는지 거의 인식하지 못한다. 왜 그들이 자연스럽게 피해자 역할을 떠맡거나, 학대하는 사람들을 찾거나, 학대를 유발하는지 생각해 본 적 있는가? 그렇다고 피해자들이 너무 자주 2차 이득을 인식한다면, 오히려 그것은 가치를 잃을 수 있다.

피해자 사고방식을 극복하도록 돕기 위해서는 대인관계의 본질과 질적 수준을 면밀하게 분석해야 한다.[84] 일단 그들이 직장에서 발생하는 2차 이득 메커니즘을 이해하고 미리 알게 되면, 그런 무의식적 메커니즘은 자신들 문제의 핵심에 있다는 사실을 쉽게 파악할 수 있다. 그렇게 면밀하게 살펴보면 2차 이득이 자기파괴 패턴을 유지시키고 있다는 사실을 깨달을 수 있다. 이는 그들이 자기파괴적 순환에 갇혀 있다는 것을 보여준다기보다는 그들이 삶을 통해 다른 길을 찾는 방법에 대해 배우는 여정의 시작이 될 것이다.

"새로운 정체성과 태도를 구축하는 데 시간이 걸릴 것이다."

하지만 그들에게 가장 도움이 되는 것은 자기개념self-concept을 더 건강하게 발달시키는 것이다. 곧, 자신의 피해자적 자기 이미지를 인식하고, 그것을 좀 더 발달적으로 변화시킬 필요가 있다. 이런 종류의 변화는 인지적이고 정서적인 방향전환을 필요로 한다. 또 그들 자신에 대한 새로운 사고방식을 가질 것을 요구한다. 이제 더는 무력감이라는 정체성을 받아들일 수 없다. 그렇기 때문에 순교자처럼 행동하는 자기투사self-projection 성향을 버려야만 한다. 그들은 자신을 좋게 평가하는 법을 배울 필요가 있다. 하지만 새로운 정체성과 태도를 구축하는 데 시간이 걸릴 것이다.

그들은 자신을 슬픔에 빠뜨리는 사람들을 끌어들이지 않는 방법을 배워야 한다. 자신들의 수동-공격적이고 교활한 행동manipulative behavior이 어떻게 다른 사람들에게 적대적 반응hostile reactions을 불러일으키는지 인식해야 한다. 그들은 피해의식을 지속시키는 행동을 멈추고 자기존중감self-respect을 높이는 새로운 상호작용 방법을 찾아야 한다. 그들은 관계적 경험이 피해의식을 위한 연습이 될 필요가 없다는 사실을 깨달아야 한다.

피해자 사고방식을 가진 개인을 대하는 사람들은 구조하는 것과 돕는 것 사이에 차이가 있다는 것을 인식해야 한다. 구조rescuing로는 진전이 없으며, 피해자는 여전히 의존 상태에 처하게 된다. 비록 그들의 삶을 다른 사람들에게 위탁하는 것이 애초에 이런 무력감을 조성하더라도, 구조는 그들의 상태에 대한 통제와 책임을 다른 사람들에게 양도하는 경향을 영속시킨다. 그들이 왜 이런 식으로 행동하는지 이해하는 것은 어렵지 않다. 예를 들어, 칼Cal은 믿지 마라, 느끼지 마라, 의미 있는 것에 대해 말하지 마라 등 너무나 건강하지 않은 명령들에 노출되어 자신이 가진 능력을 의심했다. 늘 무력감과 희망 없음의 악순환에 사로잡혔다. 누군가 이런 감정들에 시달린다면, 그들이 진정성 있는 사람이 되기 어렵다. 불안, 두려움, 자기신념 부족은 모두 자신의 감정을 제어할 수 있기 전까지 자신을 피해자로 느끼게 만든다.

변화가 일어나는 모든 상황에서 삶에 대한 관점을 전환시키는 것은 어렵다. 많은 사람이 치유와 적극적인 삶을 살기 어렵다는 사실을 안다. 따라서 그냥 피해자로 남아있기를 바란다. 만일 피해의식이 삶에서 중요한 주제였다면, 그냥 제쳐두기가 쉽지 않을 것이다. 잘못된 일에 대해 외부적이거나 통제할 수 없는 요인들을 탓하는 게 더 편할 수 있다. 이것은 삶에서 자신들의 운명에 대한 분노를 표출하고, 개인적 책임에서 해방될 수 있는 효과적인 방법이다. 하지만 이것은 그들의 삶을 통제하기 위해 아무것도 할 수 없다는 생각을 영속시킨다.

이것을 해결하기 위해서는 다른 대화방식을 연습할 필요가 있다. 하지만 이는 그들의 곤경에 대한 확고한 인식이 필요하다. 만일 자신에 대해 다르게 생각할 수 없다면, 점점 더 깊은 절망과 가치없음unworthiness의 소용돌이 속으로 빠져들 것이다. 그들은 의식적이거나 무의식적인 비난 게임에 대한 변명으로 피해자 코스프레를 이용하는 이득을 포기해야 한다. 그리고 자신의 행동에 철저히 책임지고, 자신의 삶을 소유해야 한다.

그들은 더는 아이들처럼 자신이 무력하지 않다는 사실을 깨달아야 한다. 그들은 무의식적으로 결정이 이루어지게 내버려두기보다는 의식적인 선택을 하는 게 바람직하다는 사실을 배워야 한다. 이는 무력감과 낮은 자존감이라는 악순환을 깨고 그들 자신에게 온전히 정직할 수 있다는 것을 의미한다. 그들은 학습된 무력감을 버리고,[85] 자신들의 삶을 책임지고 자신들의 안전을 위해 다른 사람들에게 의존하는 방식을 멈출 필요가 있다.

사람들은 좀 더 큰 권한이 부여될 때, 자신의 운명의 주인이 될 수 있다는 것을 받아들인다. 권함을 부여받음으로써 자존감과 자신감이 회복되면서 삶의 우여곡절에 당당하게 직면하고 자신을 '치료cure'할 수 있는 용기가 생기는 것이다. 그래야만 그들은 피해자 사고방식과 슬픔과 자기연민에서 벗어날 수 있다. 그렇게 더는 자기파괴나 자기비난이 필요하지 않게 될 것이다.

기존 정체성의 밑바탕에 깔려있는 것을 내려놓는 건 어렵다. 이런 도전을 과소평가해서는 안 된다. 상처와 트라우마의 역사 속에서 그들은 스스로를 누구인지 규정해왔다. 그렇게 마음속으로 피해자 역할을 되풀이하며 살아왔다. 누군가에 대한 원한은 자기 자신에게 해를 끼치는 정신적 독약이다. 복수를 위한 욕망으로 피폐해질 수 있으며, 최악의 경우 누군가를 희생양으로 삼으려 한다. 하지만 분노와 복수에 대한 생각을 내려놓고 용서할 수 있는 지점까지 도달하는 게 과연 쉬울까. 이 또한 매우 힘든 과정이다. 그들이 상처와 모욕을 용서할 수 있다 해도, 상처를 입힌 사람과 화해할 것이라고 생각해서는 안 된다. 화해는 다른 사람들이 입은 상처를 인정하고 회개하며 보상 형태를 찾아야 가능하다.

> "우리는 우리가 하는 일뿐만 아니라
> 우리가 하지 않은 일에도 책임이 있다는 사실을 상기해야 한다."

정서적 감지성emotional sense-making은 피해자 사고방식을 극복하는 데 필수 요소이다. 하지만 많은 사람이 정서적 삶에 대한 지식이 매우 제한되어 있으며, 좀 더 정서적으로 기민해지기 위해 다른 사람들의 도움이 필요할 수 있다. 심리치료사, 정신분석가, 코치의 전문적인 도움은 피해자 사고방식을 유발하는 상처를 다루는 걸 도울 수 있다. 그렇게 자신들의 삶을 책임질 수 있는 방법을 모색하는 동안, 그들은 자신들에게 발생하는 일들을 통제할 순 없지만, 그에 대한 자신들의 반응은 항상 통제할 수 있음을 깨닫기 시작할 것이다. 이 사실을 받아들일 때, 삶에서 일어나는 일들은 더는 그들을 통제하지 않을 것이다. 왜냐하면 그들은 자신들의 반응을 선택할 자유가 있기 때문이다. 우리 자신의 삶을 책임지는 것은 힘든 일이다. 참으로 어려운 결정을 내리는 것이다. 하지만 우리가 자제력을 발휘할 수 있다면, 우리는 삶을 잘 살아갈 수 있다. 우리는 우리가 하는 일뿐만 아니라 우리가 하지 않은 일에도 책임이 있음을 상기해야 한다. 소설가 존 디디온Joan Didion이 말했듯이, "자신의 삶에 대한 책임을 기꺼이 받아들이려는 의지는 자기존중감의 원천이다." 자기 개인에 대한 책임을 지는 것은 삶에서 필수적이다. 우리는 환경, 계절, 날씨를 바꿀 수 없다. 하지만 우리는 우리 자신을 바꿀 수 있다.

4장

구조자 증후군이라는 덫

> 우리 모두가 모든 일을 할 수 있는 것은 아니다.
> – 베르질리우스Virgil

> 네가 하는 일이 정말 중요한 것처럼 행하라. 그러면 정말 그렇게 된다.
> – 윌리엄 제임스William James

> 우리는 받아서 삶을 꾸려나가고 주면서 인생을 꾸며나간다.
> – 윈스턴 처칠Winston Churchill

서로 즐길 수 있어야

당신은 다른 사람을 도울 때 기쁜 마음으로 하고 있는가? 아니면 구조가 절실히 필요한 사람들을 찾아다니며 자신에게로 끌어들이려 하는 것 같은가?

우리 가운데 일부는 삶에서 힘든 경험을 통해 배움을 얻었을 것이다. 하지만 그 경험에서 배태된 심리적이고 정서적인 고충이 자신이 도움을 주는 상대와의 관계에 스며들면, 오히려 재앙을 초래할 수 있다. 다음의 이야기를 살펴보자.

토마스Thomas는 20년 이상 회사에서 일하면서 지난 5년간 CEO로 있었다. 그는 자신의 경력을 자랑스럽게 생각했다. 자신이 직원들을 발전시킬 수 있다고 믿었다. 또한 다른 사람들이 자신을 최대한 활용할 수 있도록 돕는 걸 열망하는 '사람people person'이라고 보았다. 실제로 그는 회사를 현재의 모습까지 발전시킨 장본인이었다. 회사에는 훌륭한 인재들이 넘쳐 흘렀고, 어느 곳보다 행복하고 성공적인 직장이 되었다. 그런데 아이러니한 건 토마스 자신은 별 만족을 느끼지 못했다.

미란다Miranda는 재정부사장이라는 위치까지 오르기 위해 열심히 일했다. 늘 자신에게 닥쳐오는 도전을 즐겼다. 함께 일하는 사람을 좋아했으며, 특히 토마스를 더 좋아했다. 왜냐하면 그가 자신이 진행하는 상황들에 큰 관심을 가졌기 때문이었다. 그런데 사실 토마스는 미란다가 새로운 일이나 매우 부담이 되는 역할을 수행할 때마다 그에게 노하우를 코칭하고 싶었다. 그는 그런 일을 수행하기에 가장 적합한 사람이 자신이라 생각했다.

함께 새로운 일을 시작한 지 몇 주 만에 미란다와 토마스는 진행상황을 점검하기 위해 처음으로 비공식 만남을 가졌다. 미란다는 일의 진행 방식엔 만족하고 있었지만, 앞으로 펼쳐질 몇 가지 도전들에 위축되어 있다고 털어놓았다. 이에 토마스는 자신이 그녀를 항상 전폭적으로 지지하고 있음을 상기시켜주었다.

미란다는 그 당시엔 그걸로 충분했다. 새로운 직책을 맡은 초기에 몇 주 동안 토마스의 도움을 받은 것에 고마움을 느끼고 있었다. 하지만 얼마 지나지 않아 토마스가 제공하는 피드백이 과연 자신을 위한 것인지 의문이 들었다. 조금만 생각해보면 그의 조언은 토마스 자신의 이익을 위한 것처럼 느껴졌기 때문이다. 그녀 스스로 일을 계속할 수 있도록 허용하지 않고, 미시적 차원에서 지속해서 개입을 하려는 듯했다.

　시간이 지날수록 효과는 미약해질 수밖에 없었다. 미란다는 자신감이 올라올 때마다 토마스가 자신에 대한 믿음이 혹시나 떨어질까 하는 느낌에 억압되었다. 그녀가 보기에 그는 약점에만 몰두하는 것처럼 보였다. 그녀의 강점에는 별로 주목하지 않는 것 같았다. 두 사람의 관계가 전개됨에 따라 그녀는 삶을 스스로 통제할 필요가 있다고 느꼈다. 그 과정을 시작하기 위해 현재까지 성취한 것들을 보고서에 열거하여 회의 때 토마스에게 보여주었다. 그러고는 그의 지원에 감사하지만 더는 특별한 도움이 필요하지 않다고 단호하게 말했다.

　처음에 토마스는 상처받고 거부당하는 느낌을 받았다. 미란다가 갑자기 멀어진 것 같아 마음이 불편했다. 마치 자신의 뺨을 때리고 간 것 같았다. 그는 단지 정서적 반응에 직면한 것이지만, 자신이 매우 어리석고 부족한 사람이라는 기분이 들었다.

　과연 그는 자신의 자아ego를 먹이고 부적절한 감정을 충족시키기 위해 미란다와의 만남을 이용하고 있었던 것인가? 간단히 말해, 그가 정말 누구를 도왔을까?

　토마스는 보고서를 준 것에 대해 미란다에게 감사했다. 사실 그는 그 보고서를 읽지 않았을 뿐만 아니라 읽을 필요가 없었다. 그는 그녀의 능력에 대해 확신을 가지고 있었다. 그래서 그녀에게 확신을 주기 위해 마음을 굳혔다. 그는 자신의 어리석음을 부끄러워하며 자신의 정서적인 궁핍함neediness이 그녀와의 관계를 방해하지 않도록 하겠다고 굳게 결심했다.

성공한 리더는 홀로 정상에 오르지 않는다. 아무리 재능이 있고 카리스마 넘치는 사람들조차도 진정한 잠재력을 실현하려면, 다른 사람의 도움과 협력이 필요하다. 비즈니스는 근본적으로 사람과의 관계 속에 있다. 그런 관계 속에는 상호 지원, 도움, 리더십이 필요하다.

동료나 직원이 좀 더 높은 수준의 성취를 갈망하도록 하는 것은 리더의 근본 역할이다. 리더 가운데는 이런 역할을 자연스럽게 잘하는 사람들이 있다. 동료를 돕는 역할은 상호 이익을 위한 것이다. 그런 충동은 매우 자연스럽고 칭찬받을 만하다. 연민compassion, 봉사service, 헌신dedication은 모두 고귀한 덕목이며, 우리 모두가 서로를 돕는 사회를 이상적으로 만들기 위해 매우 중요한 것이다. 진화심리학 관점에서는 우리가 종의 사회성sociability에 도움이 되는 방식으로 행동하도록 고정되어 있을 수 있다고 주장할 수 있다. 협력할 의향이 없었다면, 하나의 종으로서 살아남기란 매우 어려웠을 것이다. 따라서 인간 행동은 '적자생존survival of the fittest'뿐만 아니라 '친절자 생존survival of the nicest'을 지향한다고 주장할 수 있다.[86]

> "구조자들은 '남을 기쁘게 해주기 병'으로 고통받는다."

그러나 도와주고자 하는 욕망이 항상 사심이 없는 이타적인 동기altruistic motives에 따라 움직이는 것은 아니다. 어떤 사람들은 상대적으로 다른 사람에게 이익을 주고 공공선에 기여하려는 욕망에 동기부여 받지 않는다. 그들과 같은 경우 자신 안에 있는 정서적 욕구에 더 많이 동기부여 받는다. 이런 사람들은 중독에 빠진 누군가를 위한 '구조자rescuers'이다. 그들은 '남을 기쁘게 해주기 병'으로 고통받는다.[87] 그들은 자신의 욕구와 자신들이 돕고자 하는 사람들의 욕구를 구별할 수 없다. 기껏해야 그들은 매우 비효율적인 도우미ineffective helpers가 될 뿐이다. 최악의 경우, 문제 해결을 원하는 사람들을 둘 다 동시에 해결하려 한다. 이때 서로에게 해를 끼치게 된다. 이는 자신은 물론 함께 일하는 사람들에게 건강하지 못한 의존관계를 조장할 수 있다. 이런 관계는 서로에게 매우 불필요하고 해롭다. 아이러니하게도 시간이 지나면, '도우미'는 무기력하고, 힘없고, 분개하고, 짜증을 내기 시작한다. 그들에게 돕는다는 것은 마음을 뜨겁게 하고 고조시키는 게 아니라 오히려 쇠약하게 만들고 에너지를 방전시키는 것으로 변한다.

구조자 증후군을 앓는 사람을 어떻게 발견할 수 있을까? 자신이 구조자 증후군에 걸렸는지 알 수 있을까? 과연 구조자 증후군 문제를 어떻게 해결할 수 있을까?

당신은 구조자인가?

남을 돕고 싶은 충동이 삶에서 미해결된 정서나 심리적 이슈로 오염되면, 구조자 증후군에 빠질 수 있다. 개인이나 직장에서의 문제로 어려움을 겪고 있는 사람들을 돕거나 멘토링하는 역할을 하는 사람은 모두 경계심을 유지해야 한다. 그리하여 구조자 행동에서 발생하는 경고 신호를 조심해야 한다. 다음 질문을 통해 점검해볼 수 있다.

- 당신은 자신을 위해 시간을 내기 어려운가? [Y/N]
- 당신은 다른 사람의 문제에 대한 생각을 멈추기 어려운가? [Y/N]
- 당신이 돕고 있는 사람들이 가진 문제에 실제로 관심을 두었는가? [Y/N]
- 당신의 친구와 직장동료들이 가끔 가족처럼 느껴지는가? [Y/N]
- 당신은 곤경에 처한 사람들을 볼 때 책임감을 느끼는가? [Y/N]

- 당신은 도움을 청한 누군가를 대신하여 결정을 내릴 의향이 있는가? [Y/N]
- 당신은 당신이 돕고 있는 사람을 위해 명시적이든 암묵적이든 변명을 하는가? [Y/N]
- 당신은 문제가 있다는 것을 깨닫지 못하는 사람에게 도움을 준 적이 있는가? [Y/N]
- 당신은 다른 사람들의 도움을 받는 게 불편한가? [Y/N]
- 당신은 다른 사람들이 당신을 어떻게 생각하는지 자주 걱정하는가? [Y/N]
- 당신은 다른 사람의 문제를 해결할 수 없을 때 죄책감을 느끼는가? [Y/N]
- 다른 사람을 돕는 행위는 당신을 인간으로서 더 가치 있게 만드는가? [Y/N]
- 당신은 해결할 위기나 문제가 만족하지 못하거나 불안한가? [Y/N]
- 당신은 사람들이 부탁을 할 때 "아니요."라고 대답하는 것이 어렵거나 불가능하다고 생각하는가? [Y/N]
- 당신은 사람들이 무언가를 요구할 때 경계를 정하기가 어렵다는 걸 발견하는가? [Y/N]
- 당신은 누군가를 도우려는 노력 자체가 인정받지 못한다고 느낀 적이 있는가? [Y/N]
- 당신은 때때로 화를 내거나 항상 분노를 느끼는가? [Y/N]
- 당신은 자신이 돕는 사람들이 아무런 감사를 표하지 않을 때 분개하는가? [Y/N]
- 다른 사람을 도우려는 노력으로 정신적으로나 육체적으로 지쳐본 적이 있는가? [Y/N]

- 어린 시절이나 청소년기에 가족의 안전이나 안정에 대해 책임감을 느낀 적이 있는가? [Y/N]

위의 질문에 '예'라고 대답하는 경우가 많을수록 구조자 증후군에 걸리기 쉽다. 당신 내면 깊이에 있는 감수성susceptibility을 인식하는 것은, 쇠약해지고 파괴적인 행동 패턴을 극복하는 첫 번째 단계이다.

구조자 덫

우리가 '구조자 증후군rescuer syndrome'이라고 부르는 것은 모든 계층에서 공통적으로 나타나지만, 그것이 직장에서 일어나면 개인을 쇠약하게 만들고 기업에 해를 끼칠 수 있다. 그렇게 구조자 증후군은 업무 관계에서 자연스러운 균형을 훼손시키고, 생산적인 팀워크를 방해하며, 개인의 효율성을 떨어뜨릴 수 있다.

"구조자 증후군을 앓는 사람들은 중독으로 고통받는다."

구조자 증후군은 다른 사람이 원하는 걸 하는 것이 옳다는 신념에 빠지게 만든다. 그렇게 점점 강박에 쌓여 매몰되면서 심각한 지경에 이른다. 이런 도우미들은 다른 사람이 스스로 선택할 수 있도록 두지 않는다. 오히려 구조자-피해자 관계로만 이어지도록 강요한다. 구조자 증후군을 앓는 사람들은 흡연, 마약, 술, 섹스 등에 중독될 가능성이 높다. 그래서 많이들 중독으로 고통받는다. 한편으로 볼 때 이런 구조 행동은 영웅적인 순교heroic martyrdom와 유사하다. 하지만 그 이면에는 다른 이유가 있다. 자세히 살펴보면 구조자가 영웅적으로 순교하는 것은 자신의 문제 다루는 것을 피할 구실을 준다는 점을 알 수 있다.

그러나 대부분 구조자는 근본적인 동기를 제대로 인식하지 못한다. 더불어 자신의 개입 방식이 좋다고 진정으로 믿는다. 그리고 많은 경우 도움을 주고자 하는 대상이 고위 임원이다. 따라서 그들의 습관적 행동을 억제하고 다른 사람들에게 피해를 끼치는 행동을 인식하게 하기가 매우 어렵다.

정신분석학자, 정신과의사, 사회복지사, 상담사, 코치 등 임상 전문가는 자신의 정서적 욕구와 심리적 욕구를 환자나 고객의 욕구와 차별화할 수 있도록 교육받는다. 하지만 그들은 구조자 증후군에 대한 면역성이 없다. 많은 사람이 사회복지사가 위험한 산길을 운전할 때의 이야기를 들어봤을 것이다. 사회복지사들은 차가 전복되어 절벽 아래로 떨어질 때조차도 환자의 얼굴이 눈앞에 떠오른다.

누군가에게 도움을 주는 전문가들은 고객이나 환자의 복지를 돌봐야 할 책임이 있다. 그러나 그들도 인간일 뿐이다. 그들도 다른 보통 사람들과 같이 고객이나 환자의 이야기에 공감만 하기보다는 이따금 상충되는 경험을 하기도 한다. 다른 사람을 돕는 일을 하는 사람이 역할을 효과적으로 하기 위해서는 고객이나 환자와의 관계 밖에서 자신의 욕구를 해결하고 충족해야 한다. 만일 그렇지 못하다면, '구조자 증후군'에 매몰될 것이다. 자신의 욕구와 고객의 욕구를 구별할 수 없는 상태에 빠지게 된다.

임상 치료에서는 부적절하고 유해한 전이transference를 방지하기 위해 법적 및 윤리적 기준이 마련되어 있다. 임상 훈련 때 심리치료사, 정신과의사, 정신분석가는 전이에 많은 관심을 기울인다.[88] 그들은 고객에게 삶의 초기 단계에 형성된 행동 패턴이 현재에 더는 영향이 없다는 것을 지적하기 위해 많은 시간을 보낸다. 이들이 만나는 대부분의 고객은 '거짓 연결false connection'에 빠져 있다. 그렇게 과거의 중요한 사람과 치료사를 혼동하는 경우가 많다. 그런데 대인관계를 규제하는 안정장치가 없다. 그런 상황에서 심리치료사는 아무런 반발을 할 수 없다. 따라서 구조자 증후군을 앓는 사람들은 자주 다른 사람과의 관계를 통해 정서적 문제와 심리적 문제를 다시 재현re-enact하고 해결할 수 있다.[89] 그 결과는 무슨 일이 일어나고 있는지 알지 못하고 완전히 새로운 문제들을 해결해야 하는 '도우미'에게 극도로 해로울 수 있다.

구조자 증후군은 공식적으로 인정되는 장애가 아니다. 하지만 다들 인정하는 현상이며 특히 대인관계 맥락에서 널리 퍼져 있다. 구조자는 때때로 '백인 기사white knights', '플로렌스 나이팅게일Florence Nightingales' 또는 '마더 테레사Mother Teresas'로 특징 지어지며, 도움이 필요한 사람을 찾아다니는 이른바 '영웅 콤플렉스hero or heroine complex' 경향이 있다. 대부분의 사람들은 자신의 행동이 강박적이고 기능 장애가 있다는 사실을 깨닫지 못하며, 진정으로 자신의 노력이 구출 대상을 위한 것이라고 믿는다. 이런 사람들이 구조자 증후군으로 고통받고 있다는 징후를 인식하게 해야 한다. 그래야만 자신의 문제를 해결하고 교화적이고 건설적인 도우미가 될 수 있다.

진정한 도움은 함께 노력하는 것이다. 결코 일방적인 것이 되어서는 안 된다. 다른 사람이 하는 일을 통제하는 것은 스스로 자신을 도울 수 있는 능력을 빼앗는 것이다. 특히 기업 상황에서는 도우미의 개입 없이도 스스로 잘할 수 있게 만들어야 한다. 그것이 도움의 궁극적인 목표가 되어야 한다. 하지만 구조자는 이 일이 수반하는 불가피한 가외성redundancy을 받아들일 수 없다. 그 대신에 그들은 도움받는 사람이 도우미에게서 자유로울 수 없는 공동의존성co-dependency 관계를 만들려고 한다. 이런 일이 일어날 때, 도움받는 사람은 자주 흐름에 따라 갈 수밖에 없다. 그들이 취하는 모든 조치는 억제되거나 저평가된다.

하지만 양쪽 모두 필연적으로 고통을 겪는다. 도움받는 사람은 실제로 아무런 도움을 받지 못하는 반면, 도움을 주는 사람은 관계가 점점 일방적이게 되고 충족되지 못하게 됨에 따라 과부하가 걸린다. 결국 도움을 주는 사람은 무기력하고 분개하고 짜증을 낼 수 있다. 그들이 갈망하는 최고점에 도달하는 대신, 오히려 행동이 쇠약해지고 에너지가 고갈된다.

어떤 사람들은 연속적으로 누군가를 도우며, 항상 도움이 필요한 사람들을 찾아다닌다. 그 외 사람들은 특정 개인과의 관계에서 발생하는 상황 때문에 돕는다. 앞에서 토마스Thomas와 미란다Miranda의 사례를 들었다. 토마스는 미란다가 상대적으로 젊은데 임원 역할을 부여받아서 보호해야 한다고 느꼈다. 토마스는 미란다를 실력 있는 사람으로 보는 대신에, 젊고 연약한 소녀가 제대로 준비도 안 된 채 힘든 일에 내몰린 것으로 판단했다. 그는 자신이 미란다의 실력을 보고 위원회에 적극 추천했음에도 그녀를 도움의 대상으로 평가했다.

이때 미란다에 대한 토마스의 행동은 강한 부성애(그는 미란다와 비슷한 나이의 두 아들을 낳았지만 딸은 없었다)에 기반을 둔 것으로 보인다. 이 감정은 그녀에 대한 억압된 성적 매력에 따라 복잡해지고 고조되었다. 실제로 미란다는 매우 매력적이고 젊은 여성이었다. 따라서 토마스는 미란다를 과도하게 보호한다고 느꼈고 동시에 미란다 역시 그의 관심이 필요했다.

토마스 같은 구조자에게 피해자가 되는 것은 위기를 초래하고 회복 기간이 걸릴지라도 대부분 정상적인 관계로 돌아간다. 반면에, 상습적인 구조자는 대개 위기 상황에 도달하지 못하므로 결코 문제를 직면하지 않는다. 이런 사람들에게 구조 행위는 주기적인 패턴을 따른다. 그들은 도움이 필요한 사람을 찾은 다음 대개 구조 작업에 실패한다. 그러곤 별다른 반성 없이 구조자는 '도움 될 일'을 위해 다른 사람을 찾아 나선다. 상습적인 구조자들은 자주 여러 개의 '프로젝트'를 동시에 실행한다. 그들은 도움이 필요하다고 믿는 사람들을 무시할 수 없고, 거절하지 못하는 행동 패턴을 지니고 있다. 도움을 청하러 오는 사람에게 '아니요'라고 말할 수 없기 때문이다.

'도움주기helping'가 빈번하게 '구조하기rescuing'가 될 때, 도움받는 사람은 뒤로 물러서서 구조자의 돌보기ministrations에 반응한다. 사실, 구조자의 달갑지 않은 관심은 나쁘지 않게 작용할 수 있다. 구조를 받는 사람에게 이전에 어려움을 겪었던 문제에 대해 주도적 역할proactive role을 하도록 강구하고 혼자서 해결하도록 유도할 수 있다. 이것은 구조된 사람에게 좋은 결과이다. 하지만 이런 개입이 성공적이었다는 것은 구조자를 더욱 구조자 증후군 굴레에 빠지게 만든다. 이런 좋은 결과보다는 실제론 구조받는 사람이 점점 불쾌해지고 혼란스러워지고 이를 보는 구조자도 점점 좌절하여 관계가 악화된다는 것이다. 결국 구조자는 다음 피해자를 찾기 위해 움직인다.

구조자와 얽힘에서 벗어나는 데 성공한 사람들은 대개 미란다처럼 '팔 길이 멘토링arm's-length mentoring' 같은 근접관계를 필요로 하지 않는다. 그들은 스스로 충분히 역할을 하는 임원들이다. 대부분의 경우, 그들은 구조자가 도움이 안 된다는 사실을 금세 깨닫고 스스로 도움에서 탈출한다. 그러나 도움을 요청하는 일부 사람들은 그와는 다른 기준을 둔다. 그들은 보통 주체적으로 무언가를 하는 것이 부족하고, 세상이 자신들의 생계를 책임져야 하며, 자신의 문제를 돕는 사람에게 맡길 권리가 있다고 생각한다. 실제로 이들은 자신의 문제에 대한 해결책을 찾을 가능성이 매우 낮다. 왜냐하면 구조자들이 그들에게 자신이 처한 상황에 직면하지 않을 핑계거리를 제공하기 때문이다. 그러다 결국 교착 상태에 빠진다. 이런 상태는 구조자들이 이런 관계에서 무언가를 지속해서 얻을수록 견고해진다.

모든 관계는 각 당사자가 다른 당사자에게 무언가를 원하고 얻는다는 의미에서만 상호 의존 요소를 수반한다. 대부분의 경우, 상호 호혜적이며 역기능적이진 않다. 그러나 그 관계가 일방적이 되어 구조자가 수동적이거나 정서적으로 분리된 성격과 짝을 이루게 되면, 결국 둘 다 고통을 겪을 수 있다. 이런 관계에서 구조자는 어떻게든 긍정적인 피드백을 얻어내려고 반복적으로 시도하지만 결국 실패하여 좌절할 수 있다. 더군다나 그런 경험의 반복으로 정신적으로나 육체적으로 모두 지칠 것이다.

한 임원 코치와 일했던 적이 있다. 그녀는 아프다고 말하는 고객에게 전화를 걸었다. 사실 고객은 만성 알코올 중독자였다. 그녀는 고객이 며칠 동안 단번에 술을 먹을 수 없게 만들었다. 이것은 정상적인 돌봄 행동을 넘어서는 '도움'이었다. 따라서 이는 역효과를 낳을 수 있다. 이런 코치의 행동은 고객의 자기파괴적 생활 방식에 긍정적인 피드백을 주며 알코올 중독을 지속하게 만들었다. 나는 코치에게 왜 그렇게 했느냐고 물었다. 이에 코치는 고객이 그녀 없이는 할 수 없다고 반복해서 말했고, 실제로 그녀가 고객을 통제한 뒤에 훨씬 나아졌다고 설명했다.

> "이런 맥락의 구조는 결코 의존적인 사람들에게
> 영구적인 해결책을 제시하지 못한다."

더군다나 코치는 이 사람이 가장 훌륭한 고객이라고 말했다. 그 이유를 이해하는 것은 어렵지 않다. 고객은 코치에게 긍정적인 피드백을 주었고, 실제로 코치가 그를 돕고 있다는 환상을 심어주었다. 물론 현실은 코치가 단순히 자신의 욕구를 충족시키고 고객이 폭음이라는 자기파괴적 사이클에 더 깊이 빠져들도록 만들었다. 이 코치는 상호 의존적 성향을 지녔다. 애정에 매우 굶주린 사람들을 끌려 했다. 적어도 초기에는 이런 상호작용이 두 사람 모두에게 만족스러울 순 있다. 하지만 이런 관계는 지속하지 않는다. 이런 맥락의 구조는 결코 의존적인 사람들에게 영구적인 해결책을 제시하지 못한다.

이는 비록 극단적인 사례이다. 하지만 이 상황은 구조자 증후군을 가진 사람이 어떻게 취약하고 의존적인 상대를 얻을 수 있는지 잘 보여준다. 대부분 구조자들은 구조받는 사람과 동등한 관계를 맺을 때 불편함을 느낀다. 그리하여 자신들의 '도움'에 실질적으로 의존하게 된 사람들에게서 감사와 공감을 끌어낼 때 가장 만족감을 얻는다. 많은 구조자가 정기적으로 이런 만족을 얻길 원한다. 그리고 도움받은 사람들이 더는 도움을 원하지 않게 되면 불안해한다.

일부 구조자들은 누군가가 더는 구조가 필요 없다고 결정할 때 경험하는 실망과 거부감을 피하기 위해 그들과 멀찍이 떨어져서 영향을 미치려 한다. 다시 말해, 자신들이 돕고 있다고 믿는 사람들의 동의나 협력 없이 뒤에서 간섭하려 한다. 우리 모두는 우리 행동을 미리 선점하고, 동의 없이 우리가 가는 길을 돕기 위해 결정을 내리는 경우를 경험한다. 우리 부모님은 어린 시절 우리를 위해 그렇게 해주셨다.

물론 차이점은 어린아이들이 배운다는 점이다. 부모와 다른 어른들의 행동을 관찰하는 것은 학습 과정의 일부이다. 8세 소녀가 자신이 가장 좋아하는 팝스타처럼 춤을 추고 싶다고 말했다면, 어머니가 토요일 아침 댄스 수업에 딸을 일방적으로 등록해도 별다른 문제가 일어나지 않는다. 어머니의 반응은 자연스럽고 건설적이다. 그러나 어머니는 딸에게 의무를 부과하는 방식으로 행동했다면 어머니는 토요일 아침을 포기할 정도로 실랑이를 벌였을 가능성이 높다. 그러나 성인이 다른 성인(친밀한 친척이라도)을 대신하여 일방적으로 행동하는 것, 특히 두 번째 경우처럼 성인에게 의무를 부과하는 방식은 관계의 근간을 훼손하고 역기능적 불균형을 초래하는 것이다.

구조하기rescuing의 '이면behind the scenes'을 보여주는 사례가 있다. 바로 수Sue의 사례이다. 이 이야기는 강박적인 구조자가 '도움을 받는' 사람들에게 힘을 썼지만 아무도 그 사실을 모르고 가는데도 어떻게 해를 끼칠 수 있는지 보여준다. 이 사례에서는 구조자가 자신의 행동을 은폐하고 분리하는 요소가 추가되어 있다. 이에 다른 사람들이 문제를 파악하고 해결하는 것을 더욱 어렵게 만든다. 이 사례의 결과는 구조자에게만 해를 끼쳤다. 그녀가 구조하려 했던 사람들은 지금도 여전히 그녀의 행동들을 전혀 모르고 있다.

수는 기업에서 운영하는 대학의 이사였다. 그녀는 매우 효율적이면서 주변 사람들을 돕는 사람이었다. 그런데 얼마 지나지 않아 해고되었다. 기업의 대표적 프로그램에서 성과가 낮은 참여자들에게 부당한 추천서를 주어서 보호하려 했기 때문이다. 나중에 알려진 사실이지만 그들은 다른 참여자들과 비교할 때 수준 이하의 점수를 받았다. 모두가 그들이 원하는 업무를 배정받을 가능성이 매우 낮다고 판단하고 있었다.

왜 수는 이런 식의 개입을 했을까? 그녀는 성과가 좋지 못한 참여자들에게 두 번째 기회를 주길 바랐다. 그리하여 다른 교수들과 전혀 다른 관점을 취했다. 그런데 그것은 매우 부당한 관점이었다.

수는 구조자 강박이 있었다. 그것을 만족시키기 위해 그런 식의 개입을 했다. 실제로 프로그램에서 어떠한 참여자들과도 친밀한 관계를 맺고 있지 않았다. 그 참여자들조차도 그녀가 그렇게 행동하리라 전혀 예상하지 못했다. 결국 그녀는 직권 남용으로 해고되었다.

누군가에게 호감을 얻어야 한다는 욕구는 매우 불균형적이다. 그리고 보통 구조자들 가운데 공통적으로 나타나는 특징이기도 하다. 이는 불안정한 자기-이미지와 연결되어 있다. 구조자들은 자신의 이익을 먼저 생각하는 것 자체가 다른 사람에게 불친절하고 무정하며 이기적인 것으로 비칠까 두려워한다. 더군다나 다른 사람들에게 자신이 어떻게 비춰질지 신경을 많이 쓴다. 많은 구조자가 누군가의 부탁에 '아니요'라고 말하는 걸 어려워한다. 이런 대답이 부탁한 사람들을 실망시키고 심지어는 관계를 거부하는 일일 수도 있다고 생각한다. 도움 요청을 거절하는 데에는 그럴 듯한 이유가 있기 마련이다. 예를 들어, 시간이 부족하거나 전문지식이 부족할 수 있다. 아니면 도움을 요청한 사람이 사실 도움을 필요로 하지 않고 다른 의도가 있을 수 있다. 그런데도 구조자는 도움이 필요한 사람만을 보게 된다. 그래서 누군가의 요청을 자신이 해야 할 일 목록에 반드시 추가해야 한다고 여길 것이다. 그 일이 불편하고, 부절적하거나 부담이 되어도 말이다. 이런 맥락에서 구조자들이 자주 감당할 수 없는 양의 감정적 응어리 때문에 과부하가 걸린다.

수의 이야기에서 볼 수 있듯이, 구조자들은 자신의 행동 때문에 구조 대상자들만큼이나 위험에 처하게 된다. 이들이 구조 대상을 찾게 만드는 것은 정서적 또는 심리적 불안정 때문이다. 이런 불안정한 심리에 정면으로 맞서거나 싸우는 대신, 자신도 모르게 한 명 이상의 '희생양들'에게 투사함으로써 불안정을 추스르는 것이다. 구조자의 번아웃은 개입이 실패로 끝날 때 흔히 나타난다. 그때 구조자들은 깊은 피로감에 쌓이며 이상과 목적의식 자체를 상실하게 된다.[90]

구조자 번아웃

스스로 너무 많은 책임감을 가져 중압감에 시달리는 지경에 이르면, 구조자는 돌아오는 결과가 점점 작아지는 것에 심각한 스트레스를 받는다. 또한 구조자가 빠르게 결과를 확인하지 못한다면, 일에 더욱 매몰되어 감당할 수 없는 지경에 이를 수 있다. 그런 구조자의 입장에서는 노력의 결과를 빠르게 보고 즉각적인 만족을 얻어야 한다. 그렇지 않으면 스트레스 수준이 빠르게 올라가게 된다. 누군가의 문제에 대한 즉각적인 해결책이 없다 하더라도 구조자들은 구체적인 결과를 제시하지 못한 것에 만족하지 못할 것이다. 그리하여 어떻게든 도움이 되기 위해 서두르게 된다. 이는 오히려 문제를 더욱 복잡하게 만들거나 새로운 문제를 야기할 수 있다. 이후 스스로 설정한 비현실적인 목표들을 달성하지 못해서 고통을 겪는다. 그렇게 불행을 겪게 될 때 마땅히 받아야 한다고 생각하는 감사 인사를 받지 못하게 되면 좌절과 환멸감에 빠지게 된다. 이들이 도움을 주려는 사람들이 진정으로 고마워하지 않거나, 심지어는 도움을 받고 싶어 하지 않는 것 같다는 생각이 들 수 있다. 그러다 결국 구조자들은 더는 누구에게도 도움이 되지 못하는 걸 두려워하기 시작할 것이다. 이는 냉소적으로 바뀌게 만들고 지치게 하며 무관심한 태도를 지니게 하면서 화가 나게 한다.

> "이는 도움을 주는 목적 자체를 잊어버리는 것이다.
> 다른 사람들로 하여금 스스로 행동 방침을 찾게끔 하는 것 말이다."

도움을 요청하는 사람들이 진정으로 원하는 것은 말을 들어주는 것이다. 사실 이들은 어떻게 해야 하는지를 듣고 싶어 하지 않는다. 구조자들이 가장 많이 실수하는 것이 있다. 그것은 '해결책'을 찾기 위해 고민이나 성찰 없이 바로 개입부터 한다는 점이다. 이런 태도는 실제 존재하지 않을 수 있는 '문제점'을 예단하는 것을 전제한다. 다른 사람이 필요로 하는 조언을 제공해주는 것이 아니라, 그들의 상황을 통제하게 되는 것이다. 이때 구조자들은 자주 부적절하며 완전히 불필요한 행동 방침을 계획하기도 한다. 이는 도움을 주는 목적 자체를 잊어버리는 것이다. 다른 사람으로 하여금 스스로 행동 방침을 찾게끔 하는 것 말이다.

사람들을 기쁘게 해야 할 욕구를 무엇이 채워주는가?

사람들이 정서적 또는 심리적 문제를 극복하도록 돕는 정신분석가, 임상심리학자, 정신과 의사 등 전문가들은 다른 사람들을 돕도록 동기를 부여하는 내적 힘을 인식해야 한다는 것을 알고 있다. 또한 끊임없이 자신의 정서적 욕구를 의식하고 있어야 한다고 인식한다.[91] 직장에서 돕는 역할을 하는 사람들도 마찬가지이다. 이들은 자신의 마음상태가 다른 사람들과의 관계에 영향을 미칠 것이라는 사실을 인정해야 한다. 그러나 누군가가 개인적 또는 직업적 어려움을 극복하도록 돕기 위해 우리 모두가 어떤 형태의 역기능적 행동에서 벗어나 완벽하게 잘 적응해야 한다는 것을 의미하는 게 아니다. 만일 그렇게 하려면 남을 돕는 직업을 가진 사람들 가운데 자격을 갖춘 경우를 찾아보기 어려울 것이다. 이를 통해 우리가 알 수 있는 사실은 우리 자신의 심리적 상황을 인정하면서 우리가 돕고자 하는 사람들에게서 우리의 욕구를 분리시키는 법을 배워야 한다는 점이다.

왜 사람들은 구조자 증후군에 쉽게 걸릴까? 이를 이해하기 위해서 우리는 이들의 삶의 무의식적 부분을 살펴보고 '자기'와 '타인' 사이의 상호관계를 이해할 필요가 있다.[92] 1차 보호자에게 끊임없이 따뜻하고 섬세한 돌봄을 받은 아동은 가까운 사람들에게 안정적으로 애착을 갖고 성장하게 될 것이다. 이들은 건강한 자존감을 갖추고 안정적이며 자신감 있는 성인이 된다. 그러나 양육자가 심리적으로 궁핍하거나 자주 부재했던 아동의 경우, 매우 다른 결과로 나타난다.

구조자가 속해 있는 가족의 배경은 매우 중요하다. 가족 배경은 무능력한 부모나 양육자로 인해 자녀가 스스로 양육할 수밖에 없는 배경부터, 겉보기에는 사랑스럽고 안정된 것처럼 보이지만 완벽성을 추구해야만 하는 분위기를 만드는 부모의 억압적 집착이 있는 배경에 이르기까지 다양하다.

자녀 스스로 양육할 수밖에 없는 가족 유형에서는 양육이 필요한 대상은 오히려 부모이다. 이런 부모 아래에서 자라는 아이들은 정서적으로 혼자 힘으로 삶을 꾸려 나가야 한다. 아이들은 마땅히 받아야 하는 온정과 관심을 받지 못한 채, 자신의 욕구와 느낌이 별로 중요하지 않다고 느끼면서 자란다. 그런 아이들은 성인이 되면서 미숙한 보호자가 된다. 이러한 유형의 배경을 가진 사람들은 타인에게 도움을 요청하는 것을 매우 어려워하며, 그렇게 하는 것이 매우 이기적인 행위라고 느낀다. 성장기 초기의 불만족스러운 애착은 나중에 결코 해결되지 않았던 아동기의 고통스런 경험을 헤쳐 나가면서 손상된 자아감을 회복하려 노력하는 성향으로 이어지게 된다.

부모의 억압적 집착이 강한 가족 유형에서 필요한 것은 부모나 양육자의 진정성 있는 사랑이다. 이러한 환경에서 성장하는 아이들은 항상 부모의 비현실적인 기대를 충족하여 인정받으려고 애쓴다. 가족 내에서 규정된 엄격한 의식적, 무의식적 규칙들은 아이가 개성을 표현할 수 있는 여지를 거의 남겨두지 않는다. 이들은 자신의 존재 자체로 사랑받는 것이 아니라, 자신이

하는 일로 사랑받는다고 느낀다. 이렇게 조건적인 부모의 사랑에 대한 초기 경험은 발달 아동이 성인이 되어서도 인정을 받는 것에 중독되게 만든다.

이러한 사람들은 잘못된 과거로 인식된 것을 바로잡으려는 욕구가 강렬하다. 또 완벽하려고 끊임없이 노력하는데, 여기에는 동료들에게 인정받고 싶다는 매우 현실적인 욕구가 숨겨져 있다. 그러나 이들이 무엇을 하든지 좋게 보이지 않으며 만족하지도 못한다. 늘 하는 것에 결함이 있다고 느끼며 열등감에 쌓여 있다. 앞에서 살펴본 두 가지 유형의 가족 배경을 가진 사람들은 다른 사람과 관계하는 유일한 방법이 자기부정, 고통, 희생을 통해서만 가능하다고 믿게 된다. 이들은 자신의 정당한 욕구를 계속해서 억압하고 부정하며, 이를 다른 사람에게 도움이 되거나 도움을 주어야 한다는 강박적 욕구로 대체한다.

어떤 사람들은 이러한 어려웠던 어린 시절의 삶의 경험 때문에 여전히 괴로워하며, 자신과 타인에 대해 왜곡된 가정을 만들어낸다. 이들은 감정적인 자원이 거의 없는 상태에서 역기능적 아동기를 경험한 사람들을 제대로 돕지 못했다는 죄책감에 시달릴 수 있다.

잘못된 가정

"사람들을 실패에 대비하게 만든다."

구조자들은 잘못된 가정에 근거하여 행동한다. 예를 들어, "나는 항상 도움이 되며 다른 사람들을 기쁘게 해주어야 한다. 그렇지 않으면, 나쁜 일이 생길 수 있다.", "나는 항상 행복해야 하며 다른 사람들에게 절대로 부정적인 감정을 드러내서는 안 된다.", "내 가치는 다른 사람들이 나에 대해 어떻게 생각하는지에 달려 있다.", "내가 다른 사람들이 원하는 것을 하지 않는 한, 나는 거부당할 것이다." 다른 사람을 돕고 기쁘게 하려는 충동은 아동기부터 따라다니는데, 이는 끔찍한 추동 요인으로 작용되는 '당위적 요구musts and shoulds'에 따라 유지된다. 이런 조력자들은 다른 사람들의 인정에 중독되지만, 보람을 느끼지 못한다. 이들은 스스로에게 결코 뿌듯해하지 않는다. 스스로 부과한 기준에 결코 도달하지 못한다. 그들이 높은 기준을 설정한 것은 충분한 이유가 있지만, 완벽함을 추구하는 건 완전히 별개의 문제이다. 이는 사람들을 실패에 대비하게 만든다. 그래서 구조자 증후군을 앓는 사람들은 계속해서 반복되는 스트레스 주기로 빠져들게 된다.

구조자들이 왜 다른 사람의 욕구와 관심에 초점을 맞추는 것일까. 사실 그렇게 하는 건 자신의 정서적 문제를 직면하는 걸 피할 수 있다. 이들은 좀처럼 자신의 감정과 소통하려 하지 않는다. 다른 사람의 욕구에 어떻게든 맞추는 행위는 심지어 자신이 실제로 원하는 것이나 스스로 필요로 하는 것을 더는 알지 못할 정도까지 고착화될 수 있다. 때론 무엇을 생각하고 느껴야 할지도 모르는 상태가 된다. 더 심각한 것은 어떤 구조자는 다른 사람을 도와줌으로써 '구원'을 추구하기 때문에 강렬한 스트레스, 무능감, 낮은 자존감을 경험한다는 점이다. 이는 그들이 다른 사람을 돕는 것 자체가 사랑과 존중을 보장해줄 것이라는 믿음에 쌓여 있기 때문이다.

구조자들은 다른 사람을 돌봄으로써 스스로를 희생시키는 위험까지 무릅쓴다. 다른 사람을 돕는 것 자체만 목적이 되면, 도움 주는 사람, 받는 사람, 그리고 관계 전체에 오히려 좋지 않은 결과를 초래할 수 있다. 다른 사람의 기대를 충족시키려 하는 것은 자기파괴적 또는 지나친 자기희생적 행동에 기여할 뿐이다. 이러한 구조자들은 득보다는 실이 더 많을 수 있다. 더군다나 도움을 요청하는 사람들이 스스로 핵심적인 문제가 무엇인지 발견하지 못하게 막을 수 있다.

구조자 증후군을 어떻게 관리할까

구조자 증후군 문제를 해결할 수 있는 유일한 방법은 정면으로 맞서는 것이다. 구조자들은 자신의 추론에 결점이 있음을 인정하고, 자신에 대해 지닌 가정들을 검증하는 법을 배워야만 행동 변화를 추구할 수 있다. 예를 들어, 이들은 자신이 끌리는 사람들의 유형에 대해 천천히 살펴보고, 삶에서 독이 되는 사람들에게서 떨어지는 법을 배울 필요가 있다. 이들은 왜 누군가를 도와야 한다는 느낌이 드는지 진지하게 살펴봐야 한다. 그리고 만약 잘못된 이유로 누군가를 돕는 행위를 한다고 판단되면 그 관계에서 떠나버려야 한다. 이는 좀 더 효과적인 삶을 만들고, 훨씬 더 행복한 삶을 살아가게 만들 것이다.

구조자 증후군에서 벗어난다는 것은 다른 사람을 돕는 일을 포기해야 한다는 뜻이 아니다. 다른 사람을 돕고자 하는 충동은 본래적으로 선한 힘이다. 건설적인 구조자들은 스스로 문제를 해결하도록 촉매제 역할을 한다. 여기서 구조자의 역할은 다른 사람이 스스로 어려운 결정을 내릴 수 있게 격려하는 것이다. 그러나 건설적인 구조자가 되기 위해서는 다른 사람의 문제에 대해 이성적이고 객관적이며 냉정하게 생각할 수 있어야 한다. 또 자신의 정서적 건강이 상대방에게 영향을 미칠 수 있다는 생각과 함께 최대한 영향을 미치지 않을 수 있도록 충분한 자기지식을 가지고 있어야 한다.

건설적인 구조자 되기

어떤 조직에서든 건설적인 구조자에게는 분명한 역할이 있다. 만일 어떤 임원이 사회적, 정서적 지능을 확실히 지니고 있으면, 이 역할을 수행하는 데 필요한 심리적, 대인적 기술들을 갖추고 있을 것이다. 올바른 구조자는 다른 사람의 욕구에 민감하다. 그렇다고 자신의 건강과 행복을 희생하여 다른 사람의 문제에 관여하지는 않는다. 다른 사람이 자신을 감정적 짐을 버리는 쓰레기통으로 사용하도록 내버려 두지 않는다. 또한 자신이 문제 있는 행동을 할 때 그 결과를 인정하고 받아들여야 한다는 것을 상대방에게 분명히 한다. 이들의 역할은 다른 사람을 자신의 짐으로 여기기보다는 문제해결 과정의 촉매제가 되는 것이다([표 4.1] 참조).

[표 4.1] 건설적인 구조자 - 프로필

- 자신과 타인의 생각, 감정, 생리적 반응, 행동을 감정적으로 수용함
- 타인의 자율성과 기능 방식을 존중함
- 다른 사람들을 비판하기보다는 도전을 받고 지지를 받는다는 느낌을 주는 질문에 능숙함
- 공감하는 경청자 - 사람들이 이해를 받았다고 느끼게 만드는 능력은 이들이 효과적인 관계를 구축할 수 있게 해줌
- 정서적으로 민감함 - 경계 의식을 잃지 않고도 다른 사람의 감정을 공유할 수 있음
- 애매성에 관대함 - 이들은 인간 조건의 인지적 복잡함을 중시하며, 무언가를 종결시키려 하지 않음
- 자기수양 - 어디에 선을 그어야 하는지를 알고 있음
- 자각 - 자신의 정서 건강이 업무의 질에 영향을 미침을 자각함

또한 이들은 어려운 질문들에 직면할 준비가 되어 있다. 비록 사람들이 듣고 싶어 하는 것이 아닐지라도 진실을 말할 준비가 되어 있다. 이들은 개입할 때를 잘 알고 있다. 쇠뿔도 단김에 뺀다는 옛말을 따르기보다는 오히려 쇠가 차가워졌을 때 두드리려 한다. 너무 빠르게 반응하면 이들의 지지 자체가 인정받지 못할 것이며, 또한 너무 느리면 기회를 잃을 것이기 때문이다. 이들의 개방성과 솔직함은 물론 함께 일하는 사람들과의 접점에서 자신의 감정을 인식하고 표현하는 능력은 이런 교류를 극도로 가치 있게 만든다. 또한 이 모든 것에 좀 더 유머 감각을 갖고 있다면, 훨씬 더 건설적이고 올바른 구조자가 될 수 있다.

> "그러나 도움을 주는 사람들은 타인을 돕기 전에,
> 자신을 돕는 것이 필수이다."

우리는 모두 각자 고유한 강점과 약점을 지니고 있다. 우리 모두에게는 어두운 면이 있다. 우리는 모두 때때로 도움을 필요로 한다. 그러나 도움을 주는 사람들은 다른 사람을 돕기 전에 자신을 돕는 것이 필수이다. 임원들은 자신의 고유한 애착과 혐오를 자각함으로써 함께 일하는 사람들과의 관계의 질을 높일 수 있다. 자신의 한계를 인지하고 자신의 지원 시스템을 확실히 갖춤으로써 스스로가 구조자 증후군의 희생양으로 굴러 떨어지지 않을 수 있다.

5장
재앙의 사이코패스: SOB 임원들에 대한 대처법

> 그가 자신의 명예에 대해 큰 소리로 떠들면 떠들수록
> 우리는 도둑맞은 게 없는지 확인하기 위해 더 빨리 우리의 은수저 숫자를 세어보았다.
> - 랄프 왈도 에머슨 Ralph Waldo Emerson

> 사이코패스는 항상 곁에 있다.
> 평온한 시기에 우리는 그들을 연구하지만, 격변3의 시기에 그들은 우리를 지배한다.
> - 에른스트 크레치머 Ernst Kretschmer

> 이 세상을 위험한 삶의 장소로 만드는 건 악행을 저지르는 사람들이 아니라
> 불의를 보고도 아무 행동도 하지 않는 방관자들이다.
> - 알버트 아인슈타인 Albert Einstein

고속 출세의 환상

리처드Richard는 매우 그럴 듯해 보이지만 실패한 사례를 전형적으로 보여주는 인물이다. 그를 피상적으로만 알았던 사람들에겐 성공한 것처럼 보였지만, 가까운 사람들은 그가 성공했다고 생각하지 않았

다. 그를 잠깐 알았던 사람들은 그가 회사에서 고위직이 될 확실한 후보라고 생각했다. 그러나 그의 실적에 대해 아주 잘 아는 사람들은 전혀 다른 결론을 내렸다. 리처드가 맡았던 과제는 어느 것도 진정한 성공을 거두지 못했다. 사실 그의 경력을 살펴보면, 움직일 때마다 재앙을 일으켰다. 그럴 때마다 다른 사람을 유혹하는 힘과 매력 그리고 상황을 조율하는 능력 덕분에 잘 빠져나가곤 했다. 리처드는 마치 옛 속담에 나오는 9개의 목숨을 가진 고양이 같았다. 그는 무능함과 조심성 부족 때문에 자주 위기 상황에 직면했지만, 부정적인 결과를 피해가는 묘한 능력이 있었다. 이런 순간을 마주할 때마다 그의 정신적 민첩함이 돋보였으며, 다른 과제로 계속해서 옮겨가는 속도는 가히 놀랄 만했다. 그가 엉망으로 만든 것들을 뒤처리하는 것은 항상 후임자의 몫이었다.

리처드는 조직의 리더로서 '그럴 듯 해 보이는 것에만 관심 있는 사람'으로 묘사될 수 있다. 실제로 그는 프로젝트를 완성하는 데에는 별로 관심이 없었다. 재미없는 활동들을 항상 다른 사람에게 맡겼다. 또한 그의 미끼 전략(상사와 동료들을 속이는 것)이 실패로 돌아가면, 항상 누군가에게 책임을 뒤집어씌우는 잔꾀가 있었다. 그는 자신의 행동을 책임지지 않았다. 그는 늘 자기 잇속만 차리려고 했다. 심지어 가장 최근 임무를 수행하다가 훨씬 더 큰 조직에 스카우트되어 떠났다. 물론, 아슬아슬하게 임무를 마치고 떠났지만, 임무에 좋지 않은 영향을 주었다. 그렇게 그가 조직을 떠나자, 재직 기간에 했던 일의 결과들이 처참하고 명백하게 드러났다.

하지만 리처드는 첫인상에서 유리했다. 잘 생기고 사교적인 말재주가 있었다. 만나는 사람마다 혹하게 만드는 재주가 있었다. 그의 웹캐

스트, 팟캐스트, 인터뷰, 프레젠테이션을 보거나 듣는 사람들은 그가 유창하게 말하기 때문에 사회성이 뛰어나다고 생각할 것이다. 안타깝게도 그의 말뿐인 허울과 겉만 번지르르한 것을 꿰뚫어 볼 수 있는 사람은 거의 없었다. 그는 어떤 장애물이 닥쳐도 늘 '할 수 있다'는 자신감을 내비쳤다. 매우 결단력 있고, 행동 지향적이며, 재능 있는 임원이라는 인상을 늘 사람들에게 주었다. 그는 인상을 잘 관리했으므로 상사들을 대할 때도 효과를 보았다. 그는 항상 상사들이 듣고 싶어 하는 말을 해주었다. 리처드를 만난 대부분 사람들이 그를 능력 있고 빠르게 출세할 사람으로 보는 건 어쩌면 당연한 일이었다. 그러나 그의 행동을 면밀하게 관찰하는 사람이라면, 그를 사기꾼 정도로 보았을 것이다.

예를 들어, 리처드가 한 대부분의 약속은 무의미한 것으로 드러났다. 또한 상습적으로 거짓말을 했다. 그는 누군가에게 거짓말을 할 때 얼굴 표정으로 절대 드러내지 않을 수 있었다. 이에 리처드와 긴밀하게 일했던 사람들은 그가 강박적으로 거짓말을 밥먹듯 했다고 증언했다. 자신의 거짓말 때문에 위험에 휘말리게 될 때마다, 그는 재빨리 화제를 바꾸는 능력이 있었다. 신기하게도, 그는 이런 매우 역기능적인 리더십 행동을 능숙하게 해냈으며, 겉으로 보기엔 이런 리더십 행위가 영원할 것처럼 보였다. 이런 점에서 그는 진정으로 권모술수에 능한 마키아벨리와 같았으며, 마지막까지 남는 생존자였다. 조작은 그가 숨 쉬는 것만큼이나 자연스러웠다. 그는 늘 높은 지위에 있는 친구들을 사귀었다. 그리고 자신을 보호해줄 사람들에게 전념을 다했다. 이런 성향으로 그는 정상에 오를 수 있었다. 예를 들어, 그런 사람들의 가족과 취미에 관심을 가졌다. 그들이 하는 악덕 행위에 참여하거나, 그들이 하는 더러운 업무를 대신해 준다고 제안하거나, 이들에게 엄청난 성과를 보장하는 약속을 하는 등의 수단을 통해 주요 의사 결정권자들을 손쉽게 자기 편으로 만들었다.

리처드와 함께 일했던 사람들은 그를 착취적이고 기만적이며 뻔뻔스럽게 다른 사람의 공을 가로채는 사람으로 묘사했다. 또한 이들은 그가 다른 사람들을 순전히 수단으로 사용했다며 비판했다. 이런 그들의 증언을 믿지 못하는 사람들을 위해 지금까지 희생당한 사람들의 명단을 작성하기까지 했다.

리처드는 대부분 사람들이 피해를 당할 때까지 무엇이 자신에게 타격을 입혔는지 알아차리지 못할 정도로 매우 교활하게 행동했다. 리처드는 많은 분야에서 무능했지만, 다른 사람들의 욕구와 약점에 대한 통찰력이 대단했다. 거짓말을 잘하는 사람들은 다른 사람들을 잘 판단한다. 그는 권력 지향적인 사람이었고, 다른 사람들의 취약점을 어떻게 이용해야 할지 정확히 알고 있었다. 그리고 자신의 힘을 특히 불안정한 상황에 처해 있는 사람들에게 향하게 했다. 그는 거짓말과 속임수를 마치 거미의 거미줄처럼 짰다. 느닷없이 희생양들을 잡아들이고, 그들에게서 생명력을 빨아들였다. 그러고는 빈껍데기만 남으면 가차 없이 버렸고, 바로 다음 희생양을 찾아 나섰다. 그는 자신에 대한 사람들의 믿음과 다른 사람에 대한 신뢰를 앗아가는 데 매우 효과를 발휘했다. 그러고는 그를 거쳐 간 사람들의 일부를 냉소적이게 만들었으며, 억울하여 거의 기능을 하지 못할 정도로 매몰시켰다. 리처드는 지루함을 쉽게 느꼈다. 자신에게 다시 활력을 불어 넣기 위해 늘 새로운 희생양을 끊임없이 공급받아야 하는 것처럼 보였다.

리처드는 처음 만나면 마치 소울 메이트를 찾은 것처럼 상대방에게 접근했다. "우리는 공통점이 너무 많아요.", "우리는 정말 닮았어요."라고 주장했다. 그렇게 아주 가까운 사이가 된 것처럼 상대방을 착각하게 만들었다. 리처드에게 넘어가는 사람들 대부분은 그의 거미줄에 붙들려서 빠져나갈 수 없었다. 자기랑 똑같다고 생각하는 사람들에게 인간은 사랑에 빠지기 쉽다. 리처드는 이런 방식을 활용했던 것이다.

또한 리처드는 자신이 곤경에 처할 때마다 다른 사람들이 자신을 보호해주게 하는 재능이 있었다. 항상 균형을 되찾을 수 있는 영리한 공중그네 곡예사처럼 말이다. 또한 그에게 속아 넘어가지 않았던 일부 사람들에 따르면, 리처드의 가장 최근 희생양은 회사의 커뮤니케이션 책임자였다. 잘 알고 있는 사람들은 그가 그녀의 순진함을 이용했다고 보았다. 그들의 관계는 업무 관계를 넘어선 것처럼 보이기도 했다. 그녀는 마음까지 그에게 준 상태인 것 같았다. 하지만 과연 리처드도 그랬을까? 그녀는 항상 그의 명령만을 기다리고 있었다. 항상 리처드를 보호해줄 준비가 되어 있었던 것이다. 리처드가 실제 어떤 사람이었는지 아는 사람들은 과연 그가 공감할 때 영혼이 있는 것인지 의심했다. 그의 정서적 감수성은 제로에 가까웠다. 그가 제 때에 바른 말을 할 수 있었던 것은 사실이었지만, 그의 진심은 어디에 있었을까? 그는 감정을 공감하는 방법이 아니라, 판토마임처럼 감정을 흉내 내는 방법만을 아는 것 같았다. 그에게 유일하게 중요했던 것은 단기적인 자기만족인 것 같았다.

이런 중요한 성격적 결함은 제쳐두고라도, 행동 조절도 잘하지 못했다. 그의 감정 상태는 매우 변덕스러웠으며, 분노, 행복, 고통 사이를 왔다 갔다 했다. 사람들은 그가 공공장소에서 화를 참지 못하고 사람들을 질책했던 사건들을 다시 꺼냈다. 이런 분노의 폭발을 목격한 사람들은 그것이 그리 오래 지속되지는 않았으며, 곧 바로 잊히는 것 같았다고 증언했다.

마지막으로, 몇몇 사람들은 리처드의 배경에 대해 심각하게 걱정했다. 리처드가 사기꾼이 아닌지 의심하기 시작한 것이다. 그가 지닌 자격증 몇 개는 인상적이었지만, 가짜 자격증 같기도 했기 때문이었다. 그런 관점에서 보면 그의 경력이 불투명한 것들이 많았다. 이는 모든 과거 활동을 의심하게 만들었다. 일부 사람들은 지속해서 그의 경력에 의문을 제시했다. 리처드는 무엇을 숨기려 했을까?

사람들을 미치게 만들다

"일등만을 신경 쓰고 나머지의 안녕에는 전혀 관심이 없다고 상상해보자."

양심을 내려놓고 자신이 원하는 대로 하는 모습을 상상해보자. 일말의 양심도 없는 상태를 생각해보자. 불쾌할 수 있는 일인데도 어떠한 후회나 죄책감이 전혀 없다고 상상해보자. 일등만을 신경 쓰고 나머지의 안녕에는 전혀 관심이 없다고 상상해보자. 책임감도 죄책감도 없는 세상을 산다고 생각해보자. 자신이 했던 수치스럽거나 해롭거나 부도덕한 행위에 대해 성찰하지 않는다고 상상해보자.

오히려 정서적 결핍이 더 축복받는 삶이 아닐까? 통제가 없는 삶은 훨씬 단순하고 즐겁지 않을까? 양심은 성가신 것이며, 감정이입은 짜증나는 것이다. 수치와 죄책감에 대한 일상적인 고통이 없다면, 당신은 무엇이든 할 수 있을 것이다. 세상의 무엇도 당신을 저지하지 않을 것이기 때문이다.

우리는 양심을 보편적 인간의 특징으로 가정한다. 따라서 우리 대부분은 양심이 없는 인격을 지닌 사람들을 상상하기 어렵다. 또한 그런 사람들이 존재한다고 상상할 수 없기 때문에, 그들의 모든 의도와 목적이 보이지 않는다. 더구나 우리는 이런 유형의 사람들을 만날 준비가 되어 있지 않다. 우리는 이런 사람들을 척하니 알아볼 수 없다. 이처럼 양심의 존재 유무는 사람들 사이에서 깊은 분열을 일으킨다.

우리 자신의 정신 상태를 온전하게 유지하기 위해서는 인류의 일부가 우리와는 매우 다른 심리학적 구성psychological makeup과 사고방식을 지니고 있다는 사실을 받아들이는 것이 좋다. 비록 생경하긴 하지만, 이들은 일반 사람들과 섞여 있다. 이들은 조직과 사회 내에서 일종의 은밀한 지위를 차지하고 있다. 이들은 편리하게도 쉽게 눈에 보이지 않을 뿐만 아니라 자신이 다르다는 사실조차 깨닫지 못할 수 있다. 이들은 스스로에게도 똑같이 보이지 않는다. 이들의 양심이 결여되어 있다는 것은 사회적 통제를 위한 일상적인 도구들이 작동하지 않는다는 것을 의미할 뿐만 아니라, 양심 자체가 그들과 전혀 관련이 없음을 의미한다. 이것이 의미하는 바는 심각할 수 있다. 이런 사람들은 다른 사람들의 삶에 큰 혼란을 가져올 수 있으며, 흔히 사이코패스라고 불린다.[94]

우리 대부분에게 사이코패스는 생경해보일 수 있지만, 이들은 항상 주변에 있었다. 반인륜 범죄를 저지른 많은 역사적 인물이 이 범주에 속한다. 예를 들면, 전쟁, 빈곤, 경제 붕괴, 전염병, 정치적 갈등과 같은 트라우마적 사회 상황에서 사이코패스들은 심지어 지도자 및 구원자의 지위를 얻을 수 있다. 실제로 아돌프 히틀러, 조세프 스탈린, 마오쩌둥, 세르비아의 슬로보단 밀로셰비치와 라도반 카라지치, 시리아의 바샤르 알 아사드를 떠올려보자. 사이코패스는 대중 소설과 영화에서도 발견할 수 있다. 〈지옥의 묵시록

Apocalypse Now〉의 변절자 콜로넬 커츠Colonel Kurtz, 〈양들의 침묵Silence of the Lambs〉에서 식인 행위를 미식 행위로 바꾼 한니발 렉터Hannibal Lecter, 〈아메리칸 사이코American Psycho〉에서 투자 은행가이자 연쇄 살인범 패트릭 베이트맨Patrick Bateman, 〈여자를 증오한 남자들The Girl with the Dragon Tattoo〉에서 또 다른 연쇄 살인범이자 성공한 CEO 마틴 밴거Martin Vanger가 있다. 이렇게 도덕적으로 타락한 사람들은 우리 사회에서 '괴물'을 대표한다. 이들은 계획적으로 폭력을 일삼고, 매우 의도적이고 감정이 없으며 막을 수 없는 구제 불능의 약탈자로 묘사된다.

그러나 사이코패스 중에서도 극소수만이 영화나 소설에서 흔히 나오는 폭력적인 범죄자가 된다. 우리가 보통 범죄 유형들 중에서 발견하는 성격 장애 유형은 생각하는 것보다 덜 극단적인 형태의 정신병도 많다. 모든 사이코패스들이 감옥으로 가게 되는 운명을 맞이하지는 않는다. 어떤 사람들은 심지어 최고 경영자 지위에 있을 수 있다. 권력이나 지위, 돈이 달려 있는 곳이라면 어디든지 이런 사람들이 주변에 있을 것이다. 조직 안에서 전형적으로 일어나는 권력 게임을 이들은 자연스럽게 여길 것이다. 그런 사람들은 영화나 소설에서 언급한 괴물 같은 인물처럼 과도하게 폭력적이거나 반사회적이지 않다. 이들의 행동은 대부분의 사람들 앞에선 그렇게 문제가 되지 않는다. 대신 이들은 상대적으로 덜 분명하며 덜 폭력적인 방식으로 에너지를 뿜어낼 것이다. 이들은 다른 사람들을 효과적으로 조종하기 위해서 어떻게 이들과 섞여서 자신이 지니고 있는 차이를 숨겨야 할지 잘 알고 있다. 따라서 우리가 병리학 스펙트럼을 만든다면, 커츠, 렉터, 베이트맨, 밴거와 같은 사이코패스들은 스펙트럼의 한쪽 극단을 대표할 것이며, 성공적인 사이코패스 임원들은 다른 쪽 극단을 차지할 것이다.

사이코패스와 나머지 인구를 구별하는 주요한 요인은 양심이다. 사이코패스는 양심이 결핍되어 있다. 이런 사람들은 수치심, 죄의식, 회한 등의 '정상적인' 느낌을 경험할 수 없다. 비록 사이코패스들은 은밀하게 행동하기 때문에 알아차리기 어렵지만, 우리 주위에 많이 있다. 정신병 전문가 로버트 헤어Robert Hare에 따르면, 인구의 약 1%가 사이코패스 범주에 속하며, 이 가운데 아주 많은 수가 임원에서 발견된다. 추정치가 다양하게 있지만, 기업 전문가의 약 3.9%가 사이코패스적 성향을 갖고 있다고 설명한다. 이 수치는 일반 인구를 대상으로 한 수치보다 훨씬 더 높다. 이러한 관찰에 비추어 볼 때, 조직에서 근무하는 많은 사람이 병적인 상사를 경험할 확률이 매우 높다고 추론할 수 있다.

5장에서는 조직 환경에서 이런 유형의 행동에 대한 이해를 높이기 위해 사이코패스의 '아류lite'라고 할 수 있는 SOB Seductive Operational Bully, 기업정신병 유형의 임원을 소개하고, SOB와 전통적인 사이코패스 유형을 차별화시킨다. 이에 대해서는 나중에 더 논의하겠다. SOB는 감옥이나 정신병원에서 대부분 찾아볼 수 있는 '중증' 사이코패스들과 비교할 때, 외형상의 정상성을 일관적으로 유지하는 데 훨씬 뛰어나다. 이들의 행동은 특정 조직에 잘 적응되어 있다. 심지어 일부는 최고 경영자까지 도달할 수 있다.

이들은 SOB로서 양심의 부담을 느끼지 않는다. 그렇기 때문에 적어도 잠시 동안은 꽤 효율적일 수 있다. 많은 글로벌 기업들이 점점 사람들을 희생시켜 발전하고 있다. 그런 기업들은 회사를 발전시키기 위해 몰입하는 사람들에게 매력을 느끼게 되었다. 특히 금융 기관들은 SOB 임원들을 위한 장이었다. 그들은 정말로 성공만을 위해 달려갔기 때문에 금융 기관과 같은 경쟁의 장이 필요했다. 현재 파산한 리먼 브라더스Lehman Brothers의 전 CEO 리처드 펄드Richard Fuld나, 바클레이Barclays의 전 CEO 밥 다이아몬드Bob Diamond 와 같은 사람들은 모범적인 기업 지도자의 모델이 아니었다. 최근에 와서야 우리의 자산을 '금융깡패bankster'들에게 맡기는 것이 매우 위험한 문제가 될 수 있다는 사실을 깨닫게 되었다. 금융 기관들이 효과적으로 기능하기 위해서는 높은 수준의 신뢰도가 필요하다. 이에 우리는 이런 기관들이 마치 고결할 것이라 잘못된 가정을 한다. 따라서 신뢰성이 결여된 SOB 임원들은 이런 금융 기관으로 몰려들게 된다. 이들은 다른 사람들이 부여한 신뢰를 자신들의 먹잇감으로 유리하게 이용한다. 이렇게 남의 신뢰를 '먹잇감으로 이용하는 것'은 매우 병적인 특성으로 연결된다.

이런 사람들을 식별하는 건 어렵다. 자신의 모습을 철저히 숨기기 때문이다. 이런 점을 감안할 때 얼마나 많은 사람이 사이코패스 성향을 갖고 있는지 추측하기 어렵다. 어떤 사람을 '사이코패스의 아류'로 분류하는 건 어려운 일이다. 그러나 이런 범주 안에서 활동하는 매혹적인 정치인, 투자 은행가, 그밖에도 컬트나 종교 같은 허풍 떠는 장사꾼들을 찾아볼 수 있다. 게다가 많은 화이트칼라 범죄자가 사이코패스인 것으로 밝혀질 수 있다. 그러나 이런 사람들은 자멸하는 경향이 있다. 이에 최고 경영자 직위에서 완전한 조건을 갖춘 사이코패스는 극히 드물다.

"SOB는 누군가를 돕는 행위, 선의, '회사의 이익을 위해' 하는 일이라 말하면서 남을 조정하는 데 숙달되어 있다."

SOB 아래에서 근무하는 대부분 사람들은 이들에게 효과적으로 대응하고 대처할 수 있는 지식과 기술이 부족하다. 이에 SOB를 인지하기가 어렵다. 또한 SOB가 지니고 있는 문제의 원인을 이해하지 못하거나, 이들에게 대항하는 방법을 모른다. 설상가상으로, 보통 SOB 임원들이 성공한 모습을 만들기 위한 전념, 집중, 사업 감각 등을 고루 갖추고 있다. 이들은 여러 가지 무기를 가지고 있다. 정서적 협박, 부정직하지만 설득력 있는 언어, 주변 사람들의 신뢰도를 실추시키는 능력, 당면 문제를 피하는 능력, 위협 은폐, 사실 왜곡, 거짓말 등이다. SOB는 누군가를 돕는 행위, 선의, '회사의 이익을 위해' 하는 일이라 말하면서 남을 조정하는 데 숙달되어 있다. 이들은 다른 사람들을 무능하거나, 비협조적이거나, 자기 잇속만 차리는 것으로 보이게끔 만들면서 자신의 진정한 동기를 숨기는 데 매우 능숙하다. 게다가 이들은 다른 사람들이 직장을 잃게 만들거나, 자신의 일을 대신하게 하거나, 심지어는 자신의 조작 행위가 들통이 났을 때도 오히려 다른 사람으로 하여금 사과하게 만드는 데 매우 능숙하다. SOB에게 유일하게 중요한 것은 이기는 것이다. 이들에게 이기는 것은 자기 마음대로 하는 것이다. 그렇게 다른 사람들을 통제하는 권력자의 지위를 유지하는 것과 연결된다. 이들은 미묘한 빈정거림으로 상대방을 깎아내린다. 그리고 이러한 모략이 조직 내 주요한 권력자들에게까지 도달할 수 있게 만든다. 대부분 사람들은 이들의 은밀한 작업 방식을 의식하지 못한다. 그래서 심지어는 SOB들이 흔히 출세 가도를 달리는 지도자들의 모범으로 꼽히기도 한다. 그러나 SOB가 부당한 성공으로 보상을 받는 동안, 주변 사람들은 조직 내 생활이 악몽이 되었으며 그 가운데 좌절감이 쌓여간다. 또한 SOB들이 권력을 부여받은 조직은 어떤 규모이든 상관없이 사기에 유린당하고 속아 결국 파괴될 수 있다.[97]

앞서 제안한 바와 같이, SOB 임원들은 상사들과 부하들을 미묘하게 매혹시킴으로써 자신의 약점을 은폐할 수 있다. 이에 기업에서 높은 서열로 올라가는 데 능숙하다. 일부는 아무도 이들의 행동에서 사이코패스적 성향을 알아채지 못할 정도로 숨기는 데 능숙할 수 있다. 이들은 다른 사람들을 희생양으로 이용하면서 효율성을 극대화한다. 이런 것들이 자신들의 무능함을 숨기는 데 도움이 된다. 우리가 이들의 활동을 세밀하게 살펴본다면, 대부분 정말로 형편 없다는 걸 알 수 있다. 또한 이런 성향은 극단적으로 드러날 수 있다. 권력과 돈이라는 측면에서 자신의 발전과 풍요로움에 대한 걱정이 어떠한 걱정보다도 우선시 되고, 심지어 회사나 조직의 지속적인 성공보다도 중요시된다. 따라서 자기 자신은 물론 조직에도 위기가 곧 닥칠 수 있다. 이들은 다른 어떤 역기능적 임원들보다도 조직에 더 큰 피해를 입힐 수 있다. 다른 사람들을 자신의 파괴적인 거미줄로 끌어들이기 때문이다. 아이러니하게도 이런 사람들은 다른 사람들에게 하는 자신의 행동의 의미와 중요성을 이해하는 능력이 없다. 더군다나 다른 사람들이 어떻게 반응할지 판단하는 능력도 없다. 이에 다른 사람들이 자신의 행동 때문에 분개한다는 사실을 알고 충격을 받는다.

그러나 명심해야 할 점이 있다. 만일 상사들이 공손하며 공정하다면, 혹시 '엄하거나', '요구가 많다'고 해서 반드시 SOB는 아니라는 점을 기억해야 한다. 이런 상사들의 1차적 동기는 효과적으로 일하기 위해 높지만 합리적인 기대치를 설정함으로써 부하 직원들에게서 최고의 실적을 얻으려 하는 것이다. 따라서 SOB는 아니다.

SOB 임원들의 특징은 무엇인가?

SOB 임원들을 더 잘 이해하기 위해서는 정신의학과 신경병리학 분야를 살펴보고, 사이코패스적 행동을 자세히 조사할 필요가 있다.[98] 이런 특이한 질병은 수세기 동안 '섬망 증상이 없는 정신 이상madness without delirium' 및 '도덕적 비정상moral insanity'으로 묘사되어 왔다. 1835년 내과 의사 제임스 코울즈 프리처드James Cowles Prichard는 '도덕적 저능함moral imbecility'을 지능이 아닌 비정상적 감정과 타락한 행동 패턴의 정신 이상이라고 묘사했다.[99] 현대 정신의학의 창시자 에밀 크레펠린Emil Kraepelin은 반사회적, 병적 거짓말쟁이 또는 사기꾼, 충동적, 이기적, 입담 좋은, 매력적이지만 내적 도덕성 결여 등과 같은 용어를 사용하여 정신병을 묘사하였다.[100] 1800년대 후반, 독일의 한 정신과의사가 '사이코패스'라는 용어를 만들었다.[101] 그러나 정신병에 관한 고전적 담론 〈정상인의 가면The Mask of Sanity〉에서, 조작성, 불성실, 자기중심적, 죄의식 결여와 같은 행동 패턴을 포함시키도록 정의의 범위를 넓힌 것은 허비 클렉클리Hervey Cleckley였다.[102] 사이코패스는 항상 1위만을 생각하며 자신의 이기적인 욕구를 충족시키기 위해 다른 사람들을 통제하고 위협하는 포식자들로 묘사되었다.[103] 양심과 공감이 결여된 이들은 어떠한 죄의식이나 회한의 감정 없이 사회적 규범과 기대를 위반하고, 자신이 원하는 것을 취하며, 원하는 대로 할 준비가 되어 있다.

정신병질, 사회적 병질, 반사회적 인격 장애[104]에 대한 설명은 꽤 혼란스러울 수 있다. 문헌을 살펴보면, 이런 많은 분류가 반복적이고 중복되며 교차적으로 사용된다는 것을 발견할 수 있다. 사실 사이코패스라는 용어(또한 이후 1930년대의 유의어 소시오패스)는 항상 일종의 '쓰레기통wastebasket' 범주로서 본래 폭력적이고 불안정한 범죄자들에게 널리 느슨하게 적용되어왔다.[105] 이 점을 강조하기 위해 정신장애에 대한 미국정신의학회American Psychiatric Association의 정신장애에 대한 진단 통계 매뉴얼Diagnostic and Statistical Manual for the Mental Disorders(DSM)에서는 정신병질과 사회적 병질을 부적절한 명칭으로 보는 경향이 있으며, 여전히 관찰 가능한 행동으로 여기는 것을 선호한다. 이들에 따르면, 회한이나 죄의식과 같은 변수들에 대한 식별은 임상의들에게 주관적으로 해석할 수 있는 여지를 너무 많이 준다.[106] 그러나 세계보건기구WHO는 정신병증, 반사회적 인격, 비사회적 인격, 비도덕적 인격을 반사회적 인경 장애와 동의어로 지칭함으로써 국제질병분류ICD-10와는 다른 입장을 취해왔다.

이처럼 매우 엉망인 질병분류 상태를 살펴볼 때, 서로 다른 용어들의 사용이 주로 이를 사용하는 사람들의 배경에 달려 있다는 사실이 명백해진다. 예를 들어, 사회적 병질이라는 용어는 인격 장애를 아동기 트라우마와 학대에 따라 생겨난 사회적 요인으로 여기는 심리학자나 사회학자들이 선호하는 용어이다. 반대로, 신경과학자, 생물학자, 유전학자들은 정신병질을 충동 조절과 감정을 담당하는 뇌 부위의 발달 저하를 초래하는 심리학적 결핍의 결과로 여긴다.

병인학적 전용

정신병질은 어디에서 오는 것일까? 무엇이 원인일까? 먼저, 정신병질은 성인기에 예고 없이 갑자기 생겨나는 게 아니다. 일찍부터 사이코패스 성향이 있는 아이들은 쉽게 가늠할 순 없지만 보통 아이들과 다르게 행동한다. 이들은 좀 더 '까다롭고', '고집이 세며', '골칫거리로 여겨지며', '관계하기 어렵다'는 평가를 받는다. 그러나 사이코패스 행동의 병인학은 정신병질의 초기 징후가 무엇이든 상관없이 생물학적 및 환경적 변수들의 복잡한 상호작용을 통해 더욱 복잡해진다. 정신 건강 전문가들은 본성 또는 양육이 이런 질병에 기여하는지 알아내기 위해 매우 노력한다. 예를 들어, 아이들은 품행 장애라고 불리는 심리적 문제를 드러낼 수 있다.[107] 이는 반복적이며 지속적인 행동을 통해 드러난다. 이런 행동에서 다른 사람의 기본 권리 또는 연령에 적합한 주요 규범들이 침해되는 것이다. 이런 행동은 흔히 반사회적 인격 장애의 전조가 된다. 이런 아동기 징후가 일반인보다 상당히 더 높은 사이코패스 비율을 보인다. 하지만 아동기 진단을 받은 모든 대상자가 성인이 되었을 때 사이코패스로 드러나는 것은 아니다. 심지어 무조건적으로 역기능적 성향을 보이지도 않는다.

이런 맥락에서 우리는 다시 한번 본성과 양육의 수수께끼에 직면한다. 정신병질과 직접 연관된다고 일관되게 밝혀진 아동기의 경험은 없다. 까다로운 아동기를 경험하는 사람들은 성장하면서 과거를 성공적으로 극복하고, 강직한 시민이 된다. 수십 년간의 연구와 임상 관찰은 사이코패스의 배경에 부정적인 경험이 일관적으로 나타나는지 확인하지 못했다. 아동기에 학대를 당한 대부분 사람들이 사이코패스나 범죄자가 되는 건 아니다. 그러나 많은 경우 심각한 문제가 뒤따를 수 있다.

> "사이코패스적 정신이 발생하는 원인에 대해
> 정신 건강 전문가들은 지속해서 갑론을박하고 있다."

정신병질의 병인학은 직접적인 인과관계가 부족하다. 이에 다소 불명확하다. 사이코패스 정신은 보통 양심과 공감이 결여되어 있다. 사이코패스적 정신이 발생하는 원인에 대해 정신 건강 전문가들은 지속해서 갑론을박하고 있다.[108] 이런 맥락에서 볼 때 법심리학에서 부정적일 수 있는 아동기 경험을 성인 범죄성의 전조로 치부하는 경향이 있다는 것은 놀랄 일이 아니다. 많은 범죄학자가 사이코패스는 만들어지는 것이 아니라 태어난다는 견해를 가지고 있다. 이런 관점에서 학대를 인과관계로 보는 것은 그리 인정받지 못한다. 이런 진단 자체가 병인학을 무색하게 만들었다.

그런데도 여전히 질문은 남는다. 그렇다면 정신병질이 만들어지는 과정에서 발달학적으로 여겨지는 것은 무엇이며, 유전적인 것으로 여겨지는 것은 무엇인가? 인과관계의 일관성이 없음을 감안해보면, 사이코패스 연구의 대부분은 유전적 또는 신경학적 방향을 취해왔다. 뇌와 정신병질 사이의 생물학적 관계는 이런 연구의 중심에 있다. 예를 들어, 정신증에서 흥미롭고 일관적인 상관관계들(정서적, 의미론적, 심리학적 차이)은 실험 연구를 통해 확립되었다. 보통 이런 검사에서는 사이코패스가 신경학적(아마도 유전적) 이상 징후를 보이는 경향이 있음을 보여준다. 즉 뇌의 배선 결함이 이들의 질병의 원인이라는 것이다.[109] 일부 연구에 따르면, 생물발생적 결함(주로 뇌의 전두엽에서 발생하는 신경학적 이상)은 사이코패스가 복잡한 감정적 경험을 처리하지 못하게 방해한다. 이런 뇌 부위 내에서 일반적이지 않은 해부학 또는 화학적 활동의 원인은 비정상적 성장(아마도 유전적), 뇌 질환 또는 손상일 수 있다.

또한 정신병질은 정서 반응과 정서 학습과 연관되어 있다. 공격성, 성생활, 난폭성에 영향을 미치는 뇌의 기저부 근처에 있는 편도체의 반응률 저하와 관련이 있었다. 그뿐만 아니라 충동 조절, 의사 결정, 정서 학습, 행동 적응을 담당하는 전두엽 피질의 기능 장애도 정신증과 연관이 있다.[110] 사이코패스적 사람들의 경우, 파충류 뇌에서 오는 원시적인 정서 반응(예를 들면 투쟁-도피 반응)만 일어나게 되며, 대뇌 피질의 기능을 통해 수정되지 않는 것으로 보인다. 이러한 특정한 결핍 때문에, 사이코패스들은 다른 사람들의 감정을 '인식'할 수 없다.

이런 연구 계열은 체내에서 기능적 과정들의 '3차원 영상' 또는 사진을 생성하는 핵의학 영상기법인 '양전자 방출 단층촬영PET'을 이용한 연구를 통해 뒷받침된다. PET는 사이코패스들의 뇌 내 뉴런들의 대사 활동 감소를 시각적으로 증명해준다.[111] 사이코패스와 '정상'인들 사이의 생리학적 차이를 식별하기 위해 호르몬 기능을 평가했다. 예를 들어, 몇몇 연구에서는 정

신병질이 코티솔 수치가 낮은 것과 연관이 있음을 발견했다.[112]

사이코패스와 일반인의 생리학적 차이를 보여주는 연구 증거가 있지만, 정신병질에 대한 본성 명제가 반드시 양육의 영향을 배제하는 것은 아니다. 복잡한 성격역동의 대부분 예에서 본성과 양육은 모두 중요한 역할을 한다. 예를 들어, 어떤 사람들은 장애에 유전적 소인이 있을 수 있지만, 이들이 자라난 환경이 기능 장애가 어떻게 발현될지 결정한다. 성격 특성의 35~50%는 유전이기 때문에, 사람들이 그런 식으로 행동하게 만드는 원인 중 상당 부분은 여전히 설명이 되지 못한다.[113]

따라서 상당수의 정신 건강 전문가들은 범죄 및 반사회적 행동이 발생하는 데 있어 계속해서 불안정하고 불행한 아동기 환경의 역할을 다룬다. 사이코패스 행동에 관한 연구가 생물학적 우위를 밝히고 있는데도 말이다. 정신병질, 부모의 거부, 애정 결핍은 서로 가까운 사촌 관계이다. 까다로운 양육은 사이코패스적 행동 패턴을 강화시킬 수 있다.[114] 많은 생물발생적 결과가 있지만, 여전히 일관되지 않은 규율과 가족생활의 붕괴(이혼, 별거, 거부, 신체 학대를 일삼는 부모)가 성인이 되었을 때 범죄 활동으로 연결될 수 있음을 지적하는 연구들이 많다.[115] 대부분의 사이코패스들은 어린 나이부터 심각한 행동 문제를 보이기 시작한다. 예를 들어, 지속적인 거짓말, 부정행위, 절도, 방화, 무단결석, 약물 남용, 공공기물 파손, 조숙한 성행위 등이다.

이처럼 사이코패스의 행동 패턴은 일관적이지 않다. 사이코패스를 유형화하는 것이 쉽지 않지만, 이해를 돕기 위해 두 가지 유형으로 구분해보았다. 앞에서 스펙트럼의 한쪽 극단에 위치한 '중증'과 다른 쪽 극단에 위치한 사이코패스 '아류' SOB로 구분했다. 심각한 유전적 이상 때문에 감정적 유대관계 형성 능력이 없이 태어난 사이코패스와는 달리, 사이코패스 '아류'는 정서 패턴 발달의 과정에서 문제가 있는 경우가 많다. 이들의 경우, 유전보다는 발달 과정이 더 영향을 미쳤을 수 있다. 뇌의 잘못된 '배선'을 복구한다고 해서 사이코패스 '아류'의 문제를 해결 할 수 있는 것이 아니다. 이들의 공감 반응 능력은 아동기 시절, 신체 학대나 성적 학대나 그 밖의 형태의 학대로 야기된 반복적인 환멸 때문에 손상된 것이다. 이런 부정적인 환경에 대한 경험은 점점 시간이 지나면서 정상적인 인간 정서로 회복이 부실하게 이루어지거나 발달이 지체되어 사이코패스 행동 패턴을 초래했을 수 있다. 성인이 되었을 때 이를 회복시키기 위해 정서적 억제를 가한다면, 오히려 심각한 문제를 양산할 수 있다. 특히 조직이나 사회와 같은 큰 무대에서 역할과 기능을 하는 상태라면, 더욱 조심해야 한다.

개인과 조직 사이의 적합성

예를 들어, SOB 임원들의 행동은 개인과 조직 사이에서 일어나는 교류의 본질에 의문을 제기한다. 조직은 사람들에 어떠한 영향을 미치는가? 또한 그 반대는 어떠한가? 이런 상호작용은 어떻게 저절로 풀리는가? 현대 기업은 사이코패스에게 천국인가? 조엘 바칸Joel Bakan의 저서 〈기업The Corporation〉을 바탕으로 제작한 다큐멘터리 영화를 살펴보자.[116] 이 영화에서는 현대 기업이 노동자, 사회, 환경의 이해관계에 어떠한 영향을 미치든 상관없이 주주들의 가치에 따라 주도된다고 주장한다. 이는 매우 심각하게 우려되는 사안이다. 이는 손쉽게 문제를 일으킬 수 있고, 사회적 안녕을 훼손할 수 있다. 이들은 이익을 추구하기 위해서라면 환경을 오염시키고 노동자를 착취하며 분식회계를 저지른다. 주주의 가치를 극대화하기 위해 '타인의 안녕을 묵살', '지속적인 관계를 형성하지 못함', '사기'를 마음대로 수행한다. 그렇게 여기서 일하는 사람들의 정신 건강을 해롭게 하며 정신병이 생길 수 있는 환경을 만든다. 이 영화에서는 사리사욕과 금전 욕심으로 주도되는 기업들이 그 자체로 사이코패스임을 보여준다.

주주들의 부에만 몰두하는 기업들은 사회적 부담을 쉽게 무시해버린다. 이들은 이윤 극대화라는 목표를 충족시키기 위해 다른 사람을 위험에 빠뜨린다. 또한 그 과정에서 직원들과 고객에게 피해를 입히고, 환경까지도 파괴한다. 심각한 사회적 피해의 예로는 아동 노동, 착취적인 저임금, 조작된 광고, 건강에 좋지 않은 음식, 환경 파괴가 있다. 이런 기업들의 더 큰 문제는 매우 위선적이며 불투명하다는 점이다. 이들은 선택적으로 공개하며, 자신들에게 피해를 줄 수 있는 정보를 밝히지 않는다. 이들은 매우 비도덕적인 행위를 일삼으며, 자신의 결정을 합리화하려 한다. 이들은 양심이 없지만, 어떻게든 겉으로는 배려하는 척하면서 그럴싸한 이타주의적 광고 캠페인 뒤에 숨는다. 기업들은 언론사가 만들어준 그럴듯한 얼굴로 피상적으로만 사람들과 관계를 맺는다. 더욱이 이들의 끈질긴 이익 추구는 기업에서 열심히 일하는 사람에게 나쁜 짓을 하게 만든다. 이는 성인 발달의 관점에서 볼 때, 사람들의 SOB 특성을 두드러지게 하는 것이 기업인지, 아니면 SOB 임원들이 이런 유형의 기업을 만드는 것인지 질문하게 만든다.

우리는 '건강'과 '신경증'을 기준삼아 개인과 조직의 측면에서 사분면을 구성해볼 수 있다. 그러고는 모든 경우 중에 최악의 시나리오를 식별해낼 수 있다. 신경증을 앓는 조직과 신경증을 앓는 개인이 완벽하게 들어맞는 조직을 발견하기도 한다.[117] 이런 조합은 매우 유독한 생존경쟁적(다윈주의적) 조직 문화를 형성한다. 그 안에서 살아남기 위해 임원들은 무자비해야 하며, 쉴 새 없이 일등만을 생각해야 한다. 매트릭스의 반대쪽 끝에서 우리는 조직과 개인이 비교적 모두 건강하고 건설적인 상황을 찾을 수 있다. 이는 최고의 적합성이지만, 희귀하기도 하다. 나는 이를 사람들이 최선을 다해 활동하게 되는 진정한 조직이라 칭한다. 더 문제가 있는 사분면은 조직과 개인 사이가 적합하지 않은 상황들을 나타낸다. 이들 가운데는 신경증을 앓는 조직에 있는 건강한 개인이 포함되며, 이런 환경은 개인을 병들게 한다. 비정상적인 상황에서 정상으로 남아 있기란 쉽지 않다. 또 다른 문제에 있는 사분면은 SOB와 같은 병든 사람이 건강한 조직이었을 수 있는 경우를 나타낸다. 다양한 선택안에 대한 검토는 [표 5.1]을 참조해보자.

[표 5.1] 조직-개인 적응성

조직 문화	개인 신경증	개인 건강
건강	'부적응자': 비정상적 조직 추진	'적응자': 진정성 있는 조직
신경증	'적응자': 생존경쟁적 '혼합'	'부적응자': 미친듯이 내달리는 개인

SOB 임원들을 어떻게 식별하는가

"SOB 임원들은 적어도 초기엔 발견하기 어렵다."

앞서 제안한 것과 같이, SOB 임원들은 적어도 초기엔 발견하기 어렵다. 우리 대다수는 이들이 권모수술에 능하다는 걸 알아채지 못할 것이다. 심지어는 이들의 부적절하고 비윤리적인 행동을 부정하거나 합리화하려고 노력할 수 있다. 더구나 자신이 배신당하고 속았다는 사실을 인정하는 걸 꺼려하기까지 한다. 고위 경영진의 경우, SOB를 식별하고 이들을 무력화시키기 위해 미묘한 신호를 포착 가능한 '제3의 귀로 듣는' 능력이 필요하다.

혹시 당신은 SOB 임원과 관계하고 있는가? 당신의 조직 내에서 SOB 성향을 가진 사람들을 알아볼 때 다음의 질문에 대해 생각해 볼만하다.

- 그/그녀가 말주변이 너무 좋거나 너무 매력적으로 보이는가?
- 그/그녀가 매우 자기중심적인가?
- 그/그녀가 떠벌리는 편인가?
- 그/그녀가 지속해서 자극을 필요로 하는가?
- 그/그녀가 지루해하는 편인가?
- 그/그녀가 사소한 일에도 습관적으로 거짓말을 하는가?
- 그/그녀가 교활하며 남을 조종하는가?
- 그/그녀의 행동에서 회한, 수치심, 죄의식이 완전히 결여되어 있는가?
- 그/그녀를 피상적인 감정 경험으로 특징지을 수 있는가?
- 그/그녀는 냉담한가?
- 그/그녀는 공감 능력이 부족한가?
- 그/그녀는 극도로 자기 잇속만 차리는가?
- 그/그녀의 생활방식이 기생충과 같은가?
- 그/그녀는 다른 사람들을 표적과 기회로 여기는가?
- 그/그녀는 행동 조절이 잘 되지 않는가?
- 그/그녀는 극도로 무책임하게 행동할 수 있는가?

- 그/그녀는 매우 충동적인가?
- 그/그녀는 조직 체계와 규칙을 자신에게 유리하게 적용하는가?
- 그/그녀에게 목적은 항상 수단을 정당화하는가?
- 그/그녀는 자신의 실수를 다른 사람의 탓으로 돌리는 데 능숙한가?
- 그/그녀는 특권의식이 강한가?
- 그/그녀는 거짓말투성이로 복잡한 이야기를 지어내는가?
- 그/그녀는 사실과 허구를 구분하기 어려워하는가?
- 그/그녀는 권력을 이용, 남용, 행사하는 것을 좋아하는가?
- 그/그녀는 마치 '이기는 것'만이 중요한 것처럼 행동하는가?
- 그/그녀는 성적으로 문란한가?
- 그/그녀는 어린 시절 행동 장애가 있었는가?

이런 질문 대다수에 긍정으로 답한다면, 당신은 SOB 임원들과 관계하고 있는 것일 수 있다. 일반적인 임원이라면 이런 질문 중 극소수에만 해당될 것이다.[119]

"SOB 임원들에 노출되면, 사람들의 건강과 안녕에 타격을 입힐 수 있다."

안타깝게도 SOB 임원들에 노출되면, 사람들의 건강과 안녕에 타격을 입힐 수 있다. 아이러니하게도, 그런 타격을 입는데도 용납할 수 없는 행동에 대한 변명들을 늘어놓는 걸 볼 수 있다. "단지 그것은 탄탄한 경영 스타일일 뿐이다."부터 "그는 단지 그 사람의 능력을 최대한 발휘하게 하기 위한 것이다."까지 오히려 SOB 임원들을 대변하기까지 한다. 게다가 그밖에도 SOB 행동에 피해를 본 사람들이 "약해서 그럴 거야.", "무능해서 그런 거야.", "피해를 본 사람들이 그런 행동에 가만히 있을 리가 없다."라고 반응하는 게 일반적일 것이다. SOB의 희생양들은 부적절한 행동에 대해 항의한다면, 직장을 잃을 수도 있다고 생각에 두려워한다. 이들은 계속 침묵하기로 하거나, 스트레스로 인한 병가를 내거나, 더 안 좋게는 직장을 그만두기로 결정한다. 아무런 제지를 받지 않는 SOB들은 자신의 압제적이며 파괴적인 행동을 마음대로 하게 된다. 일반적으로 사람들은 이들에게 소송을 걸거나 고소하는 길을 택하기보다는 조직을 떠나기로 결심한다.

SOB 임원들에 대처하기

SOB 임원들이 행사하는 권력과 영향력을 감안할 때, 이들의 행동에 책임을 지게 하기 위해 어떤 조치를 취할 수 있을까? 개개인과 조직들은 SOB의 행동이 제멋대로 날뛸 수 없게 하기 위해 무엇을 할 수 있을까? 조직에서 SOB를 저지하려면 어떻게 해야 할까?

이런 질문에 답하기 위해서는 SOB와 같은 행동이 단순히 한 개인이 우발적으로 저지르는 행동이 아니라는 사실을 명심해야 한다. SOB 임원들은 조직 구성원들이 자신의 행동을 쉽게 용납하거나 용인할 때 더욱 자신 있게 행동한다. 따라서 이런 유형의 역기능적 행동은 SOB는 물론 피해자, 방관자들이 모두 함께 만드는 것이며, 이들 모두 유독한 권력 역학을 고착화하는 데 역할을 한다. 또 이런 유형의 사람들을 대할 때 우리는 개인적 관점과 조직적 관점을 모두 취할 수 있다. 이 과정을 설명하기 위해서 먼저 이런 문제에 직면한 한 임원의 사례를 들고자 한다.

SOB와 직면할 때 한 개인이 할 수 있는 것들

제인 하워드Jane Howard는 어찌할 바를 몰랐다. 그녀는 신경 쇠약에 걸릴 정도로 힘들었다. 극도의 만족감에서 깊은 고통에 이르기까지 인생 자체가 정말 급격하게 바뀌어왔다. 그녀는 처음에 일했던 의료기기 회사에서 일이 잘 진행되어 매우 기뻤다. 그녀는 공대 졸업 직후 공동 연구원에서 신제품 개발 부서의 책임자로 승진하면서 성공 가도를 달렸다. 그러나 지금은 이 모든 것이 먼 과거의 일이 되었다. 그녀의 상사가 은퇴를 하고 그 자리에 과거 엔지니어링 회사에서 근무했던 임원 존 프레스턴John Preston이 오면서 분위기가 완전 바뀌었다. 서류상으로, 존은 진짜 괜찮은 인재인 것으로 보였으나, 현실은 전혀 달랐다. 당연하게도, 그는 회사에서 주요 인물들과 잘 어울리는 것 같았지만, 부하 직원들을 대하는 방식은 전혀 달랐다. 존은 더 나은 결과를 얻기 위해 매우 폭력적이고 위협적인 리더십을 보였다. 그는 특히 압박을 받을 땐 폭군처럼 변했다. 사람들에게 소리를 지르고, 공개적으로 질책하고 비난까지 했다. 기분이 나쁘거나 불만족스러울 때는 분노 발작을 일으키고 짜증을 내는 경향이 있었다. 이런 행동은 부하 직원 중에 몇몇 사람들 앞에서만 나타났다. 상사나 고객들이 있을 땐 전혀 내색하지 않았다. 제인은 존이 가장 짜증과 발작을 일으키는 대상이었다. 존은 아무 이유 없이 그녀에게 탓을 했고, 늘 짓궂은 장난을 했으며, 그녀가 하는 모든 일을 감시했다. 최근 한 예를 들자면, 이사들이 방문하기 전에 존은 말 그대로 제인에게 "더 빨리 움직이세요!"라고 고함을 치며 미친 듯이 뛰어다녔다. 이사들이 방문한 뒤에 매우 좋은 피드백을 보내왔다. 그런데 제인의 노력은 쏙 빠지고 모든 공을 존이 가로챘다. 그는 제인의 기여에 대한 감사를 표하기는커녕 약간 무시하는 행동을 했다. 심지어 이 사실이 알려질까 봐 어떤 직원들과도 이사회의 의견을 공유하지 않았다. 이런 존의 행동은 너무 오랫동안 지속되었다. 멈출 기미가 전혀 보이지 않았다. 이제 존의 행동은 제인의 신체와 심리 건강에도 영향을 미치기 시작했다. 결국 그녀는 수면 장애를 앓았고, 공황 발작도 생겼다.

추가적으로 힘들었던 것은 존이 업무 책임, 마감 시한, 우선순위를 끊임없이 변경하는 습관이었다. 이에 제인이 했던 모든 일은 완수하기가 어려워졌다. 과연 그가 제인의 자존감과 자신감을 떨어뜨리려 한 것일까? 그녀의 가장 친한 몇몇 사람들은 부서 이동을 권했다. 실제로 제인 외의 많은 사람이 일을 그만두었다. 그녀의 부서는 존이 오기 전까지는 거의 사람이 바뀌지 않았던 곳이었다. 하지만 이제는 회사에서 이직률이 가장 높은 부서가 되었다.

그녀는 존과 대화하기 위해 계속 노력했다. 그의 행동이 자신은 물론 팀에게 어떠한 영향을 미쳤는지 깨닫게 하려 했지만 아무 소용이 없었다. 그는 그냥 들으려 하지 않았다. 문제는 그런 문제제기를 하면 오히려 역효과로 작용했다. 문제를 제기할 때마다 존은 제인을 더욱 힘들게 만들었다. 회사 내에서 제인의 말을 들어줄 사람이 없었다. 그런데 그런 존은 고위 간부들과 누구보다도 잘 지내는 사람이었다. 그는 회사의 고위 간부들과 좋은 관계를 맺고 있었고, 나름 성과도 많이 올렸다. 이에 그의 행동에 대한 어떤 비판도 받아들여지기 힘든 분위기였다. 분명한 것은 존이 다른 사람을 존중하거나 배려하는 모습이 완전히 결여되어 있다는 점이다. 그런 모습이 팀원들을 향한 위협, 교묘한 험담, 조작으로 나타났다. 그런데 오히려 이런 그의 방법이 조직의 성과를 올리는 요인이 되었다. 그게 가장 큰 문제였다. 그는 항상 자기 잇속만 차리는 목표들을 달성할 준비가 되어 있었다.

이런 유형의 행동이 조직 내에서 일어날 때, 최고 경영진은 보통 이런 일을 가장 늦게 알게 된다. SOB의 폭력적 행동은 어떠한 목격자도 없고 증거도 없는 닫힌 문 뒤에서 일어난다. 누군가가 SOB 임원들에게 책임을 추궁하면, 어떻게든 자신의 매력과 지킬 앤 하이드와 같은 본성을 활용하여 얼버무리곤 한다. 이런 사람들의 잘못을 잡아내기에 실질적인 증거를 찾기가 힘들다. 따라서 이들에게 대항하여 강력한 소송을 제기하기란 매우 어려운 일이다. 그렇다고 상황이 완전히 절망적인 것은 아니다.

제인은 SOB 상사에 대처하기 위해 무엇을 할 수 있을까? 분명, 첫 번째 단계는 어떤 일이 일어나고 있는지 인식하는 것이다. 존이 그녀에게 말하는 부정적인 것들을 액면 그대로 받아들이거나, 그대로 믿어서는 안 된다. 그녀는 기본 역동을 해독할 수 있어야 한다. 다시 말해, 그렇게 말하는 것이 그녀에 관한 게 아니라 그 자신에 대한 것일 수 있음을 명심해야 한다. 제인이 스스로에 대한 자신감을 잃지 않아야 하며, 자신이 무능하다고 믿지 않는 것이 중요하다. 좀 더 깊이 살펴보면, 존이 문제가 있는 사람이라는 것과 그가 그녀에게 투사하려는 문제들이 있음을 알아차릴 수 있다. 많은 사례에서 살펴보았듯이, 다른 사람을 향한 비판과 혐의는 SOB 스스로의 불안정, 단점, 실패, 무능함의 반영이다.

아무리 그렇다 할지라도 제인은 존이 자신에게 무슨 일을 하고 있는지 이해하고 해독하는 게 쉽지 않을 것이다. 여기에서는 임원 코치, 치료사, 경험 많은 친구, 심지어는 법률 전문가가 SOB의 불안정한 행동을 해독하는 데 일부 도움을 줄 수 있다. 이를 통해 존이 야기하는 스트레스를 해결할 수 있도록 도움을 줄 수 있다. 어떤 일이 벌어지든지 제인이 스스로를 보호하는 법을 배우는 것이 가장 중요하다. 또한 SOB의 가면 뒤에 숨은 성격 장애를 알아차리는 것이 중요하다. 게다가 SOB 임원들이 자신과 매우 다른 방식으로 생각하며, 매우 변화하기 어려운 사고방식을 지니고 있다는 사실을 받아들일 필요가 있다.

제인이 자신에게 해야 할 다음 질문은 '자신이 직접적 피해자가 아닐 때에도, SOB의 위법 행위를 신고할 준비가 되어 있는가?'이다. 예를 들어, 부서 내 다른 사람들이 SOB의 표적이라면, 그녀는 그들을 기꺼이 지원하겠는가? 아니면 학대가 일어나는 현장을 지켜보며, 그저 침묵하는 방관자로 남을 것인가?

SOB의 행동을 소송할 수 있는 한 가지 유용한 방법이 있다. 그것은 협박을 받은 사람이 발생한 일뿐만 아니라, 이런 사건이 어떻게 느껴졌는지 기록하는 일지를 작성하는 것이다. 각 사건 뒤에 일어난 일을 상세히 기록할 필요가 있다. 장소, 날짜, 시간, 관련자들까지 말이다. 그리고 무슨 말을 했는지, 어떤 일을 했는지도 상세히 기록해야 한다. 일지를 정확하게 하는 것이 중요하다. 이런 정보는 나중에 공식적인 절차를 취할 때 유용할 수 있다. 비록 쉽지는 않겠지만, 제인은 자신이 어떻게 행동하며 수행하는지 꼼꼼하게 적어야 하며, 일어난 일들 모두를 작성하려고 노력해야 한다. 게다가 일지를 작성하는 것은 그 자체로 매우 카타르시스적인 경험일 수 있다. 이는 제인 자신(피해자)의 문제가 아니며 존(가해자)의 문제임을 이해하도록 도울 수 있다. 일어나는 일에 대해 더 깊은 통찰력에 도달하기 위해서는 학대적인 행동의 빈도수, 규칙성, 패턴을 중심으로 곱씹고 기억하는 게 중요하다. 비록 SOB는 개별적인 사건들을 설명하는 데 매우 능통하지만, 일관적인 행동 패턴을 잘 해명하는 일은 쉽지 않을 것이다.

일지 쓰기를 시작하는 것 외에도, 제인은 자신에게 일어나는 모든 일을 기록해야 한다. 괴롭힘, 빈정거림, 냉대, 비판, 묵살 등 모든 일을 놓치지 말고 기록해야 한다. 혹시 존이 제인의 이의제기를 비판하거나 혐의를 부인할 때, 그녀는 서면 상으로 이를 입증하고 실질적인 증거를 제시해야 한다. 이메일이나 그 밖의 서신 형태로 악마 같은 행위가 일어나는 경우도 마찬가지다. 이에 대한 출력물을 보관하고, 메시지 파일을 만들어야 한다. SOB가 그녀의 동료들에게도 같은 방식으로 행동하는지 기록하는 것도 중요하다. 만일 존이 동료들에게도 파괴적인 행동을 보인다면, 그들에게도 SOB의 행동을 문서화하고 그의 못된 행동을 목격하거나 당한 것을 문서로 기록하도록 요청해야 한다. 존의 압박으로 후퇴, 고립, 무력함에 빠지지 말고, 동료들과 상호 지원 네트워크를 적극적으로 구축해야 한다. 여기서 중요한 것은 SOB들이 감언이설을 통해 네트워크에 있는 사람들을 속이고 조종할 수 있다는 사실을 잊지 말아야 한다.

제인이 소송을 걸거나 고위급 경영진에게 이를 보고하기로 결정한다면, 이번 사건이 단순히 그녀 개인의 사건이 아니라 기업 전체를 위한 것이라는 점을 확실히해야 한다. 이런 일을 진행할 때는 개인을 넘어 기업 사례를 말하는 것이 항상 더 효과적이다. 그녀는 조직에 목소리를 높이고, 이런 일들이 계속되도록 놓아두지 않게 하는 것이 자신의 임무라고 진술해야 한다. 그리고 피해를 입은 사람이 자신만이 아니며, SOB가 다른 직원들의 정신 상태도 위태롭게 하고 있다는 점을 명확하게 밝혀야 한다. 그뿐만 아니라 SOB를 계속해서 직원으로 두는 것이 얼마나 많은 비용을 초래하는지 설명해야 한다. 곧 존 때문에 얼마나 많은 사람이 회사를 떠났고, 결근일이 얼마나 많은 비용을 초래하며, 일에 얼마나 지장을 주고 있고, 생산성이 얼마나 떨어졌는지 등을 말이다. 그렇게 SOB를 거론할 때 개별적 사건 자체보다는 지속해서 행해지는 사건들의 패턴을 언급해야 한다.

하지만 제인이 회사의 인사과에 접근할 땐 신중의 신중을 기해야 한다. 존과 같은 SOB 임원들은 고위급에도 친구가 있는 경우가 많다. 따라서 보고할 때 매우 신중하게 해야 한다. 그녀는 HR 부서가 오히려 자신을 믿지 않을 것이며, 심지어는 상황의 현실을 거부할 것이라 예상해야 한다. SOB 임원들은 흔히 HR 부서의 충성심을 얻고 있는 경우가 많다. 이 부서의 사람들은 심지어 제인을 제거하고자 존의 계획에 합류했을 수 있다. 조직의 최고위층 사람들에게 접근할 때와 마찬가지로, HR 부서에 접근할 때에도 똑같은 외교술과 감각이 필요할 것이다.

"SOB의 기만, 무자비함, 교활함, 보복심을 절대 과소평가해서는 안 된다."

제인은 관리 대상이 될 수 있고, 정리해고를 당할 수 있다. 존을 밀고한 결과가 원하지 않는 방향으로 갈 수 있다. 따라서 이를 직면할 준비를 해야 한다. 또한 존이 모든 것을 부인하는 것에 대비해야 하며, 고위 경영진이 그녀를 믿지 않을 것을 예상하고 대비해야 한다. SOB의 기만, 무자비함, 교활함, 보복심을 절대 과소평가해서는 안 된다. 그는 이미 예전부터 그런 일을 반복적으로 겪고 있어서 상황을 모면하는 것이 그리 어렵지 않을 수 있다. 만일 고용주가 관여하는 것을 거부하거나 오히려 SOB의 말을 지지해 준다면, 제인은 회사의 CEO에게 SOB의 행태를 보고하는 서신을 작성하도록 변호사에게 요청할 수 있다. 또한 자신이 이런 용납할 수 없는 행동을 근거로 법적 소송을 준비하고 있다고 진술할 수 있다. 더불어 그런 행동이 계속되면 회사가 피해자가 입은 손해에 대해 법적으로 책임을 지게 될 것임을 명확히 해야 한다.

제인이 고위 경영진에게 문제의 심각성을 납득시키는 데 성공한다면, 자신의 이야기가 빙산의 일각일 수 있다고 덧붙일 수 있다. 존의 SOB 행동에 대한 추가적 폭로가 있을 수 있다고 말해야 한다. SOB가 이런 방식으로 노출되면 금융 횡령이나 재정적 무능함, 규정 위반, 행동 강령 위반, 안전 문제, 사기 저하, 민사 소송 등 문제들이 자주 밝혀진다. 일어난 일을 합리화하려는 시도도 확인해야 한다. SOB 행동은 단순히 부수적이거나 주의 환경과 맥락과 관련하여 일어나는 일이 아니다. 매우 체계적인 행동이다. 존의 경력을 제대로 조사한다면, 유사한 역기능적 행동을 세세하게 밝혀낼 수 있을 것이다.

제인은 존의 행동을 변화시키려는 자신의 노력이 매우 이상주의적 시도이고 결국 불행한 운명을 맞이할 것임을 깨달아야 한다. 진정한 행동 변화는 매우 어려운 것이다. 만일 가능하다 할지라도 매우 오랜 시간이 걸리는 작업이다. SOB가 회사에서 임원직을 차지하고 있을 때, 우리는 어마어마한 적들과 맞서게 된다. 우리는 SOB 자신이 문제가 있음을 받아들이고 자기식대로 행동하는 것을 통제할 수 없다. SOB는 부인, 투사, 합리화에 능하다. 사태가 악화되면, 제인은 SOB는 물론 고용주와도 길고 힘든 싸움 준비를 해야 할 수 있다.

제인이 정말 말도 할 수 없을 정도로 역경에 직면하게 되거나 SOB가 회사 CEO라면, 상황이 악화되기 전에 빠져 나와야 한다. 이런 상황에서 최선의 선택은 자신의 경력에 손실을 줄이고, 자존감을 보호할 수 있는 건강한 조직으로 이동하는 것이다. 우리의 삶은 오직 한 번밖에 없다는 사실을 명심해야 한다.

조직적 예방 조치

진입 전에

SOB 같은 행동을 예방할 수 있는 최선의 방법은 SOB가 조직으로 들어가기 전에 판별하는 것이다. 그들이 단단히 자리 잡으면, 제거하기가 정말 어렵다. 따라서 시작점부터 확실하게 살펴봐야 한다. 이력서에 거짓말이나 왜곡이 없는지 확실히 확인해야 하며, 다른 사람들이 지원자에 대해 하는 말들의 행간을 읽어야 한다. 더불어 매우 신중하게 교차 확인하고, 참고 자료도 추적 조사를 해봐야 한다. 여러 면접관들이 면접 대상자들에게 같은 질문을 하며 구조화된 행동 면접도 매우 유용할 수 있다. SOB는 면접관들이 정확하게 듣고 싶어 하는 내용을 말하는 경향이 있다. 따라서 면접관들의 수만큼 다른 이야기들이 나올 수 있다. 다양한 이야기들이 앞뒤가 맞지 않을 때에는 더 면밀히 살펴보아야 한다.

SOB는 자신에게 주어진 질문에 답을 하지 않는 것으로 악명이 높다. 이 사실도 명심해야 한다. 질문에 대한 정직한 대답을 할 수 없을 때, 이들은 거짓말을 하거나 에둘러 답을 할 것이다. 이들이 지원하는 자리에 대한 얄팍하고 피상적인 지식을 보여주는 것보다 거짓말을 더 자주 사용할 것이다. 이런 식으로 발언하는 것은 자신이 회사에 대한 깊은 지식이 부족하더라도 출세하는 데 도움을 줄 수 있기 때문이다. 고위급 면접관에게는 아첨하면서도 면접관 중에 하위 직급자들에게는 거들먹거리는 지원자는 경계 대상 목록에 포함해야 한다. 보통 이들은 정확하게 사이코패스 성향을 가진 유형의 사람들이다.

이런 면접을 수행할 때에는 '스스로를 도구로 활용하는 것'이 중요하며, 좀 더 직관적으로 자신의 반응에 주의를 기울여야 한다. 다시 말해, 특정한 사람이 당신에게 어떤 느낌을 주는지, 그 사람이 어떤 유형의 사고 패턴을 이끌어내는지 말이다.[120] 예를 들어, 무언가 좋은 않은 '느낌'이 든다면, 의심해봐야 할 것이다. 자신에게 아첨한다는 생각이 들면 조심해야 한다. 면접 대상자가 한 발 앞서 면접을 주도하려 든다면, 이에 말려들지 않게 주의해야 한다. 왜냐하면 방향을 잃게 될 수 있기 때문이다. 누군가 당신에게 불편하거나 경계하게 하는 느낌을 준다면, 당신은 무서운 저의를 알아차렸을 수 있다. 면접 지원자가 신세타령으로 당신을 압도하려 한다면, 마음속에서 올라오는 동정심을 찍어 눌러야 한다. 감정이입은 때때로 실제 어떤 일이 벌어지는지 눈을 가리고 귀를 막는 행위가 된다. 무엇보다도, 그 사람이 당신에게 어떤 말을 하든 적당하게 회의적 태도를 유지해야 한다. 눈가리개와 귀마개를 쓰고 있어서는 안 된다.

스스로를 도구로서 사용하는 것은 치료적 기술이다. 이 기술은 모든 사람에게 해당되는 것은 아니다. 그러니 너무 무리하지 말고, 다른 도구를 사용하는 것이 더 좋다. 예를 들어, 심리측정 검사는 SOB가 권력과 영향력 있는 지위로 올라갈 확률을 낮춰줄 수 있다. 물론, 검사 자체가 완벽하다고 볼 수도 없다. SOB 임원들은 한 수 앞서 이런 검사를 충분히 파악하고 있을 수 있기 때문이다. 그런데도 이런 검사는 SOB를 가려내는 데 일정 부분 도움을 줄 수 있다.

이처럼 많은 심사 절차는 대부분의 조직에겐 너무 번거로울 것이다. SOB 임원들을 제거할 수 있는 해결책은 모든 수준에서 다양성, 성찰, 개방성을 촉진시키는 리더십 유형, 조직 구조, 체계, 문화를 형성하는 것이다. 그러면 SOB 임원들은 성공 가도를 달리기 어려울 것이다.[121] 건강한 리더십과 조직 문화는 SOB 임원들의 생존에 큰 영향을 미친다.

조직 문화와 리더십의 역할

짐Jim은 항상 자신이 대단한 가치와 가치 있는 사명을 지닌 조직의 일원이라고 느꼈다. 단지 립서비스만이 아니라, 실제로 조직 자체가 건강함을 지향하고 있었다. 회사 리더십은 정말 건강했고, 이들을 통해 만들어지는 회사 문화가 모든 수준에서 만족할 정도였다. 그런데 1년 전, 이 지역의 새로운 그룹 부사장 닐Neil이 합류했다. 그 이후 모든 게 바뀌었다. 한때는 매우 지지가 되고 배려가 넘치는 조직 문화가 점차 '생존경쟁의 굴레Darwinian soup' 속에 매몰되었다. 한때 팀 지향적인 조직이 극단적으로 개인지향주의에 매몰된 조직으로 바뀌었다. 청렴함과 동정심이 주를 이뤘던 직장은 자기 잇속만 차리는 지옥이 되어버렸다. 직원들의 사기가 급격히 떨어졌고, 누구도 행복해 보이지 않았다. 실제로 웃는 사람을 보지 못했다.

사람들은 서로를 염탐하기 시작했고, 서로를 밀고했다. 일이 잘못되었을 때 서로 손가락질을 하고, 단지 필요한 목표를 위해 위험한 지름길을 택하기 시작했다. 상황을 해결하지 못한 사람들은 다른 지역으로 이전을 요청하거나 그만 두었다. 많은 사람이 고개를 숙이고 폭력적인 분위기를 받아들였다. 그러나 어려운 취업 시장과 급여의 필요성 때문에 이들은 그만두지 못했다. 한때는 회사에서 강력하게 지지해주는 기능을 했던 HR 부서는 무력화된 지 오래였다. 그리고 더는 실질적인 역할을 하지 못했다. 닐이 보낸 신호는 매우 명확했다. 불평하지 말라는 것이었다. 이를 받아들이거나 싫으면 떠나라는 것이었다. 얼마 지나지 않아 대부분 사람들은 닐의 결정과 실천에 의문을 제기하면 대가를 치러야 한다는 것을 깨달았다. 이에 항의했던 사람들은 무시를 당하거나 침묵할 수밖에 없었다. 조직에서 유일하게 중요하게 여기는 것은 수익을 내는 것이었다.

닐의 신조는 위험 감수, 공격적 성장, 기업가적 창의성의 가치를 강조하는 것으로 구성되었다. 서류상으로 이런 가치는 대단해 보였지만, 실제로는 개방성과 신뢰성으로 이뤄진 기존 문화를 파괴하고 단절시켰다. 닐은 회사와 직원들보다는 자신의 이득에 더 많은 신경을 썼다. 대부분 사람들은 닐이 손익계산만을 문제 삼으며, 그 뒤에 숨은 의미와 윤리엔 거의 관심을 보이지 않았음을 깨달았다. 점차 닐과 측근들의 행동은 조직으로 깊이 침투하여 복잡한 일탈의 체계로 이어졌다.

짐은 기업의 최고 경영진이 왜 이런 행동을 용납했는지 이해할 수 없었다. 그가 할 수 있는 유일한 설명은 닐이 보인 재정적 성과가 경영진으로 하여금 아무 말도 못하게 만들었다는 것이었다. 실제로 회사 자체가 일하기 너무 훌륭한 장소에서 극한의 위험을 감수하고 스릴을 추구하는 자들의 아지트로 완전히 바뀌었다. 이 때문에 닐과 임원들이 수익을 얻기 위해 비윤리적이며 위험한 관행에 어느 정도까지 관여했는지 의문이 들었다. 이런 상황에서 짐은 자신이 무엇을 해야 할지 고심했다. 그는 단지 일어나고 있던 일을 받아들여야 할까? 아니면 본사 관계자들을 활용하여 그 지역의 인상적인 단기 수익성이 장기적으로는 매우 위험할 수 있다는 신호를 보내야 할까?

나는 조직 문화가 매우 중요하다고 생각한다. 그 문화가 용인될 수 있는 행동과 용인될 수 없는 행동을 구분하고 결정하는 데 큰 영향을 미치기 때문이다. 안타깝게도, 어떤 조직은 부적절한 행동과 태도를 장려하는 문화를 갖고 있다. 심지어 고위 경영진은 비윤리적으로 일하는 방식을 용납하거나 심지어는 이를 영속화한다. 이런 업무 환경에서 조직 내 많은 사람은 SOB

와 같은 행동을 정상이라고 생각하거나 용납할 수 있는 것으로 여길 수 있다. 어떤 사람들(특히 리더십 직위에 있는 사람들)은 부적절한 행동을 못 본 척 하거나, 단순히 임원들 사이의 성격 충돌로 간주할 수 있다. 조직 문화 관점에서 볼 때, 겁먹게 만들거나 굴욕감을 주거나 하찮게 여기거나 비하하는 행동 또는 언어는 역기능적 조직 행동을 증가시킬 수 있다. 그 밖의 부정적인 행동에는 악의적 성격의 험담, 소문을 퍼뜨리거나 빈정대는 행동, 정당하지 않은 비판, 의견을 업신여기는 행위, 일부 사람들을 고립시키는 행위가 포함된다. 부적절한 관리 방법에는 맞추기 어려운 시간대를 정하는 것, 계속해서 마감 시간을 변경하는 것, 정보와 자원에 대한 사람들의 접근을 거부하는 것, 직장의 지원 혜택을 불공정하게 배분하는 것 등이 포함된다. 이런 문화적 태도와 관행은 공포와 위협의 분위기를 조성하며, 사람들이 목소리를 낼 수 없게 만들 것이다. 안타깝게도, 이것이 정확히 닐과 같은 SOB들이 성공하는 문화 유형이다. 이런 문화는 이들이 하지 말아야 하는 행동까지도 교묘하게 모면할 수 있게 해준다.

SOB 행동을 없애는 문화를 조성하기 위해서는 고위급 임원부터 시작해야 한다. 최고 경영진은 좋은 역할 모델로서 행동해야 하며, 위반 행위들을 무시해서는 안 된다. 오히려 이들은 이런 행동을 제재가 따르는 중대한 위법 행위로 간주해야 한다. 또한 조직 문화 자체를 사람들이 마음을 터놓고 이야기할 수 있는 개방성과 상호 존중의 장으로 조성하는 게 중요하다.

> "연례 보고서에서 고결한 선언을 하는 것은 큰 가치가 없다."

조직의 리더십은 상호 존중의 문화를 갖추는 것이 단순히 의례적인 일이 아님을 확실히 해야 한다. 최고 경영진이 할 일은 각각의 조직 참여자들을 중시하는 업무 환경을 구축하는 것이다. 연례 보고서에서 고결한 선언을 하는 것은 큰 가치가 없다. 중요한 것은 현실에서 벌어지는 일이다. 가치가 철저히 내재화되어야 한다. 적절한 행동의 수칙들은 매우 명확하게 명시되고 집행되어야 한다. 용인 가능한 리더십 유형이 무엇인지 지속적인 논의도 필요하다. 조직 내 모든 사람에게 용납할 수 없는 행동을 했을 때는 그에 적절한 제재가 들어갈 것이라는 점을 명확히 해야 한다.

견고한 팀워크를 갖춘 조직들은 SOB 영향에 어느 정도 면역력을 조성하고 있다. 팀워크 자체가 SOB와 상반되며, 그들이 가진 협력 문화는 SOB를 멀리하는 데 도움이 된다. 또한 그런 조직은 명백하게 핵심 성과 지표들을 제대로 배치하고, 사람들이 자신의 행동에 책임질 수 있게 한다. 이는 책임을 회피하는 미끼 전략을 주로 사용하는 SOB가 살아남지 못하게 할 것이다. 괴롭힘 예방 훈련 프로그램을 포함해 괴롭힘 행동을 명확히 거부하는 조직의 정책은 SOB를 단념시킬 뿐 아니라 직원들이 SOB를 식별하고 대처할 수 있게 한다. 위의 훈련 프로그램에는 조직 사이코패스의 기질과 성격이 어떠한지, 직원들과 조직 통제 시스템을 어떻게 조작하는지, 왜 이들의 행동이 자주 선하거나 창조적인 리더십과 혼동되는지 등에 대한 논의가 포함된다. 퇴직자 면담도 중요한 정보를 제공할 수 있다. 재능 있는 많은 직원이 SOB 행동 때문에 많이 그만둔다. 퇴직자 면담은 이런 문제들을 밝혀줄 수 있는 기회이자 통로이다.

조직에 들어가게 된 SOB들을 제거하기 위해서는 평사원들이 동료와 상사들에게 거침없이 비판과 조언을 할 수 있는 문화가 되어야 한다. 많은 SOB가 자신의 상사 앞에선 제멋대로 굴지 않는다. 이에 리더들은 부적절한 행동을 가려내기 위해 동료들 또는 부하직원들에게 피드백을 수집하는 게 중요하다. 절차와 과정을 만들어 직원들이 우려를 제기하고 항의할 통로를 만들어야 한다. 여러 사람의 피드백이 당연한 일이 되는 문화에서는 이런 절차를 진행하기가 훨씬 수월하다. 피드백 시스템은 사이코패스 임원의 존재를 알리고, 더 심각한 결과를 낳기 전에 역기능적인 행동을 감지하기 좋은 방법이다. SOB는 흔히 고위급 인사에 포함되기 때문에 조직은 경력 초기 단계에서 부조화에 대한 경계를 늦춰서는 안 된다. 또한 이전 및 현재 동료들과의 엄격한 교차 확인을 반드시 수행해야 한다.

후배 직원들이 어떻게 생각하는지와 동료와 상사가 어떻게 지각하는지 사이에 확연한 차이가 있다면, 경고 신호를 울려야 한다. 하급 직원들은 흔히 SOB의 사이코패스 행동을 받는 쪽이 되며, 보통 고위 경영진보다 문제를 훨씬 더 빨리 발견한다. 예를 들어, 조직은 고충 처리 담당자의 존재, 익명의 제보 전화, 구체적인 내부 고발자 규정 등 부적절한 행동에 대한 신호를 보낼 수 있는 의사소통 수단을 명확하게 갖추어야 한다. 무언가 잘못되었다는 직접적인 지표는 특정 프로젝트 그룹에서 좋은 사람들의 퇴직률이 높아지는 것이다. 이는 그 부분을 더 자세히 들여다 볼 필요가 있음을 암시한다. 또 다른 분명한 신호는 HR에서 접수한 불만 사항들이다.

개인적 변화: 승산 없는 싸움?

지금까지 SOB를 어떻게 식별하고 제거하는지 집중했다. 그러나 이는 이런 사람들이 변할 수 있도록 어떠한 조치를 취할 수 있는지에 대한 의문을 제기한다. 안타깝게도 대부분의 경우, 사이코패스적 성격은 바꾸기 어렵다. '중증' 사이코패스들은 변화에 영향을 받지 않는다. 이들은 고통스럽거나 괴로운 심리적, 정신적 문제들을 해결할 수 있는 방안을 찾고 싶어 하지도 않는다.[122] 대부분의 경우, 사이코패스들은 자신이 어떠한 심리적 또는 정서적 문제가 있음을 전혀 모른다. 이들은 자기 자신과 내적 모습에 꽤 만족하며, 변화할 필요가 없다고 여긴다. 이들은 스스로가 다른 사람보다 더 우월하다고 여기며, 규제적인 사회 규범을 훨씬 능가한다고 여긴다.

"사이코패스들에게 개입하는 것은 거의 효과가 없다."

사이코패스는 동정심, 죄책감, 회한을 본래적으로 발달시킬 수 없다. 이에 치료사나 코치의 어떤 개입도 효과가 없다. 이들이 자신의 반사회적 충동을 억제할 수 있는 경우가 있다. 그것은 이들의 양심이 작동하는 게 아니라, 그렇게 하는 것이 자기 목적에 부합하기 때문일 것이다. 실제로 사이코패스들에게 개입하는 것은 거의 효과가 없다. 정신 건강 전문가들은 임상적 사이코패스 성격 장애에 대해 치료가 불가능하다고 여긴다. 그리하여 사이코패스들은 자신들의 증상이 일시적으로 개선되었음을 주장한다. 이는 치료사나 코치로부터 '좋은 보고서'를 얻기 위함이다. 그렇게 일단 좋은 보고서를 받게 되면, 다시 평상시처럼 직장으로 돌아가게 된다. 스펙트럼 반대쪽 끝에 있는 SOB들은 이들보다 돌아와 일하게 될 확률이 더 높다.

개인적 변화를 위한 코칭

대형 소비자 제품 회사의 CEO 테드Ted는 젊은 고위급 간부 데이비드David에 대해 우려했다. 데이비드는 늘 사람들을 불쾌하게 만드는 재주가 있었다. 이에 그는 데이비드에게 태도를 개선하라고 말했다. 그렇지 않으면 회사는 그에게 장기적 미래를 제공하지 않을 것이라고 선언했다. 덧붙여 그의 행동 개선을 위해 임원 코치에게 코칭을 받아볼 것을 조언했다. 데이비드는 이런 조언을 받아들이는 것 같았다. 데이비드를 코칭하기 위해 로버트Robert 코치가 붙었다. 그는 테드가 설명해준대로 회사 내에 데이비드에 대한 불만이 많다는 것을 발견했다. 과장된 자만심, 사회의 규칙들이 자신에게는 적용되지 않는다는 믿음, 일이 잘못되었을 때 다른 사람에게 책임을 전가하는 경향, 자신의 행동에 대한 책임이나 비난을 받아들이지 않는 태도, 영구적으로 부인하는 상태, 선택적인 기억, 신뢰할 수 없으면 위반하는 행위, 과도한 경쟁심, 팀에서 협력하지 못하는 경향이 바로 그것이다. 이와 더불어 테드는 데이비드가 매우 매력적으로 보여질 수 있음도 인정했다.

로버트는 데이비드의 사례가 매우 어려울 수 있다고 보았지만, 결국 이 사례를 맡기로 했다. 비록 미리 알고 있었지만, 첫 번째 상담에서 좋은 성과를 내지 못했다. 듣던 대로 데이비드는 매력이 넘쳤고, 회피하는 경향이 있었다. 이에 로버트는 자신이 의도한 질문에 대한 대답을 얻지 못했다. 돌파구 마련을 위해 데이비드에게 '360도 다중 피드백'을 할 것을 제안했다. 이 피드백에는 가족, 친구, 동료 등의 피드백도 포함되었다. 그렇게 제공된 피드백은 데이비드의 문제에 대한 테드의 견해를 다시 한 번 확인해주었고, 다음 코칭 세션을 준비할 수 있게 해주었다. 로버트는 데이비드에게 피드백을 스스로 해석해 보게 했고, 이는 일종의 '심리학적 씨름psychological judo'이었다. 그는 내담자와의 언쟁이나 정면대결을 피해야 했다. 이런 언쟁은 그에게 아무런 성과를 가져다주지 않을 것이다.

그가 본래 추구하고 싶은 주제는 데이비드를 직장이나 사생활에서 어떻게 하면 더 행복하게 만들 수 있을까 하는 것이었다. 그런데 피드백에서 드러난 사실은 이 주제를 다룰 수 없게 만들었다. 현재 자신의 행동과 더 넓은 목표 사이의 불일치가 일어나는 것을 명확하게 데이비드의 마음속에 보여주는 것이 중요했다. 그것이 변화의 동기를 만들 수 있기 때문이었다. 로버트는 데이비드의 상호작용 스타일이 인생 초기 단계에서 효과적일 수 있지만, 현재의 단계에서 비효율적이라고 설명했다. 무언가 변화가 필요했다. 비록 로버트는 데이비드라는 어마어마한 내담자를 마주하였지만, 점차 둘 사이의 상호작용이 효과를 보이기 시작했다. 데이비드는 피상적인 변화 그 이상을 이룬 것 같았다. 많은 역경을 겪겠지만, 로버트는 데이비드를 감동시킬 수 있는 것 같았다. 이는 데이비드가 과거에 역기능적 행동을 했더라도 그의 리더십 평판이 완전히 파괴되지 않게 도움을 주었다. 회사 내 동료들도 그가 이룬 진전을 높이 평가하며, 기꺼이 그의 말을 믿어주려 하였다. 그는 큰 진전을 보였기 때문에 테드는 데이비드에게 회사의 아시아 확장을 지휘하는 임무를 부여하였다. 이에 데이비드는 과거의 역기능적 행동으로 돌아갈 것을 두려워하며, 로버트와 정기적으로 면담을 계속했다.

그렇지만 데이비드 사례는 규칙이 아닌 예외로 여겨져야 한다. 그는 '아류' 사이코패스였다. 그래서 일부 변화는 가능했다. 이런 유형의 SOB 사이에서 우리는 인생 초기에 자신만의 규칙에 따라 놀이하는 법을 학습하여 대담하며 모험심이 강하면서 관습에 얽매이지 않는 사람들을 발견한다. 그들은 유혹에 저항하지 못하고 자주 곤경에 처하는 사람들이다. 이들은 자신과 같은 사람들이 코칭 개입으로 변화가 일어나는 것을 본다면, 코칭이나 상담을 받아보라고 설득될 수 있다. 그들은 치료사나 코치를 통해 무언가를 얻을 수 있다는 희망을 얻을 것이다. 하지만 이런 사람들의 행동 패턴을 변화시키는 것은 쉽지 않을 것이다.

일반적으로 SOB 임원들이 치료받으려 할 때, 치료사나 코치와의 관계는 보통 두 가지 형태 중 하나를 취한다. SOB 임원은 자신이 코칭 받도록 '강제한' 사람들에게 대항할 수 있는 협력자로 치료사/코치를 활용하거나, 치료사/코치에게 다른 유형의 이익(대개 법률적 성격의 이익)을 얻기 위해 어떻게든 깊은 인상을 주려 할 것이다.

어떤 형태든 대부분의 치료사와 코치들은 이런 사람들과 함께하는 것이 극도로 짜증스러우며 좌절감을 느낀다. SOB 임원들은 치료사나 리더십 코치들과 함께 능수능란한 심리 게임을 한다. 이들은 항상 자신의 행동에 대한 새로운 변명거리를 찾으며, 다른 사람의 취약점을 새롭게 찾아내려 한다. 이런 개입에서 멈출 경우 대체로 이들이 다른 사람들을 더 효과적으로 조종할 수 있게 도움만 줄 뿐이다. SOB 임원들은 치료/코칭 문헌을 적극적으로 읽을 것이다. 그리고 어떻게든 자신이 하는 행동을 합리화하기 위해 치료/코칭 언어를 습득하려 할 것이다. 어떤 사람들은 치료사나 코치의 희망 사항을 반영하여 보여줄 것이며, 자신의 잘못을 뉘우쳤다고 주장할 것이다. 이들은 회한의 모습을 보여주며, 자신의 말과 행동을 통해 스스로 반박하는 행동을 보일 수 있다. 또 어떤 사례에선 자신들을 도우려 하는 사람들에게 등을 돌리는 것도 흔히 볼 수 있다. 이런 맥락에서 볼 때, 어떤 형태든 치료 관계가 구축된다면, 이는 항상 매우 취약한 관계로 남게 될 것이다.

나는 고위 리더십 직위에 있는 SOB 임원들이 조직 구성을 상당히 바꿀 수 있다고 말했다. 이들은 역기능적이며 사람을 쇠약하게 만드는 행동을 한다. 이는 조직에 암처럼 스며들 수 있다. 금융 부문 사례에서 우리는 비교적 소수 SOB들의 부도덕한 행동이 조직의 효과성, 산업의 수익성, 경제성과, 사회번영에 어떻게 대재앙을 일으킬 수 있는지 보았다. 이들의 권력이 더 크면 클수록 권력 남용은 더 위험해진다.

　조직에서 SOB의 존재를 식별하기 위해 조직적, 개인적 분석을 할 때 오로지 인지적-이성적 접근법만을 적용하는 데서 벗어나야 한다. 그리고 좀 더 임상적인 접근법으로 나아갈 필요가 있다. 정신역동-시스템적 관점을 취한다면, 조직 효과에 장애가 되는 무의식적인 정서-심리 역동에 대한 통찰력을 제공하여, 개개인의 병리학의 부정적 영향을 감소시키는 중재를 형성해줄 수 있다. 임상 패러다임은 현재 어떤 일이 벌어지는지에 대한 도리언 그레이Dorian Gray와 같은 초상을 수면 위로 끌어 올려준다. 이런 지식을 능숙하게 적용한다면, 상황이 실제로 어떻게 돌아가는지를 보여줄 것이다. 또 일부 사람들이 다른 사람들에게 끼칠 수 있는 피해를 폭로하여 보여줄 것이다. 사람들의 정신 건강을 유지하는 일이 모든 조직에서 핵심 가치가 되어야 한다. 그래야만 SOB 행동에 대한 무관용 정책은 어떤 조직에도 적용될 것이다. 알카포네Al Capone는 한때, "착한 말 한마디로만 얻을 수 있는 것보다, 착한 말 한마디와 총으로 더 많은 것을 얻을 수 있다."라고 말했다. 이 말은 조직의 리더들이 SOB의 실체를 이해해야 하는 이유를 잘 드러내준다.

6장
왜 코칭인가?

당신은 누구에게든 무엇을 가르칠 수 없다.
오직 그가 자신 안에 있는 것을 발견하게끔 돕는 것뿐이다.
– 갈릴레오 갈릴레이Galileo Galilei

가장 위험한 일은 목표를 너무 높게 잡아 그것에 도달하지 못하는 것이 아니라,
목표를 너무 낮게 잡아 이에 간단하게 도달해 버리는 것이다.
–미켈란젤로Michelangelo

마음속 내면 극장의 이야기 구성이 고정되어 연기자가 아무 말도 못해도
그 어떤 조치도 취하지 않으며 마음의 벽을 망치로 허물어 주길 원한다면,
이런 사람들은 사르트르의 말에 귀 기울일 필요가 있다.
"당신의 등장인물들이 살아있길 바란다면, 그들을 자유롭게 하라!"
–조이스 맥두걸Joyce McDougall

이 장에서는 코치-되기 여정을 이해하고 그룹 코칭하는 방법을 배우려는 사람들이 부딪치게 될 난제를 설명하려 한다. 나는 이와 관련한 개입과 쟁점을 탐구하기 위해 사례들을 활용하겠다. 제시하는 사례는 코치들이 코칭 현장에서 어떤 어려움을 겪게 될지 보여 준다. 먼저 그룹 코치가 되려는 사

람의 내적 여정을 탐구하고 리더십 그룹 코칭에 대한 코치의 성찰을 언급한다. 또 그룹 코칭의 효과를 만드는 요인이 무엇인지 살펴보고, 개별 참가자들에게 적용할 수 있는 역동적 과정을 탐구한다. 더 나아가 그룹을 다양성이 아니라 하나로 뭉뚱그려 보는 것이 코칭하는 데 과연 좋을지 논쟁적인 이야기도 하고자 한다.

코치의 여정

피터는 수퍼바이저 없이 그룹 코칭 세션을 진행해달라고 요청받았다. 혼자서 그룹 세션을 진행하기는 처음이었다. 사실 이런 기회를 고대하고 있었지만, 막상 세션을 앞두고는 불안감에 쌓였다. 기대감과 불안감 사이를 오가는 자신의 감정에 아이러니를 느끼면서 그룹 코칭을 준비하게 되었다. 일대일 코칭과 그룹 코칭은 매우 달랐다. 피터는 그룹 코칭에 대해 알지 못해 두려움을 느꼈다. 알지 못하는 영역에 대해 두려움을 느끼는 것은 호모사피엔스의 특징이다. 피터는 다른 사람들보다 어떤 일을 하든 좀 더 많이 염려하는 성격이다.

피터는 세션을 앞두고 두려움을 느꼈다. 낯선 일을 할 때, 뜨겁게 달아오른 석탄 위를 걷는 것처럼 힘들었다. 그런데도 이를 외면하지 않고, 석탄 위를 걸을 때 느끼는 감정을 직면했다. 자신이 타는 불꽃을 볼 때 어떤 느낌을 받았고, 긴장감에 뛰는 심장 박동을 늦추고자 어떻게 숨을 깊이 들이마시고 내뱉었는지 떠올렸다. 또한 불이 붙어 빨갛게 불타는 석탄 위로 올라설 준비를 어떻게 했는지 생생히 기억해냈다. 그렇게 첫 발을 떼었다. 물론, 첫

발을 떼는 것이 너무 무서웠지만, 일단 한 걸음을 내딛자마자 아무렇지도 않게 걸어 가게 되었다. 놀라운 것은 화상을 전혀 입지 않았다는 사실이다. 나중에 알게 된 사실은 벌겋게 타는 석탄의 열은 전달이 매우 느리기에 화상을 입지 않는다. 그의 발은 화상을 입을 만큼 오랫동안 석탄과 맞닿아 있지 않았던 것이다. 그는 화상을 입지 않을 것이라는 말을 믿고 한 걸음을 내딛었고, 이는 성공이라는 보상으로 돌아왔다.

피터는 홀로 세션에 참여한다는 것이 또 다른 불꽃 길을 걷는 것이라는 사실을 깨달았다. 또 다른 불꽃 길 앞에서 그는 불안과 흥분과 호기심과 기대감을 느꼈다. 이런 마음가짐으로 코칭을 진행할 때 이것은 인생에 한 획을 긋는 사건이 될 것이며, 새로운 세계로 나아가는 첫걸음이 될 것이다.

코치-되기

피터는 코칭을 처음 배울 때부터 매우 열정적인 모습을 보였다. 그는 경영진으로 여러 가지 코칭을 경험해보았고, 코칭에서 얻는 통찰력이 매우 유용하다는 것을 알고 있었다. 또한 코칭은 회사 생활과 개인 삶을 좀 더 효과적으로 운영할 수 있도록 돕는 수단이라는 점도 분명하다. 과연 사람들의 역량을 최대한 끌어내주는 데 코칭 말고 더 좋은 방법이 있을까? 사람들이 자기 삶의 질을 한 단계 끌어 올릴 수 있는 결정을 지원하는 사람이 코치이다. 피터는 사람들이 지금보다 더 나은 사람이 될 수 있다는 자각을 갖게 하는 데 보람을 느꼈다.

하지만 피터는 극복해야 할 장애물이 있다. 다른 사람에게 효과적인 코칭을 제공하려면 자기 자신이 가진 몇 가지 문제를 해결해야 한다. 그는 자기 삶이 건강한 균형을 갖도록 조정해야 했다. 그동안 살아오면서 삶의 궤도에서 벗어난 순간들이 여러 번 있었다. 또 가까운 지인들과의 관계에도 공을 들여 점검할 필요가 있다. 이를 위해 시급히 감정적 자제력을 개선해야 한다.

두려움, 불안, 불확실성 극복은 피터가 평생 도전해 온 과제이다. 우리는 스스로 자기 불행을 창작하는 작가이다. 그는 새로운 경력을 시작하기 전에 자신이 왜 코치가 되고 싶은지 좀 더 명확히 점검해야 한다. 이를 위해 피터는 자신에게 몇 가지 질문을 던졌다.

자기 존재 상태 점검하기

리더십 코치가 되려는 욕망은 어디서 기인했을까? 왜 그것이 자신을 흥분시키는가? 자기 자신을 도우려는 것인가 아니면 정말 타인을 돕기 위한 것인가? 아니면 둘 다인가? 코치 되기는 다른 사람들을 대할 때 자기의 에고ego를 내려놓는 걸 감수해야 효과가 있다. 과연 자신이 그렇게 할 수 있을까? 자기 세계를 놓아두고 타인의 세계로 정말 들어갈 수 있을까? 상대방이 자기에게 충분히 공감받을 수 있을까? 그는 자신이 열거한 모든 질문에 "그렇다."라고 대답할 수 있다면 코치 역할을 진정으로 수행할 수 있다는 걸 알았다.

피터는 지금껏 몰랐던 자신에 대해 새로운 발견을 위해 특별히 준비가 필요하다는 사실을 깨달았다. 새로이 마주해야 할 점은 맹점blind spots에 대한 알아차림이다. 그렇다고 맹점을 안다는 것이 과연 좋은 것인가? 그 맹점에는 자기 문제가 포함되어 있다. 지금까지 숨겨 왔던 또 다른 자기가 드러난다면, 과연 이를 받아들일 수 있는가? 갈등, 소망, 욕망, 두려움, 편견, 맹점들을 지금보다 더 알게 되면, 모르고 있는 것보다 자신의 성숙과 성장을 위해 도움이 되는 것은 분명하다. 모르던 자신을 새롭게 알게 되면, 자신의 편견으로 다른 사람을 판단하는 실수를 예방할 수 있다. 자기이해self-understanding에 도달하는 것은 결코 쉬운 일이 아니지만, 이는 분명 흥미로운 여정이다. 만일 이 여정을 성공적으로 마무리한다면, 고객들과 끊임없이 배움의 대화learning dialogue를 나누며 코칭 작업을 꾸준히 이어갈 수 있을 것이다.

물론 이를 위해서는 관점/전망을 공유하고자 하는 상호 의지mutual willingness가 필요하다. 상대방 말에 진정으로 귀 기울이는 능력이 있어야 한다. 새로운 생각에 개방적인 태도를 가져야 한다. 코칭 대화와 결과에 공동으로 책임을 져야 한다. 사실 코치-되기 여정은 개인적 탁월성personal excellence을 갈고 닦으며 일생 동안 해나가야 할 과제이다. 피터는 리더십 코치가 되고자 했던 것이 자기인식을 높이고 싶은 동기에서 시작되었다는 사실을 깨달았다.

"코칭 여정은 개인적 탁월성을 평생 추구하는 것이다"

피터는 자신이 직관적이며 타인에 대해 무언가를 감지하는 데 다른 사람들보다 탁월하다는 것을 알고 있었다. 그는 아주 오래 전부터 자신이 가진 재능과 타인을 알고 싶어 하는 호기심을 결합시켰다. 그는 타인의 감정을 공감하는 데 능숙했고 항상 자신이 만난 사람들을 더 잘 이해하는 데 관심이 있었다. 다른 사람의 감정도 잘 느꼈다. 피터는 자신이 다른 사람들의 말뿐만 아니라 적어도 말하지 않는 것도 잘 들을 수 있는 능력이 있다는 사실을 알았다. 그는 자연스럽게 제3의 귀로 듣고 단어 뒤에 있는 텍스트를 해독할 수 있었다. 그는 언제나 얼굴 표정, 신체 언어, 목소리 톤, 감정 표현에 주의를 기울였다.

아마도 상대방의 입장에 서게 되는 피터의 능력이 이 같은 내적 대화를 가능하게 하는 이유가 되었을 것이다. 이는 다른 사람들이 자신에게 어떠한 행동을 하고 있는지 더 잘 이해하는 그 자신만의 방식이다. 그는 자신을 도구로 사용하는 방법을 안다.[123] 상대에 대해 어떤 감정을 느끼는지 스스로 알고 있었고, 왜 그 감정을 느꼈는지도 이해하고 있었으며, 그 감정이 상대에게 어떤 영향을 미치는 잘 알고 있었다. 그뿐만 아니라 상대가 자신을 어떻게 인식하는지도 매우 잘 알아차렸다. 이런 기술은 그가 타인과 신뢰감을 쌓고 상호 협조적 인간관계를 구축하는 데 큰 도움이 된다. 이는 효과적인 코칭 관계를 위한 필수 조건이었기 때문에 매우 중요한 기술이다.

피터는 코칭이 자신과 다른 사람들을 훨씬 더 깊게 연결하는 데 도움을 준다는 사실을 깨달았다. 코치-되기 여정에서 그는 내적 변화와 성장을 이뤄냈다. 이 여정은 자기 자신을 더 잘 이해할 수 있도록 도와주었고 다른 사람들과 효과적으로 관계 맺는 법을 가르쳐주었다. 자신만의 개성과 문제를 지닌 다양한 사람들과 접촉하는 경험은 그가 더 배우고 자랄 수 있게 도와주었다. 가장 중요한 점은 이 여정 자체가 굉장히 기분 좋은 경험이라는 점이다.

피터가 코치로 성장하며 배웠던 것 가운데 하나는 매일 자기평가self-evaluation와 자기성찰self-reflection 시간을 갖는 것이다. 그는 코치는 물론 타인을 돕는 직업을 가진 사람들이 성찰을 통해 성장할 수 있다고 굳게 믿었다. 실제로 우리 모두는 이런 성찰 과정에서 유익을 얻을 수 있다. 하지만 우리에게 주어진 날들은 한정되어 있다. 특별히 구체적인 어떤 날이 가치 있다는 것을 무엇으로 판단할 수 있겠는가? 피터는 다른 사람들과 희망과 가능성에 대해 대화하며 서로 깊게 돌보게 되면, 이를 알 수 있다는 사실을 배웠다. 피터는 다른 사람의 강점을 알아내고 이를 상대방에게서 끌어 내는 데 아주 능숙했다. 그의 삶의 궤적을 살펴보면 이런 능력은 그가 만난 많은 사람을 돕는데 효과적이었음을 보여준다. 다른 사람들이 자신의 목표를 달성하는 것을 지켜보는 건 언제나 그에게 매우 큰 만족을 주었다.

피터의 이런 능력 때문에 많은 사람이 그가 코칭을 직업으로 갖게끔 권했다. 심지어 그가 코치를 직업으로 생각하기 전부터 사람들은 그를 찾아와 조언을 구했다. 하지만 피터는 조언이 일방적인 것에 불과하다는 사실을 알았다. 오히려 자신의 조언에 따라 행동하고자 할 때 그들을 어떻게 지원해야하는지를 배워야 했다.

피터는 코칭의 가치와 장점이 다른 사람을 통제하여 목표 성취를 이루게 하는 것이 아니라, 촉진facilitation을 통해 성취에 이르게끔 하는 것임을 깨달았다. 코치는 고객에게 매우 실제로 직접적인 방향을 제시 할 수 없다. 코칭의 길은 사람들이 편안함에만 매몰되지 않고, 거기서 벗어나 어려움에 직면하고, 그 상황에서 취할 수 있는 선택을 탐색하게 만드는 것이다. 또한 열린 질문을 통해 새로운 선택과 가능성을 발견하는 것을 돕는 것이다.

피터는 사람들이 어렵고 까다로운 상황에 처하면, 오히려 정확히 무엇을 해야 하는지 대체로 알고 있다는 사실을 인지하고 있다. 하지만 코치로서 그에게 주어진 도전 과제는 고객 안에서 이런 응답을 끌어내는 것이다. 경험에 비추어볼 때 고객이 자신에게 가장 적합한 답변을 스스로 찾아내는 것이 가장 효과적이다. 만일 코치가 직접적으로 답을 준다면, 고객들은 문제에 대한 근본적인 해결책을 익히지 못하게 된다. 더 나아가 코치가 제공한 대답에 완전히 의지할 가능성이 더 높아질 것이다.

피터에게 조언을 구하러 온 사람들은 빈번히 무력감helplessness을 호소한다. 피터는 그들에게 많은 선택권이 있다는 점과, 그들 자신의 삶을 통제할 수 없다고 생각하는 가정 자체가 잘못되었다는 점을 언급한다. 대부분 사람들은 그들의 선택 사이의 인과관계와 그 선택이 가져올 변화를 보지 못한다. 그들은 자기 삶에 영향을 끼칠 수 있는 능력을 인식하지 못하고, 자기가 마치 이 시대의 희생자인 양 생각한다. 이런 인지 부조화cognitive dissonance는 곧 그들의 삶이 표류하고 있다는 것을 의미한다.

물론, 아무 곳이나 가려고 하는 사람들이라도 언젠가는 모두 자신의 목적지에 도달할 것이다. 하지만 이 말은 하나마나 한 이야기이다. 중요한 과제는 그들이 다른 방식을 취하도록 돕는 것이다. 고객들이 현재에 최선을 다하고, 무엇이 그들에게 가장 중요한지를 발견하고, 가장 원하는 성과를 달성하도록 돕는 것은 매우 보람 있는 일이다.

피터는 상호의존성interdependence과 상호성reciprocity이 코칭 과정의 핵심이라고 보았다. 그는 누군가가 자기를 위해 일을 해줬을 때, 그에 보답 하고 싶다는 강한 충동을 갖게 된다는 사실을 알고 있다. 혜택을 받으면 보답해야 할 더 큰 필요needs가 올라온다. 역설적이게도 우리가 아무런 보상 없이 다른 사람들을 도울 때, 오히려 상호성의 힘이 생겨난다. 그에게 보답하고 싶어 하는 마음(호혜성)이 즉각적으로 일어나지 않거나, 동일한 사람에게 나타나지 않을지라도, 그것은 여전히 일어날 가능성이 커진다. 물론 상호성의 부정적인 면도 존재하는 것 역시 사실이다. '눈에는 눈, 이에는 이'처럼 말이다.

> "우리가 아무런 보상 없이 다른 사람을 도울 때,
> 오히려 상호성의 힘이 생겨난다"

이는 주로 타이밍의 문제였다. 고객을 위해 좀 더 많이 헌신하게 되면 고객은 코치의 노력에 보답해야 한다는 부채의식과 코치에 대한 충성심을 높여준다. 그리고 바로 이런 순간에 고객이 한때 풀 수 없었던 어려움을 다른 방식으로 볼 수 있는 가능성이 열린다. 고객이 어느 때보다 수용적으로 되는 순간이다. 피터는 신뢰, 상호 지원, 가치 공유에 기반을 둔 코칭 프로세스가 매우 효과적이라는 것을 알고 있다. 그러나 좋은 타이밍보다 더 필수적인 것이 있다. 그것은 코치가 과정이 전개될 수 있는 안전한 공간safe space

을 만들어 내야 한다는 것이다. 이 모든 것을 알고 있다는 것과 이를 적용할 수 있다는 것은 다른 문제이다.

피터는 자신의 불안감insecurity을 의식하고 있었다. 다른 사람과 비교해 볼 때 자신이 정말 잘하고 있는가? 내가 정말 코칭에 소질이 있는가? 그는 자신이 타인이 중요하게 생각하는 주제를 좀 더 빨리 알아채고, 고객의 삶에서 크고 중요성을 갖는 요인들도 잘 찾아낸다고 느끼고 있었다. 그러나 때로는 그가 즉각 알아차려야 했던 것을 놓쳤을 때 자기가 완전히 바보가 된 듯한 느낌을 받았다. 이런 경험들은 항상 스스로 더 노력하게 만들고 더 잘할 수 있게끔 만들었다.

좋은 코치들은 고객 삶의 중요한 주제를 조명하는 데 매우 뛰어나다. 코치는 고객의 내면에 숨겨진 역량이나 재능을 빨리 이끌어 내기도 하고, 고객이 이전에는 결코 해결할 수 없을 거라 생각했던 문제를 해결하게끔 효과적으로 잘 돕는다. 피터는 자신이 이런 기질을 가지고 있다는 사실에 스스로 놀랐다. 그뿐만 아니라 그는 좀 더 효과적인 리더십 코치가 조직에서 코칭하는 방식에 경탄하여 배우려 노력했고, 어떻게든 신뢰와 열린 대화로 코칭 문화를 형성하려 했다.

피터는 언제나 이런 차이를 만들고 싶어 했다. 의미를 찾는 것은 그를 이끄는 중요한 원동력이었다. 코칭이 바로 이러한 기회를 제공했다. 코칭이 다른 사람의 삶에 커다란 변화를 가져다주는 것을 보았고, 다른 사람들이 삶의 질을 향상하고 목표를 달성할 수 있도록 도와줌으로써 자기 자신에 대해서도 스스로 한층 더 긍정적이 되는 것을 알았다.

피터는 수퍼바이저 없이 그룹 코칭에 홀로 참여하기 위해 준비하고 성찰하는 과정에서 자신의 불안에 실질적인 근거가 있다는 것을 깨달았다. 코치는 새로운 개입을 시작할 때마다 언제나 신뢰를 얻어야 한다. 활동과 성취는 전혀 다른 것이며, 이것을 결코 혼동해서는 안 된다. 피터는 최대한 빨리 고객에게 존중받고, 즉각적인 성과를 만들어내야 한다는 압력을 느끼지만 이는 언제나 비현실적인 기대이다. 장기적인 관점에서 볼 때 단기적인 이익만 생각하는 사고방식은 언제나 부작용을 불러올 수 있다.

실행 가능한 상태인지 점검하기

피터는 그룹 코칭에 참여했던 첫 경험을 되짚어 보았다. 그와 그룹 멤버들은 그룹 코칭이 시작되기도 전부터 긴장해 있었다. 피터는 스스로에게 질문했다. 그들에게는 어떤 일이 벌어졌을까? 그들은 왜 그런 행동을 해야만 했는가? 그들은 그런 일과 행동으로 인해 어떠한 이익을 얻었는가?

사람들은 무슨 일이 있을지 기대에 대한 불안도 있었지만, 별도로 자기에 대해 무슨 말을 할지 불안해했다. 그런데도 사람들은 이 프로그램에 대해 매우 긍정적인 피드백을 남겼다. 어떤 사람들은 자기 리더십 스타일을 검토해볼 수 있었기 때문에 지금까지 경험한 것 가운데 최고의 학습 경험이었다고 말했다. 피터 역시 그들과 똑같이 느꼈다. 뒤늦게 깨달았지만, 이때의 개입이 피터 자신의 삶에 매우 중요한 자극제가 되었다.

그 뒤 피터는 다른 프로그램에도 참여했다. 인시아드INSEAD의 변화를 위한 코칭과 컨설팅 임원 석사과정INSEAD's Executive Master's Degree in Coaching and Consulting for Change을 시작했다. 이 교육 과정은 다른 프로그램들보다 훨씬 더 길었지만, 흔쾌히 선택했다. 이 프로그램의 목적은 두 가지 학습과정을 제공하고, 참여자에게 깨달음의 경험enlightening experience을 제공하는 것이다. 두 가지 학습과정 중 하나는 커리어 역동과 리더십, 가족 사업, 조직 행동에 대해 깊이 있게 배우는 것이다. 다른 하나는 강렬한 정신치료적 개입을 통해 내면으로 파고드는 과정이다. 이 프로그램에 참여하는 동안 피터는 자신의 강점과 약점, 성격과 동기 요인에 대해 많은 것을 배울 수 있었다. 또한 언젠가는 리더십 코치가 되고 싶어 했던 그에게 반드시 필요했던 '아하!'의 경험'Aha!' experience을 제공했다.

피터는 새로운 모험을 앞두고 좀 더 잘 준비하기 위해 정기적으로 심리치료사를 만나기 시작했다. 그리고 코칭에서 기술적 측면을 향상하기 위해 임상심리학 프로그램에도 등록했다. 더불어 집단행동group behavior에 대해 더 자세히 배우기 위해 몇 가지 집단 역동 관련 훈련에도 참여했다. 마침내 그는 새로운 곳으로 도약하는 것을 선택했다. 인사 관리 책임자로 근무했던 회사를 떠나 코치의 삶을 시작하기로 결정한 것이다.

이는 아주 좋은 선택이었다. 코치가 된 지 얼마 지나지 않아 코칭 스케줄이 모두 찼다. 평소 인맥을 통해서였다. 하지만 이에 만족할 수 없었다. 그와 함께 일했던 고객들과 조직에 더 큰 영향을 미치기 위해서는 그룹 코칭에 더 익숙해질 필요가 있었다. 이는 피터에게 두려움과 흥분을 동시에 주는 과정이다. 다양한 워크샵을 토해 그룹 역동에 익숙해져 있었지만, 다음 단계는 그룹 코칭을 좀 더 깊이 이해하는 것이다. 따라서 그는 인시아드 글로벌 리더십 센터INSEAD Global Leadership Center(IGLC)를 통해 '그림자Shadow' 코칭 과정을 밟았다. 이 과정은 그룹 코치가 되고자 하는 사람들이 수료해야 하는 필수과정이다. 이 과정은 전문 그룹 코치의 수퍼비전을 통해 여러 차례의 그룹 코칭 세션에 참여하는 방식을 제공한다.

그림자 코칭 세션을 준비하는 것은 재미있었다. 하지만 이 과정이 일대일 코칭보다 훨씬 더 복잡한 과정이 될 것이라는 사실은 분명히 알고 있었다. 과연 그는 자기를 이끌어줬던 그룹 코치의 기대에 부응할 수 있을까? 이런 질문을 던질 때마다 자신이 마치 외줄을 타고 있는 것 같은 느낌을 받았다.

파티장에서 파트너가 없어 춤을 추지 못하는 사람wallflower처럼 인기 없는 사람이 안 되도록 실제 진행하는 코치에게 어느 정도 순응한다는 점을 보여줄 필요가 있었다. 이 과정이 성공하는 데 기여할 통찰력을 보여줘야 했다. 그런데 얼마나 통찰력이 있어야 통찰력 있게 관찰할 수 있을까? 평가를 받는 위치에 서는 것은 피터에게 결코 익숙한 일이 아니었다.

피터는 자기에게 주어진 과제라도 잘 끝내는 선에서 그림자 코치로 참여하는 것에 위안을 삼기로 했다. 그는 다섯 명의 참여자에 대한 짧은 인물소개와 그들이 속한 회사의 가치, 문화, 구조, 전략, 리더십에 대해 빠르게 읽었다. 그뿐만 아니라 360도 피드백Global Executive Leadership Inventory(GELI) 목표설정, 임파워먼트, 활동력, 전략적 연계능력, 피드백, 팀빌딩, 외부지향성 글로벌 마인드, 끈기, 감성지능, 워라밸, 스트레스 관리 능력을 통해 각 참여자의 진단 결과를 신중하게 연구했으며, 익명의 평가자들이 작성한 서면 의견에 특히 주의를 기울여 살펴보았다.[124] 마지막으로 평가자의 이름이 나열된 또 다른 360도 다중 피드백 성격 검사Personality Audit(PA)[125] 결과를 검토했다. 이 피드백도 다면평가 도구이며 평가를 통해 참여자들의 등급을 매기는 방식으로 활용된다. 피터는 가까운 가족들이 언급한 내용이 어떨 때는 그 사람에 대해 매우 극단적으로 드러낸다는 사실에 주목했다.

전체 진행 코치는 모든 참여자들이 모였을 때, 자기에 대해 소개하고 왜 그림자 코치가 있는지 설명했다. 진행 코치는 참여자들에게 피터 자신이 스스로 소개하길 권했다. 그는 매우 긴장했음에도 상당히 유머러스하게 분위기를 이끌었다. 이어서 진행 코치는 이번 과정에서 기밀 유지의 중요성을 강하게 언급했다. 이를 위해 히포크라테스 선서를 언급까지 했다. "절대 해를 끼치지 않는다!do no harm!"

진행 코치는 부드러운 분위기를 위해 참여자들에게 자신의 머리, 심장, 배,

일, 여가, 미래, 과거와 관련된 자화상을 그리도록 했다. 자화상을 그리면서 참여자들은 단어가 아닌 오로지 기호만 사용할 수 있었다. 참여자들은 이 활동을 조금 불편해하는 듯 했다. 몇몇 사람들은 유치하다고 생각했다. 하지만 코치의 격려를 받게 되고, 이후 주어진 시간을 의식하면서 활동에 참여했다. 활동이 끝나고 각자의 자화상에 자기 이름을 써넣어 벽에 걸어두었다.

아이스 브레이킹이 끝나고 실제 코칭할 시간이 되자 코치는 그룹 코칭의 첫 과정을 할 참여자를 정했다. 그녀는 선발조건이 '평균적인 결과를 보인 사람'이라고 피터에게 설명했다. 실제로 선발된 사람에 대한 평가는 다른 사람의 질투심을 불러일으킬 만큼 지나치게 높지도 않고, 결과에 당황스러움을 느껴 방어적인 태도를 취하게 낮지도 않았다. 다행스럽게도 그녀가 선택한 사람은 자신이 선정된 것에 크게 신경을 쓰는 것처럼 보이지 않았다. 그는 훌륭한 본보기를 보여주며 활동에 최선을 다했다.

"신경증을 환영한다."

그룹 코치는 세션이 시작되기 전에 피터에게 토론 대상이 된 사람에게만 집중하지 말고, 그룹 전체 반응에도 주의를 기울이라고 조언했다. 이 세션의 기본 골자는 '신경증을 환영합니다'이다. 고객이 코칭대화에서 저항 행동을 보인다면, 그것은 코칭이 제대로 진행되고 있다는 것이며 이 대화가 중요한 사안을 다룬다는 사실을 알려주는 징후로 해석해야 했다. 그룹 코치는 고객의 저항을 무시하거나 멀리하려 하지 말고 이를 활용해 고객이 자신의 가치와 목표를 분명히 하도록 도우라고 말했다. 또 이 저항 행위가 고객이 변화를 이루는 데 도움이 되거나 방해가 되는 요소를 찾는 데 이바지할 수 있다고 강조했다. 코치는 고객이 듣고 싶지 않은 것을 (위협적이지 않은 방식으로) 고객과 함께 탐구하고, 고객이 보고 싶지 않은 것을 보게 함으로써 과거의 모습에 매몰되지 않고 넘어설 수 있도록 했다. 그러나 코치는 '강철이 식었을 때는 두드리는 것'이 더욱 중요하다는 점을 알려주었다. 코칭 대화라는 쇠가 너무 뜨거워지면 고객은 코치가 하는 말을 놓칠 수 있다. 대부분 타이밍이 모든 것을 좌우한다. 흥미로운 일이 일어나더라도 코치는 입 다물고 있는 것이 더 좋을 때가 많다.

그렇게 진행된 그림자 코칭은 시간이 매우 빨리 지나갔다. 참가자들은 한 명씩 돌아가며 '뜨겁게 달궈진 자리hot seat'에 앉아서 자신의 자화상을 통해 인생에서 가장 최고점과 최저점에 대해 이야기를 나눴다. 또한 자신의 GELI Global Executive Leadership Inventory(글로벌 경영 리더십 인벤토리)와 PA의 결과에 대한 다른 사람들의 평가를 들었다. 피터는 코치가 긍정적이고 때로는 유머를 활용해 참석자들의 부정적인 의견을 표현하는 것을 얼마나 세심하게 다루는가를 보았다. 또한 하나의 부정적인 의견을 마모시키기 위해 얼마나 많은 긍정적인 말들을 덧붙이는지도 알 수 있었다.

하루가 지나자 참여자들은 서로를 더 편안하게 느끼기 시작했다. 방 안의 분위기는 이전보다 더 풀어졌고 심지어는 약간 장난스러움도 흘러나왔다. 이 때쯤 피터는 이미 자신 역시 연극의 한 부분이 되어 있다는 것을 깨달았다. 그는 '뜨겁게 달궈진 자리'에 앉아 있는 사람에게 강력한 질문을 던져 더 큰 통찰력을 이끌어 내기도 했다. 그 하루 동안 참가자들이 갖고 있던 수많은 비밀들이 끄집어내졌다. 대인관계 갈등이 건설적으로 논의됐고, 회사가 어떻게 하면 업무 방식을 개선할 수 있을지 아이디어들도 제시됐다. 그 뿐만 아니라 회사의 가치와 비전에 대해서도 천천히 논의가 진행되었다. 조직 설계와 같은 구조적인 주제들도 검토되었으며 몇 가지 전략적인 이슈들도 도마 위에 올랐다.

진행 코치가 논의된 내용에 대해 대략적으로 정리할 무렵이었다. 방에 있는 모든 사람은 자기가 작업해야할 과제에 의견을 갖게 되었다. 그들 모두는 리더십에 대해 상세한 사업 계획을 갖게 되었다. 함께 경험한 코칭 세션은 그룹 회원들이 수년간 함께 일해 왔음에도 잘 모르는 부분들을 드러내고, 서로에 대해 더 잘 알 수 있도록 도왔다. 그들 가운데 몇 사람은 여러 해 동안 함께 일했음에도 이제 와서야 서로에 대해 더 깊게 알게 되었다. 커피 마시는 휴식 시간에 몇몇 사람은 팀원들과 이와 같은 깊은 대화를 나눈 것이 처음이었다고 피터에게 말했다. 그들은 이전에 보인 방어적이던 모습에서 많이 달라졌고, 서로와 더욱 적극적으로 소통하는 것 같았다. 이 세션은 계속해서 반복해 팀원들이 이전의 자기 모습에 좌절하게 만들었고, 현재도 진행 중인 몇 가지 문제들이 원만하게 해결되는 성과로 연결되었다. 예를 들어, 새로운 IT 시스템을 특정 부서에서 수용할 수 있도록 하는 방법, 새로 인수한 회사를 좀 더 잘 통합하는 방법, 회의에 접근하는 더 나은 방법, 어려운 사람을 좀 더 건설적인 방법으로 다루는 방법, 특정한 최고 경영자를 대하는 방법에 대한 것들이었다. 참여자 대다수는 이런 문제에 대해 얼마 전부터 인식하고 있었지만, 이를 해결하기 위한 어떠한 행동도 취하지 못했다. 희망적인 것은 이번에는 상황이 달라질 것이란 점이었다. 이제 새해를 맞아 세우는 작심삼일과는 다른 차원으로 접근할 수 있었다.

코치는 그들의 이런 결심이 하루아침에 꺾이지 않고 지속할 수 있도록 진행 상황에 대해 논의할 수 있는 새로운 계획을 새웠다. 그 계획은 전화 세션과 자신의 행동 계획을 다시 검토할 수 있는 팔로우 업 세션follow-up session이다. 각 참여자들은 다른 그룹 멤버들 가운데 한 명을 '동료 코치peer coach'로 선택하여 계속해서 결심을 포기하지 않고 변화 작업이 순조롭게 진행되도록 상호 책임을 지게 했다.

코칭 세션이 끝난 뒤 진행 코치는 피터의 기여도를 검토했다. 코치는 피터가 세션 동안 보인 관찰력을 칭찬했다. 피터가 특정 시점에서 어떻게 그렇게 행동했는지 묻기도 했다. 그녀는 피터가 그림자로서 세션에 임한 방식에 매우 만족해했다. 피터의 도움 덕분에 코칭 참여자들에게 성공적인 코칭 경험을 제공할 수 있었다고 말했으며 이런 그룹 코칭 작업을 하는 데 피터가 뛰어난 자질을 지닌 것 같다고 덧붙였다. 그뿐만 아니라 그녀는 피터가 지닌 직관을 좀 더 믿어도 좋다고 격려했고, 모호성ambiguity과 역설paradox을 견뎌 내며 종결을 서두르려는[126] 충동 없이, 알지 못함not knowing의 영역에 머무는 능력을 보고 극찬했다. 그렇게 그녀는 종합적으로 피터에게 '코칭에 소질이 있다'라고 평가했다.

나중에 피터는 진행 코치가 한 가지 놀라운 사실에 대해 아무 말도 하지 않았음을 깨달았다. 그것은 비교적 낯설어 하던 사람들이 서로 유대가 형성되고 깊은 신뢰 관계가 생기면서 향후 더 나은 업무적 관계가 펼쳐질 여지가 생겼다는 사실이다. 9시간 코칭 세션에서 얻은 결과는 참으로 놀라웠다. 그는 그룹 코칭(특히 특정 회사에 맞춰 구성된 프로그램)이 조직을 전략적으로 더욱 민첩하게 만드는 훌륭한 방식임을 성찰했다. 이 방식은 진정으로 네트워크가 활발한 조직을 만들고, 그룹 안에서 충분히 드러날 수 있는 편집증적 사고paranoid thinking를 최소화하는 매우 효과적인 방법이다. 그룹 코칭은 상호 경계가 없는 조직을 만드는 데 획기적인 이정표가 될 수 있다. 복합적으로 얽혀있는 조직들에 만연한 사일로 멘탈리티silo mentality를 해결할 수 있고, 한 기업에서 부서 간 지나친 경쟁으로 소모적인 조직이 되는 것을 뛰어 넘을 수 있는 획기적인 방식이 될 수 있다. 피터는 자신이 목격한 것을 통해 이런 종류의 개입이 실질적인 정보 교환의 장을 마련할 수 있다는 사실을 알 수 있었다. 홀로 데이터 뱅크를 설정하는 방식으로는 좀 더 민첩하고 학습 능력이 뛰어난 조직을 만들기에 충분하지 않을 것이란 사실을 깨달았다. 서로를 신뢰하는 사람들이 데이터를 공유하지 않는다면, 실제로는 아무 일도 일어나지 않을 것이다.

그런데 어째서 이런 일들이 일어났을까? 이를 그토록 효과적으로 만들게 했던 요인과 과정은 무엇이었을까? 공항으로 가는 택시 안에서 피터는 5명의 참여자가 서로의 개인 삶과 직업 생활에서 겪었던 이야기를 나누었던 것이 어떻게 그렇게 짧은 시간 안에 변화를 일으키는 마중물이 될 수 있었는지 궁금해졌다.

경험에서 배우기

나는 인시아드 글로벌 리더십 센터에서 그룹 코칭의 개입에 대해 익혔다. 그룹 코칭으로 이룬 성과에 참여했던 모두가 만족하고 있었다. 결과는 원래 상상했던 것보다 훨씬 인상적이었다. 인시아드 글로벌 리더십 센터의 리더십 코치들은 개별적 행동계획 수립보다 그룹으로 행동계획을 수립하는 것이 더 영향력이 크다는 점을 매우 기뻐했다.

사람들은 초기에 자신의 삶에 대해 이야기하는 것이 부정적인 결과를 낳을 수 있다고 염려했다. 초기에는 자기 노출에 대한 두려움, 호혜성 부족 등 상대적으로 두려울 수밖에 없다. 그러나 얼마 지나지 않아 이런 우려들은 불필요한 것이었음이 금방 드러났다. 인시아드의 그룹 코칭은 전 세계에 수만 명의 경영진들이 경험하는 프로그램이다. 현재까지 그룹 코칭에서 발생한 문제들은 매우 적었다.

코치들이 매우 만족한 것은 그룹 코칭에 참여한 사람들의 반응 때문이었다. 그들은 전체 임원 프로그램 가운데 리더십 그룹 코칭이 가장 만족스럽다고 칭찬했다. 참여자 몇 명은 오히려 코칭 시간이 너무 짧았다고 불평하기까지 했다. 프로그램에 대한 평점과 서면 피드백을 살펴보면, 대다수 참여자들이 긍정적인 반응을 보였다. 많은 경영진이 코치들에게 자신의 업무 경력과 인생에 관한 중요한 결정을 내리는 데 중요한 역할을 해줬다고 한참 시간이 흐른 뒤에도 감사를 표하곤 했다.

코치들은 하루 일과를 마무리하며 무슨 일이 있었는지 돌이켜 볼 때, 고객들이 자신들에게 내보인 비밀스런 이야기에 자주 놀란다고 말했다. 그들은 그런 비밀을 가진 사람들이 인생을 살아가는 데 코치로서 도움을 주었다는 사실에 영광스러움을 느낀다고 표현했다. 하지만 그런 결과를 얻기까지 그들이 어떻게 구체적인 과정을 진행했는지 이야기하는 것을 거의 듣지 못했다. 드물게 듣긴 했지만, 한 번씩 구체적인 과정에서 일어나는 역동에 대해 들을 때마다 많은 통찰을 얻었다. 나 역시 그것에 만족했기 때문에 더는 구체적인 과정에 대한 이야기를 듣지 못한 것에 문제 제기를 하진 않았다.

그런데 왜 나는 코치들의 이런 성공담에 의문을 제기했을까? 고객이 그렇게 만족했는데 왜 그것에 신경을 써야 했을까? 어떻게 보면 우리는 무엇을 했는지에 대해 정확히 알지 못한 채 그저 우연히 경영진들의 삶에 변화를 이끌어냈고, 매우 효과가 좋은 코칭 기술을 발견했을 뿐이다. 그런데 얼마 지나지 않아 구체적인 해답을 찾지 못했다는 것 자체에 불편과 불만이 일어나기 시작했다. 과연 이 과정이 어떻게 효과를 볼 수 있었는지 깊이 탐구할 필요가 있었던 것이다. 변화를 가져온 코칭 개입 과정에 어떤 특별한 요소들이 있었을까?

센스메이킹 sense making

"나는 코칭할 때 일률적인 접근 방식을 취하는 걸 지지하지 않는다."

큰 규모의 그룹 코칭에 참여하면서 느끼게 된 일이 있다. 서로 다른 리더십 코치들에게 일률적인 접근 방식cookie-cutter approach을 취하는 것은 효율적이지 않다는 것이다. 물론 접근 방식을 표준화했을 때의 장점이 있다. 하지만 그룹 코칭에 참여한 모든 코치는 자신에게 적합한 그룹 코칭 방식이 필요하다고 느꼈다. 그룹 구성원들은 그들이 가장 편안하게 느끼는 방식으로 행동해야 한다. 나는 그룹 코칭에 대해 그들에게 조언했다. 특히 매우 짧게 개입해야 할 경우 코칭 과정에 성공적인 시동을 걸기 위해서 한두 개 다자간 피드백 설문지를 사용했다. 그 설문지 가운데 첫 번째는 내가 인시아드에서 개발한 GELI이다. 이 설문지는 많은 조직이 중요하게 여기는 리더십 역량의 몇 가지 측면을 다룬다. 또 하나는 성격검사의 일종으로 함께 일하는 사람들에게 받은 피드백과 가까운 배우자, 형제자매, 자녀, 친구의 피드백을 결합한 것이다. 그들의 피드백은 피검사자에게 커다란 정서적 영향을 줄 수 있으며 변화의 전환점을 마련할 수 있다.

또한 나는 '놀 수 있는' 안전한 공간을 만드는 데 도움이 되는 '자화상 그리기' 등 어색한 분위기를 깨는 아이스 브레이킹 활동을 권유했다.[127] 이런 연결선상에서 나는 위니캇Winnicott이 아이들의 생각과 감정을 끌어 내려는 목적으로 아이들과 소통하고자 고안해 낸 스퀴글 게임squiggle game(치료자가 단순한 형태의 선으로 그림을 그리고 나면 아동이 거기에 덧붙여 그림을 완성하는 게임)을 어떻게 사용했는지에 관심이 많았다. 이 게임은 연필과 종이를 이용하는 방식을 취한다. 자화상은 이 게임과 같은 논리를 사용하는 기술이다. 하지만 이보다 더 중요한 것은 참여한 사람들 자신이 어떻게 하느냐에 달려 있다.

플라톤의 동굴 : 임상 패러다임

나는 그룹 코칭에 임상 패러다임clinical paradigm 적용을 강력히 지지한다. 서문에 설명한 것처럼 임상 패러다임은 인간적인 현상을 바라보는 특정한 방법이다. 이를 은유적으로 말하면, 사람들의 내면 극장inner theater을 탐구할 수 있는 렌즈와 같다. 우리의 생각, 감정, 기억의 대부분은 현실과 환상 사이에 경계가 불분명한 중간지대twilight zone를 부유한다. 이것들은 의식consciousness적으로 차단될 수 있고, 직접적인 인식awareness의 저편에 위치할 수 있다. 문제는 인간 기능의 이런 측면들이 어떻게 수면 위로 드러나는가이다. 나는 임상 패러다임이 이런 문제에서 벗어나 눈에 잘 보이게 하고 분명하게 하는데 매우 효과적인 방법이라는 점을 발견했다. 임상 패러다임은 수면 아래에 가라 앉아 있는 것을 눈에 띄게 할 수 있는 방법이다. 이는 우리가 성격 기능의 비합리적이고 때때로 더욱 어두운 측면을 더 잘 이해하는 데 도움이 된다.

> "우리의 생각, 감정, 기억의 대부분은
> 현실과 환상 사이에 경계가 불분명한 중간지대를 부유한다."

임상 패러다임을 활용하면 사람들은 아직 의식의 일부가 되지 않은 세계와 공존하는 전혀 다른 세계에 대해 인식하게 된다. 임상 렌즈를 통해 환상, 꿈, 백일몽의 세계를 발견하는 것이다. 이것이 중요한 것은 또 다른 현실을 창출하여 재현의 세계를 발견하게 한다는 점이다. 임상 렌즈는 개인과 개인, 대인관계, 그룹 및 조직 현상에 대해 더 미묘하고 심도 있는 이해로 나아갈 수 있게 한다.

24세기 전 플라톤은 동굴에 갇혀 있는 죄수들에 대해 이야기했다. 이를 통해 현실과 환상 사이에 존재하는 경계가 불분명한 중간지대를 언급했다. 이 이야기는 〈국가론〉에 나오는데 철학사에서 가장 유명한 이미지 가운데 하나를 제시하며 현실과 환상을 구별하는 방법을 설명한다.

플라톤은 대부분 사람들을 동굴에 묶여 머리를 돌릴 수 없게 된 죄수들에 대입한다. 그들은 동굴 너머의 세계에 대해 완전히 무지하다. 볼 수 있는 것이라곤 눈앞에 있는 텅 빈 벽뿐이다. 그들 뒤에는 불이 타오르고 있고, 인형을 조종하는 사람들이 죄수들과 불 사이를 걸어 다니고 있으며, 인형들을 움직여 동굴 벽에 그림자를 드리우게끔 하고 있다. 여기에 있는 죄수들은 무지하고, 자신들의 뒤를 돌아다니는 인형들을 직접 볼 수 없기 때문에 인형의 그림자가 실재reality라고 착각하게 된다.

플라톤에 따르면, 죄수들은 그림자를 현실의 모든 것으로 생각한다. 즉 일차원적이고 어슴푸레한 형태로밖에 그들은 알 수 없다는 것이다. 그러나 죄수들이 갑자기 사슬에서 풀려나 자유롭게 움직이게 된다면, 자리에서 일어나 뒤를 돌아 불을 향해 다가갈 수 있다면, 그들은 인형과 인형을 다루는 사람의 실재를 인식할 수 있을 것이다. 비록 그 전에는 인형과 인형 다루는 사람이 그저 그림자였을 뿐일지라도 말이다. 그리고 그들이 동굴에서 완전히 벗어나 새롭고 흥미진진한 바깥 세계로 들어서게 된다면, 그들은 색깔과 모양을 보게 될 것이다. 이를 통해 말 그대로 빛을 보게 되는 것이고, 모든 것이 완벽하게 이치에 맞는 것을 깨닫게 될 것이다.

하지만 불행하게도 빛을 본 죄수들이 돌아와 다른 죄수들에게 새롭게 알게 된 것들을 말한다고 해서 제대로 설명하는 것 자체가 어렵다. 아무도 그들을 이해하거나 믿지 않을 것이다. 동굴에 갇혀 있던 죄수들이 어떻게 빛을 본 죄수들이 깨달은 진실들을 이해할 수 있을까? 그림자 너머의 빛의 세계에 대해 어떻게 인식할 수 있겠는가? 어떻게 하면 또 다른 현실에 대해 그들이 이해하게끔 할 수 있을까?

플라톤에 따르면, 동굴 속에서 쇠사슬에 묶여있는 죄수들은 인간의 상태를 상징한다. 대부분의 사람들은 인간의 행동에 대해 상대적으로 무지하며, 동굴에 묶여 있는 죄수들처럼 자신의 무지함에 대해 별로 불편함을 느끼지 못한다. 동굴 속에서 본 것이 아는 것의 전부이기 때문이다. 그러나 우리 가운데 몇몇 사람은 이런 상태에 머무르는 것에 만족하지 못한다. 어떻게든 어둠을 뚫고 나아가길 원한다. 어떻게든 사슬을 풀고 고개를 돌려 바깥세상을 바라보며 동굴에서 벗어나길 소망한다.

우리가 현실과 환상을 처음으로 구별할 수 있게 된다면, 이는 두려운 경험이 될 수 있다. 이 두려움으로 인해 항상 사슬에 묶인 채 무지의 영역에 머무르기를 바라는 사람들도 있다. 그러나 대부분은 새로운 실제 세계를 마주한다면, 어떻게든 좀 더 아름답고 풍부한 색깔이 있는 삶과 세계를 탐색하기를 선택한다.

> "우리 모두는 풍부한 내면 극장을 가지고 있다.
> 여기서 상연되는 극에는 우리의 성격이 발전하는 데 영향을 주는
> 핵심 인물들과 경험들이 무대 중심에 등장한다."

리더십을 개발할 때 사람들의 행동이 바뀔 수 있도록 돕고 싶다면, 우리는 동굴에서 벗어나 빛의 세계로 들어서야 한다. 우리가 임상 패러다임을 코칭에 적용했을 때 빛을 향해 걸어 나갈 수 있다. 임상 패러다임은 우리 자신과 타인의 행동은 물론 두 사람의 상호 관계를 관찰하고 이를 코칭에 반

영하는 데 도움을 준다. 우리 모두는 풍부한 내면 극장을 가지고 있다. 여기서 상연되는 극에서는 우리의 성격personality이 발전하는 데 영향을 주는 핵심 인물들과 경험들이 무대 중심에 등장한다. 이런 내면 극장으로 떠나는 여정에서 얻는 통찰들은 변화를 위한 발판이 된다.

코칭할 때 임상 패러다임을 적용하면, 고객들의 내면 극장에 올라오는 극의 역할 중에 가장 중심적인 역할에 대한 정보를 얻을 수 있었다. 또한 임상 패러다임을 통해 참여자가 자기 패배적인 기대를 가지고 있거나, 자기 평가를 부정적으로 내리며 시대에 뒤떨어졌다고 느끼고 있는지를 알려주는 조사 방법에 대해 알게 되었다. 코칭하는 동안 나는 어떤 행동을 12세 때 했다면 매우 좋았고, 이를 40세에 하는 건 그다지 좋지 않다는 것을 고객들이 깨닫게 할 필요가 있었다. 임상 렌즈는 현재 지배적인 그룹 역동을 이해할 수 있게 도움이 된다.

"그룹 코칭이 제공한 미지의 요인은 무엇인가?"

임상 패러다임은 개인 내적intrapersonal, 상호 대인관계, 그룹 역동을 더 잘 이해하는 데 큰 도움을 준다. 하지만 나는 온전히 만족하지 못했다. 변화를 가져올 가능성을 가진 또 다른 수단에 대해 궁금증을 감출 수 없었다. 과연 그룹 코칭을 성공으로 이끌 변수는 무엇이었을까? 그룹 코칭이 제공한 미지의 요인X-factor은 도대체 무엇인가?

"나는 코치들의 직관적인 지식을 포착하려고 노력했다."

나는 이를 이해하고자 여러 동료의 도움을 받아 다양한 연구 프로젝트에

착수했다. 또한 코치들의 직관적인 지식을 포착하려고 노력했다. 이 프로젝트를 통해 그룹 개입 방식을 사용했던 많은 코치의 경험을 엮은 책을 시리즈[128]로 출판했다. 그뿐만 아니라 집단 개입의 역동을 다룬 『고슴도치 효과 The Hedgehog Effect』[129]라는 책을 쓰기도 했다. 이 4권의 책을 통한 내 연구는 그룹 코칭 과정에서 우리 모두가 수행해왔던 몇 가지 형태의 개입을 확인하는 데 도움을 주었다.

그룹의 힘

그룹 코칭을 한다는 것은 빙산이 표류하는 지역을 항해하는 것과 같다. 많은 위험이 수면 아래에 도사리고 있다는 것이다. 여기서 빙산은 그룹 코칭에 영향을 미치는 분명하고 은밀한 대인관계 역동을 매우 잘 보여주는 은유적 표현이다. 일대일 코칭 또한 매우 복잡할 수 있지만, 그룹 코칭에서 복잡성은 더욱 극명하게 드러난다. 코치는 집단 구성원의 상호주관적intersubjective 경험을 이해하고, 무수히 많은 역동적이고 오르락내리락 변동을 인지하며, 다차원적인 예측을 소화하면서 대사 작용을 해야 한다.

그룹이 앞으로 나아가려 하면 코치는 정서적이고 인지적인 잔해debris를 안전하게 담아주는 역할container을 해야 하며, 참여자들의 감정이나 도전이 다른 사람에 따라 판단되거나 거절될까 두려워하지 않으면서, 자신의 감정이나 도전을 탐구해볼 수 있는 분위기를 조성해야 한다. 코치는 참여자들이 이전엔 결코 다룰 기회가 없었던 주제에 대해 이야기를 나눌 수 있도록 안전하고 중간 영역transitional space을 만들어야 한다.

만약 코치의 담아주기containment가 만족스럽다면, 견딜 수 없는 사람들이 참아낼 안전한 공간을 발견하고 자신들에 대해 충분히 경험할 수 있을 것이다. 이런 안전한 공간은 참여자로 하여금 자신들이 진정 누구인가에 대해 정직하고 진실한 방식으로 현실의 **모든 것**과 접촉할 수 있게 해준다. 이런 공간에서 사람들은 이전에 억압되었던 부분들을 자유롭게 놓아 버릴 수 있다. 또한 그들 자신의 삶이 운명이나 개인적 역사 또는 유전적 유산genetic inheritance에 따라서만 결정되는 것이 아니라, 그들 자신의 자유의지에 따라 스스로 자기결정self-determined을 할 수 있다는 사실을 깨닫게 해준다. 결국 그들은 자기 문제에 대해 이야기한다.

나는 그 동안의 경험을 통해 그룹 개입에서 두 가지 역동이 동시에 발생한다는 것을 배웠다. 첫 번째 역동은 자기 삶과 경력에 대해 타인들이 논의하는 난감한 자리에 앉아있을 때 발생한다. 이때 필연적으로 방 안에는 '먹구름cloud'이 떠오른다.[130] 먹구름이란 테이블 위에 올라온 주제로 만들어지는 우려와 근심 같은 것을 말한다. 그리고 이 주제들은 하늘에 떠돌고 있는 것처럼 느껴지기에 먹구름이라고 표현한다. 이런 먹구름 이슈들은 잘 잡히지 않고 그대로 부유하듯 떠돈다. 그러나 좀 더 민감하고 효과성이 높은 코치들은 적절한 순간에 그룹 회의를 통해 이런 먹구름을 해결할 것이다. 이때 적절한 때란 그룹 토론이 중단된 듯 보이는 경우를 말한다. 이런 분위기 문제는 대개 한두 명이 가진 미해결 과제the unfinished business로 시기심, 질투, 욕망, 경쟁심, 유기 불안, 수치심, 죄책감, 삼켜질 듯한 두려움 등 전염성이 높다는 점이다.

나는 그룹 코칭 과정에서 의식적이든 무의식적이든 변화를 위한 전환점을 만들어내는 정신역동 과정이 일어나고 있음을 알아차릴 수 있었다. 이를테면 상대적으로 안전한 놀이 공간playful space이 조성된다면 더 많은 일이 일어날 수 있다.

1. 그룹이나 팀 개입은 카타르시스 경험을 위한 환경을 제공한다. 그룹은 그들이 가슴 속에 있는 것들을 끄집어냈을 때 이를 경청해줄 청중이 된다. 비유적으로 보면 그룹은 정서적 정화emotional cleansing를 이끌어낸다. 이를 통해 일부 참여자들은 억압됐던 감정과 두려움을 의식 위로 끌어 올리는 데 도움을 받는다. 우리를 괴롭히는 것들을 억제하는 대신, 이것을 표현하면 매우 강력한 정서적 경험이 된다. 그러나 그룹 코치와 구성원들이 이런 정서들을 적절히 담아주면, 참여자들은 이런 정서적 경험을 통해 느끼는 카타르시스를 의미 있는 경험으로 만들어낸다.

하지만 중요한 건 카타르시스가 그 자체로는 유익한 효과를 지니고 있지 않다는 점이다. 특히 카타르시스가 잘못된 시간이나 장소에서 경험되면 역효과가 일어날 수 있다. 그런데도 우리가 기억해야 할 점은 카타르시스가 매우 괴로운 경험이나 계속 반복되는 삶의 경험을 다시 경험하게 하고, 이를 변혁시킬 수 있는 기회를 가져다준다는 것이다. 이런 기회는 개인이 가진 특정한 심리적인 상처들이 어째서 자신들을 그렇게 애를 먹였는지 더 잘 이해할 수 있게 한다. 심리치료 분야의 연구를 보면, 단순히 고객의 말을 경청하는 것이 얼마나 그들의 삶을 전진하게 하는 데 중요한지 알 수 있다.

"먼저 인간에 합류하라. 그 자체가 엄청난 유익을 줄 것이다."

2. 다른 사람들의 이야기를 듣는 동안 참여자들은 자기 혼자만 이런 혼란을 겪는 것이 아니며, 다른 사람들도 유사한 문제로 고군분투하고 있다는 사실을 깨닫게 된다. 이런 깨달음 자체가 참여자들에게 큰 안도감을 줄 수 있다. 「먼저 인간에 합류하라now join the human race」[TV시리즈물]을 통

해 알 수 있듯이, 나 역시 한 인간이라는 것을 확인하면 이런 효과를 얻을 수 있다. 구체적인 문제를 함께 가졌다는 것을 상호 확인하게 되면 이 문제를 다루는 데 대안적인 방법을 논의할 수 있는 기회가 많이 있다.

3. 임상 패러다임 활용을 통해 참여자들은 어째서 자신들이 지금까지 일을 처리하는 데 특정한 방법을 사용해왔는지 생각하게 되고, 이와 연관된 과정 전체에 대해 검토할 수 있다. 그때 그것이 과연 유일한 방법이었는가? 어떤 시점에서는 매우 적절하게 작용됐던 행동 레퍼토리behavioral repertoire였으나 지금 시점에서도 여전히 적절한 것인가? 참여자들은 그룹 멤버들의 격려에 힘입어 함께 이런 종류의 성찰을 하게 된다. 이를 통해 기존 방식을 이전과는 다른 방식으로 시도해보고 미래에 대한 새로운 희망을 만들어 낼 수 있게 된다. 대부분 사람들은 이런 자기이해와 통찰을 통해 변화의 길로 걸어갈 수 있다.

4. 참여자들은 비단 자신이 하는 발표뿐만 아니라, 다른 모든 발표를 통해 대리 학습할 수 있는 기회를 제공받는다. 참여자들은 대화에 직접적으로 참여해야만 배움을 얻을 수 있는 것이 아니라, 다른 사람의 이야기를 관찰하고 경청하는 방식을 통해서도 배움을 얻을 수 있다는 사실을 점차 깨닫게 된다. 이런 종류의 학습은 다른 사람들을 보고 관찰하여 효과적인 행동을 곱씹으며 따라함으로써 배우게 된다.

5. 대인관계 학습 과정은 자기지각self-perception의 왜곡을 발견하고 이를 교정하는 데 도움을 줄 수 있다. 어느 그룹에나 인생의 역경을 다루는 방식이 뛰어나 팀원들의 존경을 받는 팀원이 있기 마련이다. 그런 팀원은 구성

원들이 모방하고 싶어 하는 역할 모델이 된다. 모방 행위나 타인과의 동일시identification는 대인관계를 학습하는 과정에서 중요한 부분이다. 그리고 이런 과정은 변화를 일으키는 힘이다. 동일시는 다른 사람이나 그룹이 가진 견해, 특성, 자질과 관련되어 있거나, 이것을 받아들여 취하는 행위를 모두 포함한다. 이런 방식으로 우리는 타인의 여러 측면 특성, 자질, 속성을 흡수할 수 있으며, 타인이 제공한 역할 모델을 따라 전체적으로나 부분적으로 변화할 수 있다. 그러나 동일시가 반드시 의식적으로 이뤄지는 과정이 아니라는 사실을 염두에 둘 필요가 있다.

6. 참여자들은 같은 감정적인 경험을 겪은 사람들로 묶여진 집단의 일원이다. 같은 집단에 속한 사람들은 그들 가운데 한 명이 새로운 도전에 착수할 때마다 서로에게 큰 지지를 보낸다. 이렇게 사회적 공동체에 속해 있다는 소속감은 변화를 일으키는 아주 강력한 기폭제가 될 수 있다.

7. 집단 환경은 사람이 가진 기능의 여러 측면에 대한 정보를 보급할 기회이기도 하다. 때론 리더십 코치가 주는 교훈적인 강의didactic instruction가 도움이 될 수 있지만, 이는 가끔 주어져야 마땅하다. 팀 내의 특정 사건에 대해 설명하기, 명확히 하기, 직접적 조언 제공까지도 까다로운 문제일수록 사람들에게 불안감을 줄여주고, 상황에 대해 통제력을 어느 정도 발휘할 수 있다.

하지만 다양한 제안을 제공하는 사람이 꼭 코치로 한정되지는 않는다. 팀원들 또한 그렇게 할 수 있다. 여기서도 다시 한번 대리 경험 과정이 매우 큰 힘을 발휘할 수 있다. 앞에 설명했듯이 그룹 구성원들이 개별 구성원의 이야기에서 그들이 처한 상황과 자신이 처한 상황과의 연관성을 발견하는 것은 당연하다. 그들은 상황에 접근할 수 있는 또 다른 접근법을 제안하고 일을 처리하는 다른 방식을 탐색할 수 있다. 팀 환경 내에서 팀원들은 자신의 심리적인 문제와 질병과 관련된 문제 그리고 일과 삶의 균형을 더욱 건강하게 이루는 법에 대해서도 이야기 나눌 수 있다. 서로에게 조언을 함으로써 타인뿐만 아니라 자기 자신을 도울 수 있다. 또한 이를 통해 팀이 더욱 잘 기능할 수 있게 된다.

8. 변화를 이끌어내는 또 하나의 긍정적인 힘은 이타적인 동기 또는 우리 자신보다 다른 사람들의 필요를 우선시하고자 하는 욕구이다. 다른 사람들에게 더 도움을 주려는 욕구는 사심 없는 것처럼 보일 수 있지만 아이러니하게도 이기적인 부작용을 가질 수 있다. 다른 사람들에게 베푸는 행위가 여러 가지 개인적인 이득을 그 자신에게 줄 수 있다. 자신의 존재가 다른 사람들에게 중요하게 인식되는 것도 좋지만, 그보다도 더 중요한 것은 타인에게 도움이 되고 더 오래 건강하고 행복하게 인생을 사는 것으로의 연결이다. 지원해주고 안심시켜주고 귀뜸하거나 제안해 주고 통찰을 통해 다른 사람을 돕는 것은 스스로 자기 존중감을 주고 행복함을 느끼게 도움을 주는 치료 효과가 있다. 다른 사람들에게 줄 가치 있는 무언가를 가지고 있다는 것은 자기 자신에게도 힘을 복돋아줄 수 있는 경험이다. 남에게 도움을 주는 사람이 초기에 느꼈던 격렬한 도취감은 정서적 건강 상태를 끌어올리고, 그 후로도 오랜 동안 정서적 건강을 유지하게 한다.

동료들에 대한 애타주의는 동료들 스스로가 자신의 삶의 역경을 좀 더 잘 다룰 수 있게 도움을 준다. 대인관계가 중요하다는 점을 배우는 것은 팀과 개인 구성원들을 좀 더 효과적으로 일할 수 있도록 만드는 데 필수적이다. 조금은 껄끄럽지만 용기 있게 대화의 장으로 나아가려는 팀원들의 의지를 더욱 강화할 수 있다. 이런 팀원들은 다른 사람들의 역기능적 성격 패턴을 매우 잘 지적한다. 팀의 다른 동료들과 함께 이런 성격 패턴에 대해 지적하는 것은 변화를 일어나게끔 하는 아주 큰 자극이 될 수 있다. 다른 사람들의 긍정적인 평가를 통해 자신의 자존감을 구성하는 것은 학습의 중요한 구성 요소이다.

이런 심리적 역동성 중 많은 부분이 그룹 코칭의 효과를 높이는 데 기여한다. 그러나 이 과정을 순조롭게 시작하는 데는 그룹 코치들이 얼마나 임상 렌즈를 효과적이고 신중하게 사용하느냐에 달려 있다. 그들은 자기 자신을 도구로 사용하는 데 아주 숙련될 필요가 있다.

몇 년 전 연구 프로젝트를 위해 캐나다의 뉴펀들랜드Newfoundland에 방문한 적이 있다. 그 섬에 있는 동식물 군은 매우 특별했다. 바다 앞에 많은 작은 섬들이 있었는데, 이 섬들은 마치 요새처럼 솟아올라 수백만 마리의 새들을 위한 보금자리가 되어 주고 있었다. 그 많은 새 가운데 흔한 바다오리도 있었다. 이 새는 매우 빠르게 날지만 날개가 짧아서 민첩하게 움직이지 못했다. 이들은 상공보다 물에서 더 잘 움직이는 훌륭한 잠수부이다. 암컷 바다오리는 수면에서 수백 피트에서 수천 피트 떨어진 바위의 아주 작은 턱에 하나의 알을 낳는다. 높은 바위의 난간들은 바다오리가 번식하는 군집 장소를 형성하고, 바위 층층이 자리 잡고 자신들의 알을 지키는 바다오리 부부들로 가득 찬다. 3주 후가 되어 바다오리 알이 부화되면 다음 단계 새로운 도전 과제를 맞게 된다. 갓 부화한 새끼에게 자신들이 삼켜 반쯤 씹어낸 물고기를 먹이지 않고, 곧바로 신선한 물고기를 먹인다.

4주가 지나고, 바위틈은 점차 오리새끼들로 매우 붐비게 된다. 결국 막

날기 시작한 어린 새들이 살기위해 말 그대로 믿음의 도약leap of faith을 하게 된다. 이런 도약을 하지 않으면 그들에게 미래란 없다. 바다에 있는 부모들의 격려를 받으며, 어린 새 떼들은 자기가 머물던 바위 난간에서 수백, 수천 피트 높이에서 바다를 향해 뛰어내린다. 오직 자신도 바다의 잠수부가 되길 기대한다. 특히 그들은 포식자들의 눈에 띄지 않기 위해 칠흑 같은 어둠이 내린 시간에만 뛰어내린다. 나는 여기서 바다오리와 그룹 코칭과의 강한 유사점을 발견했다. 리더십 그룹 코치들은 부모 바다오리처럼 고객들이 믿음의 도약을 통해 절벽의 바위틈에서 벗어나 더 나은 삶을 향해 나아갈 수 있도록 도와야 한다.

7장
리더를 위한 안전한 장소 만들기

> 우린 늙었기 때문에 놀기를 그만 둔 것이 아니다.
> 놀기를 중단했기 때문에 늙는 것이다.
> – 조지 버나드 쇼 George Bernard Shaw

> 판타지를 갖고 놀지 못했다면, 어떠한 창의적인 작품도 탄생하지 못했을 것이다.
> 우리가 상상력에 진 빚은 헤아릴 수 없이 많다.
> – 칼 구스타브 융 Carl Jung

> 말과 아이디어는 과학적이고 논리적인 사고로 만들어지는 것이 아니라,
> 셀 수 없이 내뱉는 말을 통한 창의적인 언어에서 비롯됐다.
> 왜냐하면 이를 통해 '개념conception' 행위가 계속해서 반복적으로 일어나기 때문이다.
> – 요한 하위징아 Johan Huizinga

> 놀지 않고 공부만 하면 바보가 된다.
> – 격언

프랑스 남서부와 스페인 북동부에 흩어져 있는 200개 이상의 동굴들은 세계에서 가장 오래된 훌륭한 선사 시대 유물들을 담고 있다. 이 동굴 가운데 레 트루아 프레르Les Trois Frères 동굴에는 유명한 '주술사' 벽화가 그려져 있다. 주술사는 올빼미 눈과 마법사 수염을 가졌고 발처럼 생긴 손을 가졌으며,

숫사슴의 뿔이 달렸고 순록의 피부를 가지고 있다. 이 벽화를 포함해 많은 동굴 벽화는 우리로 하여금 선사 시대로 통할 수 있게 해준다. 벽화들은 우리에게 이미 멸종해 사라져버린 짐승들의 모습을 보여줄 뿐만 아니라, 놀이에 재능이 있던 선사 시대 예술가들의 작품들을 보여준다.

이 그림들은 정서 표현emotional expressiveness과 감동eloquence이 어우러져 진정한 경이로움을 느끼게 한다. 예상과는 달리 그림들은 상징적이고 유희적 행동과 관련된 미적 관심aesthetic care만을 표현한다. 그러나 우리 조상들이 이러한 그림을 그리게끔 유도한 것은 과연 무엇일까? 벽화를 그리는 것은 단순한 유희에서 비롯된 것이었을까? 아니면 그 안에 더 많은 의도들이 있었던 것은 아닐까? 벽을 긁어 남긴 자국들과 그를 통해 그려낸 회화는 진지한 고대 예술가들의 정교한 작품이었을까 아니면 구석기 시대 청소년들의 유희적 낙서에 불과한 것이었을까?

인식론적 관점보다 호모 사피엔스의 성장의 역사라는 장기적 관점에서 살펴보자면, 놀이play의 중요성은 과연 무엇인가? 놀이란 단지 시시한 활동인가 아니면 우리의 진화 발달에 필수적인 부분일까? 놀이는 문화의 전승에 어떤 중요한 역할을 하는가?

놀이와 인간 발달

앞에서 말한 동굴 그림들은 인류가 시작된 이래로 놀이가 있었다는 것을 보여준다. 심지어 문화가 생성되기 이전에 놀이가 태어났을지도 모른다. 동물과 아이들은 본능적으로 노는 법을 알고 있다. 놀이는 유전적 구조의 일부분으로 우리 유전자에 새겨져 있다.[131] 더 나아가 인간이 가진 무언가를 창조하고자 하는 욕구는 놀이 충동에서 온 것이라고 주장할 수 있다. 그러나 놀이에 대한 충동이 생물학에 뿌리를 두고 있든 아니면 사회학에 뿌리를 두고 있든 놀이는 결코 경박한 것이 아니다. 놀이는 호모 사피엔스로 진화하는 과정에서의 한 부분이다. 누가 뭐라해도 우리는 이를 통해 하나의 종(種)으로 진화해 왔다. 놀이를 통해 우리는 현실의 구성 요소인 색상과 모양, 맛, 소리를 인식하는 법에 대해 배운다.[132] 그뿐만 아니라 놀이는 사회적 관계나 사랑을 연결해주는 통로를 제공한다. 또 놀이는 언어와 신화, 종교 의식, 행동 그리고 의미의 토대가 된다. 놀이를 하는 동안에 개인과 환경 사이의 관계가 펼쳐지거나 드러나고, 이를 통해 개인이 효과적인 학습 전략을 개발하는 데 도움을 얻는다. 놀이는 우리가 주변 세계를 이해하기 위해 상징화하고 의미를 창조하는 생물학적인 경향을 두드러지게 한다.

호모 사피엔스의 발달과 진보는 인간 생존의 필요에 따라 진행되기보다는 그저 장난의 순간에 했던 행동에 따라 이뤄졌을 수 있다. 구석기 시대 사람들은 계획을 세우는 것을 거의 알지 못했을 것이다. 그들은 기회가 주어지기를 기다리며 그들이 할 수 있을 때에만 먹이를 중간에서 가로챘고, 뿌리를 찾아 파보거나 과일을 수확했다. 선사 시대의 인간들은 오늘날 우리처럼 '일 한다'는 개념을 가지고 있지 않았다. 심지어 여럿이 모여 협조하며 열대 우림에서 음식을 찾는 활동조차 상대적으로 유희적이고 즐거운 활동이었을 수 있다. 문제해결과 의사결정은 자발적으로 일어났다. 그리고 이런 행동의 필수 조건들은 직관intuition, 즉흥성improvisation, 탐색exploration, 적응adaptation을 위한 토대를 마련해주었다. 진화론적인 관점에서 볼 때 호모 사피엔스가 '문명화'된 기간이 인류 전체에서 비교적 짧은 기간이라는 점을 고려해 본다면, 실제로 우리의 뇌가 놀이를 즐기는 생활 방식에 더 적합하다는 주장은 논쟁의 여지가 없다. 놀이와 예술적 표현, 창의성 그리고 진화론에 근거한 인간 발달은 밀접하게 연관되어 있다.

우리의 조상들이 현대 사회에 살고 있는 인류보다 더 행복했는지 의문을 제기할 수 있다. 구석기 시대 사람들의 몸과 마음은 넓게 퍼져있는 수렵 채집인들의 생활 방식에 잘 적응되어 있었다. 인류의 진화적 체질이 적응하지 못할 수도 있는, 현대적인 생활양식을 만들어낸 농업, 산업화, 디지털화 등과 같은 변화들에 적응할 수 있도록 충분한 시간이 과연 있었는가? 우리의 진화적 체질에 변화를 따라 잡을 수 있을 만한 충분한 시간이 주어졌는가? 비만, 심혈관 장애, 대사 장애, 알레르기, 우울증, 만성 스트레스 등 현재 문명에서 만연한 질병들은 시간이 흐름에 따라 발달해온 우리의 진화적 발전으로 생겨난 것은 아닐까?

우리 조상들에게는 놀이를 할 수 있는 능력이 생존의 필수 요소였다. 또한 이는 오늘날에도 여전히 유효하다. 만약 우리가 살면서 놀지 못하고 일만 한다면, 우리는 곤경에 빠질 것이다. 놀이를 충분히 하지 못한다면 이는 분명 스트레스 장애와 정신 건강 문제를 초래하는 원인이 될 것이다. 우리가 놀아야 한다는 구석기 시대 자발성의 불가피성을 탈환할 수만 있다면 더 행복하고 더 효율적으로 살 수 있지 않을까?

문명은 한편으로 많은 결점을 초래했는데 그 중에서도 진화론적인 '진보'는 우리가 노는 능력에 부정적인 영향을 끼쳤다. 아마도 현대 사람들의 일 중독 모드는 우리의 창의성 발달에 부정적인 영향을 미쳤을 것이다. 하나의 종種으로 더욱 발전하기 위해 우리에게 필요한 유희의 양은 과연 어느 정도일까? 우리는 타고난 유희를 억제함으로써 자기계발에 대한 잠재력을 억압하는 것이 아닐까?

어린이의 놀이

최근에 나는 다락방에서 놀고 있는 손자들을 보았다. 먼저 그들은 회화적이고 독창적인 그림들을 창조해냈다. 마치 조상들이 동굴 벽화를 그려낸 것처럼 말이다. 그들의 관심이 빈 골판지 상자로 옮겨가자, 순식간에 이 상자는 동굴, 비행기, 인형극 무대 등으로 변했다. 나는 눈 앞에 펼쳐진 마술에 놀랐지만, 또 다른 한편으론 그런 환상적인 세계를 창조하는 능력이 있다는 사실에 질투심을 느꼈다. 그들은 현실과 공상 사이에 존재하는 경계가 불분명한 지역에 주저하지 않고 들어갈 수 있는 묘한 능력이 있는 듯 보였다. 그들이 놀고 있는 동안 나는 놀이에 열중해 흥분하여 노는 모습도 부러웠다.

우리가 어른이 되고 난 후 놀이를 위한 재능은 어디로 가버리는 것일까? 그냥 방치되는 건가? 아니면 없어지는 것인가? 손자들의 기쁨을 보며 나는 '불가능한 세계에 대해 움츠리고 말았던' 성인이 된 대가를 지불해야만 했다. 동시에 나는 아이폰이나 아이패드, 닌텐도, 비디오 게임과 같은 오늘날의 새로운 장난감들이 아이들의 환상적 삶에 어떠한 영향을 미칠지에 대해 궁금해졌다. 이 전자 장치들이 가진 사전에 프로그래밍된 게임용 마법들이 그들의 상상력을 파괴시켜 버리는 것은 아닐까?

내 손자들을 보면서 아직 내게 그들과 어울릴 수 있는 소질이 남아있을까 궁금해졌다. 과연 여전히 놀이로 얻어지는 기쁨만을 위해서 놀이를 할 수 있을까? 아니면 그들이 놀이에 열중하는 게 아니라 어떠한 목적을 위한 일을 하게끔 인도해야 한다는 의무감을 느끼고 있지는 않는가? 내가 너무 목적 지향적이었는가? 또는 그들이 지닌 과제 지향적이지 않은 모습이 오히려 나를 방해하게 만들진 않을까? 그들의 놀이에 참여하게 된다면, 놀이가 끝나버리거나, 그들만의 매혹적인 상상의 세계가 오염돼버리게 될지 모른다. 나는 뉴요커 잡지New Yorker magazine에 실렸던 한 만평을 떠올렸다. 그림 속 남자는 쓰레기통 옆 작은 상자에 앉아 있는 고양이에게 "절대 상자 밖으로 나올 생각하지 마."라고 말한다. 혹시 내가 만화에 나온 그 남자와 같지 않을까? 나는 아이들에게 "이건 하지 마, 저것도 하지 마. 네가 지금 하고 있는 행동은 잘못됐어."라고 말해야 한다는 의무감에 휩싸이게 되는 건 아닐까? 솔직히 말해 이런 충동이 계속해서 생겼다.

"우리는 유희적인 자기들을 자극하고 싶어하지만
우리가 그들을 지휘할 수 없다"

놀이의 규칙들은 언뜻 보기엔 단순해 보이지만 실제로는 꽤 복잡하다. 우리가 성장하며 이런 규칙들을 배우지 못하고 어른이 되면, 이 규칙들을 무시하는 경향을 갖게 된다. 결국에는 창의적인 자유보다도 구조적인 것에 끌려 다니게 된다. 우리는 예기치 못한 상황이나 어떤 것을 받아들이는 방법이 자발적으로 일어난다. 이것은 매우 중요하다. 절대로 잊어버려서는 안 된다. 만일 자발성을 잃게 되면, 가장 좋았던 순간들이 사실 예기치 못한 것들로 만들어졌던 순간들이었음을 떠올리지 못하게 된다. 이것이 바로 성인의 역설adult paradox이다. 우리는 놀고 싶어 하는 우리 안의 유희적 자기들playful selves을 자극하길 원하지만, 직접 그들을 지휘할 수 없다.

나는 아이들이 놀이 할 자유와 시간이 필요하다는 점을 알고 있다. 그런데도 아이들이 놀이가 아닌 다른 것을 하라고 권유하려는 강렬한 충동을 느낀다. 이 충동은 다양한 문화적 세뇌를 통해 생긴 것이다. 이 세뇌로 인해 내 안에 있는 유희가 사라질까봐 걱정이다. 나는 놀이가 사치가 아닌 필수적이라고 스스로에게 계속해서 말하고 있다. 어린 시절부터 어른이 되기까지 내가 겪었던 변화의 대가에 대해 깨닫고 있지만, 여전히 과거에 내가 느꼈던 환상, 미스터리, 마술이 가득한 세계를 그리워한다. 하지만 나는 내 안에 아직도 이런 세계들의 잔재가 남아 있다는 것을 잘 알고 있다. 구석기 시대에 살았던 조상들이 내게 물려준 DNA는 내 구석구석을 차지하고 있고, 내 아이의 DNA 또한 그들과 상당 부분 같다. 나는 손자들에게 감사하다. 내 어린 시절의 전부였지만 지금은 잊힌 경이로운 세계를 내게 상기시켜주었기 때문이다. 하지만 이런 성찰은 단순히 기억을 떠올린 것에서 끝나지 않는다. 내 손자들의 자유로운 행동 흐름을 지속해서 통제하고 싶은 충동을 나도 모르게 느끼고 있다. 이런 충동은 내가 아이들의 세계를 파괴할 가능성이 있다.

나는 정신분석가이자 교육자이다. 따라서 아이들이 놀이를 통해 배우고 그들의 놀이에 나름 목적이 있음을 안다. 이는 인간 발달의 지름길이라고 볼 수 있다. 구석기 시대 조상처럼 아이들의 놀이는 상징이 언어를 대체하듯이 그들이 아직 말로 표현할 수 없는 것들을 대신한다. 놀이는 아이들이 정신적, 육체적, 사회적으로 발전하게 돕는다. 놀이는 정서적, 인지적, 동기를 부여하는 과정을 제공할 뿐만 아니라, 아이들의 창의성과 자발성을 자극한다.

최근 신경과학 분야에서 발표한 자료에 따르면, 놀이는 정신적 유연성 mental flexibility을 향상시킨다. 아이들은 놀이를 하는 동안 원하는 결과를 얻기 위해 다양한 방법들을 알아내고, 주어진 상황을 개선하거나 재구성하기 위해 창의적인 방법들을 구성하며, 의사결정을 내리는 등 대응 방법을 만들어 낸다.[134] 놀이는 언어 표현을 촉진하며 다양한 사고를 가능케 한다. 이는 어린이들의 운동 능력을 물리적으로 개발하는 데 필수적이다. 또 이를 통해 아이들은 구체적인 경험과 추상적인 사고 사이의 차이를 좁히는 데 도움을 받을 수 있다. 놀이는 아이들이 가진 부정적 감정을 표현하게 해 충동적 행동을 통제할 기회를 준다. 놀이를 통해 새로운 역할을 실험해보고 대인관계의 복잡성에 대해 탐구해볼 수 있다. 이런 활동이 아이들의 공감 능력을 기른다. 서로 무엇인가 주고받기 놀이give-and-take play를 하는 동안 아이들은 협동을 배우고, 진취성을 키우며, 사회적 기술과 리더십 기술 등을 익힐 수 있다. 연민, 신뢰, 친밀감 등은 규칙적인 놀이를 통해 좀 더 쌓아 갈 수 있다. 누구나 자신과 같이 노는 사람에게 화를 내기란 쉽지 않다. 어떤 놀이는 싸우는 놀이 같고, '인형을 갖고 노는 다과 파티, 의사 놀이' 심지어 가상의 사회적 교전交戰으로 미래에 마주칠 시련이나 상황에 대한 리허설과 같다.

"놀이는 상호 대인관계에 놀라운 효과를 발휘할 수 있다"

우리는 놀이를 통해 정서적으로 어려운 상황을 관리 가능한 것으로 전환하는 법을 배운다. 놀이는 아이들의 상상력과 호기심을 자극하여 창의력, 혁신, 발견으로 이어지게 한다. 놀이는 스트레스 해소에 도움이 된다. 우리가 격렬하게 노는 경우, 기분이 고양되고 고통, 두려움, 불안에 대처할 수 있도록 엔돌핀이 혼합되어 분비된다. 놀이는 슬픔에서 벗어나게끔 회복을 도와주는 기능도 할 수 있다. 그러나 무엇보다도 우리는 놀이의 순수한 즐거움을 누리기 위해 놀이를 한다. 이런 장점들은 놀이를 그저 경박한 것이 아닌 매우 중요한 것으로 만든다. 우리는 "어른이라는 겉모습을 벗겨내면 그 안에 자리 잡은 아이의 모습을 볼 수 있을 것이다."라는 오래된 격언처럼, 놀이와 장난기 가득한 유희적 의사소통을 통해 어른이 되어서도 이런 기술들을 계속해서 정제해나가고 있다.

놀이 아니면 목적?

어린 시절에는 놀이라는 본질적인 활동 그 자체를 위해 놀이를 하지, 외적으로나 직접적인 목적이나 결과를 위해 하지 않는다. 아이들이 놀이를 할 때 목적보다는 수단에 집중한다. 하지만 안타깝게도 나이가 들어가면서 놀이를 점점 중요하지 않은 것으로 간주하며, 자연스럽게 소외시킨다. 어른이 될수록 재미라는 놀이의 본질적인 목적 그 자체를 성취하기 어려워진다.

직장에서 업무를 처리하는 경우 나름대로 중요한 접근법을 지니게 된다. 일반적으로 어떤 목표든 달성하기 위해 가장 빠르고 최소한의 노력으로 가능한 수단을 선택하게 된다. 워커홀릭들은 최선의 결과를 얻기 위해 할 수 있는 모든 일을 한다. 그들의 목표는 최선의 결과를 냈다고 평가받는 것이다. 이들에게 업무 가운데 목표와 거리가 있는 활동은 헛된 것으로 치부된다. 우리가 인생에서 가장 많이 활동하는 것 가운데 놀이가 자리 잡고 있다는 사실을 잊어버리게 된다. 유희라는 본질적인 구성요소가 없을 때, 예술을 하거나, 사랑을 하거나, 즐거운 일을 하는 것이 귀찮아진다. 그 이유는 무엇일까? 어쩌면 이런 활동이 목적은 있을지라도, 실용적^{utilitarian}이지는 않다.

물론 '문명화'된 우리 삶의 많은 부분이 심각하게 많은 스트레스를 주며, 힘들기만 하고 전혀 재미가 없다. 그런데도 과연 즐겁게 놀이하는 것이 적절한지 의문이 들 수 있다. 놀이가 아이들에게는 자연스러운 것일 수 있지만, 격변하는 현대 사회에 적응해 가야 하는 어른들에게는 자연스러운 것이 아니다. 우리가 놀이를 하는 경우, 너무 자주 논리라는 것에 간섭을 받는다. 또 놀이하는 것이 주어진 시간을 가장 잘 활용하는 짓이 아니라며 계속해서 우리를 방해할 것이다. 다락에서 빈 상자를 가지고 노는 행위가 타인에게 자부심을 가지고 이야기할 만 한 것이 아니라면 말이다. 어른이 되면 목적의식이란 것이 삶의 모든 것을 지배한다. 심지어 우리는 아이들이 다락에서 노는 것을 볼 때면, 놀이 그 자체를 감상하는 것이 아니라 아이들이 어질러 놓은 지저분한 물건과 빈 상자들을 치울 때가 됐다는 마음의 목소리를 듣게 된다.

어른들은 아이들이 놀이에 집중하는 진지함과 놀면서도 자신들이 놀고 있다는 사실을 인정하길 거부하는 태도에 쉽게 혼란을 느낀다. 우리는 아이들이 환상과 현실을 구분할 수 없다는 것을 걱정할 수 있다. 물론 그들은 그 차이를 잘 알고 있다. 허구적 방식으로 생각하는 것fictional mode of thinking과 문자 그대로의 방식을 구별하는 능력은 인간 마음의 타고난 능력이다. 다행히도 아이들은 해야 하는 일을 하는 동안 '이유를 말해야 한다'는 식의 내적인 목소리로 고민하지 않는다. 그들은 다른 유형의 논리를 따른다. 그들은 자신의 순수한 기쁨을 위해 놀 뿐, 다락방을 정리하는 일에 대해서는 생각조차 하지 않는다.

"놀이의 반대말은 일이 아니라 우울에 더 가깝다"

나는 손자들이 행복하게 빈둥거리는 것을 보면서 노는 법에 대해 다시 배우거나, 어떤 것을 그저 내버려두는 법을 다시 배울 필요가 있을지 모른다는 생각이 들었다. 아마도 이 메일이나 핸드폰을 확인하는 일을 잊고, 그 대신에 핸드폰을 놓아두고 컴퓨터를 꺼버리는 법을 배워야 할지 모른다는 생각이 들었다. 노는 것의 반대말은 일하는 것이 아니다. 이는 우울과 더 가깝다.

과연 어른이 돼버린 나는 아직 놀 수 있는 능력을 가지고 있을까? 성인을 위한 게임에 종이 판지 상자들이 사용되는 경우는 드물지만, 나는 여전히 카페에 앉아서 지나다니는 사람들과 차들을 그저 바라보기만 할 수 있는가? 나는 단순히 풍경을 구경하려는 목적으로 산책을 할 수 있을까? 혹시 이는 내게 너무 어려운 일이 아닐까? 카페에 앉아 있을 때나 산책을 하면서 그저 사람이나 차 구경, 풍경에 집중하지 못하고, 내가 끝내야 할 다음 일로 고민하거나 이루고자 하는 다음 목표에 대해 생각하게 될 것이다.

어른이 되는 과정에서 어떤 일들이 일어날까? 무엇이 잘못인가? 개인적 경험과 어렸을 때 내게 힘이 되었던 일을 되돌아 볼 때, 어른이 된 나는 장난이 주는 즐거움에 대해 벗어나 있는 것 같다. 나는 놀고 싶은 강한 충동이 있지만, 어린아이에서 어른으로 성장하는 어느 시점부터 노는 것을 그만두었다. 어느 순간에 놀이를 일과 책임감으로 바꿔버렸다. 심지어 지금도 여가 시간이 주어지면 어렸을 때처럼 창의적이며 뇌를 자극하는 놀이를 하기보다는 TV나 컴퓨터 스크린 앞에 앉아 시간을 보낸다. 이런 사람이 나 혼자는 아닐 것이다. 변화가 빠르고 과제 지향적인 사회에서 놀이는 언제나 무시된다.

우리는 놀이를 많이 하는 어린이들이 학교에서 성공하기 쉽다는 사실을 안다. 그리고 놀이를 많이 하면 할수록 어린이들이 커서 사회인이 되었을 때도 일에 쫓기는 동료들보다 더 좋은 성과를 낼 가능성이 높다는 사실도 안다. 우리는 즐겁게 노는 유희와 창의성 사이에 강한 연관성이 있다는 것을 안다.[135] 그러나 우리는 정말 이 사실에 대해 깊게 생각해본 적이 있는가? 우리는 지속적인 자기계발을 위해 오히려 놀이가 더 중요하다는 사실을 인식하고 있는가? 만약 우리가 성인의 삶에 놀이가 미치는 중요성에 대해 재발견할 수 있다면, 창의적인 면에서 지금보다 훨씬 더 효율적으로 일할 수 있을 것이다. 함께 노는 것은 관계에 더 큰 기쁨과 활력을 가져오며 관계 회복에도 도움을 준다. 정기적으로 놀이 활동을 통해 우리는 서로를 더 신뢰하는 법을 배울 수 있다. 그뿐만 아니라 우리가 더 효과적으로 일할 수 있게 해주고, 서로에게 친밀감을 갖게 하며 새로운 시도를 하도록 도와준다.

우리는 성인 시절에 얼마나 놀고 있는지 잘 알지 못한다. 또한 성인 시절의 놀이는 목적의식과 연결되어 있는 것이 좀 더 일반적이다. 반면에, 어린 시절에 놀이는 주로 시간과 공간에 구애 받지 않는다. 이에 비해 성인이 되면 놀이는 어린 시절보다 훨씬 분명하지 않으며, 일상생활에 깊이 감춰져 있다. 이에 놀이에 대한 어려움은 놀지 못했을 때보다는 놀고 있을 때 겪게 될 수 있다. 왜냐하면 성인이 되면 놀이는 좀 더 다른 차원의 것이기 때문이다. 그것은 이야기 구성, 흉내내기를 포함해서 게임에서부터 스카이다이빙, 고속 레이싱, 산악 사냥 등과 같은 익스트림 스포츠에 이르기까지 다양한 형태가 있다. 예를 들어, 건축이나 디자인, 연기와 관련된 직업군에 속한 사람들의 업무는 그 자체로 창의적인 놀이이다. 만약 우리가 어린 시절의 즐거운 자유 분망함으로 놀 수 있도록 우리 스스로를 의식적으로 허용한다면, 평생 동안 계속해서 유익함을 누릴 것이다.

놀이와 몰입

어린이든 어른이든 우리는 진정으로 놀 때 생생하게 살아있음을 느끼거나 깊이 몰두했다는 느낌을 갖는다. 노는 것보다 그런 감정에 깊게 들어가기는 쉽지 않다. 놀이가 신체화embodiment라는 감정을 용이하게 한다는 점 때문이다. 다시 말해, 이는 우리 몸 속에 우리 자신을 각인시키고 현재의 순간에 우리가 존재하고 있음을 느끼게 하는 것을 의미한다.

우리는 놀이를 통해 감각을 만들어 내고, 감각에 사로잡힌다. 또한 신체 전반의 시스템을 양육하고 도전을 북돋는 방식으로 움직인다. 이런 시스템은 결과적으로 엔돌핀과 도파민을 생성하는데, 이는 체내에 즐거움을 유발하는 신경전달 물질이다. 이 물질들은 일부 연구자들이 '몰입flow'이라고 부르는 정신 상태로 이끈다.[136] 우리가 구체적인 활동에 전적으로 조율되었을 때 몰입 상태에 들어간다. '몰입'하는 동안에 자기의식consciousness of self과 시간, 느낌과 우리 주의의 상태가 같이 조화를 이루는 의식 상태에 도달한다. 우리가 몰입 상태에 있는 동안은 현재 상황에 깊게 몰두해 있으며 최선을 다하고 있음을 느낀다. 다른 것은 중요하게 느끼지 않는다. 우리는 일상의 현실에서 긍정적으로 분리되었음에 행복감을 느낀다. 이때 우리 내면의 상태는 우리에게 평화와 충만함을 제공한다. 우리가 현실에서 느끼는 걱정과 좌절이 무엇이든 이것들은 희미해지다가 사라져 버린다. 이와 동시에 우리는 하는 것이 무엇이든 이를 해낼 능력을 가졌다는 자신감을 가진다. 우리는 몰입 상태에서 내재적인 동기를 통해 우리가 무엇을 해야 하는지와 이 추진력을 유지하고자 하는 욕구를 잘 이해하게 된다.

게임의 규칙들

'몰입'에 대한 이해가 놀이의 중요성을 이해하는 데 도움을 줄 수 있다. 하지만, 우리가 다루는 '놀이'가 다른 활동과 어떤 차별점이 있는지는 대답을 주지 못한다. 놀이의 주요 특징들은 무엇인가?

먼저, 놀이는 자유롭게 선택할 수 있는 활동이지만 자유 형식 활동free-form activity은 아니다. 놀이가 기본적인 구조를 가지고 있어도 이 구조는 놀이하는 사람의 마음속에 있는 규칙에서 유래된 것이다. 중요한 것은 이 규칙들은 참여자들 스스로가 선택해 정한다.

밖에서 보면 매우 거칠게 보일지 모르는 신체놀이도 그 안에는 나름 규칙이 있다. 복잡한 놀이 형태를 지니고 있는 가정 놀이, 결혼생활 놀이, 수퍼영웅인 척하는 장면이나 배역으로 구성된 상황극 놀이조차도 사실상 규칙의 지배를 받는다. 그들이 따르는 규칙은 그들이 연기하기로 협의한 역할에 대한 이해와 대체로 일치한다.

놀이 참여자들이 상황극 놀이를 할 때 캐릭터와 극을 짜는 행위를 하는데, 이는 다른 어떤 놀이보다 상상력과 환상을 자극한다. 그렇다고 다른 놀이에서 상상력이 일어나지 않는다는 것은 아니지만, 상황극 놀이가 좀 더 상상력과 환상이 드러나기는 한다. 예를 들어, 상황극 놀이에서 거칠고 어수선한 싸움은 진짜 싸움이 아니라, 그저 싸움을 흉내내는 놀이이다. 좀 더 건설적이고 정교한 놀이인 성 쌓기도 마찬가지이다. 놀이 참여자는 성을 쌓았다고 할지 모르나, 이것이 진짜 성이 아니라는 것쯤은 알고 있다. 확실한 건 놀이는 이렇다 할 규칙이 없는 것 같으면서도 스스로 만들어낸 많은 규칙이 존재한다는 점이 참으로 수수께끼이다.

놀이에 내포된 모순에 대해서는 놀이 연구 분야의 고전적인 텍스트인 하위징아Johan Huizing의 〈호모 루덴스-놀이하는 인간Homo Ludens(2010)〉에 다음과 같이 정리되어 있다.

> 놀이의 기본적인 특징을 요약하면 다음과 같다. 우리는 놀이를 '별로 심각하지 않게' 하지만, 놀이는 놀이 참여자들을 강렬하고 철저하게 빨아들인다. 놀이는 의식적으로 '평범한' 삶의 바깥에 서 있는 자유로운 활동이다. 놀이는 물질적 결과 창출보다는 활동 자체에 목적을 두고 있으며, 이를 통해 어떠한 이익도 없다. 그래도 놀이는 정해진 규칙에 따라, 시간과 공간의 올바른 경계 안에서 질서 정연하게 진행된다. 이는 자신을 드러내려 하지 않는 경향이 있는 사회 집단의 형성을 촉진하며, 변장이나 다른 수단을 통해 자신이 속한 집단과 일반적인 세계와의 차이점을 강조하기 위해서이다.[137]

하위징아의 저서를 바탕으로, 나는 놀이의 본래적 특성들에 대해 알아보기 위해 매우 단순한 방식을 고안했다. 이 방식을 네 개의 M으로 구성된 4M이라 칭하겠다. Me-time(나만의 시간), Make-believe(다른 사람인 척 하기/믿게 만들기), Mastery(숙달), Meaning(의미)가 그것이다.

1. 나만의 시간을 갖는 것의 중요성

'(나를 위한) 나만의 시간$^{Me\text{-}time}$'을 가지는 것은 놀이의 기본 요소이다. 이는 무엇보다도 자유의 표현^{representation}이다. 예를 들어, 우리에게 일이 주어졌을 때 이 일을 언제 또는 어떻게 작업할지 자유가 보장되면, 아무리 어려운 일이라도 놀이로 할 수 있다. 심지어 어려운 일이 될지라도 놀이로 승화시킬 수 있다. '나만의 시간'은 자율성^{autonomy}과 자유 의지(선택)$^{free\text{-}choice}$를 의미한다. 이는 다른 사람들이 우리에게 기대하는 것보다는 우리가 하길 원하는 무언가를 할 수 있다는 것을 뜻한다. 이를 통해 우리는 다른 사람이 자신에게 기대하는 행동보다 나 자신이 하고 싶은 일에 더 비중을 둘 수 있게 된다. 다른 사람이 시키는 것을 해야 하는 상황에서 일은 절대 놀이가 될 수 없다.

놀이는 나 자신을 위해 하는 것이다. 그렇기 때문에 놀이는 특별한 자유로움을 느끼게 한다. 노는 것은 내가 다른 사람이 아니라 나 자신의 통제$^{self\text{-}governed}$ 아래 놓이게 됨을 의미한다. 우리는 놀이를 할 때 자신의 가치와 믿음에 따라 어떤 행위를 할지 결정한다. 또 이런 행동을 나 자신의 선택에 따른 결과로 경험하며, 그것은 경험적 앎$^{experiencing\ the\ knowledge}$이 된다. 놀이는 마음에서 우러나며 자발적이고 자연히 일어나는 행동으로 표현되면서도 동시에 놀이 자체에 말려드는 것을 내포하고 있다. 놀이는 그저 관객석에 앉아 남이 하는 경기를 관람하는 스포츠가 아니다. 텔레비전 앞에 앉아 있는 것은 휴식을 취하는 것이나 그저 시간을 보내는 행위가 될 순 있지만, 놀이라고 하진 않는다. 놀이에 참여하는 사람들은 놀이를 할 것인지 아니면 하지 않을 것인지 결정할 뿐만 아니라, 놀이에 임하는 동안 그들 자신이 어떻게 행동해야 할지 스스로 결정한다.

놀이는 우리가 만들어 냈거나, 놀이 참여자들이 암묵적으로 수용하는 규칙에 따라 구성된다. 그렇기에 놀이 참여자들은 놀이의 즐거움에 매혹된다. 놀이를 정의할 때 핵심적인 개념은 자유이다. 이런 놀이에서 느낄 수 있는 궁극적인 자유는 바로 그만둘 수 있는 자유이다. 원할 때 '그만둘 수 있는 자유'가 없다면, 놀이의 규칙들은 유지되기 힘들게 된다.

2. '다른 사람인 척 하기'의 중요성

셰익스피어는 다음과 같은 명언을 남겼다. "전 세계는 하나의 무대이다. 그리고 모든 남자와 여자는 단지 배우에 불과하다. 그들은 저마다 등장할 때와 퇴장할 때가 정해져 있으며, 한 인간은 살아가는 동안 많은 역할을 한다."[138] 놀이는 심각한 것이지만 심각하지 않고, 현실이지만 사실 현실이 아니다. 이것이 바로 놀이에서 드러나는 역설이다. 놀이는 '다른 사람인 척 하기Make-believe'이며, 실재가 아니라 허구이다. '다른 사람인 척 하기' 놀이는 사회적 경험과 인지 발달cognitive development의 교차점에 놓여 있다. 이런 놀이는 현실reality과 현실의 재현으로 구성된 이중 의식을 만들어낸다. 예를 들어, 우리가 탈 수 있는 진짜 코끼리가 없다면 우리는 코끼리를 탈 수 없다. 하지만 놀이할 때 규칙으로 소파의 팔걸이를 코끼리라고 지정한다면 우리는 놀이를 하는 동안 코끼리를 마음껏 탈 수 있다. 실제로 양탄자는 바닥에 까는 물건이지만 놀이를 하는 동안에는 날아다니는 카펫이 될 수 있다. 가상의 상황이 게임의 규칙을 결정하게 되고, 게임이 진행되는 동안 실제 세계는 이차적인 것이 된다. 놀이가 상상의 세계에서 일어나는 동안, 놀이는 외부에서 정해진 규칙보다 놀이 참가자의 마음속에서 생겨난 규칙에 따라 진행된다.

이렇게 '다른 사람인 척하기/믿게 만들기' 세계는 커다란 성장 기회를 제공한다. 그 안에서 아이들은 자신의 두려움을 극복할 수 있고, 마법의 칼을 들고 용들과 싸울 수 있다. 그뿐만 아니라 침대 밑에 있는 괴물들을 물리칠 수 있으며, 우주의 지배자가 될 수 있다. 아이들은 놀이를 통해 세상의 변덕에 맞서 상황을 통제할 수 있는 통제권을 얻는다. 다른 존재가 된 것처럼 '~척 하기와 ~체 하기' 놀이는 아이들이 사회적 역할과 타인과의 관계에서 느낄 수 있는 상호작용에 대해 경험하게 한다. 아이들은 이를 통해 엄청난 인지와 정서적 영향을 갖게 된다. 또한 이를 통해 다른 사람의 입장을 이해할 수 있게 된다. 놀이 중에 아이들은 외과 의사, 조종사, 소방관 심지어는 카레이서의 역할도 경험할 수 있게 된다. 이때 발휘되는 상상력의 도약은 아이들이 스스로 문제를 해결하게끔 격려한다. 그렇기에 아이들이 어린 마음의 내적인 발달을 이루는 데 강력한 도구 역할을 한다.

> "아이들은 놀이를 통해 세상의 변덕에 맞서
> 상황을 통제할 수 있는 통제권을 얻는다."

공상하기

다른 사람인 '척 하기' 놀이와 공상은 밀접한 관계가 있다. 과거로부터 지금까지 우리에게 상상력을 제공한 신화와 전설 그리고 동화에서 볼 수 있듯이, 우리는 다양한 영웅을 창조해왔다. 하지만 여기에는 공통점도 존재한다. 우리가 공상 이야기 daydream narrative를 할 때 흔히들 활용하는 두 가지 개념이 있다. 그것은 '정복 영웅 conquering hero'과 '고통 받는 순교자 suffering martyr'이다. 이런 줄거리를 가진 이야기는 우리에게 감동을 주고 동기를 부여한다. 다른 많은 공상처럼 우리가 놀이를 통해 창조적인 과정을 겪을 수 있도록 충분히 즐길 공간을 제공한다.

어린 시절부터 어른이 되기까지 다른 사람인 척 상상하기와 공상하기를 계속하는 것은 우리 안에 있는 거대한 욕구의 반영이다. 여기서 말하는 욕구는 일상생활에서 느끼는 무력함과 좌절감에 타협하는 모습에서 벗어나길 원하는 것이다. 우리는 다른 존재가 될 수 있다고 믿고 싶어 한다. 이렇듯 다른 존재가 된 것처럼 행동하고 싶은 충동이 일생 동안 우리와 함께 한다. 어린 시절과 마찬가지로 공상 속에서는 다양한 역할, 생활 방식, 직업을 가지고 놀 수 있게 하여 자기 미래 계획과 포부를 세우는 데 도움을 얻는다. 이런 공상은 창의적 과정의 근본이다.

> "다른 존재가 된 것처럼 행동하고 싶은 충동은
> 일생 동안 우리와 함께 한다."

3. 숙달의 필요성

성격 심리학자 로버트 화이트Robert White는 '효과성 동기effectance motivation' 개념을 소개하며 우리가 환경에 영향력을 행사하고 탐구하고자 하는 것이 우리의 경향임을 설명했다.[139] 그는 인간의 '주된 강화제master reinforcer'가 역량에 대한 감각, 환경, 효과적으로 상호작용하는 능력이라 말했다. 이런 욕망은 아이들 놀이에서 매우 분명하게 드러난다. 아이들은 자기 역량을 드러낼 수 있는 영역에 끌리고, 성공 가능성이 불분명하거나 성취를 이뤄내지 못할 영역은 피해 버린다. 만약 자기가 예상했던 대로 성공하거나 실패하면 이를 경험한 뒤 자기 역량이 드러날 곳을 찾아 이동하는 행동을 강화하게 된다. 상호작용하는 놀이와 게임들은 아이들이 환경에 숙달된 감각을 얻는 하나의 방법이며, 이를 미리 실험해 볼 수 있는 기회들을 제공한다. 놀고자 하는 동기는 외부 압력에 의해 생겨나기보다는 개인의 내면에서 출발한다. 놀이의 주된 목표는 결과를 만들어 가는 과정이지 단지 결과만을 달성하려는 것이 아니다. 예를 들어, 아이들이 해변에서 모래성을 만들며 놀고 있을 때 내가 아이들에게 다가가 "내가 대신 모래성을 만들어 줄게."라고 말한다면 아이들은 기뻐하지 않을 것이다. 그것은 그들의 재미를 망치는 것이다. 그들은 결과가 아니라 성을 만들어 가는 과정에 따라 동기를 부여받는다. 중요한 것은 재미도 재미지만 모래성을 만드는 데 숙달된다는 사실이다. 그렇게 모래성을 만드는 행위에서 숙달의 효능감을 얻는다.

4. 의미의 필요성

"나는 누구인가?", "나는 어디서 왔는가?", "내 삶의 목적은 무엇인가?" 등 우리가 스스로에게 묻는 가장 근본적인 질문은 모두 "현재 내 삶이 얼마나 가치 있는가?"라는 하나의 질문으로 수렴된다. 이 질문은 "삶과 우주, 그리고 존재하는 모든 것이 어떠한 의미를 가지고 있는가?"라는 더 포괄적이고 철학적인 질문을 개인화한 것이다. 질문들이 서로 연결되어 있는 이유는 이 질문들의 이면에 죽음에 대한 두려움이 자리 잡고 있기 때문이다.

삶이 갖는 의미는 모두 자기정의self-defined를 통해 드러난다. 그렇기 때문에 삶의 의미는 사람마다 다르다. 이것이냐 저것이냐가 아니라, 자신이 누구인가에 따라 다르다는 것이다. 우리가 살고 있는 현실과 상황에 따른 것이 아니다. 우리는 우리의 관점, 현실, 신념 체계에 따라 삶에 의미를 부여한다.[140] 따라서 내게는 깊은 의미가 있는 무언가가 다른 사람들에게는 아무런 의미가 없을 수 있다. 같은 것이라도 그것을 접하는 시기가 달라지면, 의미가 달라진다. 그들의 경험이나 동기와 신념 그리고 관점에 따라 의미는 달라진다.

의미라는 것은 자기표현self-expression을 통해 세상에 무언가를 부여하는 것이며, 주위 환경이나 다른 사람들과 진정으로 상호작용하는 '경험하기'를 내포하고 있다. 실제 경험과 원하는 경험 사이에 불일치가 일어날 때 우리는 우울해진다. 일상의 무의미함meaninglessness과 자기실현self-actualize을 위해 의미를 찾고자 하는 내적 충동이 일어나기도 하며, 할 수 있는 것과 될 수 있는 것 등에서 불일치를 경험한다. 이때 놀이는 의미를 찾는 데 필수적인 역할을 한다. 놀이는 정체성의 여러 요인은 물론 맡고 싶고 감당할 만한 다양한 역할을 탐구하는 데 필요하다. 놀이의 이런 과정을 통해 의미가 만들어지고 발견되는 것이다. 하지만 우리에게 의미있다고 해석하는 것은 언제나 매우 주관적인 판단에 따라 결정된다.

과도기적 과정

의미는 어머니 또는 다른 양육자와 유아의 상호작용을 통해 형성되는 초기 발달 경로에 기원을 둔다.[141] 우리는 어머니와 아이들이 어떻게 놀이 공간을 만드는지 관찰할 수 있다. 이 놀이 공간은 영유아가 삶의 변화에 대처하는 방법을 배울 수 있게 도와준다. 만약 엄마가 '아이와의 상호작용을 충분히 잘 해낸다면', 그녀는 아기의 필요와 욕구에 익숙해질 것이다. 그렇다 하더라도 그녀가 가끔 좌절하는 것은 불가피하다. 이런 상호작용은 의미 있는 활동이며 이를 통해 유아의 마음이 발달하게 될 것이다. 이는 서로 다른 존재 사이의 연속성을 제공하고, 아이들이 어머니의 정체성과는 다른 자신만의 정체성을 창조하게끔 도와준다.

위니캇Winnicott은 손가락을 빠는 행위와 곰 인형을 가지고 노는 시기 사이의 영역을 '중간 영역intermediate area' 또는 '세 번째 영역third area'이라 표현했다.[142] 예를 들어, 아이가 '원초적primitive' 놀이를 보여주는 첫 번째 징후는 아이들이 엄마/양육자 및 그들 자신의 용모가 투사된 중간대상transitional objects을 만들어낼 때이다. 중간대상이란 유아가 특별한 가치를 두는 대상이다. 주로 어머니인 많은 주 양육자와의 관계에서 조금씩 분리되는 과정에서 형성된다. 중간대상은 아이가 스스로 선택하게 된다. 보통 담요나 인형인 경우가 많은데, 아이에게 첫 번째로 '내가 아닌 소유물not-me possession'이 된다는 점에서 발달의 중요한 주춧돌이 된다.

중간대상은 과도기적 장소, 환상과 현실이 마주하는 공간, 창의성과 놀이가 시작되는 영역, 성인 문화생활의 토대가 되는 공간과 관련되어 있다. 아이와 부모는 의미를 만드는 놀이의 심오한 형태인 중간 영역transitional space을 만들고 참여한다. 이런 놀이 활동은 우리 모두가 한계가 있고 전능함과 전지함이 부족하다는 점을 받아들여야만 한다는 사실 앞에서 창의적 해결책을 찾는 매우 효과적인 방법이다.

이런 중간 영역에서 노는 것은 의미 형성meaning-making 활동의 근간이 된다. 또한 세상 속에서 자신이 어떤 의미를 가지며, 세상 속 자신의 위치가 가지는 의미를 계속해서 발견하고 구축해 나갈 수 있게 한다. 이 놀이는 인간 내부의 심리적 현실과 객관적인 외부 세계가 '환상illusion'을 긍정적으로 사용함으로써 결합하게 한다. 놀이는 매우 진지한 일이면서 동시에 매우 신나는 활동이다. 중간 영역에서 놀면서 아이들은 상상력을 활용해 외부 현상을 조작하기도 하고, 놀이하는 동안 떠오른 느낌과 생겨난 의미를 형상화하는데 자신의 상상력을 사용하기도 한다. 아이들은 놀이를 통해 평소 자신의 마음속에서만 펼쳐지던 경험들을 실제 세계에 구현해봄으로써 실현할 수 있다. 우리는 이런 놀이가 행해지는 것을 예술가와 작가의 작품 속에서 볼 수 있으며, 이 놀이들이 더 넓고 제도적인 규모로 종교와 이념 안에서 행해지는 것도 볼 수 있다.

> "노는 데 어려움을 겪는 사람은 살아가며 의미를 형성하는 데 어려움을 겪게 될 수 있다."

그러나 아이들이 중간 영역에서 노는 행위가 억압된다면 노는 행위와 관련해 아이들이 미래에 갖게 될 능력에 부정적인 영향을 줄 수 있다. 이런 영향은 아이들이 자라나 인생에서 의미를 찾는 행위에도 영향을 미칠 것이다. 노는 데 어려움을 겪는 사람들은 살아가며 의미를 형성하는 데 어려움을 겪게 될 수 있다. 놀이를 충분히 하지 못하거나 전혀 하지 못한다면, 자신에 대한 일관된 이야기나 내러티브를 구성하는 데에 어려움을 겪을 수 있다. 일관된 이야기나 내러티브를 구성하는 것은 아이들이 튼튼한 자기감을 가질 수 있게 도움을 주는데, 놀이를 충분하게 하지 못하면, 자기감 자체가 축소된다. 넬슨 만델라Nelson Mandela, 마더 테레사Mother Teresa, 아웅 산 수 지Aung San Suu Kyi와 같은 영향력 있는 리더들은 자기 자신을 포함해 다른 사람들을 위한 의미를 만들어 낼 수 있는 능력을 지니고 있다. 이런 사람들에게서 우리는 자주 일종의 장난스러움을 엿볼 수 있다. 그들이 이런 장난스러움 속에서 평온함을 유지할 수 있었던 것은 아닐까 생각하게 한다. 또한 그 반대의 경우도 마찬가지다. 그들 자신들보다 더 큰 무언가를 만들기 위해 유희적 재능을 사용했기 때문이다.

성인이 치러야 할 대가

프리드리히 니체Friedrich Nietzsche는 "사람이라면 누구나 내면의 숨겨진 곳에 놀고 싶어 하는 한 아이가 자리 잡고 있다."라고 말했다. 그러나 오히려 어른들이 보이는 행동들에선 내면에 자리 잡은 아이가 잘 보이지 않는다. 놀이가 더는 예전 같지 않기 때문이다. 우리는 놀이가 일로 바뀌어버린 사회, 용서와 자비가 없는 성취 지향적 사회achievement-oriented society에서 살고 있다. 어른뿐만 아니라 아이들에게까지 놀 수 있는 충분한 시간이 주어지지 않는다. 사람들은 아이들이 어린이집에 다니는 순간부터 어떤 성과를 낼 것을 기대한다. 어른들은 아이들이 어떤 방식으로든 기대를 채워주길 바란다. 부모들은 아이들에게 '불가능한 임무'를 강요하고, 많은 교사도 아이들을 미성숙한 어른immature adults이라 치부한다. 이는 잘못된 태도이며, 더 큰 문제는 부모와 교사들이 아이들에게 무리한 요구를 기대한다는 것이다. 만약 그들이 아이들을 미성숙한 어른으로 보기보다는 어른들의 무리한 요구에 '위축된 아이atrophied children'로 본다면, 지금보다 더 좋은 교육이 이뤄질 수 있을 것이다.

어린아이처럼 노는 것을 즐기는 어른들이 자신을 묘사할 때, '어린애 같은childish'라고 표현하는 것은 안타까운 일이다. 어린애 같다는 말을 경멸적인 용어로 사용하는 사람들은 놀이가 나이에 상관없이 삶에 지속해서 중요한 영향을 미친다는 사실을 알지 못한다. 놀이는 업무 속에서 높은 성과가 창출되기를 기대하는 시선에서 부담감을 덜 수 있는 보호 장치로 활용될 수 있다. 예를 들어, 시기적절한 농담은 스트레스를 줄여준다. 농담은 모든 코미디의 본질이다. 농담을 통해 지금까지 말하지 못했던 불편한 진실들을 아주 가볍지만 명확하게 표현할 수 있다. 이런 사실만 봐도 코미디나 농담, 놀이 등은 워커홀릭에 빠진 사람들까지도 넓은 시야로 세상을 바라볼 수 있게 만들고, 정신적으로 힘든 공간에서 해방될 수 있게 만든다.

우리가 삶의 주기를 거치는 동안 놀이하려는 성향은 우리 존재의 핵심적 요소로 남을 것이다. 일단 우리가 성장한 뒤에는 놀이에 대한 우리의 능력이 그렇게 눈에 띄지 않을 수 있다. 하지만 이런 능력이 잠시 보이지 않을지라도 여전히 내부에 자리 잡고 있다. 우리가 성인이 되어 하는 일에서 어느 정도는 '다른 사람인 척 하기'와 '환상'이 중요한 역할을 한다. 놀이는 귀중한 배움의 방식이자 창의적인 생산의 원천이다. 따라서 놀이하지 않고 일만 하는 사람은 얻을 수 있는 최고의 것을 얻지 못할 것이다. 배우 겸 만화 작가 존 클리즈John Cleese는 다음과 같이 말했다. "창의적인 노동자를 얻기 원한다면, 그들에게 놀 수 있는 충분한 시간을 주어야 한다." 만일 좁고 과업 지향적인 전통적 근무 환경에서 벗어나 '노는 시간'을 제공받을 수 있다면, 업무 효율의 결과는 놀라울 것이다. 이런 환경에서 사람들은 결과에 대해 걱정이 줄어들고, 자신의 성취감을 위해 주어진 업무를 즐겁게 할 것이기 때문이다.

당신은 놀고 있는가?

만일 당신이 직장을 그만두고도 여전히 직장을 다닐 때와 같은 수입과 만족도를 얻을 수 있다면, 당신은 어떤 결정을 내리겠는가? 만일 당신이 이 제안을 즉시 받아들인다면, 아마도 지금 하는 일에서 놀이적 측면은 매우 제한적일 것이다. 만일 제안을 받아들이지 않는다면, 당신은 외적인 보상과 관계없이 일 자체를 즐기고 있을 것이다. 다시 말해, 당신은 일하고 있을 뿐만 아니라 업무라는 장에서 놀이를 하는 것이다.

오늘날 직장에서 일하는 사람들은 예전의 사람들보다 더 오래 더 열심히 일하고 있다. 이는 이렇게 일해야만 더욱 생산적인 결과를 낼 수 있을 거라

믿기 때문이다. 이렇게 열심히 오래 일한 대가로 그들은 뒤처지거나, 만성적으로 피로감을 느끼거나, 다양한 스트레스 장애를 앓게 되었다.

> "경력을 지속해서 쌓기 위해서는
> 놀이할 수 있는 역량이 기적 같은 효과를 낳을 수 있다."

냉정하게 말하면, 성공은 우리가 직장에서 보내는 시간의 양보다는 우리가 생산하는 작업의 질에 따라 좌우된다. 그리고 우리 정신 건강은 우리가 생산해내는 작업의 질에 큰 영향을 미친다. 바로 이것이 우리가 일할 때 놀이를 해야 하는 중요한 이유이다. 노는 시간이 없다면, 우리의 업무는 쉽지 않을 것이다. 노는 시간이 없다면 우리는 일로 고통을 겪게 될 것이다. 알버트 아인슈타인Albert Einstein은 다음과 같이 말했다. "창의성을 자극하기 위한 방법은 간단하다. 놀이를 원하는 아이들 같은 성향과 인정받고 싶어 하는 아이들의 욕구를 발전시켜야 한다." 경력을 지속해서 쌓기 위해서는 놀이할 수 있는 역량이 기적 같은 효과를 낳을 수 있다. 프로젝트에 임하는 중 어려운 난관에 봉착했을 때, 하던 일과는 완전히 다른 일을 하면 문제에 대한 생각에서 잠시 떠날 수 있을 뿐만 아니라 그 이상의 무언가를 가져다준다. 이렇게 완전히 다른 행동을 하는 것은 창의성을 자극한다. 사고방식의 변화를 꾀하는 것은 새로운 관점을 얻을 수 있도록 도와준다. 그렇다면 성인으로서 우리는 어떻게 자기검열self-censorship을 거치지 않고 자기통제self-control를 실천할 수 있을까? 우리가 장난기가 너무 심하다고 느끼는 자기인식에서 벗어나 즐거운 장난기를 지닐 수 있는 자기인식self-awareness에 머무르려면, 어떻게 해야 하는가? 어떻게 하면 우리는 어렸을 때 그랬듯 놀이가 삶의 중심 역할을 하도록 할 수 있을까? 이 질문들에 대한 답을 찾는 한 가지 방법은 중간 영역 안에서 일하는 것이다.

  교육자로서 내게 주어진 중대한 임무는 고객들이 충분히 놀 수 있는 장소로 그들을 데려가는 것이다. 그 공간은 고객들이 변증법적 과정과 상호작용 과정에 참여하게 한다. 이를 통해 자유를 누리고 가능성을 키우며 의미를 강화할 수 있게 해준다. 이런 공간을 실용적 측면에서 살펴보면, 정신역동 접근법을 취하는 경영진 워크숍을 들 수 있다. 하지만 이런 워크숍은 참여자들이 어려워하는 활동이다. 그런 공간에서 놀기 위해서는 참여자들에게 상당한 용기를 끌어내야 한다. 그들 안에 자리 잡고 있는 어린아이의 모습을 끄집어내려 할 때, 참여자들은 오히려 자신들이 웃음거리가 되지 않을까 두려움에 사로잡힌다. 어른이 된다는 것은 어떤 측면에선 가식을 부리는 일이 늘었다는 걸 의미하기 때문이다. 이렇게 두려움에 사로잡히는 것보다 더 나쁜 것은 많은 성인이 자신이 가진 장난스러운 면을 의식적으로 억압한다는 것이다. 이는 분명 삶이 고통의 연속이고, 인생이 장밋빛이 아니며, 우리 모두가 성공할 가능성이 전혀 없다는 생각에서 비롯된다. 이 말은 실제로 사실일 수도 있으나, 만약 우리가 이런 부정적인 전망에 사로잡힌다면 우리는 앞으로 아무것도 할 수 없을 것이다. 이런 정신 상태는 '놀 수 있는 능력 capacity for playfulness'을 파괴한다.

조직적 놀이 치료

놀이 치료는 어린이를 치료할 때 행해지는 매우 일반적인 개입이다.[143] 이 치료법은 아이들이 느끼는 혼란스런 감정이나, 정신적 충격이 큰 사건에 대해 제대로 이해할 수 있게 돕는 데 활용된다. 아이들은 놀이 치료를 통해 일상생활에서 불가능한 일을 할 수 있다. 곧 놀이 치료를 통해 좀 더 작은 규모로 세상을 '창작'할 수 있는 기회를 얻는다.

어른에게 놀이 치료를 사용하는 것은 어린아이의 경우와 크게 다르다. 어른이 놀이하기를 꺼려하는 이유 가운데 하나는 놀이가 유치하고 부적절한 행동으로 간주되기 때문이다. 이런 견해를 가진 사람들에게 예술 작품을 창작하거나 사랑을 나누는 것과 같은 성인의 행동이 곧 놀이이며, 한 술 더 떠 장난스러운 놀이를 통해 이득을 얻을 수 있다는 말을 해야 한다. 성인 교육 환경은 특히 학습을 촉진하고, 인간관계를 강화하며, 건강한 복지를 향상할 수 있는 놀이적 개입을 행하기에 매우 적합한 장소이다. 이곳은 성인이 무언가를 실험해보고, 새로운 삶의 경험을 쌓으며, 창의력을 재발견할 뿐만 아니라 심지어는 자기 자신을 재발견하고 바꿔나갈 수 있도록 안전한 공간을 제공한다.

내가 맡고 있는 경영 프로그램에서는 참여자들의 창의적 발전을 증진하기 위해 교육적인 놀이 기술을 활용한다. 이 프로그램의 추동력과 등록 이유는 많은 참여자가 자신의 삶에서 무언가가 진행되고 있음을 느끼고, 이에 대해 알아보는 시간을 갖고자 하기 때문이다. 그들은 지금까지와는 다르게 일을 처리할 마음의 준비가 되어 있다. 그들은 자신들이 막다른 골목에 다다랐다는 것을 깨달았을 뿐만 아니라, 이 위기를 타개하기 위해 자신이 무언가 하기 원한다는 것을 안다. 그래서 내가 맡고 있는 경영 프로그램에 등록하는 것이다.

CEO '재활용' 세미나

일 년에 한 번 인시아드에서는 '리더십의 도전: 성찰적 리더 만들기The Challenge

of Leadership: Creating Reflective Leaders'라는 워크숍을 진행하고 있다. 이 워크숍에는 20명의 고위 간부들이 초대된다. 대부분이 대기업 또는 공기업의 CEO들이다. 이 워크숍에 참여하는 CEO들은 각자 다양한 이유로 이 프로그램에 지원했을 것이다. 예를 들면, 해결할 수 없을 것처럼 느껴지는 딜레마, 자신에 대한 부정적 감정, 지루하거나 자신이 사기꾼처럼 느껴지는 감정 등 이다. 그들은 다양한 스트레스 증상들로 고통 받고 있을 수 있고, 여러 딜레마로 고군분투하고 있을 수 있다. 그러나 일반적으로 프로그램에 지원할 때 대체로 자신이 가진 문제에 대해 명확하게 인지하지 못하고 있다.

 프로그램에 참여하길 원하는 사람들은 먼저 복잡한 신청서를 작성해야 한다. 이 신청서를 통해 제공된 정보를 바탕으로 지원자가 프로그램에 적합한 사람인지 초기에 평가하게 된다. 그뿐만 아니라, 프로그램 참여자가 될 수 있는 지원자들을 각각 직접 인터뷰하거나(그들이 어디에 있든 상관없이) 전화 통화를 통해 그들이 이 힘겨운 세미나를 헤쳐 나가는 데 필요한 무언가를 가지고 있는지 확인한다. 이를 통해 이뤄지는 지원자의 '현실' 사례 연구는 지원자들을 탐구하는 데 주요한 자료가 될 것이다. 나는 인터뷰를 통해 지원자가 가진 심리와 새로운 것을 수용하고 이에 반응하는 능력이 어느 수준인지, 어느 정도의 방어적인 태도를 보이는지, 자신의 정체성에 대해 얼마만큼 인지하고 있는지, 현실 검사에 대한 수용력을 얼마나 지니고 있는지, 그들 자신을 진실로 이해하고자 어느 정도 마음의 준비를 해냈는지 알아내려 노력한다.

 워크숍은 5일 씩 3개의 모듈로 구성되어 있는데, 각 모듈 사이 약 두 달간의 휴식 기간이 주어진다. 마지막 모듈이 끝나고 6개월 뒤 네 번째 모듈이 4일 단위로 행해지는데, 이때 참여자가 앞의 3개 모듈에서 자신들이 내린 삶의 결정을 얼마나 잘 수행해 왔는지 평가한다. 워크숍의 목표는 각 모듈에서 참여자들이 자신에 대해 더 많이 배운다. 이를 위해 워크숍마다 휴식 기간을 갖는 동안 직장과 집으로 돌아가서 무엇을 할 것인가에 대한 '약속'에 합의하며, 휴식 기간이 끝난 뒤에 참여자들이 워크숍으로 돌아와 이해도를 높이고자 노력했다. 나는 동료들과 함께 '숙제로 내준' 과제를 평가하는 책임을 맡고 있다. 이와 같은 상호 코칭은 프로그램의 일부이다. 참여자들은 하나의 모듈이 끝난 뒤 이에 대해 성찰하는 내용의 문서를 작성한다. 이 문서들은 내게 보내지는데, 이를 읽고 참여자들의 경험에 대한 피드백을 제공한다. 그러나 자신의 경험을 성찰하는 문서를 작성하는 것은 피드백을 제공받기 위한 것만이 아니라, 또 다른 중요한 기능을 제공한다. 자신의 경험에 대해 작성하는 것 자체가 바로 자신의 삶을 구조화하는 경험이 된다.

첫 번째 모듈은 네 가지 모듈 가운데 가장 구조가 체계적이다. 나는 이 모듈을 통해 높은 성과를 내는 조직들, 조직 문화, 모범적이거나 역기능적 리더십, 경력 라이프 사이클, 문화적 다양성 관리, 조직적 스트레스, 조직적 변화와 개인적 역동 등과 관련해 상호작용할 수 있는 짧은 강의를 제공한다. 그러나 이 프로그램의 심리적 활동과 조직의 중심 모델은 참여자 개인사에 집중한다.

진행하다가 일정 시기가 되면, 각 참여자들은 자기 삶에서 가장 중심이 되는 주제와 딜레마에 대해 다른 참여자들과 토론하기 위해 자원하여 '뜨거운 의자hot seat'에 앉는다. 이 의자에 앉게 되는 시간이 매우 중요하다. 사람들은 이 의자에 앉아 개인적인 삶의 이야기를 꺼내면서 성공적이었든 실패했든 상관없이 자신이 겪은 경험과 결정에 대해 체계화할 수 있게 된다. 자신의 경험에 대해 말하는 것은 자신을 발견할 수 있는 과정이 되고, 또한 다른 참여자들이 그들 자신의 공적인 또는 사적인 생활에서 겪는 문제들에 대해 더 잘 이해할 수 있게 도움을 준다.

두 번째 모듈에서는 다양한 360도 피드백 진단지를 작성하는 과정을 통해 숙고하는 시간을 갖는다. 이는 꽤 오래 걸린다. 이런 360도 피드백은 참여자 모두의 배우자나 동료 또는 중요한 지인에게 얻은 피드백을 포함하며, 참여자의 조직적인 면과 개인적인 면 둘 다에 집중한다.[144] 추가적인 정보들은 다른 가족들이나 절친한 친구들에게 얻을 수 있다. 이 정보들은 두 번째 모듈과 세 번째 모듈 사이에 좀 더 구체화된 실행 계획의 기초를 세우는 데 도움이 된다. 세 번째 모듈의 주된 목적은 이전의 모듈 활동을 통해 얻은 통찰을 통합하고, 변화를 위한 전환점을 만들어내며 미래의 행동 계획에 대해 실험해보는 것이다.

이 프로그램의 핵심 요소는 참여자들이 놀이 감각을 키우는 것이다. 참여자들이 가장 장난스러운 즐김을 겉으로 드러내도록 격려하기 위해 프로그램 퍼실리테이터가 참여자들이 신뢰와 호혜성 reciprocity이 있는 안전한 중간 영역을 만드는 것이 필수적이다. 이 공간은 참여자들이 극복해야 하는 역기능에 따라 담아내고 contained 비춰주고 mirrored 안아주는 환경 holding environment을 제공할 것이다. 이런 환경은 참여자들이 실험해보고, 놀아보며, 자기 이슈에 대한 작업을 시작하는 데 필요하다.

대부분 참여자들은 프로그램 세 번째 모듈을 통해 점차 가족들보다도 서로를 더 잘 알 수 있게 된다. 이 시점에 이르면 전체가 참여하는 세션에서 이뤄지는 교류에 내가 개입할 필요성이 훨씬 줄어들고, 물 흐르듯이 굉장히 자유롭게 진행된다. 참여자 그룹들은 점차 자기분석 self-analyzing하는 공동체로 변화해간다. 마지막으로 진행되는 프로그램의 네 번째 모듈 동안에 참여자들은 지금까지 학습했던 모든 내용이 적절하게 내부화 built-in 되었는지를 확인하는 기회를 얻는다.

이런 조직 교육 치료 프로그램의 핵심 요소는 참여자들이 '놀이' 할 수 있는 기회를 제공하는 것이다. 이 '놀이'를 시작하는 매우 효과적인 방법은 참여자들에게 자화상을 그려 보도록 요청하는 것이다. 이 과정에서 참여자들은 자신의 삶을 어떻게 이미지화할 것인지 생각해보며, 삶에 대해 성찰하는 시간을 갖는다. 물론 참여자들에게 자화상을 그려 보기를 요청하면, 처음엔 약간 망설인다. 하지만 이 활동은 참여자들이 현실과는 다른 세상, 즉 다른 사람으로 상상하는 세계로 빠져 들게 하는 데 매우 효과적이다. 이 활동에 필요한 중간 영역을 안전하게 만들기 위해서는 진정성을 실례로 보여주고, 직접적인 공감과 무조건 긍정적인 존중을 보여주는 것이 중요하다.[145] 일단 이런 공간이 만들어지면, 이 공간은 활동에 참여하는 경영진들이 새로운 가능성을 발견하고, 삶을 살아가는 새로운 전략을 실험해볼 수 있도록 도울 것이다.

중간 영역은 금지와 창조의 수용력을 촉발하고 자기 성장과 개인의 창의성과 문화적 경험을 위해 대단히 중요하다. 이 공간은 참여자들을 위한 담아주는 자container를 제공한다. 오직 그들이 과정 안에서 신뢰를 획득해 가며 이런 담아주기가 적합하다고 느낄 때, 그들은 실험을 시작하고 놀기를 시작하기에 충분히 안전하다고 느끼게 된다. 그렇게 되어야지만 오직 그들은 자신의 이슈를 해결해 갈 수 있다. 대안을 실험하고 만족스러운 결과를 경험하며 내면 세계와 외적 현실을 연결하는 것이 가능하게 된다. 이런 연결은 좀 더 깊은 진정성과 효과성을 만들어 낸다.

참여자들이 수업에서뿐만 아니라 다른 시간에도 소그룹을 이뤄 많은 시간을 보낸다는 사실은 새로운 시작을 격려하는 실험들에 도움을 준다. 그룹 안에서 이뤄지는 그룹 구성원끼리의 장난스런 상호작용은 새로이 획득한 행동 패턴을 통합하는 역할을 하기에 매우 중요하다. 타인에게 배움을 얻는 것은 이런 변화 과정이 효과적으로 진행되도록 하는 데 필수적이다. 결국 이러한 조직적 그룹 치료 참여자들은 열정적인 학습 공동체를 형성한다. 중요한 것은 이 공동체에 속한 참여자들은 각자가 이전에 배웠으나 잊고자 했던 행동 패턴을 새롭게 시도하는 것 자체를 꺼리는 사람들에게 건설적인 피드백을 제공한다는 점이다. 이 과정에서 누구도 상처받아서는 안 되며, 사랑이란 이름으로 포장된 공격을 해서는 안 된다. 이 공동체에 주어진 주요 과제는 참여 그룹들을 자기를 분석하는 공동체로 만드는 것이다.

워크숍의 후반부에 장난기 많은 학습 공동체 구성원들은 첫 번째 모듈에서 보여준 자신들의 능력과 비교하여 감성지능에서 놀라울 만한 변화를 보여준다. 대부분 프로그램 학습은 매년 후속 세션을 통해 더욱 강화되는데, 이는 참여자들이 프로그램에서 습득한 새로운 행동 패턴들이 자신들의 삶에 얼마나 잘 스며들었는지 평가받을 기회를 제공한다.

심리적 댄스

> "상대방에게서 드러나는 내러티브를 들으며
> 말하지 않은 부분도 경청할 필요가 있다."

경영진에게 노는 방법에 대해 제안할 때는 그들이 이전에 인식하지 못했던 감각, 감정, 생각에 집중하게 만드는 것이 중요하다. 촉진자로서 내게 주어진 과제는 그들이 자신들의 행동에 대해 더 잘 인식할 수 있게 만드는 것이다. 그러나 이런 촉진은 양방향으로 진행된다. 그들에게 일어나는 일들에 대해 충분히 민감하게 반응하기 위해서는 내가 겪을지도 모르는 역전이 반응countertransference reactions에 대해 매우 조심해야 할 필요가 있다.[146] 상대방에게서 드러나는 내러티브를 들으며 말하지 않은 부분도 경청할 필요가 있다. 이런 과정은 논의되는 문제를 가진 사람과, 이 문제를 바라보는 전체로서 그룹group-as-a-whole, 그리고 이 상호작용을 경험하는 방식 사이에서 장난기 어린 춤과 같다. 자유로운 놀이는 인지 흐름, 정서적 회복탄력성emotional resilience, 신체적 각성physical alertness을 자극한다. 이 과정에서 나는 사람들이 서로의 말을 정중하게 경청하고, 이 내용을 모든 사람들이 들을 수 있는 기회를 갖도록 노력한다. 또 그 자리에 있는 모든 사람의 이야기에 대해 정말로 생각하는 것과 느끼는 것을 분명하게 표현할 수 있게 격려한다. 진정성 있는 소감을 요구할 때는 이야기에 대해 부정적인 반응이 분명하게 있을지라도, 모두 알고 있지만 말하지 않는 문제들이 반드시 표현되고 명명되어져야 한다는 것을 의미한다. 참여자들은 슬픔, 분노, 기쁨, 낙담, 혐오감, 흥분, 질투 등을 포함하여 자신의 감정을 진실하게 표현할 수 있게 서로 격려받아야 한다.

모두가 다른 사람에게 자신을 드러내고 이해받기 위해 이런 워크숍과 같은 활동에 참여하지만, 동시에 우리는 타인에게 자신을 노출하거나 비난받기를 두려워한다. 또한 우리의 긍정적, 부정적 환상을 타인에게 투영하지 않고 모든 사람들에게 똑같은 관심을 기울이는 방법을 알지 못할 수 있다. 자기 자신뿐만 아니라 타인에게도 좋은 관심을 쏟고, 좀 더 깊은 인식을 배양하는 놀이 활동은 성인 교육 놀이 그룹에서 필수적인 요소이다.

참여자들은 프로그램이 진행됨에 따라 자신과 그룹이 제공하는 것에 대해 개인적으로 깊은 책임감을 갖게 된다. 워크숍이 진행되는 안전한 공간 안에서 무의식 아래에 있거나 인지할 수 없던 문제들이 표면 위로 떠오른다. 여기에는 오랫동안 억눌려온 두려움과 갈망이 포함되어 있다. 그러면 뒤이어 분열splitting이나 투사projection, 부정denial, 전치displacement, 분리dissociation, 우울depression 같은 고전적인 형태의 저항이 유발된다. 시간이 지날수록 이런 방어 기제의 영향은 점차 약해진다. 집단적 환경은 친밀감, 소속감, 사회적 치유와 같은 감각을 만들어 내고, 이는 개인이 카타르시스 경험을 담아내는 공간container을 제공한다.

세미나가 끝나면 참여자들은 일상생활로 다시 돌아가서 세미나를 통해 얻은 통찰과 배움을 토대로 자신을 둘러싼 외부 환경에 맞춰 자기 자신을 새롭게 재정비해야 한다. 이는 그들이 자신의 생각이나 감정, 심지어는 자신들의 신체를 다르게 활용함을 의미하며, 자신들의 일상적 행동에서 차이가 드러난다. 진실로 그들의 삶에 변화가 이뤄졌다면, 이는 분명하게 드러나야 한다. 하지만 이 변화는 참여자들의 행동 레퍼토리에 확실히 스며들기 전까지 계속해서 반복되어야 한다. 그렇지 않으면 언제 변화가 있었는지 기억할 새도 없이 신기루처럼 사려져버리고 말 것이다.

플레이올로기의 귀환 Playology redux

그리스 극작가 아이스킬로스 Aeschylus는 다음과 같이 말했다. "현명한 사람이라면, 어리석어 보이는 것이 유익한 것임을 알 것이다." 이번 장에서 나는 노는 능력이 우리를 구성하는 필수적인 요소라고 말했다. 놀이는 단순히 어린이만의 게임이 아니라, 성인기를 이루는 데 굉장히 중요한 부분이다. 놀지 못한다면 배울 수도 창의력을 키울 수도 없다. 놀이는 우리 두뇌가 가장 좋아하는 학습 방법이다. 우리는 우리 주변에 존재하는 마법을 찾아내고 또 재발견할 수 있도록 놀이를 해야 한다.

"놀지 못한다면 배움과 창의력도 없다."

나는 아이들이 노는 방법을 관찰하면서 내가 얻을 수 있는 최고의 영감을 얻는다. 우리는 한때 어린아이였으며 아직도 우리 안에는 장난기 많은 어린

아이가 자리 잡고 있다. 우리는 이 사실을 외면해서는 안 된다. 우리 내면의 어린아이가 살아가며 우리를 이끌어나가게 해야 한다. 이를 통해 우리는 사는 동안 놀고, 탐험하고 새로운 것을 시도하게 될 것이다. 우리가 사는 시대에서 우리 모두는 일상생활, 계획, 규칙 그리고 다른 사람들이 우리에게 갖는 기대가 우리에게 미치는 예기치 않은 효과들을 경험하게 될 것이다. 이때 우리는 우리 안에 놀기 좋아하고, 자발적이며, 새로운 도전들에 뛰어들어 보고, 새로운 장소, 아이디어, 활동들을 탐구하고자 하는 어린아이가 있다는 사실을 잊지 말아야 한다.

우리의 장난스런 즐김은 우리가 새로운 기술을 배우려는 의지를 갖고 있으며 예상치 못한 기회를 잡을 준비가 되어 있음을 보증하는 것이다. 그뿐만 아니라 우리가 느끼는 지루함, 걱정, 우울함에서 우리 자신을 강력하게 보호해준다. 만약 우리가 우리 자신이 놀 수 있게 마음의 자유를 갖는다면, 언제나 해결할 수 없을 것처럼 보이던 문제들을 해결할 수 있을 것이다. 그리고 우리가 장난스럽게 즐기는 마음가짐을 가졌을 때만, 삶의 부조리함을 웃어넘길 수 있다. "만약 인생이 몹시 형편없게 느껴진다면, 당신은 잊은 것이 하나 있다. 그건 소리 내어 크게 웃고, 미소와 함께 춤추며 노래하는 것이다." 몬티 파이튼Monty Python이 말했듯이, 항상 인생의 밝은 면을 보려고 노력해야 한다. 만약 우리가 세상을 우리가 어린아이였던 시절에 뛰어들어 놀았던 모래 놀이 공간처럼 보려 노력한다면, 우리는 이 모래 놀이 공간 안에서 놀며 자신을 탐구하는 새로운 모험을 떠날 수도 있을 것이고 우리 자신의 새로운 모습을 발견할 수 있을 것이다.

8장

티핑 포인트

> 마음의 눈으로 보았을 때만 바르게 볼 수 있다.
> 정작 중요한 것은 육안으로 보이지 않는 법이다.
> – 앙투안 드 생텍쥐페리 Antoine de Saint-Exupéry

> 당신이 사물을 바라보는 방식을 바꾼다면,
> 당신이 보고 있는 사물이 변화한다.
> – 막스 플랑크 Max Planck

> 내 생각에 사람들이 유레카라고 외치는 순간은 거대한 발견이 아니라 작은 발견일 뿐이다. 중요한 건 그를 토대로 작은 깨달음들이 차곡차곡 쌓여 거대한 발견으로 이어진다는 점이다.
> – 로저 펜로즈 Roger Penrose

도입

일반적으로 리더십 코칭은 낯선 사람들 사이에서 매우 비밀스럽고 모호한 과정이며, 불가사의한 교류 occult exchanges 정도로 알려져 있다. 코칭이 가진 부정적이고 부정확한 이미지는 다른 치료사의 이미지와 비슷한 것으로 그려진다.

대중매체에서 정신분석가나 치료사들은 하얗고 긴 수염을 지니고 빈센트 악센트를 사용하며 고풍스러운 구식 카우치에 앉아있다. 고객들이 남의 도움도 받지 못하고 악마와 싸우고 있든 말든 아무말도 하지 않는 모습으로 그려져 온 것이다. 이와 같은 고전적인 시나리오는 재미있는 몇몇 만화들의 배경은 될 수 있으나, 부지불식간에 코칭의 이미지를 부정적으로 반영하여 코칭에 대한 고정 관념을 공고히 할 수 있다.

코치와 고객의 관계에 대한 대중들의 부정적인 이미지는 코치들에게 장애물이 된다. 대중매체에 따라 특정화된 일부 코칭의 모습은 재밌어 보이기는 해도, 사람들이 코칭 세션에서 실제로 어떤 일들이 벌어지는지 파악하는 데 전혀 도움이 되지 않는다. 그뿐만 아니라 고객이 점진적이거나 혁신적 변화를 이룰 수 있게 돕는 코치들의 역할을 무시하게 될 수 있다.

"효과적인 코치는 노련한 재즈 뮤지션처럼 일한다."

코칭이 가진 부정적인 이미지로 인해 코칭을 '도움을 주는' 직업으로 설명해도 사람들이 도와달라는 요청을 주저할 수밖에 없다. 그러나 리더십 코치로서 일해온 내 경험으로 볼 때 코치-고객이라는 접점coach-client interface이 잘 작동한다면 비록 고객이 다소 의심하는 마음이 있더라도 긍정적인 결과를 얻을 수 있다는 사실을 알 수 있었다. 효과적인 코치는 노련한 재즈 뮤지션처럼 코칭에 임한다. 그들은 고객이 가진 것을 재구성reconstruction하고 재설정reformulation하며 존중하는 자세로 경청하면서 고객들이 제시하는 주제들에 즉각적으로 반응한다. 그들은 고객들의 이야기에 사용된 모티프, 문구, 문장들을 다르게 구성하여 고객들이 자신의 경험을 새롭고 흥미로운 방식으로 느끼게 한다. 이를 통해 고객들은 기존의 시각과 다르게 사물을 볼 수 있게 되고, 자신의 삶을 좀 더 잘 통제할 수 있으리라 느낄 수 있다. 여기서 무엇보다 중요한 것은 고객 스스로 자신을 재발견할 수 있다는 것이다.

코칭이 기억 저편으로 사라진 과거의 충격적이고 불행한 상황들을 자주 상기시키시는 것은 사실이다. 하지만 코칭 과정이 잘 진행된다면, 고객들은 큰 힘을 부여받게 되고, 더 높은 자기인식을 지니게 되며, 높은 수준의 자기표현을 할 수 있게 된다. 또한 자기탐색을 촉진하기도 한다. 효과적인 코칭은 고객들의 창의적 과정을 자극하고, 심리적인 위험을 감수하도록 격려하며, 더 높은 수준의 감성 지능을 갖게끔 돕는다. 그뿐만 아니라 삶에서 좀 더 깊은 현실적인 감각을 창출할 수 있게 한다. 코칭은 자존감 문제, 지속적인 불안, 스트레스 증상, 성기능 장애, 우울증, 시기심과 질투, 목적의식 부족, 인생 주기의 여러 단계에서 타인들과 일으키는 많은 어려운 문제들을 해결할 수 있다.

'아하!' 모멘트들

우리 모두는 '아하!Aha!' 또는 '유레카!Eureka!'라고 외쳤던 순간들을 기억한다. 골머리를 앓고 있던 수수께끼에 대한 해답을 갑자기 찾거나, 문제에 대한 해결책을 어느 순간 이해하게 되었을 때, 흔히 우리 머리 위에 있는 전구에 빛이 들어온다. 이 순간은 삶의 변화를 알리는 매우 중요한 신호인데, 이를 티핑 포인트tipping point[147]라 불린다.

사람들이 유레카를 겪었던 순간의 공통점은 심오한 통찰이 매우 평범한 일상에서 촉발되었다는 점이다. 그리스의 수학자이자 과학자였던 아르키메데스Archimedes는 왕의 왕관이 모두 순금으로 만들어졌는가 아니면 은이 섞였는가를 증명할 수 있는 방법을 찾고자 했다. 아르키메데스가 목욕을 하러

물이 가득 찬 통으로 들어가면서 물이 넘치는 것을 보았을 때, 그리고 이를 통해 어떻게 물의 수위가 올라가는지 깨달았을 때, 그는 갑자기 이 이치를 왕관의 금 밀도를 알아내는데 사용할 수 있다는 사실을 깨달았다. 그는 이를 발견하고 너무나 흥분해서 알몸으로 거리로 뛰어나가 외쳤다.

"유레카! 유레카!"

또 다른 유명한 '아하!' 순간은 17세기 영국의 물리학자 아이작 뉴턴Isaac Newton의 사과 이야기이다. 뉴턴은 과수원의 나무 아래에 누워 있다가 사과가 땅에 떨어지는 장면을 보았다. 뉴턴은 사과가 왜 공중에 떠 있지 않고 바닥으로 떨어지는지 고민하다가 우리가 왜 공기 중에 떠다니는 것이 아니라 바닥에서 걸어 다닐 수 있는지까지 고민하게 되었다. 그러다가 마침내 지구의 거대한 질량이 물체를 잡아당긴다는 사실을 깨닫게 되었고, 이 깨달음을 토대로 특정한 종류의 움직임과 중력에 대한 이론의 구조를 잡을 수 있었다.

이 두 가지 사례를 보면, 코칭 순간에 겪는 '아하!' 순간들로 인해 발생하는 통찰은 사실 비교적 평범한 순간처럼 보일 수 있다. 그러나 개인에게 이런 깨달음을 주는 아하 사건들은 진부해보이더라도, 개인적 차원에서 중요한 삶의 전환점이 될 수 있다. 일반적으로 코치들은 고객들의 점진적인 변화를 예상하지만, 때로는 '아하!' 순간들을 겪게 된다.

선형적 변화와 획기적 변화

불연속적이고 비선형적인 성격[148] 변화를 가져 오는 경험들은 상당히 극적일 가능성이 높다. '아하!' 순간들은 심각한 정신적 고통을 야기하는 외상 사건traumatic events, 삶에서 마주하는 어려움, 정신 건강의 불균형에 의해 촉발될 수 있다. 아하 순간은 '획기적 변화quantum change'로 묘사되어 왔는데, 이는 갑작스럽게 예상치 못했던 변화의 형태를 의미한다. 또한 당사자가 생생하게 기억하는 행동이나 순간에 의해 나타난다. 이를 통해 핵심 가치나 태도나 행동이 지속적으로 큰 변화를 겪을 수 있고, 심리 치료적 맥락의 안팎에서 발생하기도 한다.

밀러Miller와 세 드 바카C'de Baca[149]에 따르면, 아하 경험들은 개인의 감정과 인지 및 행동의 광범위한 범위에 영향을 미친다. 그들의 연구 결과는 획기적 변화 경험이 우리가 생각한 것만큼 드물게 일어나는 것이 아니며, 이 경험들을 단순히 희망 사항이나 일시적인 망상으로 일축해서는 안 된다고 밝혔다.

밀러와 세 드 바카는 획기적 변화를 '맑은 하늘에 벼락a bolt from the blue' 또는 '한 줄기 빛을 보는 듯seeing the light'이라고 비유한다. 이런 삶을 변화시키는 경험을 겪었던 사람들은 거의 보편적으로 이 경험이 자신의 현실을 이전과는 매우 다르고 새로우며 의미 있게 인식하게 도왔다고 말했다. 또한 그들 눈앞에 '갑자기' 중요한 진리가 드러났다고 말했다.[150] 그들은 자신 안에 아직 드러나지 않은 무한한 잠재력이 있다는 것을 깨달았다. 이런 생각들이 그들의 머릿속에 떠올랐을 때 진실하게 사는 것이 가장 중요하다는 사실을 깨달았고, 마음의 평화를 얻고 정신력을 강화할 수 있었다. 이 변화들은 그들의 핵심 가치에 긍정적인 변화를 가져왔다. 그들은 병들고 제대로 작동하지 않는 행동 패턴에서 스스로를 해방시킴으로써 자신의 삶이 가지는 의미에 대해 더 깊이 있게 고민해볼 수 있었다. 또 그들은 과거의 불쾌한 경험들에 대해 덜 상처 입을 수 있게 되었다. 과거의 상처를 곱씹기보다 그들은 현재를 소중히 여기고 미래를 고대하게 됐다.

밀러와 세 드 바카[151]는 자신들의 가설에서 급격하게 드러나는 통찰과 좀 더 신비로운 현현more mystical epiphanies이라는 두 가지 종류의 획기적 변화를 언급했다. 그들의 연구에 참여한 피실험자 가운데 일부는 자신들이 경험한 것을 거의 가공되지 않은 내적 자원inner resources이라 인식했고, 또 다른 피실험자들은 신적 존재의 선물gift이라 간주했다. 그러나 밀러와 세 드 바카는 신비로운 경험과 획기적 변화는 많은 공통점들을 갖고 있다고 생각했다.

심리학이 시작된 이래로 신비로운 경험들은 전해져 왔다. 그 가운데 가장 눈에 띄는 경험들은 윌리엄 제임스William James의 저서『종교적 경험의 다양성 The Varieties of Religious Experience』에서 찾아볼 수 있다.[152] 제임스에 따르면, 신비한 의식 상태는 여러 가지 형태로 나타나고, 그 강도 또한 다양한 종교적 경험에 따라 드러난다. 이런 의식 상태가 가장 단순한 형태로 나타났다고 보면, 아르키메데스와 뉴턴이 경험했듯이 개인의 머릿속에 갑작스럽게 떠오르는 지능이나 통찰의 형태를 생각할 수 있다. 하지만 이 신비한 경험은 전혀 다른 형태이다.

명상을 통해 달성되는 숭고한 영적 상태에서 개인은 신God과 하나가 되는 엑스터시를 경험한다. 이렇듯 궁극적으로 신성한 실재divine reality와의 비합리적인 직접적 조우는 깊은 일치감과 높은 수준의 존재의 살아있는 감각을 느끼게 한다. 이런 경험을 겪고자 하는 사람들이 떠나는 신비로운 여행은 살아가는 동안 계속될 수 있으며, 미지의 것과 직접적 조우로 최고점에 달한다. 이 여행은 합리적인 이유로는 설명되지 않으며 직접적인 경험에 의존하는 마음의 숨겨진 영역으로 향하는 길이다. 밀러와 세 드 바카는 '자기조절self-regulation'을 언급함으로써 획기적 변화를 비신비적 형태로 해체하고자 했다. 그들은 획기적 변화가 매우 중요한 불일치에 따라 유발되는 행동에 주요하고 지속적인 변화를 나타내는 것이라고 주장한다. 또한 이 변화의 목표는 의미와 정체성을 핵심과제로 하고 있다고 주장한다.[153] 우리의 초기 지각initial perceptions은 우리가 사물을 바라보는 방식을 좌우하고, 우리의 관심을 지배하며, 우리가 평소와 다른 대체적인 인식을 떠올리는 것을 가로막는다. 이런 점에서 그들은 '자각의 급격한 전환perception shift' 효과를 언급한다. 추가적인 요소로는 '가치 충돌'을 들 수 있다. 코치와 컨설턴트는 지속적인 갈등을 초래하는 가치 충돌을 유도할 수 있다. 마지막으로 그들은 '초월transcendence'에 대해서도 언급했다. 이런 변화는 심지어 예상치 못한 변화 또는 의도치 않은 변화와 같이 개인이 변화를 가지려 의식적으로 노력하거나, 변화를 겪고자 하는 욕망 없이도 일어날 수 있다.[154] 이런 경우에 외부 대리인이나 외부 압력이 변화에 영향을 끼친 것처럼 보일 수 있다. 마치 신에 의한 것처럼 말이다. 이런 변화들을 윌리엄 제임스나 다른 사람의 말로 바꿔 표현한다면, 초월성을 지니나 보통 경험들과는 매우 현저하게 다른 강력한 질적 수준을 갖는다고 말할 수 있다. 이 지점에서 우리는 다시 영성spirituality과 심리학의 경계에 도달하게 된다.

이 경계는 꽤나 어두운 지형이다. 획기적 변화의 영향을 받은 사람들의 증언을 읽어보면, 갑작스럽게 겪게 된 통찰은 흔히 인간 발달에 대한 과학적인 관점에서 볼 때 존재하지 않는 믿음, 계시, 직관, 본능, 초감각적 지각extra sensory perception(ESP) 및 기타 많은 준 영적인 사건들에 기인한다. 좀 더 합리적인 연구 접근법과 종교적인 경험의 신비한 본질 사이에는 언제나 일종의 괴리가 존재한다.

신비 과정에 대한 연구에서 인간 본성에 대해 더 '객관적인' 방향으로 연구 방향을 전환하기 위해 우리는 신경학neurology 분야로 여행을 떠날 필요가 있다. 뇌 기능에 대한 연구는 극적인 변형 경험이 신경학에 토대를 두고 있을 수 있다는 것을 시사한다. 분명하게 창의적인 통찰력을 필요로 하는 문제를 해결할 때, 우리 두뇌 활동은 우리가 좀 더 선형적인 문제 해결linear problemsolving에 힘쓸 때 행동하는 방식과는 다르게 작동한다.

신경학적 여행

신경과학자들은 항상 티핑 포인트에 흥미를 느껴 왔고, 특정한 신경 활동이 변혁적인 경험과 관련이 있는지 궁금해 했다. 그들의 연구에 따르면, 강한 정동적 경험affective experiences[155]은 코치들이 고객이 막혔거나 멈춘 상황에 대해 재구성하는 역할을 하는 코칭에서 코치-고객의 상호작용 중 활성화되는 것으로 보이는 신경생리학적 과정들과 관련이 있다. 자세히 살펴본다면 일상적인 인지 처리 활동에 좌뇌가 더 중요한 역할을 하는 반면에, 이보다 극적인 티핑 포인트는 우뇌와 관련이 있는 것으로 보인다. 우뇌는 직관적이고 자발적이며 감정적이면서 상상력과 연관이 있다. 또한 이를 통해 무의식에 다가갈 수 있게 해준다. 그뿐만 아니라 우뇌는 기존에 이미 있는 코드들이나 전략들이 즉시 적용될 수 없는 새로운 인지적 상황들을 탐색 처리하는 데 핵심적인 역할을 한다. 다시 말해, 새롭거나 다른 아이디어들을 동반하는 자발적인 놀라움들을 처리하는 데에 우뇌가 쓰인다는 것이다. 신경생리학적인 관점에서 볼 때 우뇌는 티핑 포인트 순간에 우회하는 것으로 보인다. 만약 우리가 극적인 통찰력을 찾고자 한다면 우리는 우뇌에 의존해야 하고 우뇌가 무의식적으로 기능하리라는 믿음이 있어야 한다.

신경과학자들은 우리가 실제로 통찰의 순간에 편도체가 현저하게 증가하는 것을 발견했는데, 이는 뇌에서 정보들이 갑작스럽게 재구성(지각의 급격한 변화) 된다는 것을 의미한다.[156] 편도체는 여러 피질 영역으로 신호를 보내 신경 조직이 재구성되는 내부적 과정이 일어나고 있음을 알려주는데, 이는 사람들이 더욱 고차원적 사고를 하는 데 중요한 역할을 한다.

대부분 신경과학자들은 통찰의 순간에 생긴 정보는 장기 기억에 통합되며, 편도체는 감정적인 사건과 관련된 기억을 형성하고 기억을 저장하는데 중요한 역할을 한다고 설명한다. 일단 우리가 문제를 해결할 수 있는 새로운 방법을 발견하거나 문제를 더 빨리 그리고 효과적으로 해결할 수 있는 새로운 방법을 깨닫게 되면, 편도체는 우리가 그 정보들을 잊어버리지 않을 것이라고 확신한다. 그리고 편도체는 새로운 내부적 재현의 갑작스러운 재구성에 대한 장기 기억을 촉진한다.[157] 이런 새로운 상태에서 신체 생리학, 정보 처리, 영향, 기억, 인지, 의사소통뿐만 아니라, 주체적인 자기경험self-experience도 효과적인 치료 작업에 최적의 도움이 될 수 있는 방식으로 구성된다.

우리는 변혁적 경험들이 구석기 시대에서부터 전해진 유산에서 비롯된 기본적인 생리 과정과 매우 밀접한 관련이 있다는 사실을 추론할 수 있다. 선사 시대에 살았던 선조들은 일상적으로 생명을 위협하는 수준의 사건들에 직면했다. 이런 위협에 직면했던 반복은 생존이 위협받고 있다는 것을 인식했을 때 이에 완벽하고 강력하게 반응할 수 있게끔 현대적인 신경계를 형성하게 했다. 오늘날까지 우리가 비슷한 상황에서 자신을 발견한다면, 우리는 흥분할 것이고 활력이 넘칠 것이며 에너지가 충만해지고 어떠한 도전도 할 준비가 된 자신을 발견할 수 있을 것이다. 위협을 느끼는 상황에 처하거나 사랑에 빠질 때 우리는 우리 내면의 가장 깊은 곳에 자리 잡은 자원을 끌어내고 인간으로서 가질 수 있는 최대한의 잠재력을 경험할 수 있게 해준다. 중요한 것은 이것이 다른 시각으로 고착된 상황을 바라보려는 의지와 결합하면, 티핑 포인트를 설정하려는 순간에 어떠한 형태든 불편함이 제기된다는 점을 주목해야 한다는 것이다.

진짜 변화와 가짜 변화

신경학적 연구들은 '아하!' 순간이 삶에서 중요한 문제에 대한 새로운 통찰과 변화의 가능성을 알리는 인식의 전환distinct shift이라고 단언한다. 티핑 포인트는 이전에 코칭 고객들을 괴롭혔던 부정적인 생각과 걱정이 갑자기 증발했을 때 발생한다.

그러나 티핑 포인트가 얼마나 현실적일까? 그것은 단지 일시적인 현상일까? 이를 통해 얻은 통찰이 그 뒤로도 지속될 수 있을까? 치료 분야에서 계속해서 논의되는 주제는 고객들이 자신의 감정적 욕구를 충족하는 대가로 치료사가 원하는 의도대로 행동하는 (의식적으로 또는 무의식적으로) 현상인 '전이 치료transference cure'이다. 전이 치료는 고객이 치료사를 기쁘게 하기 위한 노력으로 기적적인 변화를 경험한다고 주장하는 형태를 취하며, 그 보상으로 치료사는 고객이 가진 문제가 되는 증상이나 행동 패턴을 무시하게 된다.

이런 파우스트적 거래의 성공 여부는 훌륭한 고객들이 자신의 증상이나 행동 패턴들을 다른 기능 영역에서 얼마나 잘 분리하느냐에 달려 있다. 전이 치료를 할 때 고객들은 자주 지적 이해력을 보여줌으로써 치료자를 기쁘게 하려고 노력한다.[158] 이는 거의 확실히 일시적인 해결책으로 밝혀질 것이고, 얼마 지나지 않아 고객들은 원래의 상태로 돌아갈 것이다.

자아의 주도 아래 일어나는 퇴행

정신분석학자이자 예술역사학자인 에른스트 크리스Ernst Kris는 치료 세션 중에 발생할 수 있는 두 가지 종류의 퇴행regression을 구분했다. 퇴행은 자기 방어기제의 한 유형이다. 첫 번째는 환자가 압도되어 병리학적 반응을 일으키는 퇴행이다. 두 번째 퇴행은 좀 더 잘 통제되는 환자의 창조적 역량을 강화하는데,[159] 크리스는 긍정적인 퇴행 과정이 발생한 세션을 '좋은 시간good hour'이라 묘사했다.

정신분석가들이 환자와 분석가들 모두에게 몇 번의 세션만이 특별히 생산적이었다는 사실에 대해 오랫동안 알고 있으면서도 이에 대해 연구하지 않았지만, 크리스는 이런 세션들에 대해 체계적으로 검사하고 연구하였다. '좋은 시간' 중 환자들은 예기치 않게 나타난 새로운 기억들에 대해 긴장하지 않을 것이며 애쓰지 않을 것이다. 이전의 방어적인 반응들은 줄어들 것이다. 새로운 기억을 발견하는 능력은 발견된 것의 중요성을 파악하는 능력과 일치할 것이다. '좋은 시간'에서 치료사는 환자의 정서적 상태에 완전히 적응할 것이다. 기억은 맥락 안에서 떠오르고, 의미 있는 사건들을 상징하며, 결과적으로 환자의 삶의 정신적 구조를 재조정하는 결과를 낳는다. 크리스는 이 과정을 자아ego의 주도 아래 일어나는 퇴행[160]이라고 부르며, 이는 '아하' 순간 또는 티핑 포인트와 매우 흡사하다. 타인에게 도움을 주는 직업에 종사하는 모든 사람에게 주어지는 한 가지 도전 과제는 티핑 포인트를 좀 더 쉽게 만들어주는 '좋은 시간'을 조성하려 노력하는 것이다.

그러나 전이 치료의 위험을 인식한 크리스는 '좋은 시간'과 '좋은 시간이라 속이는 시간deceptively good hour'을 구분했다. 후자의 경우에 환자는 치료자의 사랑을 원하므로 치료사가 고맙게 생각할 행동을 하고자 한다. 그래서 그들은 치료사가 바라는 연대를 맺는다. 이런 공모가 발생하는 경우 환자와 치료사는 모두 쉬운 길을 택하고 거짓 변화pseudo-change를 만든다. 치료사는 단기간에 좋은 감정을 형성하기 위해 지속적인 변화와 성장하고자 하는 진정한 희망을 스스로 희생한다. 하지만 이런 행동은 획기적 변화가 무엇인지 궁금증을 만들 뿐이다.

티핑 포인트의 해부학

나는 리더십 코치이자 심리치료사이다. 이에 고객들의 삶을 구성하는 모든 것을 건드려 보곤 한다. 이 과정에서 티핑 포인트와 정기적으로 직면하는데, 이는 긍정적인 삶의 변화를 이루도록 이끄는 지점이다. 티핑 포인트는 누군가의 인생을 이루는 거대한 퍼즐 조각들이 모두 제 자리를 찾아가게 만든다. 아주 명쾌하고 고무적이며 실재적 안도감을 제공하는 순간이다. 하지만 이런 순간은 자주 발생하지 않으며, 사건이 끝나기 전까지 보고되지 않을 수 있다. 그러나 티핑 포인트가 일어났을 때, 나는 사람들이 과거의 행동 양식에 꼭 들어맞지 않더라도 전혀 다른 방식으로 극적인 삶의 변화가 일어나는 것을 보았다.

티핑 포인트는 사람들이 자기 제한적인 믿음과 과거에 생겨났던 부정적 조건부여conditioning를 예기치 않게 사라지게 한다. 사람들은 티핑 포인트를 통해 자신들이 진정한 자기와 대화하는 것을 방해하고 삶을 완전히 즐기는데 훼방을 놓는 왜곡된 개념들을 인식하게 된다. 다시 말해, 자신들이 어떤 패턴에 갇혀 그에 따라 자동적으로 생각하고 행동하고 있음을 깨닫게 된다. 하지만 이제 그들은 이전과 다르게 좀 더 건설적인 방식으로 사물을 바라볼 준비가 된 것이며, 더 확실하고 목적이 있는 삶을 영위할 준비가 된 것이다.

티핑 포인트 순간에 많은 변수가 모이는데, 이는 더 면밀한 분석을 하게 만든다. 인지적, 감정적, 행동적 변수들 또한 이 과정에서 영향을 끼치며, 변화의 촉매제 역할을 할 수 있다. 이 과정은 어떻게 진행되는가? 티핑 포인트가 갑자기 떠오르는가? 아니면 티핑 포인트가 발생하기 전 예비 과정들이 존재하는가?

나와 동료들이 직접적으로 관찰한 내용에 따르면, '아하' 순간으로 이어지는 과정은 순서가 있다. 많은 고객은 자신의 삶에 무언가 결여되어 있다고 생각하며 좌절감을 갖는 순간 시작된다고 한다. 고객들 가운데 겉으로 보기에 매우 만족스러운 삶을 살고 있으며, 건강하고 화목한 가정, 많은 친구들, 좋은 직장 등 삶의 행복에 중요한 모든 것을 가지고 있다 해도 고요한 순간에는 공허함을 느낄 수 있다. 그리고 자기 주위의 사물들이 존재 이유와 다르게 작동하고 있다는 인식을 갖게 된다. 이를 구체적으로 표현하지 않아도, 고객들은 자주 자신들이 이름을 댈 수 없는 무언가에 깊고 강렬한 갈망을 가졌다고 생각한다. 그들은 이런 마음 상태에 직면해야 한다는 사실을 깨닫고 있으면서도, 자신들이 무엇을 해야 하는지, 어떻게 해야 하는지 모를 수 있다. 그들은 변화를 줄 필요가 있는 행동들에 막연하게 알고 있을 수 있지만, 이 막연함이 다음 행동 단계로 나아갈 동기가 돼주지 않는다. 그렇지만 그들은 어느 정도는, 어딘가에는, 그들이 아직 발견하지 못한 잠재력을 갖고 있으며, 이 잠재력을 그들에게 정말로 중요한 것들에 맞춰서 깨울 수 있음을 알고 있다.

대체로 고객들이 자신의 감정과 자신이 생각하고 행동하는 패턴에 대한 인식이 점차 깊어짐에 따라 코칭은 점진적인 변화 과정을 강화한다. 이 과정에서 고객들은 자신들을 망설이게 하는 것과 일상에서 느끼는 좌절감을 점점 더 인식하게 된다. 일단 그들이 자신들의 감정을 인정하게 되면, 그 다음에 이어지는 것은 자기가 자주 간과했던 아주 작은 '아하' 순간들이다. 삶의 역경을 극복하여 이루는 작은 승리들 또는 '불같이 화가 나서 더는 견딜 수 없는 순간들'로 이어지는 억눌린 좌절감의 표현은 거의 마술적인 티핑 포인트로 이어지는 순간을 만들어 낸다.

로이 바우마이스터Roy Baumeister[161]는 극적인 삶의 변화를 경험한 사람들에 대한 연구를 진행했는데, '불만의 결정화crystallization of discontent'를 발견했다. 바우마이스터는 일회성 사건으로 발생하는데 후에 방해가 될 가능성이 있는 정보와 경험들을 무시하거나 그 영향력을 최소화할 수 있는 프로세스에 대해 설명했다. 이와는 대조적으로 많은 사건에서 발생하는 부정적이고 부조화적인 생각의 축적은 불만의 감정을 증가시키며, 삶에서 중요한 드라마틱한 전환을 가져오는 촉매 역할을 하기도 한다. 옛 속담에 따르면, 누군가가 당신에게 당나귀 같은 귀가 있다고 말하면, 그를 무시하라 할 수 있으나 몇몇 사람들이 말하면 당신이 당나귀 안장을 사야 할 때이다. 새롭게 얻은 관점에 적응해나가는 시기나 지속해서 부정적 영향이 극에 달하는 시기에는 변화가 불가피하다. 그러나 이것은 갑작스런 폭로를 드러나게 하는 불만의 사전 결정prior crystallization이다.

> "티핑 포인트는 갑자기 나타나는 것이 아니다."

이런 모든 관찰을 통해 우리는 티핑 포인트가 갑자기 나타나지 않는다는 것을 알 수 있다. '아하!' 순간은 생각하고 숙고하며 준비하는 시간을 통해 자라난다. 티핑 포인트는 기회와 같은 것으로 오직 준비된 사람에게만 호의적으로 작용한다. 비록 깊은 변화의 가시적인 효과가 평범하지 않게 보일지라도, 이는 작고 자주 눈에 띄지 않는 많은 예비 개입들이 모여 이룬 결과이다. 작은 변화들은 새로운 인지, 감정, 행동 경로를 결정하기 때문에 큰 변화를 가져온다. 하지만 눈에 보이는 '효과'는 급격하고 극적으로 일어나는 것처럼 보이는데, 이는 심층적인 변화가 일어나기 전에 그 현장 뒤에서 일어나는 모든 작업을 우리가 볼 수 없기 때문이다.

개념적으로, 우리는 심리학 자료가 수집되는 준비 단계와 감정적, 인지적, 행동적 문제들이 작용하는 **준비 단계**를 구별할 수 있다. 직장에서 일어나는 다양한 신경적 과정을 제외하고는 말이다. 각 개인의 성격이 상대적으로 안정되어 있으면, 변화 과정을 행동으로 옮기는 일에서 변화의 불편함에 대한 면역을 만들어낸다. 현재 상황에서 '2차 이익'[162)]으로 인한 즐거움보다 통증이나 고통이나 괴로움을 더 줘서 변화를 유도하는 강력한 유인책이 필요하다.[163)] 이 괴로움의 형태가 가정의 불화이든, 사별, 이혼, 별거, 건강 문제나 부정적인 사회적 제재, 사고, 고립감, 문제적 행동, 가까운 사람에게 부정적인 영향을 주는 삶의 사건이든, 단순히 일상적인 번거로움이나 좌절감 등을 유발하는 요인이든, 사람들은 변화 과정을 촉진하기 위해 현재 상황에 대한 깊은 우려를 경험해야 한다. 앞장에서 언급했던 리더십 프로그램에 참여한 많은 임원은 변화를 겪기 직전에 높은 수준의 부정적 감정에 대해 언급했다. 그런데 이 같은 경험은 그들로 하여금 최근 자신들의 역기능적 행동 패턴이 지속하면, 부정적인 결과가 초래될 것이라는 것도 인식하게 했다. 그들은 현상 유지를 고집하며 변화에 반대하는 심리적 힘과 맞설 준비가 되어 있다. 이제 그들은 티핑 포인트를 맞을 준비를 끝냈다. 중요한 변화를 겪은 사람들은 그들이 현재 상태를 유지하는 것이 점차 힘에 부치는 시점에 도달했다고 말한다. 그들이 처한 상황은 점점 더 그들이 심리적 안녕을 유지하는 것을 힘겹게 만든다. 전통적인 방어 기제인 거부, 억압, 투사는 더는 제 기능을 다하지 못한다.

　이 기간이 지나면 **배양 단계**incubation phase로 이어진다. 이 단계는 매우 사적이고 창조적이며 내면에서 작용하는 단계이다. 인큐베이션 기간 동안, 어떠한 종류의 정보 처리가 계속해서 진행되는데, 심지어 우리가 잠자고 있을 때나 (그리고 꿈꾸는 동안) 일어나는 정보 처리도 포함된다. 이처럼 사람들이 그것을 인식하지 못할 때조차 정보 처리는 진행된다. 사람들이 자신들의 나쁜 날들이 모여 나쁜 해로 변하고 있음을 깨달을 때, 개개의 불만 사례가 지속적인 불행의 형태로 변해 가고 있다는 것을 깨달았을 때, 그들은 조치를 취하는 것을 더 미룰 수 없다는 사실을 깨닫는다. 이 시점부터 새롭게 일어나는 모든 교란들은 불만의 일반적인 패턴의 일부로 인식된다. 사람들은 마침내 시간의 흐름이나 행동을 사소하게 변화시키는 행동이 상황을 개선시키지 못한다는 사실을 알게 된다. 실제로, 이 불행에 대해 과감한 조치를 취하지 못한다면 상황은 더욱 악화할 것이다.

그러나 과감한 조치가 필요하다고 결론 내린 통찰조차도 사람들이 자동적으로 행동을 취하게끔 강요하는 것은 아니다. 균형을 유지하기 위해 세워진 방어 체계를 무너뜨리기 어려울 수 있다. 그런데도 일반적으로 사람들은 부정적인 상황을 타개할 대안을 고려하는 정신적 과정으로 옮겨간다. 방어 시스템이 변화를 거부하기 어렵다는 사실을 깨닫게 되면, 사람들은 지금 현상을 유지하는 것보다 더 무섭게 느껴지는 상황에 직면하게 되고, 여기서 또 한 걸음 나아갈 수 있다. 그들은 내면의 대화를 통해 행동하게 되면, 얻을 수 있는 장점과 단점을 저울질하게 된다. 변화하고자 하는 자신만의 작은 노력으로 실험을 시작하는 것이다.

퍼즐의 모든 조각들이 하나의 그림으로 완성될 때, **깨달음 단계**illumination phase인 '아하!' 순간이 뒤 따른다. 변화의 필요성을 받아들이는 것은 변화에 필수적인 첫 단계이다. 하지만 필요성을 받아들이는 것이 행동을 보장하는 건 아니다. 일반적으로 이 과정의 어느 한 시점에서 코치가 제기하는 대립적이고 명확한 질문들confrontational clarification questions의 도움을 받는다. 이를 통해 많은 불만의 원인은 과거를 거슬러 올라가 살펴볼 수 있는 이정표로서 중대하고 일관된 실체coherent entity(또는 초점 사건[164])와 융합된다. 지나고 보면, 초점 사건은 사소한 것일지라도 티핑 포인트로 보여 질 것이다. 초점 사건으로 간주되는 이유는 불만을 품은 사람이 오랫동안 미뤄졌던 변화를 향해 첫걸음을 내딛을 수 있게 해주기 때문이다. 따라서 초점 사건은 외부 관찰자가 주요한 것으로 인식하든, 사소하게 인식하든 변화 과정에서 촉매제 역할을 한다.

이혼이나 별거, 질병과 같은 몇몇 주요한 초점 사건들은 객관적이고 주관적으로도 중요하며 심각한 사건들이다. 그러나 많은 주요한 사건은 처음에는 사소한 것처럼 보인다. 하지만 이 사건들은 문제의 본질을 상징하는 모든 범위의 사건들의 지표가 될 수 있다. 객관적인 관점에서 이 사건들이 사소한 것으로 인식되더라도, 주관적인 관점에서 이들은 중요하다. 왜냐하면 이것들은 그 사람이 오랫동안 품고 있던 문제들에 주의를 환기시키기 때문이다. 그것은 통찰력이 발휘되도록 촉진하여 사람들이 삶을 재해석하도록 독려한다.

이 과정에서 사람들은 행동할 준비를 하기 시작한다. 변화를 거부하려 했던 저항이 무너지기 시작하는 지점이다. 평소 세웠던 저항의 방벽은 더는 예전처럼 단단하지 않다. 심리적 안정은 흔들리며, 고객들은 자신이 처한 상황에서 새로운 통찰력을 얻는다. 그들은 무력감과 절망만을 느끼기 이전에 새롭게 얻은 통찰력을 통해 새로운 가능성을 보게 된다. 또한 감정적인 에너지는 역기능 행동 같은 과거 문제를 걱정하는 단계에서 현재와 미래로 옮겨진다. 그리고 무거운 짐을 벗어버린 것처럼 홀가분함을 느끼고, 좀 더 건설적인 미래를 위해 정신적으로 대처할 준비가 되어 있다. 그뿐만 아니라 변화를 위해 솔선수범하여 행동 실험에 참여할 준비가 되어 있다.

이때 변화 과정 중 맞닥뜨릴 수 있는 가장 어려운 도전과 마주친다. 변화를 향한 개인들의 결의는 목표를 신중하고 상세하게 재평가하는 토대가 되어준다. 문제에 적용할 새로운 대안들에 대한 실험이 구상되고 있을 것이다. 관련된 아이디어와 계획들이 좀 더 명확해진다. 때로는 고통스러운 내적 여행의 목적지는 자기지식self-knowledge과 새로운 시작과 만나 더욱 확대되곤 한다. 고객들은 성공적인 개인적 변화의 단계를 밟아가며 기존의 낡은 정체성이나 역할을 포기하고 새로운 정체성을 채택하는 능력이 발전했음을 보여준다. 그들은 자신이 살고 있는 세계를 중요한 방법으로 재구성하기 시작한다. 마침내 그들은 인생의 목표와 의미를 재평가하고, 옛 것을 버리고 새로운 것을 받아들인다.

마지막으로 **검증 단계**verification phase가 있다. 세계를 바라보는 방식이 새롭게 재통합되고 안정화되는 단계이다. 우리는 변화에 대해 잘난 체하며 큰소리로 떠드는 경향이 있다. 그러나 수백 쪽에 달하는 약속 중에 과연 몇 가지에나 손을 댔을까? 변화가 이루어졌다는 것을 증명하는 진정한 징후는 오직 새로운 마음가짐을 가졌다는 점이다. 개인적인 변화 과정의 마지막 단계는 자신의 내부 세계의 구조를 재구성하고, 새로운 정체성을 받아들이며(더 겸손하게), 좀 더 오래된 것도 유효하다고 보며 좀 더 진정성 있게 재발견하면서 이를 검증하는 것이다. 고객은 문제를 사전에 대처하는 성향으로 바뀐다. 고객이 가진 과거의 생각, 감정, 행동 양식은 고객이 미래로 나아가고자함에 따라 폐기된다. 태도와 행동 변화는 매우 오랜 시간 동안 잠들어 있던 자기 자신이나 자신의 일부분을 재정의하고, 심지어 재창조하는 데 크게 기여한다. [표 8.1]은 티핑 포인트 과정의 단계를 요약하여 보여준다.

'아하!' 순간을 설계할 수는 없지만, 코치는 이러한 변화에 도움이 되는 분위기를 조성할 수는 있다. 다음 사례에서 보여주듯이 이들은 불연속적인 변형 경험을 창출하는 데 도움을 줄 수 있다.

피터Peter는 내가 몇 년 전에 운영했던 경영자 단기 프로그램에 참여했다. 나는 그를 꽤 활동적인 참여자로 기억한다. 그는 토론의 흐름을 이끄는 재

[표 8.1] 티핑 포인트 창조하기

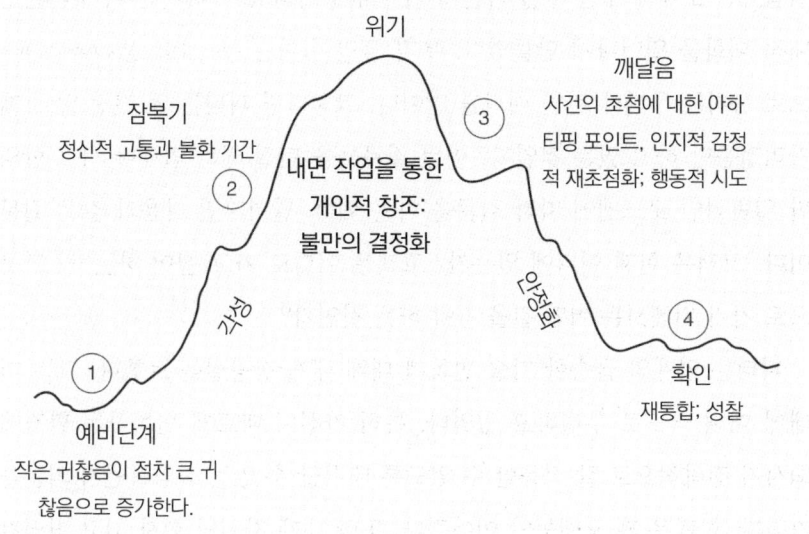

능이 있었다. 더군다나 매우 센스가 있었다. 그런 점이 가장 중요한 인상으로 남아 있다. 그는 성공적인 글로벌 IT 회사의 CEO였다. 회사는 아버지가 사업에서 물러나고 승계한 것이었다. 나는 단기 프로그램이 끝난 뒤에도 그의 회사 최고 경영진들이 더욱 효과적으로 업무에 임할 수 있도록 돕는 작업을 몇 차례 함께 했다.

최근 그에게서 만나자는 이메일을 받았다. 그는 만남이 빠르면 빠를수록 좋을 것이라고 말했다. 그래서 일주일 뒤 그의 사무실에서 만나자는 약속을 했다. 그의 사무실에서 비서의 안내로 마주했을 때, 평소 활기찬 모습과는 다른 양상을 띠고 있다는 사실을 눈치챘다. 안색이 회색빛이었고 창백했다. 말투는 매우 늘어져 있었다. 평소 알던 피터의 모습과는 매우 달랐.

서로 간단한 인사를 주고받은 뒤, 피터에게 회사의 여러 가지 사업과 운영이 어떻게 진행되고 있는지 물었다. 그는 형식적인 대답만할 뿐이었다. 처음에는 도대체 무슨 말을 하는지 이해하기 어려웠다. 하지만 이런 혼돈은 내적 대화를 일어나게 만들었다. 우리 둘만이 아는 두-사람 장bi-personal field 으로 통하는 주제에 관한 대화를 말이다. 그렇다면 피터는 왜 진전 없이 제자리걸음만 하고 있는 것일까? 이런 질문들을 던질 때는 언제나 서로 합의한 일반적인 로드맵에 따라 질문을 하곤 했다. 말하자면 다음과 같은 질문이다. 고객은 현재 어디에 있는가? 고객은 어디로 가고 싶어 하는가? 그곳으로 가기 위해서는 어떤 길을 가야 하는 것인가?

피터는 업계의 급속한 기술 변화에 대해 내게 장광설을 토했다. 그는 미래에 대해 극도로 우려하고 있었다. 특히 자신이 빠르게 변화하는 환경에 회사가 전략적으로 잘 적응할 수 있도록 대처할 수 있는 적임자인지 의문을 가졌다. 한탄은 꽤 오랫동안 이어졌다. 또한 내게 자신의 회사 최고 경영자들과 그들이 범한 실수에 대해 설명했다. 이런 피터의 설명을 듣자 질문들이 떠올랐다. 과연 그들은 그 직책에 적합한 사람들이었는가? 그가 그들에게 그렇게 많은 책임을 부여한 것이 실수였는가?

그가 이야기하는 동안 나는 이야기에 귀 기울였지만, 동시에 이야기의 배경이 되는 상황을 파악하고자 노력했다. 하지만 그의 이야기에 매몰되어 버렸고, 빗발치는 불평 공세에 압도당했다. 나는 대화 흐름의 가닥을 놓쳐 버렸다. 고객이 이렇게 변덕스럽게 굴면, 나는 고객에게 우리가 알고 있는 척도질문을 한다. 지금 기분이 어떠한지에 대해 1점부터 10점까지의 범위 안에서 숫자를 선택하게 요청하는 것이다. 피터는 척도질문에 즉시 '4'라고 대답했고, 뒤이어 3으로 수정했다. 나는 이런 낮은 수치가 조금 우려할 만하다고 대답했다. 그에게 그렇게 비참하게 3점이라는 낮은 점수를 주어야 하는지 설명해 달라고 요청했다. 피터는 자신의 심리 상태에 대해 설명하려

애썼다. 나는 그 자신을 그렇게 뒤흔들고 불행하게 만든 최근 사건에 대해 설명하면 좋겠다고 말했다.

그는 다음과 같이 대답했다. 첫째, 그는 자기 사업을 매우 우려했다. 또 회사 최고 경영진들이 너무 현실에 안주하여 경쟁에 뒤쳐지고 있다고 생각했다. 간단히 말해, 회사는 경쟁력을 잃어가고 있으며, 과감한 조치를 취하지 않으면 큰 어려움에 처할 것이라 보았다. 그는 회사가 파산할 가능성이 멀지 않았다고 말하기도 했다. 그는 비탄에 잠긴 채 꽤 오랫동안 업무에 임하고 있었던 것이다. 내가 그에게 어째서 파산이라는 생각을 하게 되었는지 자세히 설명해주기를 요청했다. 그러자 그는 대화의 주제를 돌려 아내와의 관계에 대해 이야기하기 시작했다. 피터 부부는 서로 사이가 별로 좋지 않았다. 그는 자신의 부인과 서로 맞닿지 않는 평행선 같은 생활을 하고 있었다. 그들의 유일한 접점은 자녀 문제에 대한 의견 교환을 공허하게 나누는 것뿐이었다. 아이들 문제를 제외하고 그들은 공통점이 거의 없는 것 같았다. 그들이 함께 즐겨하는 일은 거의 없었다. 나는 피터가 자신을 괴롭히는 모든 문제들에 대해 스스로 가장 중요한 문제들을 정확하게 표현하고, 확실히 입 밖에 이야기했다고 느낄 때까지 말하도록 격려했다. 만일 동점심이 있는 청중이 함께 있었다면, 최소한 카타르시스를 느꼈을 것이다. 피터는 가슴에 있는 모든 것을 전혀 판단하지 않는 사람에게 털어놓자 평정심을 유지할 수 있었다. 이런 정보를 수집하는 과정은 그와 상호교류하는 첫 번째 단계였다.

피터의 이야기를 듣는 동안 나는 내 안에 일어나는 감정을 이해하려고 노력했다. 나는 다른 책에서 이런 것을 '자기 자신을 도구로 사용하는 기술'이라고 설명한 적 있다.[165] 피터가 제공한 거대한 눈사태 같은 자료들에 압사될 것 같다고 느꼈을 때, 나는 그에게 도움을 주는 데 과연 충분한 능력을 가진 사람인지 의문이 들었다. 과연 그의 이야기를 구성하는 복잡한 실타래를 풀 수 있을 것인가? 그의 회사가 속한 업계의 복잡성이 내게 너무 벅찬 것이었을까? 정말 내가 그에게 도움을 줄 수 있을까? 아니면 불가능한 일을 해결하는 데 도움을 주는 척 사기꾼처럼 행동하고 있는 것은 아닐까? 이런 생각들은 나로 하여금 피터가 어떤 행동을 하고 있는지 의문이 들게 했다. 그는 자신의 얽히고설킨 복잡한 문제의 해석자translator로 나를 활용하고 있는가? 또는 그가 스스로 대처할 수 없었던 원치 않고 혼란스럽고 위협받는 모든 부분을 내다 버리는 독성물질의 쓰레기통toxic dump으로 사용하는 것인가? 그는 나를 그저 곤란한 문제를 해결하는 사람으로 사용하는 걸까? 그렇지 않으면 투사적 동일시projective identification를 통해 내가 그의 내면 극장의 주제에 좀 더 익숙해지는데 도움을 주고자 한 걸까?

투사적 동일시는 한 사람이 자신의 생각이나 감정 또는 행동을 다른 사람에게 투사하고 다른 사람의 생각, 감정, 행동을 정확하게 끌어내는 심리적 과정이다. 다른 사람들은 이 투사에 영향을 받아 투사된 생각이나 믿음에 따라 행동하기 시작한다. 투사적 동일시는 단순 투사와는 다르다. 투사는 개인이 무의식적으로 자신의 속성이나 생각 그리고 감정을 부인하고, 대신에 외부 세계나 주로 다른 사람들에게 돌리는 과정이다.[166]

피터와 두 번째 만남에서 나는 이런 감정들에 귀를 기울이고, 피터에게 매일 직면하고 있는 어려움을 고려해볼 때 자기 자신이 사기꾼처럼 느껴지는지 물었다. 이 질문은 피터가 어렸을 때 가족 내에서 대우 받았던 방식에서 시작하여 그의 인생사에 대한 연관성 있는 흐름으로 이어졌다. 그는 가족 내에서 한 번도 충분히 좋은 감정을 느끼지 못했다고 말했다. 특히 피터는 아버지의 높은 기대에 부응할 수 없었다고 했다. 아버지는 항상 피터가 이룬 모든 성공에 콧방귀를 뀌며 별거 아닌 것으로 여겼다. 흥미롭게도 피터는 과거 자신의 기억을 언급하면서 동시에 새로운 통찰도 얻게 되었다.

그는 과거와 현재 사이에 새로운 관계를 만들어냈고, 그 결과 여성 특히 어머니와의 관계에 대해 새로운 통찰을 얻었다. 피터는 어머니가 너무 자기에게만 몰두하고, 자기중심적이었기에 피터가 자신에 대해 좋은 이미지를 갖는 데 도움을 주지 못했다는 사실을 떠올렸다. 그녀는 그가 자존감을 키울 수 있도록 도와주지 않았다. 그가 자존감을 키우는 데 도움을 준 사람은 할아버지였다. 그는 할아버지와 함께 보낸 좋은 시간들에 매우 감사함을 표하고 있었다.

그와 나 사이에 이뤄진 정신역동적 교류를 감안해볼 때 나는 지금이 그에게 피그말리온 효과Pygmalion effect[167]를 시도할 순간이라고 느꼈다. 그래서 그가 자신에 대한 무능한 이미지를 씻을 수 있게 하기 위해 그를 능력 있는 사람이라고 믿는다고 말했다. 그의 할아버지가 했던 것처럼 그를 유능하고 책임감 있는 사람으로 대우했다. 많은 연구 결과에 따르면, 한 개인에 걸린 기대치가 높을수록 그 개인이 과제를 더 잘 수행한다.[168] 나는 이 시점에서 그를 지지하는 것이 도움이 될 것이라 생각했다. 나는 자신에 대한 지지, 심리적인 안정, 누군가와 심리적인 연결감을 갖고자 하는 피터의 깊고 심오한 욕구를 돌봐줄 필요가 있음을 잘 알고 있었다. 그의 주관적인 경험에 공감하고, 핵심적이며 반복적인 갈등을 일으키는 전이 환경 설정transference configurations에 주의를 기울일 필요가 있었다. 이런 맥락에서 물음들이 떠올랐다. 과연 내가 피터가 가지지 못했던 좋은 아버지나 좋은 어머니가 될 수 있을까? 내가 그를 지지해주는 할아버지가 될 수 있을까?

과거의 경험을 긍정적으로 다시 경험하는 것은 좀 더 건설적으로 다루는 방법이 될 것이다. 피터를 매몰시키려 하는 부주의하고 무책임한 부모로 변형된 과거의 악령에 억압되어서는 안 된다. 하지만 부정적인 것만을 강조하는 방식은 결코 건설적인 방식이 될 수 없다.

일반적으로 고객의 자기역량self-competence을 강조하는 것은 코치와 고객 사이의 작업동맹을 강화하고, 자존감을 강화시켜 자기충족으로 이어지게 한다. 고객의 경우 높은 성과에 대한 기대와 자기 효능감에 자주 반응하다가 보면 중요한 결과를 이룰 수 있다. 하지만 내가 했던 행동 중에 전이 치료transference cure가 초래할 수 있는 위험에 대해 인지하게 되었다. 물론 피터가 말한 변화들이 지속적인 속성이 있는지 여부는 오직 시간만이 알 수 있다. 이것이 우리가 마주친 세 번째 단계였다.

피터는 자신이 자기 자신과 삶에 대해 지나치게 비관적이라는 사실을 깨달았다. 그는 자신의 긍정적인 면모들을 많이 놓치고 있었다. 그의 자기 성찰적 태도를 보며, 그의 아버지와 어머니가 좋은 추억을 준 경험이 있는지 물어볼 기회를 얻었다. 지금 그는 어린 시절과는 매우 다른 상황에 처해 있다. 하지만 현재는 자기 인생에 책임을 져야하는 성인이다. 또한 나는 피터에게 (의식적으로 또는 무의식적으로) 변화가 두렵고 혼란스러울 수 있다는 사실을 분명히 했다. 그는 자신이 처한 상황에 대해 되짚어 보면서 자신이 얼마나 축복 받은 사람인지 알아차리게 되었다. 자세히 살펴보면, 그의 회사 사업 진행이 그다지 나쁜 상황만은 아니었다. 그는 사랑하는 아내와 건강한 아이들이 있었다. 꼭 비관에 빠져 자신을 어두운 구멍 안에 밀어 넣고 자신의 행복에 그렇게 낮은 점수를 줄 필요는 없었다. 불행으로 퇴행할 현실적인 이유는 없었다는 것이다.

문제를 바라보는 시각이 긍정적으로 바뀌자 피터의 분위기는 극적으로 변했다. 마치 그의 내부에 불이 켜진 것 같았다. 이는 정서적으로 깊은 안도감과 연결되어 있는 일종의 '아하!' 순간을 만들어 냈다. 피터는 분명히 인지적으로나 감정적으로 현재 상황에 대해 깊이 재평가했다. 그는 자신을 옭아맸던 문제들에서 풀려났고, 문제들만 자리 잡고 있던 상황에서 해결책을 발견했다. 그는 자신의 사업에서 이전에 보지 못했거나 처리하기 어려웠던 새로운 행동 단계들을 발견했다. 또한 아내와 가까워지는 새로운 방법과 둘이 서로 함께 즐길 수 있는 취미를 발견할 수 있었다.

그가 이야기하는 동안, 피터의 감정적인 변화에 따라 일어나는 신체적 징후physical signs를 발견했다. 낙담했던 태도는 사라지고, 깨달음과 안도감 그리고 미래에 대한 새로운 희망이 눈에 띄었다. 우리는 만남의 네 번째 단계로 이동하고 있었다. 피터는 강력한 깨달음과 같은 경험인 티핑 포인트 순간을 경험했으며, 얽히고설킨 문제에 대한 해결책이 갑자기 명확해지는 순간에 다다랐다. 그는 내면의 명료함을 지칭하는 전환점에 도달했다고 느꼈다. 우리는 그가 앞으로 어떻게 진행할지, 새로운 통찰력을 실현하기 위해 할 수 있는 일이 무엇인지 논의했다. 일주일 뒤 후속 전화 세션을 통해 그는 우리가 이전에 만났을 때 이야기한 행동 단계들이 단순한 환상이 아니라는 것을 증명했다. 피터는 회사 생활과 사생활에서 겪었던 문제들에 많은 조치를 취했다.

에필로그

나는 피터의 이야기를 통해 피곤하고 우울한 사람과 만나볼 수 있었다. 피터는 급변하는 환경에 대처하는 데서 오는 불안과 스트레스에 시달렸다. 사람들의 다양한 요구와 끝없는 이메일, 전화 폭격, 자신이 과연 진정 원하는 삶을 살고 있는지에 대한 집요한 의문 등이 그의 감정을 압도하고 마비시켰다. 또한 불안이 그의 삶을 지배하게 만들었다.

피터의 비서가 퇴사해서 업무량이 더욱 과중되었다. 피터의 속마음은 자신이 처리해야 하는 모든 업무에 대한 책임감이 더 쌓여나갔다. 마치 자신이 어떤 사악한 운명의 악순환에 빠진 듯했다. 또한 전날 아내와 말다툼을 해서 마치 낙타의 등뼈를 부러트린 지푸라기가 되어 좌절감과 우울감에 빠지게 되고, 사무실에 도착할 때쯤 거의 폭발 직전에 이르렀다. 이렇게 느끼게 된 감정은 자신이 이 직업을 얼마나 싫어하는지와 회사가 거의 파산 직전의 절벽에 서 있다는 잘못된 인식으로 드러났다. 아내를 향한 감정과 결합된 두려움이 그로 하여금 자신의 삶이 점점 파탄에 이르고 있다는 느낌을 갖게 했다.

피터의 경우 자신의 삶을 엮는 여러 가닥들이 서로 의식적으로 알아차리지 못한 채 동시에 작용하고 있었다. 나는 그에게 몇 가지 질문을 던지고 경청하며 지지하는 말을 적절한 때에 맞춰 제공했다. 이를 통해 그가 자신의 혼란스러운 감정과 인지 왜곡에 대해 좀 더 잘 인식할 수 있게 도왔고, 마음을 이렇게 더 힘들게 만든 요인들의 핵심을 좀 더 분명하게 알게 만들었다.

나는 피터에게 세션에서 관찰된 논평observation을 제공했고, 이를 통해 그는 반복되는 낙담discouragement을 희망으로 바꿀 수 있었다. 일종의 티핑 포인트를 만들어 낸 것이다. 비록 내가 그와 많은 예비 세션을 가졌지만, 한 번의 짧은 만남으로 새로운 가능성과 기회로 가득 차게 만들었고, 이전과 매우 다른 관점으로 삶을 바라볼 수 있게 도와주었다. 피터와 비슷한 성격을 가진 많은 사람도 이런 '좋은 시간'을 통해 좌절 경험에서 벗어나 '아하!' 경험을 겪을 수 있게 되었다. 피터와의 모든 예비 세션들은 티핑 포인트를 경험할 수 있게끔 상황을 조성하는 토대가 되어주었다.

'좋은' 세션

코칭은 교훈을 제공하는 훈련이 아니라 소크라테스적인 과정이다. 내가 피터와 마주 앉아 함께 하는 동안 그가 던지는 많은 양의 압도적인 정보에 직면했다. 나는 그에게 분명한 대답을 요구하는 질문을 던졌고, 대체로 몇 가지 모순되고 비합리적인 생각에 직면하게 했다. 나는 피터가 여러 가지 인지 왜곡에 사로 잡혔다는 것을 알고 있었다. 예를 들어, 그는 '우리는 행복을 완전히 통제 할 수 없다. 그것은 모두 우연의 산물이다'라는 식의 개념을 그냥 받아들이고, 그것을 적극적으로 만들어 낼 수 없다는 무력감에 머물러 있는 듯했다. 피터는 언제나 부정적인 관점을 통해 사물을 바라보며, 심지어는 긍정적인 것들도 부정적으로 바라보는 경향이 있었다. 그의 아버지는 그에게 "무엇을 하든 완벽하게 해야 한다."라는 생각을 심어주었다. 이 생각을 가지고 살기에는 비록 가치 있는 교훈이라 할지라도 그렇게 살아가기란 매우 어려운 일이다. 모든 것을 완벽하게 해내려면, '책임져야 할 일'들이 너무 많이 생겨난다. 최대한 완벽하게 해내는 것보다 '만족하기'를 추구하는 것이 훨씬 나은 모토가 되어줄 것이다.

> "완벽하게 해내는 것보다 만족감을 얻는 것이 훨씬 나은 모토가 되어줄 것이다."

피터는 어떤 순간에는 파국화catastrophizing(최악의 경우를 상상하는 것) 사고를 하는 경향이 있었다. 그가 곱씹고 있는 파산 시나리오는 너무 뻔한 것이다. 나는 이전에 피터와 상호작용할 때 자주 당황스러웠던 기억이 났다. 뒤늦게 깨달은 것이지만, 피터와의 대화에서 그가 건넨 말들에 자주 당황했음을 깨달았다. 이는 마치 그가 자신의 부정적 감정을 방어막으로 가리고 있는 것처럼 느껴졌다. 때로 나는 그가 많은 것을 언급하지 않고 뭔가를 남겨둔다고 느꼈다. 그러나 시간이 제한되어 있어서 이것에 대해 더 깊게 탐색하는 것은 적절하지 않다고 판단했다. 그의 과거 행동 가운데 몇 가지를 다루는 것이 훨씬 더 의미가 있었다.

피터는 '과거에 어떤 일이 있었기 때문에 현재 상황을 변화시키는 건 불가능하다'라는 인지적 왜곡을 가지고 있었다. 이런 생각은 피터의 삶을 어렵게 만들었다. 무력감과 절망은 이런 방식으로 삶을 바라보는 운명적인 전망에 따른 결과이다.

자신과 주위 세계에 대한 피터의 인식은 반드시 변화가 필요했다. 나는 피터로 하여금 자신의 생각이 얼마나 비이성적irrational인지 깨닫게 해야 했다. 또 그에게 낙관주의와 미래에 대한 더 큰 희망을 느끼게 하고, 더 높은 수준의 자기 효능감과 자신감을 심어줄 필요가 있었다.[169] 나는 적절한 때를 선택해 그가 보여준 자료에 대해 몇 가지 아이디어를 제시했다. 물론, 이 때 그 자신의 감정과 과거 경험 그리고 삶에 대한 주장에 주의를 기울이는 섬세함을 잊지 않았다. 또한 적절한 순간에는 지지적 태도를 행동으로 보여 주었다. 내 목표는 그를 집어 삼킨 두려움에서 꺼내는 것뿐만 아니라, 그가 자신의 삶과 감정에 대해 깊이 파고들어 좀 더 만족스럽게 기능하도록 돕는 것이다. 나는 그가 자신의 삶을 바라보는 고정된 관점에서 벗어나, 전망을 재구성하고 자신의 인지 왜곡을 정면에서 깨부수도록 도왔다. 나는 되도록 의미 있는 변화를 가져오고자 노력했다. 이는 그가 삶을 다른 관점에서 바라볼 수 있는 티핑 포인트를 만들어낸다면, 가능한 일이기도 했다.

코치로서 우리는 고객이 코칭의 모든 것임을 결코 잊어서는 안 된다. 고객이 추구하는 목표를 달성할 수 있게끔 고객을 돕는 데 최선을 다하는 것이 코치의 임무이다. 이는 고객 개인이 자신에게 맞는 선택을 하게 도와주는 것이며, 그들로 하여금 자신의 삶을 변화시키는 데 주체적인 존재임을 깨닫게 하는 것이다. 그들은 인생이라는 게임에서 자신이 적극적인 선수가 될 수 있다는 사실을 인식할 필요가 있다. 고객 스스로 행복well-being을 좌우하는 중요한 선택을 하는 위치에 서 있다는 자각은 놀랍게도 많은 이에게 새로운 경험이다. 이런 자각 인식을 갖는 것이 곧 고객의 반응 테스트이다. 이를 적절한 방식으로 처리하면 고객은 과중한 압박감에서 벗어나 스트레스를 완화하고, 더 많은 만족과 훨씬 더 중심에 있게 할 수 있다.

"티핑 포인트는 언제나 저항이 증가되기 직전에 시작된다"

티핑 포인트는 언제나 저항이 증가되기 전에 일어난다는 사실을 주목해야 한다. 코치로서 우리는 이것을 용인하고 대처할 수 있어야 한다. 비록 독성 쓰레기를 버리는 쓰레기처리장으로 사용되는 것이 즐겁지는 않지만, 우리는 고객들이 우리에게 투사한 부정적인 감정과 생각들을 담아낼 수 있어야 한다.

또한 우리는 고객들이 자신의 방어적인 패턴을 인식하고, 이를 재설계하는 것을 도와줄 수 있어야 한다. 코치들에게 필요한 재능들 가운데 하나는 친숙하고 직관적이며 어디에서나 볼 수 있는 근본적인 변화profound change를 일으킬 수 있게 '재정의 하는 방식'으로 이를 수정하는 능력이다.

알아차림awareness은 티핑 포인트에 앞서 일어나고 뒤따르는 인간 성장의 핵심 요소이다. 결국 우리는 우리가 무엇을 모르는지 알지 못한다. 만약 우리의 행동이 타인에게 어떠한 영향을 미치는지 인식하지 못한다면 우리는 행동을 바꿀 수 없다. 우리가 깨달음을 얻으려면 우리 행동이 미치는 효과에 대해 인식하고, 인간으로서 우리의 잠재력을 최대한 발휘할 수 있는 방법을 인식해야 한다. 알아차림은 티핑 포인트를 만들어 낸다. 무엇이 우리를 행복하게 만드는지, 그리고 무엇이 우리가 삶을 충분히 경험하지 못하게 하는지 점차 차곡차곡 움직여 티핑 포인트를 만들어 낸다.

작업 동맹

코치와 고객 관계 형성의 질적 측면은 티핑 포인트를 만드는 데 필수 요소이며, 코치가 사용하는 기술이나 도구처럼 효과적인 코칭 개입 중에 하나로 코칭에서 중요한 역할을 한다. 많은 연구에서 관계 기술과 개인 스타일이 이론적이나 개념적 치료보다 '아하!' 순간을 창출하는 데 훨씬 더 큰 영향을 미친다는 사실을 드러냈다.[170] 고객과 코치 사이에 확립된 코칭 관계는 의미 있는 변화를 일으키는 결정적인 요소이다. 고객들은 심리적 안정과 이해받고 인정받는 것이 필요하다. 고객에 대한 공감과 민감성sensitivity은 모든 코칭 경험의 근간이 된다.

> "고객에 대한 공감과 민감성은 모든 코칭 경험의 근원이다."

피터와 나는 이전에 맺었던 교육 참여자와 강사라는 매우 견고한 작업 동맹 관계를 유지하고 있었고, 높은 신뢰가 쌓여 있었다. 코칭 세션 동안 나는 피터가 조롱을 받거나, 수치심을 느끼거나, 자신의 말과 행동이 타인에게 평가될까 봐 걱정하지 않도록 안전하고 확실한 공간을 제공했다. 우리는 일종의 중간 영역에서 코칭을 진행했는데, 이 공간은 그로 하여금 외부의 압력에서 자유로워지고, 새로운 지식을 얻고 탐구하며, 자신의 문제에 대해 우려를 표명할 수 있게 도와주었다. 다시 말해, 이 공간에서 우리는 '놀이'를 할 수 있었다. 앞서 말했다시피 놀이는 사람에게 긍정적인 영향을 끼친다. 놀이는 사람들의 인지 유연성을 높이고, 이전과 다른 방식으로 생각을 구성하는 능력을 길러준다. 이 모든 것은 창조적인 과정과 긍정적으로 연결되어 발산적 사고divergent thinking를 가능하게 한다.

그러나 코치들은 중간 영역을 만들 때 세심한 주의를 기울여야 한다. 고객과 코치 사이의 마법적인 대인관계는 매우 섬세하여 빠르게 증발할 수 있다. 조금이라도 부정적인 의견을 내비치거나 고객의 의견을 오역하는 작은 실수조차도, 고객에게 위협으로 느껴질 수 있다. 또한 고객들은 코치가 자신을 비판하고 있다고 생각할 수 있으며, 이는 코치와 고객 사이에 맺어진 작업 동맹에 금이 가게 할 수 있다. 자신의 말과 행동이 평가받는다고 느낀 고객은 코치에게 자신에 대한 정보 제공을 보류하고, 코칭 진행을 방해할 수 있다.

피터와 나 사이에 단단하게 맺어진 작업동맹 관계는 중간 영역 형성을 가능하게 했다. 따라서 피터는 자신의 취약한 부분에 대해 기꺼이 드러내고자 했다. 그는 재벌 군자 같은 망토를 두루고 경영문제에 대한 일반적이고 추상적인 대화를 나누기보다는 자신이 느끼는 두려움과 불안에 관해 이야기 할 준비가 되어 있었다. 많은 사람은 코칭 세션에 들어가면 '코치들이 자신들의 방어선을 낮추게 하는 것'에 대해 몹시 걱정하곤 한다. 그들은 사람들이 자신을 비웃고 조롱거리로 만들까 봐 두려워한다. 하지만 만약 그들이 코치에게 자신의 마음을 열 수 없다면, 그들은 코칭 세션에서 많은 것을 얻어가지 못할 것이다.

정동, 인지, 방어

우리 모두는 인지cognition만으로는 사람들이 변화하는 것을 돕기에 충분하지 않다는 사실을 알고 있다. 인지는 정동affect과 결합돼야 한다. 정동을 이해하는 것은 무의식으로 향해 가는 왕도이다. 티핑 포인트 순간을 효과적으로 만들어내기 위해서 코치는 고객들의 정동적 경험affective experiences에 자신을 완전히 맞춰 조율할 수 있어야 한다. 진정한 조율이 일어날 때, 오랫동안 지켜져 왔던 기억, 감정, 환상의 자물쇠가 열릴 수 있다. 이 정동적 조율을 위한 본보기는 어머니와 아이 사이의 애착 관계의 본질에서 찾을 수 있다. 안전함과 공명resonance의 감정을 창조하고 정동적 상태를 조절하는 전형적인 예시이다.[171] 이런 양자 관계의 정서 패턴은 요람에서 무덤까지 중요하게 남으며, 코치와 작업동맹 수립 스타일에 많은 영향을 끼칠 것이다.[172] 이런 애착 관계가 어느 정도의 안정성을 보장했는가는 현재 작업동맹 관계를 얼마나 쉽게 구축할 수 있는지 정도를 결정할 것이다. 코치는 고객이 어린 시절 설정된 애착 패턴을 재검토할 필요가 있을 때가 있다.

코치는 고객이 이전에 설정한 애착 패턴이 어떠하든 고객의 감정, 생각, 태도를 확인하거나 경험해보기 위해 노력해야 한다. 코치는 고객에게 공감해주면서도 고객이 기능하는 방식과는 독립적인 태도를 취해야 한다. 공감적 공명empathic resonance은 간접적인 공유를 통해 상대방의 주관적인 경험을 이해하고, 동시에 관찰자 위치를 유지하는 과정이다. 공감과 관찰 위치 사이에 균형을 이룬 호기심은 서로에 대한 더 깊은 이해로 이어진다.

공감적 공명은 티핑 포인트를 가능하게 만드는 힘이다. 또한 공감적 공명은 고객의 방어적 행동 패턴을 바꾸도록 돕는다. 코치는 '무의식의 열쇠를 열어라'라고 코칭한다. 코치는 고객들이 현재와 과거에 대한 진정한 감정을 경험하는 것에 대한 저항을 극복할 수 있도록 도울 필요가 있다.[173] 이런 감정들은 너무 무섭거나 고통스럽기 때문에 멀리 병동에 수용해 둔 것 같은 것이다. 고객은 자주 좌절하고 뿌리 깊은 자기파괴 행위의 패턴에서 벗어나야 한다. 그 역기능적 방어 메커니즘을 다루는 방법을 찾아야 한다. 앞에서 말했듯이 10세 나이에 효과적이었던 대처 방식은 40세에는 더는 적절하지 않다. 코치는 이 여정에서 고객을 돕는 데 중요한 역할을 할 수 있다. 코치는 고객들이 일상생활의 변화를 다루는 새로운 방법을 찾도록 도와 줄 수 있다.

교정적 정서 경험

코치는 고객이 자기 확언affirmation of the self에 대한 복기 과정reparative process을 진행할 수 있도록 준비가 되어 있어야 한다.[174] 코치는 고객이 다른 시각으로 자신을 볼 수 있도록 도와야 한다. 내면의 목소리가 '반드시 해야 한다', '할 수 있다'로 가득 찼다면, 이를 변화시켜야 한다. 자신이 갖고 있지 않은 것을 되새기며, 끊임없이 자신을 괴롭히는 대신에, 고객들은 자신이 가진 것과 할 수 있는 것에 집중해야 한다. 코치들은 고객들이 자기 자신에게 너무나 많은 것을 기대하지 않도록 도와야 한다. 꼭 완벽할 필요는 없다. '충분히 좋은good enough' 결과만으로도 충분하다. 그들은 서로 다른 자기이미지self-image를 허용하고 받아들일 필요가 있다.

> "고객은 자신이 가진 것과 할 수 있는 것에 집중해야 한다."

자기이미지를 바꾸기 위해서는 좀 더 유리한 상황에서 과거에 감당하기 어려웠던 감정적 상황에 고객을 다시 노출시키는 것이 필요하다. 도움을 받고자 하는 고객은 과거 경험에서 얻었던 외상적인 트라우마를 극복하기에 적합한 교정적 정서 경험을 경험해야 한다.[175]

두-사람의 장bi-personal field 안에서 만남은 고객이 오래된 행동패턴을 포기하고, 일찍이 해결되지 않은 감정과 요구 등을 다시 경험하게 하여 새로운 패턴을 다시 배우도록 도와준다. 고객이 자신의 안전지대에서 벗어나 새롭고 익숙하지 않고 무섭기까지 한 영역으로 스스로를 기꺼이 밀고 나가게 될 때, 이런 세션은 정말로 '좋은 시간'이 된다. 고객들은 이전과 다른 행동 패턴들을 시도할 필요가 있다. 고객과 코치 2인조가 최적으로 기능할 때 그로 인한 회복 효과reparative efforts가 현실이 된다.

'좋은 세션'을 진행하며 오랜 시간 동안 묻어 두었던 고객의 감정과 분노가 들춰지고, 고객이 느꼈던 후회나 좌절감 또는 열패감을 다시 꺼내는 동안 때때로 고객들의 기분은 더 나빠질 수 있다는 사실에 주목해야 한다. 이때 코치가 해야 할 일은 고객의 감정과 생각 그리고 기억들을 긍정적이고 건설적인 방식으로 재구성하는 것이다. 작업동맹이 실제로 작동되고 있을 때, 교정적 정서적 경험이 유도될 때, 진정한 티핑 포인트 순간을 위한 가능성도 생긴다.

더 큰 진정성

때로는 위와 같은 교정적 정서 경험을 현실화하기 위해 노력하는 동안, 코치가 다소 대립적이고 해석적이며 교정적으로 보일 수 있다. 그들은 고객들이 그들에게 '(자신이) 맞다. 옳다!'라는 느낌에 접촉할 수 있게 도울 필요가 있다. 이는 고객들이 더 큰 진정성과 활력을 얻을 수 있는 유일한 방법이다. '올바름rightness'에 대한 감각은 자기관찰self-observation의 역량에서 온다. 고객은 자신의 의식, 내면의 욕구와 감정을 살펴 볼 수 있는 수용 역량이 필요하다. 그들은 자신들이 취하는 행동이 어떤 의미가 있는지를 알아야 한다. 코치의 회복적인 태도에 도움을 받아 고객들은 자신에 대해 확인받고, 인정받고, 이해받고 평가받는 경험을 갖게 된다. 이때 그들은 코치들로부터 항상 원해왔지만, 이전에는 너무 두려워서 받고 싶지 않았던 종류의 반응을 받을 것이다.

고조된 감각과 새로운 인식에서 보이는 긍정적인 징후는 코치와 고객 사이에 교류가 일어나고 있음을 나타내는 징후이다. 그리고 이는 코치가 (무의식적으로) 아주 개인적이고 즉흥적인 방식으로 고객에게 반응하는 형태의 대인관계를 만든다. 코치가 정서적이고 인지적으로 고객과 조정함으로써 역기능적으로 작동하는 행동 패턴이 밝혀지고, 이와 동시에 이것들이 어떤 식으로 변화될 수 있는지에 대한 방법들이 좀 더 분명해진다. 이때 새로운 행동 방식을 발견하고, 이를 훈련하는 것이 현실적인 선택이다.

즐겁게 관여하고 자유로이 연결하며 연상을 돕는 태도는 고객이 정서적으로나 인지적으로 방어적 태도에서 좀 더 많은 가능성을 열어준다. 코치와 고객은 경험과 숙고를 통해 새로운 삶의 전략을 공동 구성할 수 있게 된다. 고객의 방어 패턴은 다시 정의되거나 변경될 것이다. 이와 관련된 수정은 고객의 내면 극장에서 이뤄지며 이는 고객의 자기 이미지를 변화하게 한다. [표 8.2]는 이러한 방어적, 정서적, 인지적 과정에 대한 설명을 제공한다.

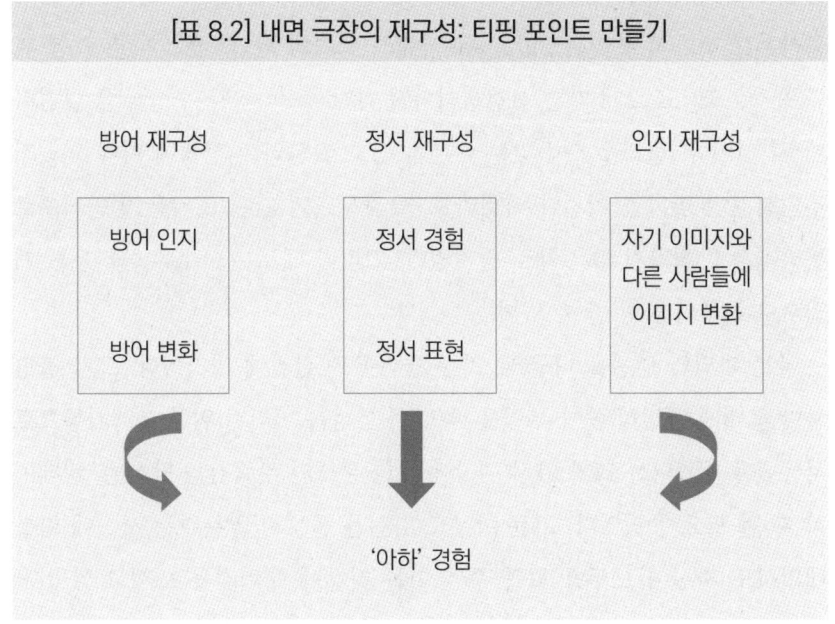

'클라우드' 관찰

때때로 이런 과정에서 코치는 '클라우드cloud'와 같은 관찰observation에 의지할 수 있다. 사용자가 '클라우드'에 저장된 정보에 접근하는 수단으로 네트워크를 사용하는 클라우드 컴퓨팅과 유사하다. 클라우드 정신역동cloud psychodynamics은 고객-코치 안에 접속해서 만들어낸 집단 무의식과 관련된 주제들을 조회하게 한다. '클라우드'에는 코치와 고객 양측으로부터 부분적으로 변형된 물질들과, 생각, 기분, 행동 그리고 양 당사자 간의 행동과 상호 작용에 보이지 않는 영향을 주는 행동(신체 감각 포함) 등이 포함되어 있다. 클라우드 속에서 우리는 2인조 두-사람의 평가와 판단, 좋고 나쁜 것에 관한 표식, 그리고 그에 따른 신경생리학적 감각neurophysiological sensation을 발견하게 될 것이다. 클라우드에 있는 주제가 상호 교환하는 성격에 따라 의식적 무의식적인 영향을 미친다 하더라도, 클라우드의 단편 조각은 일반적으로 논의에서 다뤄지지 않은 채로 담겨있다. 그러나 때로는 아무튼 클라우드 개입으로 하루가 금방 갈 수 있다.

나는 피터와 의견을 나눌 때 자주 클라우드 관찰에 의지했다. 그가 불평불만을 내게 맹렬히 쏟아 부었을 때(나를 독성을 버리기 위한 쓰레기통으로 사용했을 때), 나는 그가 가진 세상에 대한 분노와 무력감을 담아낼 '컨테이너'가 될 필요가 있었다. 그는 아무도 자신을 돌보지 않는다는 사실에 화를 내면서도 자신이 모두를 돌볼 수 없다는 사실에 무력감을 느끼고 있었다. 나는 그의 비탄을 끝내고자 지금 얼마나 비참한지 그 수치를 평가해달라고 그에게 요청했다. 이를 통해 불평불만의 방출을 멈추게 하였고, 좀 더 성찰적으로 생각할 수 있도록 이끌어냈다. 그가 내 의견을 잘 받아들였다는 것은 내가 옳은 조치를 취했다는 사실을 보여주는 것이다.

나는 피터가 언급한 파산이 파산 그 자체의 의미보다 더 많은 걸 의미한다는 사실을 깨달았다. 그리하여 클라우드에서 파산에 대한 피터의 언급을 꺼내들었다. 피터는 사업가, 아버지, 남편으로서 자신이 제대로 기능하지 못하고 있지 않을까 두려움 때문에 파산이라는 단어를 사용했다. 그가 파산에 대해 집착하고 있다는 것은 사무실에 있는 부하직원들, 아내, 부모님을 향한 이해할 수 없고 해결되지 않은 감정들을 포함하고 있었다.

파산에 이어 우리가 클라우드 관찰로 다룬 두 번째 주제는 사기꾼이었다. 물론 피터가 그말을 직접적으로 하지는 않았지만, 나는 사기꾼이라는 주제를 클라우드에서 꺼냈다. 피터가 모든 불평을 내게 쏟아내고 있는 동안, 나는 무력감을 느끼고 무엇을 해야 할지 알 수 없었다. 결국 내가 사기꾼처럼 느껴지기 시작했다. 정확히 말하면, 피터가 경험했던 자존감이 낮아지는 경험을 나 역시 경험한 것이다. 내 임무는 피터가 회사에서 역할과 아버지이자 남편으로서 역할에 대해 어떻게 느꼈는지 더 명확하게 이해하도록 돕는 것이었다. 내가 이 클라우드 해석을 통해 이를 암시적으로 또는 명시적으로 표현하자, 피터는 자신의 역할에 대해 훨씬 더 잘 이해할 수 있었다.

고객-코치 2인조는 다양한 불안, 환상, 방어 기제, 신화, 기억 그리고 공유된 문화적 터부를 포함하는 무의식 또는 '클라우드'를 공동으로 만들어낸다. 불안, 분노, 경멸, 혐오, 질투, 시기심, 후회, 수치심, 죄책감, 경쟁심, 지루함, 자부심, 기쁨 또는 경외의 감정은 모두 클라우드 현상의 일부로 볼 수 있다. 이런 감정들은 기억에 남을 만한 외상적 경험의 잔재인데, 이는 2인조 그룹 접촉에서 재현될 수 있다. 코치로서 우리의 역할은 이런 주제들이 적절할 때 다뤄지는 것을 보는 것이다. 클라우드 관측은 특히 코치-고객의 교류(또는 그룹과 함께 작업)가 잘 가다가 멈춰질 때 도움이 될 수 있다.

클라우드 관찰은 코칭 만남의 교착 상태를 깨는 데 큰 도움이 될 수 있다.

가장 보편적이고 기본적인 클라우드 관심사 중 일부는 [표 8.3]에 나열되어 있다. 이러한 기본적인 관심사들은 피터의 경우에서 보았듯이 더 구체적인 형태(예 : 외로움, 무력감, 공황)로 추측되고 대사 작용을 하게 될 것이다.

[표 8.3] 클라우드 이슈

1. 생리식 굶주림, 갈증, 호흡작용, 배설 등.

2. 성적/육체적 욕망

3. 애착/돌봄받기 원하는 소속감/사랑 받기를 원함/유기에 대한 두려움/외로움에 대한 두려움/감정적인 친밀감에 대한 두려움/애도/슬픔에 대한 대처

4. 자존감 문제에 대한 두려움/인정 받을 가치가 없다는 느낌/상처 받을지 모른다는 두려움/부끄러움/죄책감/안전감을 느끼지 못함/두려운 느낌/믿을 수 없다는 느낌

5. 분노/격노/원통함/질투/통제력 상실/공황

6. 탐험 놀이/사회적인 기쁨

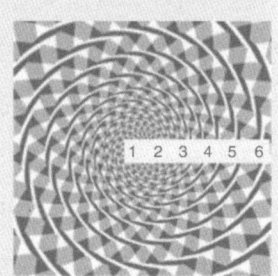

[표 8.3]에서는 클라우드 이슈로 우리 모두와 관계 있는 6가지 주요 관심사를 탐구하기 위해 다음과 같이 요약한다. 생리적, 성적, 감각적, 애착, 두려움, 분노로 말이다. 이 주제들은 기본적으로 진화에서 투쟁-도피 메커니즘fight-flight mechanisms(성을 포함해서), 기쁨, 혐오감, 분노, 놀라움, 공포, 고민과 같은 기본적인 감정적 경험에서, 죄책감, 질투, 부끄러움, 공격적인 태도, 슬픔, 후회, 실망, 낙천주의, 자부심, 경외, 경멸, 복종 같은 감정적 파생물, 다양한 관계 패턴(기본 신뢰, 통제 필요, 자부심, 외로움/유기에 대한 두

려움), 그리고 놀이 및 사회적 기쁨과 같은 탐험적인 관심사에 이르기까지 다양하다.

어떤 늑대에게 먹이를 줄 것인가

체로키 노인의 이야기를 아는가? 체로키 노인은 손자에게 우리 모두의 가슴 속에서 끊임없이 진행되는 전투에 대해 이야기했다. "내 안에 두 늑대가 끔찍한 싸움을 하고 있단다. 하나는 악마 같은 놈이야. 분노, 질투, 슬픔, 후회, 탐욕, 교만, 분개, 자기비하, 죄책감, 열등감, 거짓, 허영, 잘난 체하는 거짓 자아를 대표하는 놈이지. 다른 놈은 선한 놈이야. 기쁨, 평화, 사랑, 희망, 친절, 선의, 평온함, 겸손, 자비, 공감, 너그러움, 진실, 연민, 신뢰를 가지고 있지. 네 안에서도 두 놈이 싸우고 있을 거야. 다른 사람들도 마찬가지고!"

그 아이는 할아버지의 이야기를 들은 뒤 잠시 생각하고 물었다.

"할아버지, 어떤 늑대가 이기는 거에요?"

체로키 노인은 대답했다.

"네가 먹이를 주는 늑대!"

코치의 임무란 바로 그런 것이다. 고객이 자기 내부의 늑대들을 악과 선으로 가려내고, 그 중 올바른 늑대에게 먹이를 주도록 돕는 것이다. 고객이 자신의 내면 극장과 인생 여정에 대해 좀 더 잘 인식할 수 있도록 도와주는 것이다. 그뿐만 아니라 고객을 구속하는 족쇄에서 그들을 자유롭게 하여 고객을 좀 더 기분 좋게 만드는 것이다. 코치는 고객이 이미 알고 있을 수도, 또는 모르고 있을 수도, 그것도 아니면 알고 싶어 하지 않는 것들까지도 받아들이도록 도울 필요가 있다. 코치는 고객이 가진 인지 왜곡 문제를 해결해야 한다. 또한 능력 있는 코치라면 고객들의 기분 상태에 맞춰서 정동 관리affect management를 능숙하게 조절할 수 있어야 한다. 마지막으로 클라우드 관리를 하는 마스터 코치는 다양한 아이디어, 환상, 감정, 표현 및 관계 패턴을 통합하는 방법을 알아야 한다.

고객과 코치의 접촉이 효과적으로 수행되는 경우, 경직된 관계 패턴을 안전하게 변경할 수 있게 경험적 재학습을 가능하게 한다. 코치는 고객이 자신과 다른 사람들에 대해 더 호의적으로 지각하게 돕는 안내자가 되는데, 여기서 고객이 이전과 아주 다른 세계관을 습득하도록 돕는다. 고객은 자신이 그리는 자기이미지를 통해 자신의 모습을 결정한다. 따라서 코치는 고객과의 상호주관적 장intersubjective field에서 격변을 일으켜야 한다. 그래야만 고객이 자신의 왜곡된 자기 지각에서 벗어날 수 있는 것이다. 코치들이 고객이 자신의 이미지를 변경할 수 있게 도움을 주면, 고객들은 자신이 기능하는 방식 몇 가지를 수정할 수 있는 기회를 얻는다. 결국 고객들이 앞으로 나아가지 못하게 막는 것은 '내가 누구인가'가 아니라 '내가 아니라고 생각하는 나의 모습'이다.

코치는 고객 삶의 여정을 도우면서 변혁적 과정transformational process을 촉진한다. 코치는 이전 삶의 과정을 행운이라고 생각하지 않으며, 정신 건강은 선택의 여지가 있다는 점을 깨닫게 해준다. 또한 세상을 균형 있게 보고, 인생의 역경을 다루는 또 다른 방법이 있다는 것을 볼 수 있게 도와줌으로써 좀 더 나은 미래를 함께 만들어낸다.

미국의 사회적 작가이자 철학자 에릭 호퍼Eric Hoffer는 다음과 같이 말했다. "우리가 어떠한 성과를 이뤘든 자신을 긍정적으로 생각하는 순간은 아주 드물다. 우리의 결점과 허물을 기록하는 내면에 자리 잡은 재판관에게 증인으로 맞설 사람들이 필요하다. 우리는 우리가 생각하는 것만큼 나쁘지 않다는 것을 사람들에게 확신시킬 필요가 있다." 만약 우리가 코치로서 이렇게 할 수 있다면, 우리는 진정한 변화를 일으키는 티핑 포인트를 만들 수 있는 좋은 기회를 얻을 것이다.

결론

> 나는 신과 인간 사이에서 다툼이 사라지고,
> 인간의 위대한 정신에 분노를 일으키는 울분 또한 사라지기를 바란다.
> 울분에서 흘러나오는 분노는 인간의 마음에서 뿜어져 나오는 연기와 같은 것이며,
> 꿀보다 더 달콤하게 인간을 유혹하는 것이다.
> – 호머Homer, 일리아드the Iliad

> 나는 아버지에게서 생명을 얻었으나, 스승에게서 지혜를 얻었다.
> – 알렉산더 대왕Alexander the Great

> 마음은 무언가로 채워져야 할 빈 그릇이 아니라, 타올라야 할 불이다.
> – 플루타르크Plutarch

알렉산더 대왕의 코칭

역사상 가장 유명한 코치와 고객 관계를 꼽아 보자면, 마케도니아의 대왕이며 가장 위대한 전쟁 천재이자 페르시아 제국을 정복한 알렉산더 대왕과 철학자인 아리스토텔레스를 들 수 있다. 알렉산더 대왕이 13살이었을 때, 그

의 아버지이자 마케도니아의 왕 필립 2세는 그에게 선생을 붙여주었다. 아리스토텔레스는 왕립 마케도니아 아카데미의 수장으로 임명됐다. 이 아카데미는 한 성전 안에 설립됐는데, 이 성전은 알렉산더 대왕과 마케도니아 귀족들이 머물 수 있는 기숙학교로 바뀌었다. 이 학교에서 그와 수학한 동기들은 알렉산더 대왕의 친우이자 전우가 되며, 특히 프톨레미Ptolemy와 카산더Cassander는 알렉산더 대왕의 '동반자'로 언급되었다.

플루타르크는 알렉산더 전기에서 이들의 관계에 대해 기술했다. 나는 이를 코칭 관계라고 본다. 재미있는 것은 플루타르크는 필립이 아카데미와 기숙학교를 어떻게 배치했는지에 대해서도 기록했다. "학생들이 연구하고, 실험해 볼 수 있는 장소를 만들고자, 미에자Mieza 근처에 있는 님프Nymphs의 사원에 아카데미를 건설했다. 우리는 지금까지도 이곳에서 아리스토텔레스가 앉았던 돌로 된 의자와 그가 자주 걷곤 했던 그늘진 산책길을 볼 수 있다."[176)]

아리스토텔레스는 자신이 수사학에 탁월한 스승이자 효과적인 대중연설가임을 입증했다. 그는 기원전 343년경 이후로 수년간 알렉산더 대왕을 코칭했다. 아리스토텔레스의 리더십 코칭에 따라 알렉산더 대왕의 타고난 재능이 결실을 맺었다. 마침내 알렉산더 대왕은 진정한 제왕으로 다시 태어났다. 아리스토텔레스의 조언에 힘입어 알렉산더는 역사와 논리학, 심리학, 정치 이론 및 윤리학을 포함한 고전 그리스학 공부를 시작했다. 플루타르크에 따르면, 알렉산더는 훌륭한 학생이었으며, 훗날 도리어 아리스토텔레스에게 한두 가지 교훈을 줄 정도로 성장했다고 한다.

알렉산더는 호머Homer의 작품 일리아스에 특별한 관심을 가졌다. 아리스토텔레스가 주석을 단 것이기도 했기 때문일 것이다. 그는 어딜 갈 때나 그 책을 가지고 다녔다. 기록에 따르면, 이를 '베개 밑에 숨긴 단도' 옆에 늘 두고 있었다. 이 작품은 그가 위대한 삶의 모범이 되는 삶을 살게 이끌었다.

이런 맥락에서 알렉산더는 "나는 훗날 회자되지 않는 안일하고 긴 삶을 누리느니, 영광스러운 짧은 생을 살겠다."라고 말했다.

아리스토텔레스와의 코칭 대화를 통해 그는 병자를 치료하는 의학에 관심을 보였다. 의학에 대한 관심은 인생 후반기까지 이어졌다. 그는 아리스토텔레스에게 배운 의학 지식을 사용해 군대와 자신의 생명을 구할 수 있었다. 또한 알렉산더 대왕은 아시아 정복을 떠났을 때 동물학자와 식물학자를 동행시켰다.

아리스토텔레스는 과학 분야에 큰 획을 그은 것으로 잘 알려져 있다. 하지만 그는 윤리와 정치에 관련된 글도 썼다. 이런 폭넓은 연구 능력을 알렉산더 대왕과의 코칭 대화에 접목시켰다. 아리스토텔레스와의 코칭을 통해 알렉산더 대왕은 사회적 계층에 대한 윤리적 견해와 정치적 견해에 매력을 느끼게 되었고, 이는 그의 가치관에 큰 영향을 끼쳤다. 아리스토텔레스는 '야만인barbarians' 또는 '비그리스인'이 노예가 된 것은 자연 선택에 따른 것이며, 이에 이들을 짐승과 같이 취급해야 한다고 말했다. 그와 동시에 그리스인은 친한 친구라고 말했으며, '야만인'에 대해서는 사납고 잔인하고 잔혹하고 감정과 문화가 없으며 쾌락을 위해서만 살기 때문에 쾌락주의에서 벗어나 살 수 없을 것이라고 말했다. 알렉산더는 아버지에게 받은 영향으로 이미 반페르시아적 경향을 띄고 있었고, 아리스토텔레스의 코칭을 통해 이런 경향에 대한 지적 정당성까지 제공받았던 것이다.

알렉산더는 아리스토텔레스의 가르침을 통해 명예와 자기통제와 자기부정의 미덕을 높이 사게 되었다. 그는 잔인한 야만인들과 정반대에 서있는 그리스 영웅의 모범을 세우고자 했다. 이 작업을 위한 첫 번째 발걸음으로 그는 아버지 필립에게서 독립하기로 결심했다. 그의 아버지는 쾌락주의자였고, 다양한 여성들과 관계를 맺어 많은 아이를 낳았으며, 일반적으로 도에 넘치는 삶을 살았다. 알렉산더는 아버지가 그러했던 것처럼 도시를 정복함으로써 아버지의 발자취를 따르기도 했지만, 아버지보다 더 큰 목표를 달성하여 아버지가 세운 틀에 도전하고자 했다. 아리스토텔레스의 리더십 코칭은 알렉산더가 이루고자 했던 궁극적인 위대함을 위한 초석을 마련해주었다. 알렉산더 대왕은 언제나 자기 자신을 수양하는 강력한 군인이 되었고, 그에게 충성을 맹세하는 것이 곧 영광으로 여겨질 정도로 관대한 지도자가 되었다. 그의 짧은 인생에서 알렉산더는 지구의 절반을 정복하며 인간 문명의 역사에 지울 수 없는 흔적을 남겼다.

알렉산더 대왕의 사례는 코칭이 어떻게 하면, 개인이 속한 팀과 조직, 기관 및 사회 안에서 개인의 능력을 최대한으로 끌어낼 수 있는지 보여준다. 최근 점점 더 많은 기업과 공공 기관이 리더십 코칭의 가치를 경영 학습과 경력 개발의 중요한 원천으로 인식하고 있다.

미래의 우려

리더십 코칭이 리더의 재능을 개발하는 데 기여한 결과는 놀랍도록 성공적이다. 그런데도 아직도 많은 우려 사항들이 존재하는 건 사실이다. 자세히 살펴보면, 코칭 분야에서 좀 더 많은 주의를 요하는 몇 가지 문제들이 보인다.

조직이 더욱 복잡해짐에 따라 이를 전략적으로 대처하는 능력이 리더의 필수 능력으로 새롭게 제기되고 있다. 전략적 대처 능력이 리더십의 새로운 필요조건으로 떠올랐다는 사실은 조직 리더들뿐만 아니라 리더십 코치들에게도 압박으로 다가온다. 이는 리더십 코치가 고객으로부터 조직들이 만족할 정도로 기능하도록 도움을 줄 것이라는 기대를 받게 되기 때문이다. 나는 이것이 팀코칭이 점차 중요해질 것을 의미한다고 본다. 그런데 과연 팀 역동의 복잡성을 원만하게 처리할 수 있는 리더십 코치가 있을까?[177]

같은 맥락에서 기업 지배 구조가 중요해짐에 따라, 리더그룹을 위한 리더십 코칭의 형태를 제공해야 할 필요성이 더 커진다. 모든 사람이 효과적인 조직 거버넌스, 전략 및 위험에 대한 감시, 이해관계자와의 커뮤니케이션, 이사회 조직 및 프로세스, 임원 보상 정책, 이사회 진단과 평가, 이사회/경영진 관계와 그룹 역동을 개발하고 구현하는 기술을 가지고 있진 않다. 이런 복잡한 문제를 해결하기 위해서는 특별히 숙련된 리더십 코치가 필요하다. 이 같은 작업에는 이사회의 내부 역동, 의사결정 프로세스, 갈등 해결 패턴 및 기타 요소에 대한 깊은 이해가 필요하다.

내가 더 깊게 염려하는 부분은 따로 있다. 누구나 손쉽게 코칭을 경험할 수 있다는 점이다. 코칭은 여전히 규제 받지 않은 분야이다. 누구든지 자신을 코치라고 부를 수 있다. 코치에 대한 유일한 기준은 코치가 고객을 유치할 수 있는 능력을 가졌는지에 달려 있다. 자기 자신을 '임원' 코치 또는 '리더십' 코치라 말하는 사람들이 급속히 증가함에 따라 과연 코치와 코칭 프로세스에 대한 전문적인 기준이나 지침이 필요한지에 대한 의문이 생긴다. 어떤 종류의 인증이나 라이센스가 도입되어야 할까? 효과적인 코칭을 위한 기준과 규율을 세우기가 정말 어렵다. 현재 리더십 코치는 어떠한 형태의 규제나 라이센스 관련 요구사항이 필요하진 않지만, 나는 코치라는 직업에 대한 진입 장벽이 점차 높아질 것으로 예상한다.

"임원 코칭의 윤리적 함의는 무엇인가?"

또한 코칭에서 항상 존재하는 윤리적 딜레마, 특히 경계 위반^{boundary}

violation 가능성에 대해 우려하고 있다. 심리치료와 정신의학 사이에 그어진 경계는 분명하지만, 코칭과 심리치료, 코칭과 정신의학 사이에 확실한 경계가 세워졌냐 묻는다면, 그렇지 않다. 또한 코칭이 늘 직면하는 딜레마 중에 하나는 기밀유지이다. 이는 굉장히 중요한 문제이다. 과연 임원 코칭의 윤리적 함의는 무엇인가? 고객을 평가할 수 있는 자료들은 어떻게 사용되어야 하는가? 리더십 코칭이 심리치료의 모조품ersatz psychotherapy을 대체하는 형태로 변해가고 있는데, 이에 대한 위험성은 무엇인가? 우리는 이 모든 질문의 답을 찾을 필요가 있다.

이 문제에 대한 답을 찾아가는 과정은 나를 코칭과 심리치료의 차이에 대한 문제로 인도한다. 코칭과 심리치료 사이의 경계가 명확하지 않은 경우가 많다. 리더십 코칭의 규모와 범위가 커짐에 따라 이를 정의하는 명확한 지침이 필요할 것이다. 예를 들어, 심리치료에서 임상가들은 주로 과정 중심적process-oriented이며 비지시적인non-directive 역할을 수행한다. 그러나 리더십 코치는 좀 더 즉각적으로 고객의 실질적 관심사를 코칭에서 강조할 것이다. 이 점을 제외하고도 많은 다른 골치 아픈 까다로운 질문들thorny questions이 남아 있다. 코치의 고객은 누구인가? 코칭을 받는 사람인가? 아니면 조직원에게 코칭을 제공하도록 의뢰하고, 코칭비를 지불하는 조직인가? 만약에 후자라면, 코치의 고객은 조직에 있는 어떤 사람인가? 그뿐만 아니라 방법론(종결 시점을 전제한 접근법, 인지적 접근이냐 정신역동이냐), 세션 시간 및 코칭 기간과 같은 코칭의 구체적 요인들에 관한 질문들도 있다. 리더십 코칭과 심리치료 사이에 존재하는 애매한 경계는 코치와 정신 건강 전문가 사이에 더 큰 협력을 필요로 할 수 있다.

이런 우려는 리더십 코치가 이렇게 복잡한 심리적 문제를 다루기에 충분한 능력을 갖췄는지에 대한 질문을 제기한다. 그들은 자신이 어떤 상황에서 어려움을 겪는지에 대해 말할 수 있는가? 전문적이고 효과적인 상호작용을 보증하기 위해 어떤 종류의 리더십 코칭 자질(및 교육)이 필요한가? 이런 맥락에서 수퍼비전은 혹시 모를 재난을 방지하기 위한 안전 조치로서 매우 중요하다.

대부분 코칭은 코칭을 통한 보상을 가장 높게 받을 수 있을 만한 사람들을 대상으로 한다. 투자 수익률ROI 측면에서 보았을 때, 이는 리더십 코칭이 선택받은 핵심 인력, 특히 직무 역할이 굉장히 복잡해진 조직원의 발전을 목표로 진행되어야 한다는 것을 의미한다. 높은 코칭 비용을 감안할 때, 이런 전략적인 결정의 논리적인 결과는 중간 또는 하위 임원에게 제공됐던 동료코칭peer coaching 또는 내부 멘토링 프로그램의 형태로 적용될 것임을 암시한다. 어떤 경우든 코치와 고객이 적절하게 매칭되는 것이 필수적이다. 고객과 코치 사이에 좋은 '궁합'은 리더십 코칭이 성공적으로 실행되기 위한 주요 조건이며, 이는 더 많은 연구가 이뤄져야 할 주제이다.

리더십 코칭의 품질과 효과성을 우려하는 목소리가 있다. 코칭에 관련된 규제가 없기 때문이다. 리더십 코칭의 미래는 리더십 코칭이 경영진의 숨겨진 재능을 개발해주는 도구이며, 이를 통해 성공적인 결과를 보일 수 있음을 뒷받침하는 경험적 데이터를 어느 정도 구축해낼 수 있는지에 달려있다. 이와 관련해 일부 연구들이 시작되었으나, 이 연구들은 아직 초기 단계에 머물러 있다. 다양한 분야(심리학, 행동 과학, 사회 복지, 경영 관리, 교육, 상담, 조직 개발)의 학자들도 그런 정보를 수집하고 연구하며 해석하는 방법을 찾아야 한다. 인적 자원 개발 및 학습 능력 개발 전문가들은 반드시 리더십 코칭이 사업에 어느 정도 영향력을 끼칠 수 있는지도 평가해야 한다. 그들은 코칭 이니셔티브의 목표를 결정하고, 그 목표를 토대로 리더십 코칭의 성공 여부를 평가할 필요가 있다. 이를 위해 코칭 개입의 효과를 평가할 수 있는 측정 기준이 확립되어야 한다. 티핑 포인트 분석은 역시 향후 연구를 위한 흥미로운 방법이 될 것이다.

오늘날 다양하고 글로벌한 기업의 요구를 충족시키기 위해 문화적 차이 전반에 대해 수월하게 활동할 수 있는 리더십 코치들이 더 많이 필요하게 될 것이다. 리더십 코치들은 고객들이 자신의 잠재력을 발휘할 수 있도록 고객의 문화에 적합한 방법들을 용이하게 사용하는 기술을 가져야 한다. 리더십 코치들이 문화적 다양성의 풍부함을 활용하지 못하는 경우가 너무 빈번하다. 문화적 차이는 오해와 좌절을 불러일으키는 원천이 되어 심각한 갈등, 기회 누락 및 재정적 손실로 이어진다. 다양한 문화를 포용하며 일할 수 있는 리더십 코치는 세계 시장에서 경쟁 할 수 있는 능력을 갖추게 될 것이다.

예를 들어, 오늘날 기업들 사이에 이뤄지는 전략적 제휴와 인수 합병은 높은 비율로 초기에 실패하곤 하는데, 이는 예상된 전략적 이점을 제공하지 못하고, 여러 파트너에게 재정적 손실을 입히며 중단된다. 이런 실패를 가져오는 주요 원인은 대개 일반적으로 인간적인 요소에 있으며, 특히 국가적, 조직적 문화에 근거한 갈등에서 비롯된다. 그러나 국가적, 조직적 문화의 다양성을 이해하고 이를 건설적으로 사용한다면 기업 간 커뮤니케이션과, 학습 그리고 성장을 위한 상당히 풍부한 원천으로 사용될 수 있다.

"리더십 코칭은 변화의 촉매제로서 좀 더 많이 사용될 것이다"

마지막으로 오늘날 점점 복잡해지는 조직들이 리더십 발전을 위해 리더십 코치들에게 투자하는 현상은 바람직한 일이다. 나는 이런 투자와 체계적인 코칭 개입이 좀 더 중요해질 것으로 예상한다. 이런 맥락에서 리더십 코칭은 변화의 촉매제로 더 많이 사용될 것이다. 리더십 코칭을 통해 코칭 문화를 수립하여 21세기 조직의 표준으로 설정될 조직을 구축할 수 있다. 이는 2장에서 언급한 '진정성 있고 생기 넘치는 조직authentizotic organizations'이다.

authentizotic은 헬라어 authenteekos(authentic)와 zoteekos(vital to life, 생명 유지에 필수)의 합성어다. 넓은 의미에서 진정성이라는 단어는 진품이란는 단어로 믿을 만한 사람과 진실한 사람을 묘사한다. 직장 상황에서 진정성이란 조직이 비전, 사명, 문화, 구조 면에서 직원들과 매력적인 연결을 갖고 있음을 암시한다. 다음으로 zoteekos라는 용어는 '생명 유지에 필수'를 의미한다. 조직적 맥락에서 zoteekos는 사람들이 업무로 인해 활력을 되찾는 방법, 자율성, 진취성, 창의성, 기업가 정신 및 산업 오로보로스Ouroboros 자질(자기 꼬리를 삼켜버린 용으로 무한을 상징하는 둥근고리), 사람들의 재창출에 기여할 수 있는 능력을 가진 조직, 그리고 그들의 일에 의해 활력을 얻는 방법을 묘사한다. 21세기로 나아가면서 조직의 리더는 이러한 진정성 있고 생기 넘침 특성을 가진 기업을 창안해야 한다. 진정성 있고 생기 넘치는 조직에서 일하면서 조직의 스트레스를 줄이고 건강한 실존을 제공하며 상상력을 증가시키고 더 성숙한 삶에 기여할 것이다.

재창조 및 진정성을 향한 길

신화 속에 나오는 우로보로스는 자신의 생명을 유지하기 위해 자신의 꼬리를 먹는다. 이 꼬리는 영원히 재생되는데 이 때문에 영원한 재생의 악순환에 빠져 있다. 우로보로스는 상징적으로 자기 성찰성self-reflexivity, 주기성cyclicality, 재창조re-creation를 의미한다. 이는 상반되는 것들은 공존할 뿐만 아니라 주기적인 방식으로 서로 관련되어 있음을 시사한다. 연속성, 완성, 반복, 자급자족self-sufficiency, 재탄생rebirth 모두를 우로보로스의 원형 경계에서 볼 수 있다.

변화 또는 변형metamorphosis이라는 주제는 리더십 코칭에서 특히 자주 다루는 주제들이다. 리더는 자신이 어떤 환경에 처해 있든 이에 적응할 수 있도록 다양한 리더십 기술을 갖출 필요가 있다. 변화하려고 할 때 불안감이 엄습해올 수 있지만, 정신적인 감옥에 갇히는 것보다는 변화를 선택하는 것이 좋다. 하지만 변화를 겪는 것을 좋아하든 싫어하든 우리는 인간이기에 지속적으로 다양한 형태의 변화를 겪게 되어 있다. 사진첩들을 대충 훑어보기만 해도 우리는 신체적 변화들을 볼 수 있다. 6개월 아기의 모습, 6살 어린이의 모습, 16살의 청소년, 부모가 된 36살, 노인이 된 66살의 모습들을 말이다. 이런 변화를 겪는 동안 우리는 육체적인 변화만을 겪은 게 아니다. 6살의 우리는 66살의 우리와 서로 다른 사람이다. 우리는 다양한 자기들various selves를 갖게 되었으며, 변화했고 성장했다. 이런 각 단계에 있는 우리는 같은 사람이 아니다. 하지만 우리가 이런 변화들을 잘 소화할 수 있었는가? 우리는 자기변형self-transformation을 극복해야 하고, 변형의 모호함ambiguity of metamorphosis을 다루어야 한다. 많은 사람들이 변화하기를 고대하고 있으나 이를 극복하지 못하고 수렁에 빠져있다.

우리는 좋든 싫든 변화할 수밖에 없다. 그렇다면 어떻게 변화를 환영할 것인가? 우리는 어떻게 변화를 겪을 것인가? 분명하게 보이는 외적 변화와 내적인 변화가 조화를 이루어야 한다. 변화는 끊임없이 이어지기 때문에 변화를 이해할 수 있는 유일한 방법은 변화에 뛰어들어 변화와 함께 움직이는 것이다. 변화의 필요성과 변화의 증거를 받아들이기를 꺼려하는 사람들은 심각한 절망 상태quiet desperation에 빠지게 된다.

우리 모두는 만일 당신이 항상 해왔던 일을 지속한다면, 당신이 항상 가지고 있는 것을 계속해서 얻을 수 있다는 것을 알고 있다. 하지만 당신이 가고 싶은 곳으로 가길 원한다면, 항상 해왔던 일과는 무언가 다른 것을 해야 한다. 이 책에서는 코치가 고객들이 익숙해져 편안함을 느끼는 안전지대에서 벗어나게 하고자, 고객들에게 통찰력 있고 도전적인 질문을 하는 것이 얼마나 효과적으로 작용하는지 이야기했다. 나는 코칭 관계에 참여하는 개인들의 사고 능력, 의사결정 기술, 대인관계의 효율성을 향상시키고, 자신이 선택한 업무와 주어진 삶의 역할을 더 잘 수행할 수 있을 거라는 자신감을 얻게 하고자 했다. 이를 위해 코칭 고객들이 개인적인 도전 정신과 기회에 대해 새로운 시각을 경험하게 하는 방법들도 설명했다. 나는 코칭 고객이 이룬 발전이 개인적 효과personal effectiveness를 높일 뿐만 아니라, 자신의 삶과 업무에 대한 만족도와 생산성을 높이며 개인적인 목표를 달성하는 데 상당한 성과를 가져올 것이라고 지적했다. 나는 코칭을 받는 많은 고객이 자신이 가능하다고 생각했던 것보다 그들에게 더 많은 선택권이 있다는 것을 발견하게 되길 희망한다.

 이 책을 통해서 나는 코칭이 경영진들에게 귀중한 공간을 제공한다는 것을 보여주고 싶다. 코칭 관계가 효율적으로 이루어지면, 개인 차원에서 겪고 있는 좌절감을 줄이고, 고객은 개인 생활과 조직 생활의 질을 향상시킬 수 있다. 더 나아가 나는 이 책에서 효과적인 코칭이 팀의 기능, 심지어는 전체 조직의 기능을 어떻게 향상시킬 수 있는지를 보여주고자 했다. 그뿐만 아니라 제한된 신념이 사람들의 자신감을 낮추고 불안감을 조성할 수 있기 때문에, 실제로 그들이 할 수 있는 목표를 달성하는 데 장애가 될 수 있음을 분명히 하고자 했다. 우리는 이 책을 읽으며 우리 자신의 동기부여 요소와 타인의 동기부여 요인을 이해하는 것이 함께 일하는 방식이나 효율성에 얼마나 큰 영향을 주는지 알아차리게 되었다. 그리고 좀 더 큰 자기인식이 사람들로 하여금 어떻게 책임감과 주인 의식을 갖도록 돕는지, 자신의 행동과 비효율적인 방식을 교정할 수 있는 기회를 제공하는지, 창의력과 학습 능력과 지식을 증진시키는 데 기여하는지 보여주었다.

마지막으로, 나는 조직을 위한 리더십 코칭이 기업 성과를 향상시키는 장기적인 투자라고 말하고자 한다. 코칭은 핵심 인물들의 실적을 극대화시킬 수 있다. 또한 비용 면에서 가장 효율적인 방법이 될 수 있다. 더불어 코칭은 사람들을 발전시키고 사람들이 최상의 컨디션을 유지할 수 있는 코칭 문화를 만들어 내기 위해 조직이 노력하고 투자하고 있음을 드러낼 수 있는 장치이기도 하다.

이 책은 변화의 음과 양을 다루고 있다. 코칭 세계에서 경험하는 다양한 많은 도전이 어떻게 인간을 변화의 장으로 이끄는지 검토했다. 이 책의 교훈들 중 일부가 당신의 삶에 적용될 수 있기를 간절히 바란다. 톨스토이Leo Tolstoy의 격언을 빌리며 이 책을 마무리하고자 한다.

> "누구나 세상을 변화시키려고 생각하지만,
> 정작 스스로 변화하겠다고 생각하는 사람은 없다."

참고문헌

서론

1) Mahler, A. (1940). *Gustav Mahler: Memories and Letters*. Seattle: University of Washington Press.
2) Jones, E. (1953-1957). *Sigmund Freud: Life and Work*. London: Hogarth Press; Kuehn, J. L. (1965). "Encounter at Leiden: Gustav Mahler consults Sigmund Freud," Psychoanalytic Review, 52, 345-364.
3) Reik, T. (1953). *The Haunting Melody: Psychoanalytic Experiences in Life and Music*. New York: Farrar, Straus and Young.
4) Mitchell, D. (1958). Gustav Mahler: The Early Years. London: Rockliff; La Grange, H-L. de (1973). Gustav Mahler, Vol. 3: Le génie Foudroyé, 1907-1911. Paris: Fayard.
5) Reik, *The Haunting Melody*.
6) Mahler, *Gustav Mahler*.
7) Cardus, N. (1972). *Gustav Mahler: His Mind and His Music*. London: Victor Gollancz Ltd.
8) Freud, S. (1905). "Fragment of an analysis of a case of hysteria," *Standard Edition of the Complete Psychological Works of Sigmund Freud*, Vol. 7, London: Hogarth Press and the Institute of Psychoanalysis; Kets de Vries, M. F. R. (2007). "Are you feeling mad, bad, sad, or glad?" *INSEAD Research papers*, 2007/ 09/ EFE.
9) Freud, S. (1912). "Ratschläge für den Arzt bei der psychoanalytischen Behandlung," *Zentralblatt für Psycho-analyse*, II, 483-489 ("Recommendations to physicians practising psycho-analysis." *Standard Edition of the Complete Psychological Works of Sigmund Freud*, Vol. 12, (pp. 111-120). London: Hogarth Press and the Institute of Psychoanalysis.
10) Freud, "Fragment of an analysis of a case of hysteria"; Racker, H. (1957). "The Meaning and Uses of Countertransference," *Psychoanalytic Quarterly*, 26, 303-357; Kets de Vries, "Are you feeling mad, bad, sad, or glad?"
11) James, W. (1902). *The Varieties of Religious Experience, a Study of Human Nature: - A Psychology Classic on Religious Impulse* (2008). New York: Exposure Publishers. 『하버드 철학 수업: 인간의 정신을 만드는 사상적 원천은 무엇인가』 나무와 열매, 2020 역간

1장

12) Main, M., Kaplan, N. and Cassidy, J. (1985). "Security in infancy, childhood, and adulthood: A move to the level of representation." In I. Bretherton and E. Waters (Eds), *Monographs of the Society for Research in Child Development*. Vol. 50: Growing points in attachment theory and research (pp. 66–106). (1–2, Serial No. 209); Karen, R. (1998) *Becoming Attached: First Relationships and How They Shape Our Capacity to Love*. New York: Oxford University Press; Grossman, K., Grossman, K. and Kindler, H. (2005). "Early care and the roots of attachment and partnership representation in the Bielefeld and Regensburg longitudinal studies." In *Attachment from Infancy to Adulthood: The Major Longitudinal Studies*. New York: Guilford; Caspi, A. and Elder, G. H. (1988). "Emergent family patterns: The intergenerational construction of problem behavior and relationships." In R. A. Hinde and J. Stevenson-Hinde (Eds), *Relationships within Families* (pp. 218–240). London: Oxford Clarendon Press; Sroufe, L. A. (2005). "Attachment and development: A prospective, longitudinal study from birth to adulthood," *Attachment and Human Development*, 7(4), 349–367; Steele, H. and Steele, M. (2005). "Understanding and resolving emotional conflict: The London Parent-Child Project." In K. E. Grossman, K. Grossman and E. Waters (Eds), *Attachment from Infancy to Adulthood: The Major Longitudinal Studies* (pp. 137–164). New York: Guilford.
13) Cassidy, J. and Shaver, P. (Eds). (1999). *Handbook of Attachment: Theory, Research, and Clinical Applications*. New York: Guilford Press; Egeland, B. and Sroufe, L. A. (1981). "Attachment and early maltreatment," *Child Development*, 52, 44–52.
14) Parkes, C. M., Stevenson-Hinde, J. and Marris, P. (Eds) (1991). *Attachment across the Life Cycle*. New York: Routledge; Karen, *Becoming Attached*; Cassidy and Shaver, *Handbook of Attachment*.
15) Bowlby, J. (1969). *Attachment*. Second Edition (Attachment and Loss Series, Vol. 1). New York: Basic Books 『애착: 인간애착행동에 대한 과학적 탐구』 연암서가, 2019 역간; Bowlby, J. (1973). *Separation: Anxiety and Anger* (Attachment and Loss Series, Vol. 2). New York: Basic Books; Bowlby, J. (1980). *Loss: Sadness And Depression* (Attachment and Loss Series, Vol. 3). New York: Basic Books.
16) Miller, L. C. and Fishkin, S. A. (1997). "On the dynamics of human bonding and reproductive success: Seeking windows on the adapted-for human-environmental interface." In J. A. Simpson and D. T. Kenrick (Eds), *Evolutionary Social Psychology* (pp. 197–235). Mahwah, NJ: Erlbaum; Kirkpatrick, L. A. (1998). "Evolution, pair bonding, and reproductive strategies: A reconceptualization of adult attachment." In J. A. Simpson and W. S. Rholes (Eds), *Attachment Theory and Close Relationships* (pp. 353–393). New York: Guilford Press; Simpson, J. A. (1999). "Attachment theory in modern evolutionary perspective." In J. Cassidy and P. R. Shaver (Eds), *Handbook of Attachment: Theory, Research, and Clinical Applications* (pp. 123–150). New York: Guilford Press.
17) Belsky, J. (1999). "Modern evolutionary theory and patterns of attachment." In J. Cassidy and P. Shaver (Eds), *Handbook of Attachment: Theory, Research, and Clinical Applications* (pp. 151–173). New York: Guilford Press.
18) Bowlby, *Attachment*, p. 129.
19) Hazan, C. and Shaver, P. R. (1994). "Attachment as an organizational framework for research on close relationships," *Psychological Inquiry*, 5, 1–22; Hazan, C. and Shaver, P. R. (1990). "Love and work: An attachment theoretical perspective," *Journal of Personality and Social Psychology*, 270–280; Hazan, C. and Shaver P. R. (1987)." Romantic love conceptualized as an attachment process," *Journal of Personality and Social Psychology*, 52 (3): 511–24; Feeney, J. A. (1999). "Adult romantic attachment and couple relationships." In J. Cassidy and P. Shaver (Eds), *Handbook of Attachment: Theory, Research, and Clinical Applications* (pp. 355–377).

New York: Guilford Press; Fraley, R. C. and Shaver, P. R. (2000). "Adult romantic attachment: Theoretical developments, emerging controversies, and unanswered questions," *Review of General Psychology*, 4, 132-154; Teyber, E. and McClure, F. H. (2011). *Interpersonal Process in Therapy: An Integrative Model*. (6th ed., pp. 232-279). Belmont, CA: Brooks/Cole.

20) Ainsworth, M. and Bowlby, J. (1965). *Child Care and the Growth of Love*. London: Penguin Books; Ainsworth, M. D. S. (1969). "Object relations, dependency, and attachment: A theoretical review of the infant-mother relationship." *Child Development*, 40, 969-1025; Ainsworth, M., Blehar, M., Waters, E. and Wall, S. (1978). *Patterns of Attachment*. Hillsdale, NJ: Erlbaum; Ainsworth, M. D. S. (1982). Attachment: Retrospect and prospect. In C. M. Parkes and J. Stevenson-Hinde (Eds), *The Place of Attachment in Human Behavior* (pp. 3-30). New York: Basic Books; Main, M. and Solomon, J. (1986). "Discovery of an insecure-disorganized disoriented attachment pattern." In T. B. Brazelton and M. W. Yogman (Eds), *Affective Development in Infancy*. Norwood, NJ: Ablex.

21) Mikulincer, M. and Shaver, P. R. (2007). *Attachment in Adulthood: Structure, Dynamics, and Change*. New York: Guilford; Parkes, Stevenson-Hinde and Marris, *Attachment Across The Life Cycle*.

22) Hazan and Shaver, "Attachment as an organizational framework"; Sroufe, "Attachment and development," 349-367.

23) Bartholomew, K. (1990). "Avoidance of intimacy: An attachment perspective," *Journal of Social and Personal Relationships*, 7, 147-178; Bartholomew, K. and Horowitz, L. M. (1991). "Attachment styles among young adults: a test of a four-category model," *Journal of Personality and Social Psychology*, 61 (2): 226-44; Feeney, "Adult romantic attachment and couple relationships"; Pietromonaco, P. R. and Barrett, L. F. (2000). "The internal working models concept: What do we really know about the self in relation to others?" *Review of General Psychology*, 4, 155-175; Rholes, W. S. and Simpson, J. A. (2004). "Attachment theory: Basic concepts and contemporary questions." In W. S. Rholes and J. A. Simpson (Eds), *Adult Attachment: Theory, Research, and Clinical Implications*, pp. 3-14. New York, NY: Guilford Press.

24) Ainsworth et al., *Patterns of Attachment*.

25) Bartholomew, "Avoidance of intimacy"; Bartholomew and Horowitz, "Attachment styles among young adults"; Brennan, K. A., Clark, C. L. and Shaver, P. R. (1998). "Self-report measurement of adult romantic attachment: An integrative overview." In J. A. Simpson and W. S. Rholes (Eds), *Attachment Theory and Close Relationships* (pp. 46-76). New York: Guilford Press; Fraley and Shaver, "Adult romantic attachment"; Mikulincer, M. and Shaver, P. R. (2003). "The attachment behavioral system in adulthood: Activation, psychodynamics, and interpersonal processes." In M. P. Zanna (Ed.), *Advances in Experimental Social Psychology* (Vol. 35, pp. 53-152). San Diego, CA: Academic Press.

26) Hazan and Shaver, "Love and work."

27) Millon, T. with Davis, R. D. (1996). *Disorders of Personality: DSM-IV and Beyond* (2nd edn). New York: John Wiley and Sons.

28) Hazan and Shaver, "Romantic love conceptualized as an attachment process"; Hendrick, S. S., Dicke, A. and Hendrick, C. (1998). "The relationship assessment scale," *Journal of Social and Personal Relationships*, 15, 137-142; Hesse, E. (1999). "The adult attachment interview: Historical and current perspectives," In J. Cassidy and P. R. Shaver (Eds), *Handbook of Attachment: Theory, Research, and Clinical Applications*; Collins, N. L. and Read, S. J. (1990). "Adult attachment, working models, and relationship quality in dating couples," *Journal of Personality and Social Psychology*, 58 (4), 644-663; Crowell, J. A. and Treboux, D. (1995). "A review of adult attachment measures: Implications for theory and research," *Social Development*, 4, 294-327.

29) Hesse, "The adult attachment interview"; 1999: 575-594; Sable, P. (2000). *Attachment and Adult Psychotherapy*. Northvale, NJ: Jason Aronson; Davis, D., Shaver, P. R. and Vernon, M. L. (2003). "Physical, emotional, and behavioral reactions to breaking up: The roles of gender, age, emotional involvement, and attachment styles," *Personality and Social Psychology Bulletin*, 29, 871-884.
30) Vaillant, G. E. (1992). *Ego Mechanisms of Defense: A Guide to Clinicians and Researchers*. New York: American Psychiatric Publishing.
31) Byng-Hall, J. (1999). "Family and Couple Therapy: Toward Greater Security." In J. Cassidy and P. R. Shaver, *Handbook of Attachment: Theory, Research, and Clinical Applications* (pp. 707-731). New York: Guilford Press; Holmes, J. (1999). "Defensive and creative uses of narrative in psychotherapy: an attachment perspective." In G. Roberts and J. Holmes (Eds), Healing Stories (pp. 49-66). New York: Oxford University Press; Holmes, J. (2001) *The Search for the Secure Base: Attachment Theory and Psychotherapy*. London: Brunner-Routledge; Sable, *Attachment and Adult Psychotherapy*; Sable, P. (2004). "Attachment, ethology and adult psychotherapy," *Attachment and Human Development*, 6, 3-19; Teyber and McClure, *Interpersonal Process in Therapy*.
32) 심리학 용어로 많이 알려진 자기 충족적 예언을 개념화한 사람은 미국의 사회학자인 머튼Robert Merton이다. 그는 잘못된 예언이 어떤 행동을 유발시켜서 결국 그 예언이 현실화되는 것을 자기 충족적 예언이라고 정의했다.
33) Eagle, M. N. (2000). "A critical evaluation of current conceptions of transference and countertransference," *Psychoanalytic Psychology*, 17 (1), 24-37; Kets de Vries, M. F. R. (2011). *The Hedgehog Effect: The Secrets of Building High Performance Teams*. New York: Wiley.
34) 현존하지 않는 자극이나 사물을 원래의 자극과 가장 유사하게 시간에 관계없이 재현하는 것을 표상이라고 하는데, 내적 또는 정신적 표상이란 이런 표상이 그림, 언어 등 외부적 표현 형태가 아니라 정신 내적 상태에서 일어나는 것을 말한다.
35) Bowlby, Loss; Collins, N. L. and Read S. J. (1994)." Representations of attachment: The structure and function of working models." In K. Bartholomew and D. Perlman (Eds) *Advances in Personal Relationships Vol. 5: Attachment Process in Adulthood* (pp. 53-90). London: Jessica Kingsley Publishers; Scharfe, E. and Bartholomew, K. (1994). "Reliability and stability of adult attachment patterns," *Personal Relationships*, 1, 23-43.
36) Collins and Read, "Adult attachment, working models, and relationship quality in dating couples"; Collins and Read, "Representations of attachment"; Feeney, "Adult romantic attachment and couple relationships."

2장

37) Fehr, R. and Gelfand, M. J. (2012). "The forgiving organization: A multilevel model of forgiveness at work," *Academy of Management Review*, 37 (4), 664-688.
38) 옮긴이 주 - 맨프레드 케츠 드브리스는 새로운 개념인 '진정성 있고 생기 넘치는 조직authentizotic organizations'을 만들었다. 진정성 있고 생기 넘치는 조직은 직원들이 개인과 조직의 삶 사이의 효과적인 균형을 유지할 수 있도록 도와주는 것은 물론 희망을 갖고 노력해야 하는 조직이다. 여기서 authentizotic은 헬라어 authenteekos(authentic)과 zoteekos(vital to life)의 합성어다. 맨프레드가 제시한 이 개념에서 우리가 알 수 있는 것은 첫째로 그 조직이 진정성authentic이 있다는 것을 보여준다는 점이다. 우리가 모두 알고 있듯이, 진정성이라는 단어는 사실에 부합하고 신뢰와 의존의 가치가 있다는 것을 의미한다. 따라서 직장 상황에서 진정성이란 조직이 비전, 사명, 문화, 구조면에서 직원들에게 강력한 연결 특성을 제공한다는 것을 의미한다. 이는 조직의 리더가 각 사람의 업무에 의미를 드러내는 모든 직업의 방법뿐만 아니라 이유를 전달했음을 명확하고 설득력 있게 나타낸다. 다음으로 맨프레드가 제시한 zoteekos라는 용어는 '생명 유지에 필수vital to life'를 의미한다. 조직적 맥락에서 zoteekos는 사람들이 일에 따라 활성화되는 방식을 설명한다. zoteekos 표시를 적용하는 조직의 사람들은 균형 감각과 완전성을 느끼게 된다. 이러한 조직에서는 인지와 학습과 밀접한 관련이 있는 인간 탐구의 필요성이 충

족된다. 이 조직 유형의 zokeekos 요소는 직장에서 자기주장을 허용하고, 자율성, 주도권, 창의성, 기업가 정신 및 산업에 대한 효율성과 역량을 제공한다. 지금까지 살펴보았듯이 맨프레드에 따르면, 21세기로 나아가면서 조직의 리더는 이러한 진정성 있고 생기 넘침authentizotic 특성을 가진 기업을 창안해야 한다. 진정성 있고 생기 넘치는 조직에서 일하면서 조직의 스트레스를 줄이고 건강한 실존을 제공하며 상상력을 증가시키고 더 성숙한 삶에 기여할 것이다. 자세한 내용은 Manfred F. R. Kets de Vries(2001), Creating Authentizotic Organizations: Well-Functioning Individuals in Vibrant Companies, Human Relations, 54(1), 101-111을 참조하라.

39) Kets de Vries, M. F. R. (2001). "Creating authentizotic organizations: Well functioning individuals in vibrant companies," *Human Relations*, 54 (1), 101-111.
40) Ehrenreich, B. (1997). *Blood Rites: Origins and history of the passions of war*. New York: Metropolitan Books; Enright, R. D. and North, J. (Eds) (1998). *Exploring forgiveness*. Madison: University of Wisconsin Press; Exline, J. J., Worthington, E. L. Jr., Hill, P. and McCullough, M. E. (2003). "Forgiveness and justice: A research agenda for social and personality psychology," *Personality and Social Psychology Review*, 7, 337-348; Tabibnia, G., Satpute, A. B. and Lieberman, M. D. (2008). "The sunny side of fairness: preference for fairness activates reward circuitry (and disregarding unfairness activates self-control" *Psychological Science*, 19 (4), 339-347.
41) De Waal, F. (1996). *Good Natured: The Origins of Right and Wrong in Humans and Other Animals*. Cambridge, MA: Harvard University Press.
42) Witvliet, C. V. O., Ludwig, T. E. and Vander Laan, K. L. (2001). "Granting forgiveness or harboring grudges: Implications for emotion, physiology, and health," *Psychological Science*, 12(2), 117-123; Worthington, E. L. Jr. and Scherer, M. (2004). "Forgiveness is an emotion-focused coping strategy that can reduce health risks and promote health resilience: Theory, review, and hypotheses," *Psychology and Health*, 19, 385-405; Worthington Jr, E. L., Witvliet, C. V. O., Pietrini, P. and Miller, A. J. (2007). "Forgiveness, health, and well-being: A review of evidence for emotional versus decisional forgiveness, dispositional forgivingness, and reduced unforgiveness," *Journal of Behavioral Medicine*, 30:291-302.
43) Lyubomirsky, S. (2008). *The How of Happiness*. New York: Penguin Press. 『How to be happy: 행복도 연습이 필요하다』 지식노마드, 2008 역간
44) Witvliet, C. V. O. et al., "Granting forgiveness or harboring grudges."
45) Batson, C. D. (1990). "How social an animal: The human capacity for caring," *American Psychologist*, 45, 336-346; Lyubomirsky, *The How of Happiness*; Mullet, E., Neto, F. and Riviere, S. (2005). "Personality and its effects on resentment, revenge, and forgiveness and on self-forgiveness." In E. L. Worthington Jr. (Ed.), *Handbook of Forgiveness* (pp. 159-182). New York: Brunner-Routledge; Witvliet, C. V. O. et al., "Granting forgiveness or harboring grudges."
46) Luskin, F. (2002). *Forgive for Good: A Proven Prescription for Health and Happiness*. New York: Harper. 『용서: 나를 위한 선택』 알에이치코리아, 2014 역간
47) McCullough, M. E., Pargament, K. J. and Thoresen, C. E. (2000). "The psychology of forgiveness. History, conceptual issues, and overview." In M. E. McCullough, K. J. Pargament and C. E. Thoresen (Eds), *Forgiveness: Theory, Research, and Practice*, 1-14. New York: Guilford Press.
48) Griswold, C. (2007). *Forgiveness: a Philosophical Exploration*. Cambridge: Cambridge University Press; Konstan, D. (2010). *Before Forgiveness: The Origins of a Moral Idea*. Cambridge: Cambridge University Press; Roberts, R. C. (1995). "Forgivingness," *American Philosophical Quarterly*, 32, 289-306; Worthington, E. L. Jr. (Ed.) (2005). *Handbook of Forgiveness*. New York: Brunner-Routledge; Worthington, E. L. Jr. (2006). *Forgiveness and Reconciliation: Theory and Application*. New York: Brunner-Routledge.
49) Griswold, *Forgiveness*
50) Ashton, M. C., Paunonen, S. V., Helmes, E. and Jackson, D. N. (1998). "Kin altruism,

reciprocal altruism, and the Big Five personality factors," *Evolution and Human Behavior*, 19, 243-255; Berry, J. W., Worthington, E.L, Jr., O'Connor, L. E., Parrott, L., III and Wade, N. G. (2005). "Forgiveness, vengeful rumination, and affective traits," *Journal of Personality*, 73, 183-229; Brown, R. P. (2003). "Measuring individual differences in the tendency to forgive: Construct validity and links with depression," *Personality and Social Psychology Bulletin*, 29, 759-771; Lawler-Row, K. A. and Piferi, R. L. (2006). "The forgiving personality: Describing a life well lived?" *Personality and Individual Differences*, 41 (6), 1009-1020; Maltby, J., Wood, A. M., Day, L., Kon, T. W. H., Colley, A. and Linley, P. A. (2008). "Personality predictors of levels of forgiveness two and a half years after the transgression," *Journal of Research in Personality*, 42, 1088-1094; McCullough, M. E. and Hoyt, W. T. (2002). "Transgression-related motivational dispositions: Personality substrates of forgiveness and their links to the big five," *Personality and Social Psychology Bulletin*, 28, 1556-1573.; Younger, J. W., Piferi, R. L., Jobe, R. L. and Lawler, K. A. (2004). "Dimensions of forgiveness: The views of laypersons," *Journal of Social and Personal Relationships*, 21, 837-855.

51) Komorita, S. S., Hilty, J. A. and Parks, C. D. (1991). "Reciprocity and cooperation in social dilemmas," *Journal of Conflict Resolution*, 35, 494-518; McCullough, M. E., Exline, J. J. and Banmeister, R. E. (1998). "An annotated bibliography of research on forgiveness and related concepts." In E. L. Worthington, Jr. (Ed.), *Dimensions of forgiveness* (pp. 193- 317). Radnor, PA: Templeton Foundation Press.

52) 옮긴이 주 - 5가지 성격 특성 요소는 경험적인 연구와 조사를 통해 정립한 성격 특성의 5가지 주요한 차원을 말한다. 5가지 요소는 신경성Neuroticism, 외향성Extraversion, 친화성Agreeableness, 성실성Conscientiousness, 경험에 대한 개방성Openness to experience이다. 이런 5가지 요소의 첫 자를 따서 OCEAN 모델로 부르기도 한다. 이는 현대 심리학계에서 널리 인정받고 있는 성격이론이다.

53) Costa, P. T. and McCrae, R. R. (1992). *NEO PI-R. Professional Manual*. Odessa, FL: Psychological Assessment Resources, Inc.

54) Berry, J. W., Worthington, E. L., Jr., Parrott, L., O'Connor, L. E. and Wade, N. E. (2001). "Dispositional forgivingness: Development and construct validity of the Transgression Narrative Test of Forgivingness (TNTF)," *Personality and Social Psychology Bulletin*, 27, 1277-1290; Brose, L. A., Rye, M. S., Lutz-Zois, C. and Ross, S. R. (2005). "Forgiveness and personality traits," *Personality and Individual Differences*, 39, 35-46; McCullough and Hoyt, "Transgression-related motivational dispositions"; McCullough, M. E., Bellah, C. G., Kilpatrick, S. D. and Johnson, J. L. (2001). "Vengefulness : Relationships with forgiveness, rumination, well-being and the big five," *Personality and Social Psychology Bulletin*, 27, 601-610; Walker, D. F. and Gorsuch, R. L. (2002). "Forgiveness within the Big Five model of personality," *Personality and Individual Differences*, 32, 1127-1137.

55) McCullough, M. E. and Witvliet, C. O. (2002). "The psychology of forgiveness." In C. R. Snyder and S. J. Lopez (Eds), *Handbook of Positive Psychology*. (pp. 446-458). New York: Oxford University Press.

56) Griswold, Forgiveness; Gorsuch, R. L. and Hao, J. Y. (1993). "Forgiveness: An exploratory factor analysis and its relationship to religious variables," *Review of Religious Research*, 34, 333-347; McCullough, M. E. (2001). "Forgiveness: Who does it and how do they do it?" *Current Directions in Psychological Science*, 10 (6), 194-197; McCullough, M. E. and Worthington, E. L. Jr. (1999). "Religion and the forgiving personality," *Journal of Personality*, 67 (6), 1141-1164.

57) Acklin, M. W. (1992). "Psychodiagnosis of personality structure. Psychotic personality organization," *Journal of Personality Assessment*, 58, 454-463; Acklin, M. W. (1993). "Psychodiagnosis of personality structure II. Borderline personality organization," *Journal of Personality Assessment*, 61, 329-341; Acklin, M. W. (1994). "Psychodiagnosis of personality structure III. Neurotic personality organization," *Journal of Personality Assessment*, 63 (1), 1-9;

Waldron, S., Moscovitz, S. Lundin, J., Helm, F. L., Jemerin, J. and Gorman, B. (2011). "Evaluating the outcomes of psychotherapies," *Psychoanalytic Psychology*, 28 (3), 363-388.

58) Berry et al., "Forgiveness, vengeful rumination, and affective traits."

59) Freud, S. (1923), *Das Ich und das Es*, Internationaler Psycho-analytischer Verlag, Leipzig, Vienna, and Zurich. English translation, *The Ego and the Id. The Standard Edition of the Complete Psychological Works of Sigmund Freud*, Vol. XIX, James Strachey (ed.), Hogarth Press and Institute of Psycho-analysis, London, UK, 1927.

60) Bloom, S. L. (2001) "Commentary: Reflections on the desire for revenge." *Journal of Emotional Abuse*, 2 (4), 61-94.

61) Batson, C. D. and Shaw, L. L. (1991). "Evidence for altruism: Toward a pluralism of prosocial motives," *Psychological Inquiry*, 2, 107-122.

62) De Waal, Good Natured; Toi, M. and Batson, C. D. (1982). "More evidence that empathy is a source of altruistic motivation," *Journal of Personality and Social Psychology*, 43, 281-292.

63) McCullough, M. E., Sandage, S. J. and Worthington, E.L., Jr. (1997). *To Forgive is Human*. Downers Grove, IL: InterVarsity; McCullough, M. E., Worthington, E. L. and Rachal, K. C. (1997). "Interpersonal forgiving in close relationships," *Journal of Personality and Social Psychology*, 73, 321-336.

64) Baumeister, R. F., Exline, J. J. and Sommer, K. L. (1998). "The victim role, grudge theory, and two dimensions of forgiveness." In E. L. Worthington (Ed.), *Dimensions of forgiveness: Psychological research and theological perspectives* (pp. 79-104). Philadelphia: Templeton Foundation Press; Tangney, J. P., Miller, R. S, Flicker, L. and Barlow D. H. (1996). "Are shame, guilt and embarrassment distinct emotions?" *Journal of Personality and Social Psychology* 70, 1256-69.

65) Feldman, R. (2007). "Mother-infant synchrony and the development of moral orientation in childhood and adolescence: Direct and indirect mechanisms of developmental continuity," *American Journal of Orthopsychiatry* 77, 582-597.

66) Bowlby, J. (1968). *Attachment and Loss, Vol. 1: Attachment*. New York: Basic Books; Bowlby, J. (1973). *Attachment and Loss, Vol. 2: Separation, Anxiety, and Anger*. New York: Basic Books; Bowlby, J. (1980). *Attachment and Loss, Vol. 3: Loss: Sadness and Depression*. New York: Basic Books.

67) Calkings, S. D. (1994). "Origins and outcomes of individual differences in emotion regulation," *Monographs of the Society for Research in Child Development*, Volume 59, Issue 2-3, 53-72; Rosario Rueda, M., Posner, M. I. and Rothbart, M. K. (2005). "The development of executive attention: Contributions to the emergence of self-regulation," *Developmental Neuropsychology*, 28 (2), 573-594.

68) Prince, M. (2009). "Revenge and the people who seek it," *Monitor*, 40 (6), p. 34 (http://www.apa.org/monitor/2009/06/revenge.aspx)

69) Bowlby, *Attachment and Loss, Vol. 1*; Bowlby, *Attachment and Loss, Vol. 2*; Bowlby, *Attachment and Loss, Vol. 3*; Bowlby, J. and Parkes, C. M. (1970). "Separation and loss within the family," In F. J. Anthony and C. Koupernik (Eds). The Child in the Family, *International Yearbook of Child Psychiatry and Allied Professions*, New York: John Wiley.

70) Anderson, M. C., Ochsner, K. N., Kuhl, B., Cooper, J., Robertson, E., Gabrieli, S. W., Glover, G. H. and Gabrieli, J. D. E. (2004). "Neural systems underlying the suppression of unwanted memories," *Science*, 9 January, 232-235.

71) Fincham, F. D. (2000). "The kiss of the porcupines: From attributing responsibility to forgiving," *Personal Relationships*, 7, 1-23; Karen, R. (2003). *The Forgiving Self: The Road from Resentment to Connection*. New York: Anchor; Wade, N. G. and Worthington, E. L., Jr. (2005). "In search of a common core: Content analysis of interventions to promote forgiveness," *Psychotherapy: Theory, Research, Practice, Training*, 42, 160-177; Wade, N. G.,

Worthington, E. L., Jr. and Haake, S. (2009). "Comparison of explicit forgiveness interventions with an alternative treatment: A randomized clinical trial," *Journal of Counseling and Development*, 87, 143-151.

3장

72) Fenichel, O. (1945). *The Psychoanalytic Theory of Neurosis*. New York: Norton; Zur, O. (1994). "Rethinking 'don't blame the victim': Psychology of victimhood," *Journal of Couple Therapy*, 4 (3/4), 15-36.
73) American Psychiatric Association (2000). *Diagnostic and Statistical Manual of Mental Disorders* (DSM-IV-TR). Washington, DC: APA 『DSM-5 정신질환의 진단 및 통계 편람』 학지사, 2015 역간; Millon, T. (2004). *Personality Disorders in Modern Life*. New York: John Wiley.
74) Simon, G. K. (1996). *In Sheep's Clothing: Understanding and Dealing with Manipulative People*. Little Rock: A. J. Christopher & Company. 『양의 탈을 쓰다: 웃는 얼굴로 칼 꽂는 사람 대처법』 모멘토, 2007 역간.
75) Millon, *Personality Disorders in Modern Life*.
76) Rotter, J. B. (1966). "Generalized expectancies for internal versus external control of reinforcement," *Psychological Monographs*, 80 (1, Whole No. 609).
77) Schaef, A. W. (1986). *Co-dependency: Misunderstood-mistreated*. New York: Harper and Row; Zimberoff, D. (1989). *Breaking Free from the Victim Trap: Reclaiming your Personal Power*. Issaquah: Wellness Press.
78) Berry, C. R. and Baker, M. W. (1996). *Who's to Blame? Escape the Victim Trap and Gain Personal Power in your Relationship*. Colorado Springs: Pinon; Maher, C. A., Zins, J. and Elias, M. (2006). *Bullying, Victimization, and Peer Harassment: A Handbook of Prevention and Intervention*. London: Routledge; Doerner, W. and Lab, S. P. (2011). Victimology. Burlington, MA: Elsevier.
79) Worchel, S. (1984). The darker side of helping. In E. Staub et al. (Ed.). *The development and maintenance of prosocial behavior*. New York: Plenum; Kets de Vries, M. F. R. (2010). Leadership Coaching and the Rescuer Syndrome: How to Manage both Sides of the Couch, INSEAD Working Papers, 2010/ 204/ EFE/ IGLC.
80) Fenichel, *The Psychoanalytic Theory of Neurosis*; Freud, S. (1959). Inhibitions, symptoms, and anxiety. In J. Strachey (Ed. & Trans.) *The Standard Edition of the Complete Psychological works of Sigmund Freud* (Vol. 20, pp. 75-175). London: Hogarth Press, 1926; Leahy, R. L. (2001). *Overcoming Resistance in Cognitive Therapy*. New York: Guilford Press.
81) 백기사는 기업 매수의 위기에 있는 회사를 구제하기 위해 나선 개인과 조직을 말한다. 이런 백기사는 적대적 매수자보다 높은 가격으로 인수 제의를 하면서도 기존의 경영진을 유지시키는 제3의 우호세력이다. 적절한 방어수단이 없는 매수 대상 기업은 제3의 인수 희망자를 찾음으로써 인수 위협에서 벗어날 수 있다.
82) Hawker, D. S. J. and Boulton, M. J. (2000). "Twenty years' research on peer victimization and psychosocial maladjustment: a meta-analytic review of cross-sectional studies," *Journal of Child Psychology and Psychiatry*, 41(4), 441-455; Mullings, J., Marquart, J. and Hartley, D. (2004) *The Victimization of Children: Emerging Issues*. London: Routledge; Harris, M. J. (2009). *Bullying, Rejection and Peer Victimization: A Social Cognitive Neuroscience Perspective*. New York: Springer.
83) Seligman, M. E. P. (1975). *Helplessness: On Depression, Development and Death*. San Francisco: W. H. Freeman; Abrahamson, L., Seligman, M. and Teasdale, J. (1978). "Learned helplessness in humans: Critique and reformulation," *Journal of Abnormal Psychology*, 87, 49-74.
84) Ochberg, F. M. and Willis, D. J. (Eds) (1991). Psychotherapy with victims. *Psychotherapy* (special issue) 28 (1).
85) Abrahamson et al., "Learned helplessness in humans."

4장

86) Shipman, P. (2010). "The animal connection and human evolution," *Current Anthropology*, 51, 519-538.
87) Braiker, H. B. (2001). *The Disease to Please*. New York: McGraw-Hill. 『남 기쁘게 해주기라는 병』 넥서스, 2002 역간; Lamia, M. C. and Krieger, M. J. (2009). *The White Knight Syndrome*. Oakland, CA: New Harbinger Publications; McWilliams, N. (1984). "The psychology of the altruist," *Psychoanalytic Psychology*, 1, 193-213; Seelig, B. J. and Rosof, L. S. (2001). "Normal and pathological altruism," *Journal of the American Psychoanalytic Association*, 49, 933-958.
88) Maroda, K. J. (2004). *The Power of Countertransference*. Hillsdale NJ: Analytic Press; Marshall, R. J. and Marshall, S. V. (1988). *The Transference Countertransference Matrix*. New York: Columbia University Press; Racker, H.(1968). *Transference and Countertransference*. New York: International Universities Press; Epstein, L. and Feiner, A. H. (Eds) (1979). *Countertransference*. New York: Jason Aronson.
89) Ainsworth, M., Blehar, M., Waters, E. and Wall, S. (1978). Patterns of Attachment. Hillsdale, NJ: Erlbaum; Flores, P. J. (2004). *Addiction as an Attachment Disorder*. Lanham, MD: Jason Aronson. 『애착장애로서의 중독』 NUN, 2010 역간; Gordon, J. R. and Barrett, K. (1993). "The codependency movement: Issues of context and differentiation," In Baer, J. S, Marlatt, A. and McMahon, R. J. (Eds) *Addictive Behaviors across the Life Span*. Newburry Park: Sage; Hale, R. (1997). "How our patients make us ill," *Advances in Psychiatric Treatment*, 3, 254-258; Mellody, P. (1989). *Facing Codependence: What it is, Where it comes from, How it Sabotages our Lives*. New York: HarperCollins.
90) Edelwich, J. and Brodsky, A. (1980). *Burn-out: Stages of Disillusionment in the Helping Professions*. New York: Human Sciences Press; Feifel, H., Hanson, S. and Jones, R. (1967). "Physicians consider death," *Proceedings of 75th Annual Convention of the American Psychological Association*. Washington, DC: American Psychological Association; Gabbard, G. (1985). "The Role of compulsiveness in the normal physician," *Journal of the American Psychiatric Association*, 254, 2926-2929; Heim, E. (1991). "Job stressors and coping in health professions," *Psychotherapy and Psychosomatics*, 55, 90-99; Lakin, P. E. (1983). *Stress, Health and Psychological Problems in the Major Professions*. Washington, D.C.: University Press of America; O'Connor, M. F. (2001). "On the etiology and effective management of professional distress and impairment among psychologists," *Professional Psychology: Research and Practice*, 32, 345-350; O'Halloran, T. M. and Linton, J. M. (2000). "Stress on the job: Self-care resources for counselors," *Journal of Mental Health Counseling*, 22, 354-365; Payne, R. and Firth-Cozens, J. (1987). *Stress in Health Professionals*. Chichester: John Wiley & Sons.
91) Dryden, W. and Spurling, L. (Eds) (1989). *On Becoming a Psychotherapist*. London: Routledge; Bager-Charleson, S. (2010). *Why Therapists Choose to Become Therapists*. London: Karnac.
92) Bager-Charleson, *Why Therapists Choose to Become Therapists*; Feltham, C. (Ed.) (1999). *Understanding the Counselling Relationship*. London: Sage; Kohut, H. (1977). *The Restoration of the Self*. New York: International Universities Press. 『자기의 회복』 한국심리치료연구소, 2006 역간; Kottler, J. A. (1993). *On Being a Therapist*. San Francisco: Jossey-Bass; Miller, G. (2001). "Finding happiness for ourselves and our clients," *Journal of Counseling and Development*, 79, 382-385.
93) Ainsworth et al., *Patterns of Attachment*; Casement, P. (1985). *On Learning from the Patient*. London: Routledge; Neff, K. D., Kirkpatrick, K. and Rude, S. S. (2007). "Self-compassion and its link to adaptive psychological functioning," *Journal of Research in Personality*, 41, 139-154; Hinshelwood, R. D. (1999). "Countertransference," *International Journal of Psychoanalysis*, 4, 797-818.

5장

94) McCord, W. and McCord, J. (1964). *The Psychopath: An Essay on the Criminal Mind*. Princeton, NJ: Van Norstrand; Person, E. S. (1986). "Manipulativeness in entrepreneurs and psychopaths." In Reid, W. H., Dorr, D., Walker, J. I. and Bonner, J. W. (Eds) (1986). *Unmasking the Psychopath: Antisocial Personality and Related Syndromes* (pp. 256-274). New York: Norton; Tomb, D. A. and Christensen, D. D. (1987). *Case Studies in Psychiatry*. Baltimore: Williams & Wilkins; Davison, G. C. and Neale, J. M. (1990). *Abnormal Psychology* (5th ed.). New York: John Wiley and Sons; Millon, T., Simonsen, E. and Birket-Smith, M. (1998). "Historical conceptions of psychopathy in the United States and Europe." In Millon, T., Simonsen, E., Birket-Smith, M. and Davis, R. (Eds) *Psychopathy: Antisocial, Criminal and Violent Behavior*. New York, NY: The Guilford Press; Blair, R. J., Mitchell, D. R. and Blair, K. (2005). *The Psychopath: Emotion and the Brain*. New York: Wiley-Blackwell; Neumann, C. S. (2007). "Psychopathy," *British Journal of Psychiatry*, 191, 357-358.
95) Hare, R. D. (1996). "Psychopathy: A clinical construct whose time has come," *Criminal Justice and Behavior*, 23, 25-54; Hare, R. D. (1999). *Without Conscience: The Disturbing World of the Psychopaths among us*. New York: The Guilford Press; Babiak, B. and Hare, R. D. (2006). *Snakes in Suits: When Psychopaths Go to Work*. New York: HarperCollins; Boddy, C. R., Ladyshewsky, R. and Galvin, P. (2010). "Leaders without ethics in global business: Corporate psychopaths," *Journal of Public Affairs*, 10, 121-138.
96) McLean, B. and Elkind, P. (2004). *The Smartest Guys in the Room*. New York, NY: Penguin Books. 『엔론 스캔들: 세상에서 제일 잘난 놈들의 몰락』 서돌, 2010 역간.
97) Clarke, J. (2005). *Working with Monsters. How to Identify and Protect Yourself from the Workplace Psychopath*. Random House: Sydney; Boddy, C. R. (2006). "The dark side of management decisions: organizational psychopaths," *Management Decision*, 44 (10), 1461-1475; Babiak, P., Neumann, G. S. and Hare, R. D. (2010). "Corporate psychopathy: talking the walk," *Behavioral Science & the Law*, 28 (2), 174-193; Babiak, P. (2007). "From darkness into the light: Psychopathy in industrial and organizational psychology." In Herve, H. and Yuille, J. C. (Eds), *The Psychopath: Theory, Research and Practice*. Mahwah, NJ: Lawrence Erlbaum Associates; Pech, R. J. and Slade, B. W. (2007). "Organizational sociopaths: rarely challenged, often promoted. Why?," *Society and Business Review*, 2 (3), 254-269.
98) Millon et al. *Psychopathy: Antisocial, Criminal, and Violent Behavior*; Millon et al., "Historical conceptions of psychopathy in the United States and Europe."
99) Prichard, J. C. (1835). *A Treatise on Insanity*. London: Sherwood, Gilbert and Piper.
100) Kraepelin, E. (1915). *Psychiatrie*. Leipzig: Barth.
101) Koch, J. L. (1891). *Die psychopathischen minderwertigkeiten*. Ravensburg: Maier.
102) Cleckley, H. (1941/1976). *The Mask of Sanity*. St Louis, MO: Mosby.
103) Bursten, B. (1973). *The Manipulator: A Psychoanalytic View*. New Haven, Conn.: Yale University Press.
104) American Psychiatric Association. (2000). *Diagnostic and Statistical Manual of Mental Disorders, fourth edition*. (DSM-IV-TR). Washington, DC: American Psychiatric Association; American Psychiatric Association (2013). *Diagnostic and Statistical Manual of Mental Disorders* (DSM-V) (Fifth ed.). Arlington, VA: American Psychiatric Publishing; Millon, T. (1996). *Disorders of Personality: DSM-IV and Beyond*. New York: Wiley.
105) Millon, *Disorders of Personality*; Millon et al., *Psychopathy*; Millon et al., "Historical conceptions of psychopathy in the United States and Europe."
106) American Psychiatric Association, *Diagnostic and Statistical Manual of Mental Disorders, fourth edition* (DSM-IV-TR); American Psychiatric Association, *Diagnostic and Statistical Manual of Mental Disorders* (DSM-V) (Fifth ed.).

107) American Psychiatric Association, *Diagnostic and Statistical Manual of Mental Disorders, fourth edition* (DSM-IV-TR); American Psychiatric Association, *Diagnostic and Statistical Manual of Mental Disorders* (DSM-V) (Fifth ed.); Robins, L. (1978). "Aetiological implications in studies of childhood histories relating to antisocial personality." In Hare, R. and Schalling, D. (Eds) *Psychopathic Behavior*. Chichester: Wiley.
108) McCord and McCord, *The Psychopath*; McCord, J. (1979). "Some child-rearing antecedents of criminal behavior in adult men," *Journal of Personality and Social Psychology*, 37, 1477-1486.
109) Livesley, W. J., Lang, K. L., Jackson, D. N. and Vernon, P. A. (1992). *Genetic and Environmental Contributions to Dimensions of Personality Disorder*. Paper presented at Meeting of the American Psychiatric Association, Washington, DC; Harris, G. T., Rice, M. E., and Lalumière, M. (2001). "Criminal violence: The roles of psychopathy, neurodevelopmental insults, and antisocial parenting," *Criminal Justice and Behavior*, 28 (4), 402-426.
110) Williamson, S., Harpur, T. J., and Hare, R. D. (1991). "Abnormal processing of affective words by psychopaths," *Psychophysiology*, 28, 260-273; Lynham, D. and Henry, B. (2001). "The role of neuropsychological deficits in conduct disorders." In Hill, J. and Maughan, B. (Eds), *Conduct Disorders in Childhood and Adolescence* (pp. 235-263). New York: Cambridge University Press.
111) Blair, R. J. (2008). "The amygdala and ventromedial prefontal cortex: functional contributions and dysfunction in psychopathy," *Philosophical transactions of the Royal Society*, 363 (1503), 2557-2565; Blair et al., *The Psychopath: Emotion and the Brain*; Williamson et al., "Abnormal processing of affective words by psychopaths."
112) Weber, S., Habel, U., Amunts, K. and Schneider, F. (2008). "Structural brain abnormalities in psychopaths - A review," *Behavioral Sciences & the Law*, 26 (1), 7-28.
113) Lyons, M., True, W. R., Eisen, S. A., Goldberg, J., Meyer, J. M, Faraone, S.V. and Eaves, L. J. (1995). "Differential heritability of adult and juvenile antisocial traits," *Archives of General Psychiatry*, 52, 906-915; Williamson et al., "Abnormal processing of affective words by psychopaths"; McGuffin, P. and Thapar, A. (1989). "Genetics and antisocial personality disorder." In *Psychopathy: Antisocial, Criminal, and Violent Behavior*, Millon, T. and Falconer, D. (Eds), *Introduction to Quantitative Genetics*. Edinburgh: Churchill Livingstone.
114) McCord and McCord, *The Psychopath*; Tomb and Christensen, *Case Studies in Psychiatry*; Willerman, J., Loehlin, J. and Horn, J. (1992). "An Adoption and a cross-fostering study of the Minnesota Multiphasic Personality Inventory (MMPI) Psychopathic deviate scale," *Behavior Genetics*, 22, 515-529.
115) Van Dusen, K. T., Mednick, S. A., Gabrielli, W. E. and Hutchings, D. (1983). "Social class and crime in an adoption cohort." In Van Dusen, K. T. and Mednick, S. A. (Eds), *Prospective Studies in Crime and Delinquency*. Hingham, MA: Kluwer Nijhoff; Wilson, J. Q. and Hernnstein, R. J. (1985). *Crime and Human Nature*. New York: Touchstone.
116) Bakan, J. (2004). *The Corporation: The Pathological Pursuit of Profit and Power*. New York: Free Press. 『기업의 경제학: 세상을 지배하는 절대권력의 진실』 황금사자, 2010 역간.
117) Kets de Vries, M. F. R. and Miller, D. (1984). *The Neurotic Organization: Diagnosing and Changing Counterproductive Styles of Management*. San Francisco, CA: Jossey-Bass.
118) Kets de Vries, M.F.R. (2001). "Creating authentizotic organizations: well- functioning individuals in vibrant companies," *Human Relations*, 54 (1), 101-111.
119) These questions are based on an adapted version of Robert Hare's 2003 Psychopathy Checklist. Hare, "Psychopathy"; Hare, R. D. (2003). *Manual for the Revised Psychopathy Checklist* (2nd ed.). Toronto, ON, Canada: Multi-Health Systems; Hare, R. D. and Neumann, C. N. (2006). "The PCL-R assessment of psychopathy: development, structural properties, and new directions." In Patrick, C. (Ed.), *Handbook of Psychopathy* (pp. 58-88). New York: The

Guilford Press; Babiak and Hare, *Snakes in Suits*.
120) Kets de Vries, M.F.R. (2007). "Are you feeling mad, bad, sad, or glad?" *INSEAD Working Paper Series*, 2007/09/EFE.
121) Levinson, H. (1972). *Organizational Diagnosis*. Cambridge: Harvard University Press; Kets de Vries, M. F.R. (2006). *The Leader on the Couch*, West Sussex: John Wiley & Sons.
122) Wormith, S. J., Althouse, R., Simpson, M., Reitzel, L. R., Fagan, T. J. and Morgan, R. D. (2007). "The rehabilitation and reintegration of offenders: The current landscape and some future directions for correctional psychology," *Criminal Justice and Behavior*, 34, 879–892.

6장

123) Kets de Vries, M. F. R. (2007) "Are you feeling mad, bad, glad or sad?" *INSEAD Working Paper Series*, 2007/09/EFE.
124) Kets de Vries, M. F. R. (2004a). *The Global Executive Leadership Inventory: Facilitator's Guide*. San Francisco, Pfeiffer; Kets de Vries, M. F. R. (2004b). *The Global Executive Leadership Inventory: Participant's Guide*. San Francisco/ New York: Pfeiffer.
125) Kets de Vries, M. F. R. (2005a). *Personality Audit: Participant Guide*, Fontainebleau, INSEAD Global Leadership Centre; Kets de Vries, M. F. R. (2005b). *Personality Audit: Facilitator's Guide*, Fontainebleau, INSEAD Global Leadership Centre.
126) Kets de Vries, M. F. R. (2011). *The Hedgehog Effect*. London: Wiley.
127) Winnicott, D. W. (1958), *Collected Papers: Through Paediatrics to Psychoanalysis*. London: Tavistock; Winnicott, D. W. (1971). *Playing and Reality*. London: Tavistock.
128) Kets de Vries, M. F. R., Florent-Treacy, E. and Korotov, K. (2007). *Coach and Couch: The Psychology of Making Better Leaders*, Hampshire: Palgrave Macmillan; Kets de Vries, M. F. R., Guillen, L., Korotov, K. and Florent-Treacy, E. (2010). *The Coaching Kaleidoscope: Insights from the Inside*, Hampshire: Palgrave Macmillan; Korotov, K., Florent-Treacy, E., Kets de Vries, M. F. R and Bernard, A. (2011). Tricky Coaching. Hampshire: Palgrave Macmillan.
129) Kets de Vries, *The Hedgehog Effect*.
130) Ibid.

7장

131) Darwin, C. (1872/1998). *The Expression of Emotion in Man and Animals*. New York: Oxford University Press; Levy, J. (1978). *Play Behavior*. Malabar, Florida: Krieger Publishing; Fagan, R. (1981). *Animal Play Behavior*. New York: Oxford University Press; Bekoff, M. and Allen, C. (1998). "Intentional communication and social play: How and why animals negotiate and agree to play," In Bekoff, M. and Byers, J. (Eds), *Animal Play: Evolutionary, Comparative, and Ecological Perspectives* (pp. 97–114). New York: Cambridge University Press; Nachmanovitch, S. (1990). *Free Play: Improvisation in Life and Art*. NewYork: Jeremy P. Tarcher; Lewis, J. (2012). "A Cross-Cultural Perspective on the significance of Music and Dance on Culture and Society, with Insight from BaYaka Pygmies," in Michael Arbib (Ed.) *Language, Music and the Brain: A Mysterious Relationship*. Ernst Strungman Forum. Cambridge MA: MIT Press.
132) Vygotsky, L. S. (1978). "The Role of Play in Development," In Cole, M., John-Steiner, V., Scribner, S. and Souberman, E. (Eds). *Mind in Society: The Development of Higher Psychological Processes*, 92–104. (Original essay published in 1933); Elkind, D. (2006). *The Power of Play: How Spontaneous, Imaginative Activities Lead to Happier, Healthier Children*. New York: De Capo Press.
133) Winnicott, D. W. (1958). *Collected Papers: Through Paediatrics to Psychoanalysis*, London: Tavistock.
134) Vygotsky, "The role of play in development" Bergen, D. and Coscia, J. (2001). *Brain*

Research and Childhood Education: Implications for Educators. Olney, MD: Association for Childhood Education International; Mainemelis, C. and Ronson, S. (2006). "Ideas are born in fields of play: Towards a theory of play and creativity in organizational settings," *Research in Organizational Behavior*, 27, 81–131; Rushton, S., Juola-Rushton, A. and Larkin, E. (2009). "Neuroscience, play and early childhood education: Connections, implications and assessment." *Early Childhood Education Journal*, 37(5), 351–361.

135) Stipek, D. J., Feiler, R., Byler, P., Ryan, R., Milbuiw, S. and Salmon, J. M. (1998). "Good beginnings: What difference does the program make in preparing young children for school?," *Journal of Applied Developmental Psychology*, 19, 41–66; Stipek, D., Feiler, R., Daniels, D. and Milburn, S. (1995). "Effects of different instructional approaches on young children's achievement and motivation," *Child Development*, 66, 209–223; Singer, D. G. and Singer, J. L. (1992). *The House of Make-believe: Children's Play and the Developing Imagination*. Cambridge: Harvard University Press.; Singer, D. G and Singer, J. L. (2001). *Make Belief: Games and Activities for Imaginative Play*. Washington, DC.: Magination Press. American Psychological Association Books.

136) Csikszentmihalyi, M. (1990). *Flow: The Psychology of Optimal Experience*. New York: Harper Perennial; Csikszentmihalyi, M. (1996). *Creativity: Flow and the Psychology of Discovery and Exploration*. New York: Harper Perennial. 『몰입』 한울림, 2004 역간.

137) Huizinga, J. (1955). *Homo Ludens: A Study of the Play-element in Culture*. Boston: Beacon Press. 『호모루덴스: 놀이하는 인간』 연암서가, 2010 역간.

138) Shakespeare, W. *As You Like It*, Act II, sc. 『뜻대로 하세요』 해누리기획, 2014 역간.

139) White, R. W. (1959). "Motivation reconsidered: The concept of competence," *Psychological Review*, 66 (5), 297–333.

140) Frankl, V. (2006). *Man's Search for Meaning*. Boston: Beacon Press. 『죽음의 수용소에서』 청아출판사, 2010 역간.

141) Winnicott, *Collected Papers*.

142) Winnicott, D. (1971). *Playing and Reality*. London: Tavistock. 『놀이와 현실』한국심리치료연구소, 1997 역간.

143) Kottman, T. (2001). *Play Therapy: Basics and Beyond*. Alexandria, VA: American Counseling Association; Landreth, G. L. (2002). *Play Therapy: The Art of the Relationship* (2nd Ed.). New York: Brunner-Routledge; Schaefer, C. (Ed.). (2003a). *Play Therapy with Adults*. Hoboken, New Jersey: John Wiley & Sons, Inc.; Schaefer, C. (2003b). "Prescriptive play therapy," in Schaefer, C. (Ed.), *Foundations of Play Therapy*, 306–320. Hoboken, New Jersey: John Wiley & Sons, Inc.

144) Kets de Vries, M. F. R., Vrignaud, P. and Florent-Treacy, E. (2004). "The Global Leadership Life Inventory: development and psychometric properties of a 360° instrument," *International Journal of Human Resource Management*, 15 (3): 475–492; Kets de Vries, M. F. R, Vrignaud, P., Korotov, K. and Florent- Treacy, E. (2006). "The development of The Personality Audit: A psychodynamic multiple feedback assessment instrument," *International Journal of Human Resource Management*, 17 (5): 898–917; Kets de Vries, M. F. R., Vrignaud, P., Agrawal, A. and Florent-Treacy, E. (2010). "Development and application of the Leadership Archetype Questionnaire," *International Journal of Human Resource Management*, 21 (15), 2848–2863.

145) Rogers, C. (1951). *Client-centered Therapy: Its Current Practice, Implications and Theory*. London: Constable.

146) Kets de Vries, M. F. R. (2011). *The Hedgehog Effect: The Secrets of Building High Performance Teams*. San Francisco: Jossey-Bass.

8장

147) Gladwell, M. (2000). *The Tipping Point: How Little Things can Make a Big Difference*. 『티

핑 포인트』21세기 북스, 2016 역간. Boston: Little Brown; Loder, J. E. (1981). *The Transforming Moment: Understanding Convictional Experiences*. New York: Harper & Row.
148) Hayes, A. M., Laurenceau, J. P., Feldman, G., Strauss, J. L. and Cardaciotto, L. (2007). "Discontinuous patterns of change in psychotherapy," *Clinical Psychology Review*. 27, 715-723.
149) Miller, W. R. and C'de Baca, J. (2001). *Quantum Change: When Epiphanies and Sudden Insights Transform Ordinary Lives*. New York: Guilford Press.
150) Miller and C'de Baca, *Quantum Change*.
151) Miller and C'de Baca, *Quantum Change*.
152) James, W. (1902). *The Varieties of Religious Experience*. New York: Cosimo Classics, 2007.
153) Miller and C'de Baca, *Quantum Change*.
154) Miller and C'de Baca, *Quantum Change*. p 275.
155) Beeman, M. J., Friedman, R. B., Grafman, J., Perez, E., Diamond, S. and Lindsay, M. B. (1994). "Summation priming and coarse semantic coding in the right hemisphere," *Journal of Cognitive Neuroscience*, 6, 26-45; Domash, L. (2010). "Unconscious freedom and the insight of the analyst: Exploring neuropsychological processes underlying 'Aha' moments," *Journal of the American Academy of Psychoanalysis and Dynamic Psychiatry*, 38 (2), 315-339.
156) 편도체는 우리의 생존을 위해 중요한 사건에 대한 우리의 반응을 조절하는 뇌의 감정의 자리로 잘 알려져 있다. 두려움과 사랑, 몸에서 느껴져 전달되는 많은 변화가 이에 해당된다.
157) Ludmer, R., Dudai, Y. and Rubin, N. (2011). "Uncovering camouflage: Amygdala activation predicts long-term memory of induced perceptual insight," *Neuron*, 69 (5), 1002-1014.
158) Freud, S. (1915). "Observations on transference-love (Further recommendations on the technique of psycho-analysis III)," *The Standard Edition of the Complete Psychological Works of Sigmund Freud*, Volume XII (1911-1913): The case of Schreber, papers on technique and other works, 157-171; Etchegoyen, R. H. (1991). *The Fundamentals of Psychoanalytic Technique* (New Ed., 2005). London: Karnac Books.
159) Kris, E. (1952). *Psychoanalytic Explorations in Art*. Madison, Conn.: International Universities Press.
160) Kris, E. (1944). "Art and regression," *Transactions of the New York Academy of Sciences*, 6, 236-250.
161) Baumeister, R. F. (1994). "The Crystallization of discontent in the process of major life change." In Heatherton, T. F. and Weinberger, J. L. (Eds), *Can Personality Change?* Washington, DC: American Psychological Association.
162) '2차 이득'은 그렇게 하지 않으면 바람직하지 않은 상태에서 발생할 수 있는 무의식적인 이점을 나타내는 정신과 용어이다. 예를 들어, 특정한 이점이란 휴식, 선물, 개인적 관심 또는 책임면제 등이다. 2차 이득은 일부 사람들은 변화에 대한 무의식적 자기저항으로 설명한다. 바람직하지 않은 상태를 포기할 때 발생할 수 있는 손실은 감지하고 있는 이익보다 훨씬 더 많이 보인다.
163) Kegan, R. and Lahey, L. (2009). *Immunity to Change: How to Overcome It and Unlock the Potential in Yourself and Your Organization*. Boston: Harvard Business School Press.
164) Heatherton, T. F. and Nichols, P. A. (1994). "Personal accounts of successful versus failed attempts at life change," *Personality and Social Psychology Bulletin*, 20 (6), 664-675.
165) Kets de Vries, M. F. R. (2007). "Are you feeling mad, bad, sad or glad?," *INSEAD Working Paper Series*, 2007/09/EFE.
166) Ogden, T. (1982). *Projective Identification and Psychotherapeutic Technique*. New York, Jason Aronson. 『투사적 동일시와 심리치료 기법』경남가족상담연구소, 2015 역간.
167) Rosenthal, R. and Jacobson, L. (1992). *Pygmalion in the Classroom: Teacher Expectation and Pupils' Intellectual Development*. New York: Irvington Publishers. 『피그말리온 효과』이끌리오, 2003 역간.
168) Rosenthal and Jacobson, *Pygmalion in the Classroom*.

169) Seligman, M. E. P. and Csikszentmihalyi, M. (2000). "Positive psychology: An introduction," *American Psychologist*, 55 (1), 5-14.
170) Smith, M. and Glass, G. (1977). "Meta-Analysis of psychotherapy outcome studies," *American Psychologist*. 32, 752-760; Martin D. J., Garske J. P. and Davis M. K. (2000). "Relation of the therapeutic alliance with outcome and other variables: A meta-analytic review," *Journal of Consulting and Clinical Psychology*, 68: 438-450; Wampold, B. E. (2001). *The Great Psychotherapy Debate: Models, Methods and Findings*. Mahwah, NJ: Lawrence Erlbaum.
171) Bowlby, J. (1988). *A Secure Base: Parent-child Attachment and Healthy Human Development*. New York: Basic Books.
172) Fosha, D. (2005). "Emotion, true self, true other, core state: Toward a clinical theory of affective change process," *Psychoanalytic Review*, 92, 513-551.
173) Davanloo, H. (1990). *Unlocking the Unconscious: Selected Papers of Habib Davanloo*. New York: Wiley.
174) Kohut, H. (1971). *The Analysis of the Self*. New York: International Universities Press. 『자기의 분석』 한국심리치료연구소, 1999 역간; Kohut, H. (1977). *The Restoration of the Self*. New York: International Universities Press.
175) Alexander, F. and French, T. (1946). *Psychoanalytic Therapy: Principles and Applications*. New York: Roland Press, p. 66.

9장

176) Plutarch (1973). *Plutarch's Lives, Vol. II.* (The Dryden Translation), Digireads. com Publishing, p. 109.
177) Kets de Vries, M. F. R. (2011). *The Hedgehog Effect: The Secrets of Building High Performance Teams*. San Francisco: Jossey-Bass.

색인

ㄱ

가용성availability 48
가외성redundancy 143
가치없음unworthiness 132
가학피학성 변태 성욕 관계sado-masochistic relationship 14
감동eloquence 234
감수성susceptibility 141
감정적 자제력emotional self-mastery 204
강박적 되새김obsessional rumination 85
강박적 (수치스러운) 되새김 정도degree of obsessional (shameful) rumination 84
개념도식conceptual scheme 50
개인 내적intrapersonal 223
개인의 기분 상태 조절 시스템individual's mood state moderation system 66
개인적 탁월성personal excellence 205
개인적 효과성personal effectiveness 321
거부적 회피유형dismissive avoidant 54
거부적-회피 유형dismissing-avoidance 50
거절감feelings of rejections 62
거짓 변화pseudo-change 279
거짓 연결false connection 143
검증validation 65
결정decision 97
경계를 위반하는 사람boundary violator 77
경계 위반boundary violation 315
경력career 258
경험적 앎experiencing the knowledge 248
고르게 떠있는 주의evenly suspended attention 20
고정-배선hard-wired 77
고통받는 순교자suffering martyr 250
공감적 공명empathic resonance 300
공동의존성co-dependency 143
공명resonance 300
공상 이야기daydream narrative 250

교훈적인 강의didactic instruction 228
교활한 행동manipulative behavior 131
과잉 활성화hyper-activation 47
과정 중심적process-oriented 316
관계의 소용돌이maelstrom of relationships 75
관계 작동 모델들working models of relationships 43
관대함generosity 74
관종attention-seeking device 121
관찰 논평observation 294
관측observation 305
구조자 증후군rescuer syndrome 141
근본적인 변화profound change 297
급격한 전환perception shift 275
금융깡패banksters 167
기업정신병Seductive Operational Bully, SOB 167
까다로운 질문들thorny questions 316
깨달음 단계illumination phase 284
깨달음의 경험enlightening experience 211

ㄴ

낙담discouragement 294
난인Nan-in 19
남을 돕는 직업helping profession 28
내가 아닌 소유물not-me possession 253
내려놓기letting go 100
내면 극장inner theater 220
내부화built-in 263
내적 자원inner resources 274
내적 표상internal representation 67
놀이play 234-268

ㄷ

담아주기containment 224
담아주는 역할container 224

당위적 요구musts and shoulds 154
대리적 정서vicarious emotion 87
대인관계interpersonal 98
도덕적 비정상moral insanity 170
도덕적 저능함moral imbecility 170
독성물질의 쓰레통toxic dump 290
동료 코치peer coach 215
동료코칭peer coaching 317
동맥 질환coronary health problems 80
동일시identification 227
동정sympathy 125
두려움을 느끼는 회피유형fearful avoidant 53
두려움-회피 유형fearful-avoidance 50
두 번째 탄생twice-born 26
두 사람의 장bi-personal field 301

ㅁ

맑은 하늘에 벼락a bolt from the blue 273
매력적인 깡패 경영자seductive operational bully 37
맹점blind spots 204
먹구름cloud 225
모호성ambiguity 216
무력감helplessness 207
무언가를 씹는 것chewing something over 84
무의식적 두려움unconscious fear 49
무의식적 비통함unconscious bitterness 124
무의식적 전이 의사소통unconscious transference communications 21
미성숙한 어른immature adults 255
미적 관심aesthetic care 234
미지의 요인X-factor 223
미치게 하는 의혹maddening doubt 12
미해결 과제the unfinished business 225
민감성sensitivity 28, 60, 88, 298
믿음의 도약leap of faith 230, 231

ㅂ

반응성responsiveness 48
발산적 사고divergent thinking 298
방어 구조defensive structure 84
배양 단계incubation phase 283
배움의 대화learning dialogue 205
백인 기사white knights 143
변혁적 과정transformational process 308
변혁적 변화transformational change 105
변형metamorphosis 320

변형의 모호함ambiguity of metamorphosis 320
병원 감염hospital infection 27
보복vindictiveness 74
보호protect 101
복기과정reparative process 301
봉사service 138
부정denial 266
부정의injustice 85
부정적인 가정negative assumptions 63
부정적인 자기인식negative self-perceptions 61
부정적 호혜성negative reciprocity 77
분리dissociation 266
분리 고통separation distress 48
분열splitting 266
불가능한 직업the impossible profession 27
불가피한 공격inevitable aggression 121
불안감insecurity 209
불활성화deactivation 47
비난 게임blame game 109
비이성적irrational 296
비지시적인non-directive 316
비통bitterness 74
비효율적인 도우미ineffective helpers 138

ㅅ

사과apology 82
사전 결정prior crystallization 282
사회 및 상호협력 체계social and cooperative systems 77
사회성sociability 138
사회적 친밀감social proximity 31
상호의존성interdependence 208
상호 의지mutual willingness 205
상호성reciprocity 208
상호주관적intersubjective 224
상호주관적 장intersubjective field 308
생기 넘치는 조직authentizotic organizations 76, 319
생존경쟁의 굴레darwinian soup 191
선Zen 19
선물gift 274
선형적인 문제 해결linear problemsolving 276
섬망 증상이 없는 정신 이상madness without delirium 170
성격발달personality development 122
성숙 기능mature functioning 45
성실성conscientiousness 83
성인의 역설adult paradox 238
성취지향적 사회achievement-oriented society 255
세계관Weltanschauung 73

세대적인 이슈generational issue 42
세 번째 영역third area 253
신경생리학적 감각neurophysiological sensation 304
신경증neuroticism 83
신경학neurology 275
신성한 실재divine reality 274
신체적 각성physical alertness 265
신체적 징후physical signs 293
신체화embodiment 244
실시간 상호작용synchronous interactions 88
실재reality 221
심리적 생존psychological survival 67
심리치료의 모조품ersatz psychotherapy 316
심리학 101Psychology 101 120
심리학적 구성psychological makeup 165
심리학적 씨름psychological judo 197
스퀴글 게임squiggle game 219
쓰레기통wastebasket 171

ㅇ

아파르트헤이트 정책apartheid 72
아프리카 민족 회의African National Congress 72
안전한 공간safe space 209
안정된 기반secure base 46
알지 못함not knowing 216
양가감정ambivalence 48
애도mourning 66
애착attachment 37
애착 신호attachment cues 42
애착 안정성attachment security 88
애착 행동attachment behavior 41
엄마와 유아의 동시성mother-infant synchrony 88
여러 머리를 지닌 괴물multi-headed monster 80
여정journey 97
역량capacity 258
역설paradox 216
역설적인 효과paradoxical effect 145
역전이countertransference 21
역전이 반응countertransference reactions 265
역반응counter-reaction 79
연민compassion 138
역기능적 행동 패턴dysfunctional behavior patterns 119
연속성의 감각a sense of continuity 253
연줄strings 68
영성spirituality 275
영웅적인 순교heroic martyrdom 141
영웅 콤플렉스hero or heroine complex 143

영향 관리affect management 84
오류fallibility 70
올바름rightness 302
외상 사건traumatic events 273
외향성extraversion 83
욕구needs 46
용감한 자들의 미덕virtue of the brave 76
용기courage 73
용서forgiveness 37
용서의 방정식forgiveness equation 84
우울depression 266
유전적 유산genetic inheritance 225
유지retention 77
유형 접근방식stylistic approach 50
유희 공간playful space 225
유희적 자기들playful selves 238
원초적primitive 253
원초적인 반응primitive reactions 79
음흉한 약insidious drug 80
이타적인 동기altruistic motives 138
인간성humanity 73
인식awareness 220
인정acknowledgment 82
인지cognition 299
인지 발달cognitive development 249
인지 부조화cognitive dissonance 208
인지적 요소cognitive components 82
인지적 재구성cognitive restructuring 66
일관된 실체coherent entity 284
일률적인 접근 방식cookie-cutter approach 219
일상의 무의미함meaninglessness 252
일차적 힘primary forces 30
일회성 사건one-off event 97
임상적clinical 24
임상 패러다임clinical paradigm 220
위축된 아이atrophied children 256
의미형성meaning-making 254
의식consciousness 220
의식적 알아차림conscious awareness 102, 119
의식적인 마음conscious mind 85

ㅈ

자급자족self-sufficiency 320
자기개념self-concept 131
자기관찰self-observation 302
자기검열self-censorship 258
자기결정self-determined 225

자기경험self-experience 277	잠재의식적 용서subliminal forgiveness 102
자기기만self-deception 101	재구성reconstruction 270
자기-대화self-talk 85	재설정reformulation 270
자기방어self-protection 121	재조직reorganization 98
자기변형self-transformation 320	재창조re-creation 319
자기분석self-analyzing 263	재탄생rebirth 320
자기 불구화self-handicapping 128	재현re-enact 143
자기 성찰성self-reflexivity 319	적응adaptation 235
자기상self-image 86	적자생존survival of the fittest 138
자기성찰self-reflection 206	전이 관계transference relationships 66
자기실현self-actualize 252	전이적 돌봄transference cure 292
자기애적narcissistic 30	전이 환경transference configurations 291
자기역량self-competence 292	전체로서 그룹group-as-a-whole 265
자기이미지self-image 301	전치displacement 266
자기이해self-understanding 205	접근대상탐색proximity seeking 47
자기인식self-awareness 258	정당한 분노righteous indignation 77
자기의식consciousness of self 245	정동affect 299
자기의심self-doubt 52	정동적 경험affective experiences 276, 299
자기정의self-defined 252	정동적 요소affective components 82
자기제한self-limitations 91	정복 영웅conquering hero 250
자기 제한적인 믿음self-limiting beliefs 64	정서emotions 26
자기조절self-regulation 274	정서적 감지성emotional sense-making 133
자기존중감self-respect 131	정서적 정화emotional cleansing 226
자기지각self-perception 227	정서적 황폐화emotional devastation 62
자기지식self-knowledge 286	정서적 협박emotional blackmail 109, 116
자기 충족적 예언self-fulfilling prophecies 63	정서적 회복 탄력성emotional resilience 265
자기파괴self-defeating 110	정서지능emotional intelligence 26
자기파괴적 굴절self-destructive bent 85	정서 표현emotional expressiveness 234
자기평가self-evaluation 206	정신 구조intrapsychic structures 89
자기표현self-expression 252	정신내적intrapsychic 98
자기태만self-sabotage 125	정신역동 마음챙김psychodynamic mindfulness 35
자기통제self-control 258	정신역동 이해psychodynamic understanding 61
자기투사self-projection 131	정신적 유연성mental flexibility 239
자기학대masochistic 110	정신적 표상들mental representations 43
자기 확언affirmation of the self 301	정의적 각성affective arousal 89
자기효능감self-efficacy 43	정체성 감각sense of identity 84
자기희생self-sacrifice 110	조건부여conditioning 280
자신감self-confidence 43	조용한 절망 상태quiet desperation 320
자아ego 137, 279	조작manipulation 111
자아이상ego idea 86	조종기제a form of manipulation 121
자아존중감self-esteem 91	좀 더 신비로운 현현more mystical epiphanies 274
자유 의지(선택)free-choice 247	좋은 기업시민의식good corporate citizenship 76
자유 형식 활동free-form activity 245	좋은 시간good hour 279
자율성autonomy 247	좋은 시간이라 속이는 시간deceptively good hour 279
자원활용능력resourcefulness 51	죄sins 103
자제restraint 74	주고받기 놀이give-and-take play 240
자존감self-esteem 43	주기성cyclicality 319
잔해debris 224	주도적 역할proactive role 145

주된 강화제master reinforcer 251
주요 애착 전략primary attachment strategy 47
주의집중attention 21
중간 영역intermediate area 253
중간 영역transitional space 224, 253
중간대상transitional objects 253
중간지대twilight zone 220
즉흥성improvisation 235
지속적인 소외continuing estrangement 88
지적 통찰력intellectual insight 26
직교 관계orthogonal dimensions 50
직관intuition 235
진보성improvement 70
진정한 의미의 여정real journey 59
진화 유산evolutionary inheritance 78
집단행동group behavior 211

ㅊ

차원적 접근방식dimensional approach 50
책임 회피형 인간professional victims 114
처벌punishment 123
첫 번째 탄생once-born 26
체력stamina 73
초감각적 지각extra sensory perception 275
초기경험early experiences 123
초기 지각initial perceptions 275
초월transcendence 275
초자아superego 86
촉진facilitation 207
충성심loyalty 76
치유cure 125
친절자 생존survival of the nicest 138
친화성agreeableness 83

ㅋ

코칭 문화coaching culture 76
코핑 스트레티지coping strategy 121
클라우드cloud 304
클라우드 정신역동cloud psychodynamics 304

ㅌ

탁월성excellence 70
탐색exploration 235
투사projection 266
투사적 동일시projective identification 290

투쟁-도피 메커니즘fight-flight mechanisms 306
티포탯 사고방식tit-for-tat mindset 104
티핑 포인트tipping point 271
특성발달character development 122
퇴행regression 278

ㅍ

파국화catastrophizing 295
팔 길이 멘토링arm's-length mentoring 145
팔로우 업 세션follow-up session 215
피그말리온 효과Pygmalion effect 291
피해망상적paranoid 30
피해의식victimhood 122

ㅎ

하강나선downward spiral 90
한 줄기 빛을 보는 듯seeing the light 273
함께 춤을 추는 짝춤pas de deux 44
합리성rationality 24
합리화rationalization 61
합쳐지기merge 52
항불안제anti-anxiety 103
항우울제antidepressants 103
해석자translator 290
행동 레퍼토리behavioral repertoire 227
행동적 요소behavioral components 82
행위doing 9, 20
행하지 않음not doing 9, 20
헌신dedication 138
현실 검사reality testing 84
호혜성reciprocity 46
효과 관리affect management 308
효과성 동기effectance motivation 250
확인identification 65
환상illusion 254
회복적 정의restorative justice 82
회복탄력성resilience 51
회복 효과reparative efforts 301
획기적 변화quantum change 273
희생martyrdom 121

1

2인 관계 이슈dyadic issue 42
2차 이득secondary gains 119
5가지 특성 요소 모델five-factor trait models 83

저자 및 역자 소개

저자: 맨프레드 F. R. 케츠 드 브리스 Manfred F. R. Kets de Vries

경제학, 경영학, 정신분석 등의 학문적 전문성과 지식을 바탕으로 리더십, 개인과 조직 역동에 관한 많은 연구를 통해 색다른 관점을 제시한다. 구체적 관심 영역은 리더십, 커리어 다이나믹스career dynamics, 임원 스트레스, 기업가 정신, 가족 사업, 승계 계획, 다문화 관련 경영, 고성과 팀빌딩, 기업 변화와 혁신 관련 역동 등이다. 세계적으로 가장 큰 리더십 개발 센터의 하나인 인시아드 글로벌리더십센터INSEAD's Global Leadership Center(IGLC)를 설립했다. 또한 미국 캐나다, 유럽, 아프리카, 아시아 등 40여 개국 회사를 대상으로 조직 설계와 변혁, 전략적 인적자원 개발을 돕는 교육자와 컨설턴트로 일해왔다.

맨프레드는 인시아드INSEAD, 프랑스, 싱가포르, 두바이에서 리더십 개발 임상교수Distinguished Clinical Professor of Leadership Development로 유명하다. 인시아드의 최고 경영 프로그램인 '리더십 도전: 성찰적 리더 양성 및 변화를 위한 컨설팅과 코칭' 프로그램 소장으로 있다. 인시아드에서 수여하는 탁월한 교수상INSEAD's Distinguished teacher award을 5회 수상했다.

그는 저자, 공동저자, 편집자로서 『임원코칭의 블랙박스』, 『코치 앤 카우치』 등 40여 권의 책을 출간하였으며, 400여 편의 학술 논문을 발표하였다.

역자: 김상복

한국코칭수퍼비전아카데미 대표
한국코치협회(KSC_2011), 국제코치연맹(PCC_2012) 코치로 활동한다. 기업, 비영리조직의 Owner, CEO, 임원 및 전문직(창작, 의료, 법률) 등을 대상으로 코칭하고 있다. 자기조정과 강화를 위한 개인 코칭, 리더십 강화와 전환, 성격 성찰, 리더십 승계, 중년 위기관리 등을 주로 다룬다. 2013년 이후 한국코칭수퍼비전아카데미를 통해 1:1 코칭 역량 기반 코치 양성과 코칭 수퍼비전에 집중하고 있다. 정신분석 훈련을 받고 있으며, 현대 정신분석이론과 철학, 내러티브 등을 근거로 2인 관계 상호주관성, 코칭 임상과 이론적 발전을 위한 연구를 하고 있다. 코칭 관련 전문 출판을 통해 코칭 전문성 확립을 위해 노력 중이다.

전: 코치협동조합이사장, 연세대 연합신학대학원 코칭아카데미 강사 및 수퍼바이저(2017), ICF 서울 챕터 이사, 한국코칭학회 부회장
한국코치협회 올해의 코치상 수상(2013)

저서: 『코칭튠업21(2017)』, 『누구나 할 수 있는 코칭대화 모델(2018)』, 『첫 고객·첫세션 어떻게 할 것인가(2019)』
번역: 『정신역동과 임원코칭(2019)』
공역: 『코칭수퍼비전(2014)』, 『코칭윤리와 법(2018)』, 『코칭·컨설팅 수퍼비전의 관계적 접근(2019)』, 『수퍼비전: 조력 전문가를 위한 일곱 눈 모델(2019)』, 『코치앤카우치(2020)』, 『정신분석심리치료의 기본과 실천(2012)』
supervision.co.kr / coachingbook.co.kr
newlifecreator@gmail.com

역자: 이혜진

뉴욕주립대학교를 졸업하고 인시아드 경영대학원에서 리더십 과정을 수료했다. 현재 연세대학교 대학원에서 상담코칭학을 수료하고 한국열린사이버대학교에서 강의하면서 세계 정상급 비즈니스임원 내러티브 코치, 한국코칭수퍼비전 아카데미 전문연구원, 라온심리상담센터 상담사로 활동 중이다.

 역서로는 『뇌를 춤추게 하라: 두뇌 기반 코칭 이론과 실제(2017)』, 『조직을 변화시키는 코칭 문화(2018)』, 『내러티브 상호협력 코칭: 1세대 코칭을 넘어 3세대 코칭으로(2018)』, 『마음챙김 코칭: 지금-여기-순간-존재-하기(2020)』 등이 있다.

역자: 최병현

해석학을 공부했다. 일찍이 개념을 해체하고 본래적 의미를 드러내는 작업에 관심을 가졌다. 앎을 해체하는 데 희열을 느꼈고, 그 과정 중에 삶에 대한 물음을 진지하게 묻기 시작했다. 음악을 향유한 것도, 텍스트를 쓰게 된 것도, 종교에 심취한 것도, 코칭을 연구하게 된 것도 물음의 연장선이었다. 현재는 그 물음과 함께 세상을 조금이나마 변화시키기 위해 가장 정치적인 것으로 향하고 있다. 시대전환.

 저서로 『폭력이 난무하는 세계에서 살아남는 법(2016)』, 『영화처럼 리더처럼: 크고 작은 시민리더 이야기(공저, 2019)』 등이 있으며, 번역서로 『뇌를 춤추게 하라: 두뇌 기반 코칭 이론과 실제(공역, 2017)』, 『조직을 변화시키는 코칭 문화(공역, 2018)』, 『내러티브 상호협력 코칭: 1세대 코칭을 넘어 3세대 코칭으로(공역, 2018)』, 『코칭 컨설팅 수퍼비전의 관계적 접근(공역, 2019)』, 『마음챙김 코칭: 지금-여기-순간-존재-하기(공역, 2020)』, 『리더의 정치학(공역, 2020)』 등이 있다.

발간사

호모코치쿠스 22
정신역동과 마음챙김 리더십

정신역동의 마음 모델은 심층해류와 바람으로 재울 수 없는 파도의 은결 같은 정동情動affect에 근거한다. 반대로 마음챙김 모델은 바람으로 생긴 사막 언덕 같다. 흘러내리고 바람에 날리는 모래를 결코 잡을 수 없는 그런 언덕이다. '흔들림'이 참모습인 정동과 '고요함'을 추구하는 마음챙김이 '리더십'으로 만난다. 리더십이란 무엇인가? 리더십은 '영향력이고, 이를 공유하는 과정'이다. 이 책은 리더십을 정신역동과 마음챙김 두 가지로 풀어내고 있다. 정신역동/정신분석은 마음에 이는 연상聯想association을 살피고, 마음챙김은 먼지처럼 일어나는 일체를 가라앉게 일궈가는 평정심平靜心을 주목한다. 언뜻 생각하면 상반되고 상호 용인하기 어려운 대립되는 발상이다. 그러나 양쪽 끝에서 마주 보며 걸어온다면 당연히 만나게 될 접근이다. 둘 다 겉 앎과 모방이나 흉내로는 될 수 없는 접근이고 존재의 변화를 추구한다는 점에서 동전의 양면처럼 가깝다. 존재의 변화를 위한 재구성을 만들어가는 '됨의 향기 나누는 것'이 코칭이라 할 때 이 같은 대립점에 서서 리더십과 코칭을 논하는 흥미가 남다르다.

마음을 얻어야 영향력을 주고받을 수 있다. 마음을 닫고 있으면 무엇인들 어찌 주고받을 수 있을까. 또 깊은 속은 알 수 없어도 서로 마음-안에 들어가 마음을 함께 해야 진정한 나눔이 조금씩이라도 가능하다. 먼지라도 털어내듯 흔들어대야 알 수 없는 그 속을 짐작할 수 있는 것이 마음이고, 부연 먼지가 가라앉거나 뒤집어 쓴 뒤에나 그것의 형체라도 겨우 볼 수 있는 게 곧 마음이다. 그래도 잡을 수 없고 매달리기도 쉽지 않다. 마음을 주거나 얻지 않으면 도통 되지 않는다. 이 책은 온통 마음에 대한 자극과 뻔히 알고 있는 마음을 다스리고, 나눌 수 있는 영감과 지혜로 가득하다. 그렇다고 그냥 읽고 알기만 하면 좋을 잠언 책은 아니다. 경험 사례와 이론적 근거가 꼼꼼하다.

이 책은 방법으로 리더십 코칭을 제시한다. 우리 안에 있는 구조-피해-가해 유형 사례를 상세히 살펴보고 코칭 접근의 침로를 찾는다. 또 코치형 리더가 되고자 한다면 좋은 사례가 산적하다. 저자의 섬세한 체험담을 따라가다 보면 자기 나름의 길을 슬그머니 찾을 수 있게 해준다. 이미 코치형 리더의 길을 가거나, 전문 코치라면 자신이 걸어온 길을 뒤 돌아보게 하고 부족함도 알게 한다. 놀 수 있는 능력이 상실된 것이 무엇인지, 노는 능력이 왜 필요한지, 너무 멀지 않은 곳, 그리고 깊지 않은 곳에 '통찰'이 있고, 티핑 포인트가 어떤 것인지 저자는 우리에게 오기 오래 전에 제시해 두었다.

필자 맨프레드 케츠 드 브리스는 국내에 많이 소개된 유명 저자이다. 이 책은 필자가 인시아드INSIED에서의 경험을 살려 심혈을 기울인 저서이며, 이미 출간된 『임원코칭의 블랙박스』, 『코치앤카우치』 두 권과 한 시리즈이다. 또 『정신역동과 임원코칭』과 함께 읽으면 더욱 좋다.

호모코치쿠스 22번째 발걸음이 한결 가볍다. 이제 우리에겐 많은 코칭 전문서적이 소개되었기에 지형을 바꾸고 세勢를 꾸릴 마음을 가져야 한다. 비판적 독서와 숙고는 우리의 코칭 임상을 두텁게 할 것으로 기대한다. 이제 우리의 임상에 근거한 우리 코칭의 전문적 탐색을 준비해야 한다. 코칭 A에서 Z까지 호모코치쿠스는 문을 활짝 열어 두고 있다.

분석 받던 초기 카우치 위에서 와선臥禪하듯 조용했던 나는 평소 마음챙김 호흡으로 편안했던 마음자락을 살피고자 했다. 한동안 침묵하던 끝에 나는 도전을 받았다. '마음을 챙기니 진동이나 감흥이 없구만!' 나는 감흥을 넘어 진동, 흔들거림, 불규칙한 리듬, 번저나옴, 그 밑에 있을 법하다고 여겨진 그림자, 나만, 고품 등 이런 것에 주목해야 했다. 그러나 이내 드러냄, 내세움, 흘러넘침은 물론 제법, 잘남, 찬란함 등 모든 것들이 다 혼합되고 섞이고, 엉켜있다는 것을 알았다. 이같이 섞여 있는 것, 이런 것들은 고요함과 일렁임이 교대될 때 더 잘 보였다. 이 저서는 이런 나 자신이 그동안 엉뚱한 짓을 하고 있지 않았다는 것을 알게 했다. 아직도 끝나지 않은 분석이지만 정신역동/분석과 마음챙김은 '뜻이 같은 이'들에게 권할 만한 '됨의 방도方道'이다.

2021년 3월 광화문 산방山房에서
코치 김상복

호모코치쿠스

코칭 튠업 21
: ICF 11가지 핵심 역량과 MCC 역량

김상복 지음

뇌를 춤추게 하라
: 두뇌 기반 코칭 이론과 실제
Neuroscience for Coaching

에이미 브랜 지음
최병현, 이혜진 옮김

마음챙김 코칭
: 지금-여기-순간-존재-하기
Mindful Coaching

리즈 홀 지음
최병현, 이혜진, 김성익, 박진수 옮김

코칭 윤리와 법
: 코칭입문자를 위한 안내
Law & Ethics in Coaching

패트릭 윌리암스, 샤론 앤더슨 지음
김상복, 우진희 옮김

조직을 변화시키는 코칭 문화
How to create a coaching culture

질리안 존스, 로 고렐 지음
최병현, 이혜진 등 옮김

내러티브 상호협력 코칭
: 3세대 코칭 방법론
A Guide to Third Generation Coaching : Narrative-Collaborative Theory and Practice

라인하드 스텔터 지음
최병현, 이혜진 옮김

임원코칭의 블랙박스
Tricky Coaching

맨프레드 F. R. 케츠 드 브리스 등 편집
한숙기 옮김

마스터 코치의 10가지 중심이론
Mastery in Coaching

조나단 패스모어 편집
김선숙, 김윤하 등 옮김

코칭·컨설팅
수퍼비전의 관계적 접근
Supervision in Action

에릭 드 한 지음
김상복, 조선경, 최병현 옮김

정신역동과 임원코칭
: 현대 정신분석 코칭의 기초1
Executive Coaching : A Psychodynamic Approach

캐서린 샌들러 지음
김상복 옮김

수퍼비전
: 조력 전문가를 위한 일곱 눈 모델
Supervision in the Helping Professions

피터 호킨스, 로빈 쇼헤트 지음
이신애, 김상복 옮김

코칭 프레즌스
: 코칭개입에서 의식과 자각의 형성
Coaching Presence: Building Consciousness and Awareness in Coaching Interventions

마리아 일리프 우드 지음
김혜연 옮김

멘탈력
정신적 강인함에 대한 최초의 이론적 접근
Developing Mental Toughness:
Coaching strategies to improve performance, resilience and wellbeing

더그 스트리챠크직, 피터 클러프 지음
안병옥, 이민경 옮김

코치 앤 카우치
Coach and Couch

맨프레드 F.R. 케츠 드 브리스 등 지음
조선경, 이희상, 김상복 옮김

리더의 정치학
: 조직개혁과 시대전환을 위한 창발 리더십 모델
Leading Change: How Successful Leaders Approach Change Management

폴 로렌스 지음
최병현 등 옮김

고용 가능성
고용+가능성 업그레이드 전략
Developing Employability and Enterprise: Coaching Strategies for Success in the Workplace

더그 스트리챠크직, 샬롯 보즈워스 지음
조현수, 최현수 옮김

게슈탈트 코칭
바로 지금 여기
Gestalt Coaching: Right here, right now

피터 브루커트 지음
임기용, 이종광, 고나영 옮김

강점 기반 리더십 코칭
: 조직 내 긍정적 리더십 개발을 위한 가이드
Strength_based leadership Coaching in Organization An Evidence based guide to positive leadership development

덕 매키 지음
김소정 옮김

영화, 심리학과 라이프 코칭의 거울
The Cinematic Mirror for Psychology and Life Coaching

메리 뱅크스 그레거슨 편저
앤디 황, 이신애 옮김

영웅의 여정
자기 발견을 위한 NLP 코칭
The Hero's Journey: A voyage of self-discovery

스테판 길리건, 로버트 딜츠 지음
나성재 옮김

VUCA 시대의
조직문화와 피어코칭
Peer Coaching at Work

폴리 파커, 팀 홀, 캐시 크램, 일레인 와서먼 공저
최동하, 윤경희, 이현정 옮김

정신역동 마음챙김 리더십
: 내면으로의 여정과 코칭
Mindful Leadership Coaching: Journeys into the interior

맨프레드 F.R. 케츠 드 브리스 지음
김상복, 최병현, 이혜진 옮김

(출간 예정)

내러티브 코칭 이론과 실천
Narrative Coaching : The Definitive Guide to Bringing New Stories to Lif

데이비드 드레이크 지음
김상복, 김혜연, 서정미 옮김

실존주의 코칭 입문
: 알아차림·용기·주도적 삶을 위한 철학적 접근

야닉 제이콥 지음
박신후 옮김

ADHD Coaching
- 정신건강 전문가를 위한 가이드

Prances Prevatt, Abigail Levrini 지음

인지행동 코칭
: 30가지 특징

마이클 니난 지음
박지홍 옮김

수퍼바이저와 수퍼비전
: 수퍼비전을 위한 가이드

에릭 드 한, 윌레민 레구인 지음
한경미, 박미영, 신혜인 옮김

공감으로 완성하는 코칭
: 평범함에서 탁월함으로

앤 브록뱅크, 이안 맥길 지음
김소영 옮김

시스템 코칭
: 개인을 넘어 가치로

피터 호킨스, 이브 터너 지음
최은주 옮김

코칭과 정신건강 가이드
: 코칭에서 심리적 과제 다루기
A Guide to Coaching and Mental Health : The Recognition and Management of Psychological Issues

앤드류 버클리, 캐롤 버클리 지음
김상복 옮김

정신역동 코칭
: 30가지 특징

클라우디아 나겔 지음
김상복 옮김

글로벌 코치 되기
: 국제코칭연맹 공식 가이드

조나단 페스모어, 트레이시 싱클레어 지음
김상학 옮김

코칭수퍼비전의 이론과 모색
Coaching and Mentoring Supervision : Theory and Practice

타티아나 바키로버, 피터 잭슨, 데이빗 클러터벅 지음
김상복, 최병현 옮김

비연속 단일회기 코칭
: 30가지 특징

윈디 드라이덴 지음
김상복 옮김

인지행동 기반 라이프코칭
Life Coaching : A Cognitive behavioural approach

마이클 니난, 윈디 드라이덴 지음
정익구 옮김

웰다잉 코칭
생의 마지막과 상실을 겪는 사람들을 위한 코칭 가이드
Coaching at End of Life

돈 아이젠하워, J. 발 헤이스팅 지음
정익구 옮김

임원코칭
: 시스템 - 정신역동 관점
– 현대 정신분석 코칭의 기초 3
Executive coaching: System-psychodynamic persfective

하리나 버닝 편집
김상복 옮김

정신역동 코칭의 이해와 활용
: 현대 정신분석 코칭의 기초 2
Psychodynamic Coaching : focus & depth

울라 샤롯데 벡 지음
김상복 옮김

시스템 코칭과 컨스텔레이션
Systemic Coaching & Consitellations

존 위팅턴 지음
가향순, 문현숙, 임정희, 홍삼렬, 홍승지 옮김

10가지 코칭 핵심주제 사례연구
: 20개 사례와 40개 논평
Complex Situations in Coaching

디마 루이스, 폴린 파티엔 디오콘 지음
김상복 옮김

코칭심리학(2판)
실천연구자를 위한 안내서
Handbook of Coaching Psychology

스티븐 팔머, 앨리스 와이브로 엮음

코칭 이론과 실천
The SAGE Handbook of Coaching

타티아니 바흐키로바, 고든 스펜스, 데이비드 드레이크 엮음

호모스피릿쿠스

나르시시스트와 직장생활하기
Narcissism at Work: Personality Disorders of Corporate Leaders

마리 린느 제르맹 지음
문은영 · 가요한 옮김

정신분석 심리치료의 기본과 실천
: 정신분석•지지적 심리치료와의 차이

아가쯔마 소우 지음
최영은 · 김상복 옮김

조력 전문가를 위한 공감적 경청
共感的傾聴術
:精神分析的に"聴く"力を高める

고미야 노보루 지음
이주윤 옮김

철학과 정신분석 (근간)
Philosophy and Psychoanalysis

Richard Gipps,
Michael Lacewing 편집

(코쿱북스)

코칭의 역사
Sourcebook Coaching History

비키 브록 지음
김경화, 김상복 외 15명 옮김

101가지 코칭의 전략과 기술
: 젊은 코치의 필수 핸드북
101 Coaching Strategies and Technique

글래디나 맥마흔, 앤 아쳐 지음
김민영, 한성지 옮김

리더십을 위한 코칭
Coaching for Leadership

마샬 골드 스미스,
로렌스 라이언스 등 지음
고태현 옮김

코칭 A to Z

누구나 할 수 있는 코칭 대화 모델
: GROW_candy 모델 이해와 활용

김상복 지음

세상의 모든 질문
: 아하에서 이크까지, 질문적 사고와 질문 공장

김현주 지음

첫 고객.첫 세션 어떻게 할 것인가
(1) 윤리적 가이드라인과 전문가 기준에 의한 고객 만남
(2) 코칭계약과 코칭 동의 수립하기

김상복 지음

코칭방법론
- 조직 운영과 성과 리더십 향상을 돕는 효과성 코칭의 틀

이석재 지음

집필자 모집

- 멘토링 기반 코칭 방안과 사례 연구
- 컨설팅 기반 코칭 방안과 사례 연구
- 조직개발 코칭 방안과 사례 연구(1:1 또는 그룹코칭)
- 사내 코치 활동 방안과 사례 연구
- 주제별 • 대상별 시네마 코칭 방안과 사례 연구
- 시네마 코칭 이론과 실천 방안 연구
- 아들러 심리학 기반 코칭 방안과 사례 연구
- 코칭 기획과 사례 개념화(중심 이론별 연구)
- 코칭에서 은유와 은유 질문
- '갈굼과 태움', 피해 • 가해자 코칭
- 미루기 코칭 이해와 활용
- 코치의 젠더 감수성과 코칭 관계 관리
- 정서 다루기와 감정 관리 코칭 및 사례연구
- 코칭 장場 field • 공간과 침묵
- 라이프 코칭 핵심 과제와 사례 연구(청년 및 중년)
- 커리어 코칭 핵심 과제와 사례 연구(청년 및 중년)
- 노년기 대상 라이프 코칭 방안과 사례 연구
- 비혼 • 혼삶 라이프 코칭 방안과 사례 연구
- 코칭 스킬 총정리와 적용 사례
- 부모 리더십 코칭과 사례 연구(양육자 연령별)
- 코칭 이론 기반 코칭 방안과 사례
- 커플 코칭 방안과 사례
- 의식확장과 영성코칭
- 군 리더십 코칭
- 코칭 ROI 연구

■ 동일 주제라도 코칭 대상과 방식, 코칭 이론별 집필이 가능합니다.
■ 최소 기준 A4 기준 80페이지 이상. 코칭 이론과 임상 경험 집필 권장합니다.
■ 편집위원회와 관련 전문가 심사로 선정됩니다.
■ 선정 원고는 인세를 지급하며, 무료로 출판합니다.

본 도서는 우리 출판사에서 발행한 『멘탈력』 옮긴이 안병옥 코치, 이민경 코치
두 분의 출판기금 지원으로 출간되었음을 알립니다.

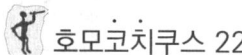 호모코치쿠스 22

정신역동 마음챙김 리더십
: 내면으로의 여정과 코칭

초판 1쇄 발행   2021년 4월 9일

펴낸이	김상복
지은이	맨프레드 F. R. 케츠 드 브리스
옮긴이	김상복, 이혜진, 최병현
편 집	정익구
디자인	이상진
제작처	비전팩토리
펴낸곳	한국코칭수퍼비전아카데미
출판등록	2017년 3월 28일 제2018-000274호
주 소	서울시 마포구 포은로 8길 8. 1005호

문의전화 (영업/도서 주문) 카운트북
　　　　전화 | 070-7670-9080   팩스 | 070-4105-9080
　　　　메일 | countbook@naver.com
　　　　편집 | 010-3753-0135
　　　　편집문의 | hellojisan@gmail.com 010-3753-0135

www.coachingbook.co.kr
www.facebook.com/coachingbookshop

ISBN 979-11-89736-24-8
책값은 뒤표지에 있습니다.